摆渡·传记

[德]于尔根·奈佛 著

马怀琪 陈琦 译

Jürgen Neffe

Einstein

—

Eine
Biographie

爱因斯坦传

中央编译出版社
CCTP Central Compilation & Translation Press

图书在版编目（CIP）数据

爱因斯坦传／（德）于尔根·奈佛著；马怀琪，陈琦译．—2版．—北京：中央编译出版社，2018.9（2025.9重印）
书名原文：Einstein-eine Biographie
ISBN 978-7-5117-3608-6

Ⅰ．①爱…
Ⅱ．①于… ②马… ③陈…
Ⅲ．①爱因斯坦（Einstein，Albert 1879－1955）－传记
Ⅳ．①K837.126.11

中国版本图书馆CIP数据核字（2018）第200052号

爱因斯坦传

责任编辑	王　琳
责任印制	刘　慧
出版发行	中央编译出版社
地　　址	北京市海淀区北四环西路69号（100080）
电　　话	（010）55627391（总编室）　（010）55627391（编辑室）
	（010）55627320（发行部）　（010）55627377（新技术部）
经　　销	全国新华书店
印　　刷	河北下花园光华印刷有限责任公司
开　　本	880毫米×1230毫米 1/32
字　　数	381千字
印　　张	18.375
版　　次	2018年9月第2版
印　　次	2025年9月第10次印刷
定　　价	72.00元

新浪微博：@中央编译出版社　　**微　　信：**中央编译出版社（ID：cctphome）
淘宝店铺：中央编译出版社直销店（http://shop108367160.taobao.com）（010）55627331

本社常年法律顾问：北京市吴栾赵阎律师事务所律师　闫军　梁勤
凡有印装质量问题，本社负责调换，电话：（010）55626985

目　录

爱因斯坦（Einstein）这个词，在德语里的意思是“一块石头”。听起来具有把一切都记住、如同刻石一般让其永不湮灭的能力。这是一个少见却又很容易记住的德文名字，简单但却蕴含深意……

我信仰斯宾诺莎的上帝，那个在世界的有序和谐中显示出来的上帝，而不信仰那个关注人类命运和行为的上帝。

在占据科学前沿二十多年之后，他突然发现自己被挤到了一边。下一代把他当作一个昔日的英雄来尊崇，但在他们的未来中已经没有了他的位置，他们带着高度的尊重摇着头离他而去。

他的生命之钟现在明显地落后于时代——只有他的梦

引子　一个永生不死的人
——爱因斯坦的秘密

他将取出的大脑捧在手里，犹如哈姆雷特捧着那具骷髅。因为他坚信，在这个两磅半的神经组织中，肯定隐藏着解开那最伟大的精神创造力之谜的钥匙。

新泽西州普林斯顿，1955 年 4 月 18 日，一个阳光明媚的早晨。病理学家托马斯·哈维（Thomas Harvey）来到大学城的医院上班。他看到在验尸间的解剖台上，停放着一具尸体，如同一位医生看见一个从来不认识的死人。一开始，这位 42 岁的病理学家所做的事情和每天上班时没有什么两样。他把医院自行印刷的表格拿在手中，将要求的数据填到相应的栏目里。姓名：阿尔伯特·爱因斯坦……

性别：男……年龄：76……年份：55……本年度尸检号：33。填写完毕，便开始对尸体进行检验。

他拿起解剖刀，从死者的一只耳朵后面开始，用力划过脖子和胸膛，穿透冰冷苍白的皮肤，一直切到腹部底端。然后，又从另一只耳朵后面下刀，将上述切割动作重复了一遍。最后，那个 150 年前由柏林医生鲁道夫·菲尔肖（Rudolf Virchow）写进解剖学的 Y 形标志终于展现在了他的面前。

血从死者的腹腔里渗了出来。哈维估计，死亡原因是主动脉破裂。正如稍后不久所证实的，他的这一判断完全正确。多年以来，爱因斯坦一直遭受着动脉瘤的折磨，腹腔动脉积血膨出。很显然，变薄了的血管壁在夜里发生了破裂，其不可避免的后果就是内出血。医生将这一结论通报给等候在医院门前的记者们，详尽的报道立刻传遍了整个世界。在这位物理学家生前，哈维曾经多次与他不期而遇。普林斯顿是一个很小的城市，爱因斯坦在这里度过了他生命中最后的 22 年，所以，碰到他是一件极其平常的事情。但作为医生，他同这位鼎鼎大名的同城居民的真正近距离接触却只有一次：他代替一位女同事到爱因斯坦家里出诊。

那一次，当这位大夫刚踏进爱因斯坦的房间，他便开起了玩笑："几天不见，您怎么连性别都变了？"看得出来，他更喜欢女医生来给他看病。他躺在他那张几乎占据了半个房间的床上，强壮的躯体上盖着一条鸭绒被，一头人们熟悉的浓发遮住了枕头。给他造成痛苦的仍然是消化功能紊乱，这种疾病从儿童时代起就一直折磨着他。

哈维要求病人伸出一只胳膊，脱掉衣袖。他找到一条合适的静脉，用针头刺穿皮肤，将血抽到一根针管里。他一面抽血，一面讲起他在战前如何同几个朋友一起，骑着自行车，利用几周时间进行了一次穿越欧洲的旅行，并且也到德国游览了一圈。这位移居美国的物理学家听得非常专心。最后，哈维递给他一个玻璃瓶，请他留一下尿样。爱因斯坦从卫生间回来，把盛着尿液的瓶子还给他。尿液携带的体温还未散去，瓶子摸起来热乎乎的。此时，哈维的头脑里翻来覆去只有一个想法："这可是来自一个有史以来最伟大的天才呵！"

而现在，这位最伟大的天才的冷冰冰的、已被解剖的遗体就躺在自己眼前。过一会儿就要把它送往火葬场，这是将其身体的某一部分据为己有的最后机会。应该留下点儿什么，它将引起全世界的瞩目！这位病理学家突然产生了一个念头：机不可失，55—33 号病例将改变自己的生活！于是，他作出了一个后果严重的决定。

取下死者的部分器官（也包括大脑在内）进行研究，本来就是尸体解剖的常规做法。但哈维对爱因斯坦的遗体所做的事情，却既非出于他作为医生的誓言，亦非因为获得了授权和许可。他锯开死者的头颅，切下里面的东西。他将取出的大脑捧在手里，犹如哈姆雷特捧着那具骷髅。因为他坚信，在这个两磅半的神经组织中，肯定隐藏着解开那最伟大的精神创造力之谜的钥匙。如果能成功地揭示这一器官运转的秘密，那么作为病理学家的他，一定会赢得巨大的声望和荣誉。他决定把它保存起来，永远不把它交出去。

普林斯顿医院，半个世纪以后。就像一个始终被作案现场吸引的犯罪分子，哈维再次来到当年的验尸间寻访故地。这是一个没有窗户的后间，被氖光灯照得很明亮，一半作为办公室，一半作为实验室，里面堆满了玻璃瓶、烧杯、冷藏柜、提桶、卷宗和淘汰下来的旧家具。房间的中央仍然摆着那张闪闪发亮的不锈钢解剖台，白发苍苍的老人站在台子前面等待着。他里面穿着一件运动衫，外面套了一件绣花坎肩。无情的岁月已经让他的脊背稍显弯曲——毕竟已经是九十开外的人了。

不等催促，一位身穿白大褂的年轻医生便走进了房间，把一个硬纸箱放到不锈钢台子上。哈维把纸箱打开，如同打开过上千次一般驾轻就熟。他先从里面取出几块揉成一团的软布，然后把两个沉甸甸的罐状玻璃瓶从箱子里拽了出来。瓶子里是一种淡黄色的、稍微有点浑浊的透明液体，满满的，一直达到瓶口。液体中浸泡着一层层稍带粉红的灰色块状物，用细纱布包裹着，并拴有微小的数字标牌。这就是爱因斯坦的大脑，被切割成碎块，浸泡在含有酒精的溶液里。

“没什么问题吧，哈维大夫?”年轻医生询问道。

“谢谢，艾略特，一切都完好无损。”

“还是应该再检查一遍，对吗?”

哈维用两只手把着一只瓶子，小心翼翼地转动着，在灯光下面反复观察。瓶子里的小方块闪烁着惨淡的微光。“哦，我的宝贝。”他轻舒一口气，然后从占有这些宝物的那个早晨开始，讲起了他的传奇生涯。

他讲道，自己如何把整个大脑切割成二百多个小方块，精心地把它们制作成标本，分装在两个瓶子里，以及如何因为这一行为而丢掉了自己的职位；这两个一直埋在塞满布团的硬纸箱里的玻璃瓶，如何陪伴他在全国各地漫无目的地游荡；他如何因为长期无法行医，只好到堪萨斯的一家工厂当工人；在那些穷困潦倒、同一个大学生合住一间宿舍的日子里，如何想尽办法将这两个瓶子四处隐藏，有时藏在冷却啤酒用的桶里，有时藏在衣柜里；四十多年以后，他又如何满怀悔恨，将这份劫夺来的、具有爆炸性意义的宝物归还给自己当年的工作单位保存。艾略特·克劳斯（Elliot Krauss），病理学医生，他的第三任继任人，显然是经常听他讲述这段故事，所以接着说道："所有这些事情都是在这个房间里发生的，对吗，哈维先生？""一点儿没错，艾略特！"这位老迈的大夫一如既往，始终认为他的行为只能算是一种无损于名誉的小过失。

不过，即便爱因斯坦在原则上也许不会反对用他的大脑进行研究，恐怕也要对这种披着医学的白色外衣所犯下的罪行进行某种程度的谴责。在遗嘱中，爱因斯坦对自己死后遗体的处理作了明确安排：在其去世的当天，遗体就应该火化，并把骨灰撒在一个秘密的地方。而实际上，也确实遵照他的遗嘱做了。他不希望留下任何东西，让后人当作圣物或圣地顶礼膜拜。神都是没有坟墓的，他本人就是一座永远的丰碑。然而哈维对此却一无所知。

不过，有谁敢说，只有哈维一个人应该受到谴责呢？爱因斯坦的眼科医生、他多年的好友亨利·阿布拉姆斯（Henry Abrams），不也是刚一验尸完毕，就忙着把死者的头拿去，用极其娴熟的手法将两只眼睛从眼窝中抠了出来，送到一个保险箱里保存起来了吗？据说，那对制成标本的眼睛至今还存放在那里。哈维的行为的确有些卑鄙下作，但从某种角度看也是符合人性的。大家都知道，卑鄙和人性往往密不可分。他说，他是为了科学事业才这么做的；至少在这些年里，他曾一次又一次把自己收藏的脑组织试样提供给研究者使用。他一直希望，他们能在显微镜下捕获这一天才。

对爱因斯坦大脑的研究不仅有望发表论文、出版著作，而且还意味着成功和出名，所以毫不奇怪，很多专家会把它看作蕴藏丰富的宝藏。所谓的神经胶质细胞的数量应该比较高，颅顶下缘的周长应该比一般人大；另外，某条沟纹的形状应该非常独特……

这些难道就是揭开其非凡创造力的第一步？纯粹是胡说！对爱因斯坦思维器官的所有研究，全都受到另外一些脑科专家异口同声的、程度不同的激烈批评，基本态度都是“劣等的论文”，“没有说服力的结果”，“错误的结论”。这颗头脑虽然作出了无与伦比的贡献，但这也是与其他许多头脑相互作用的结果，如果脱离开它生活的这个世界，很可能一无所成。研究者们甚至不知道，爱因斯坦神经组织中的适当差异——按常理应该具有重要意义——是不是由于一直到高龄依然保持非常活跃的思维活动才形成的。至于所观察到的某些特点，即便不能说适用于千百万人，但至少在成千上万人身上同样找得出来，不知这些研究者又该将它们如何进行分类？

他们无论如何也无法对爱因斯坦的不同凡响作出解释，反过来却证明了：即使在科学具有巨大影响的20世纪末期，能够在肉体中重新找到作为映象的精神这一迷信，其魔力丝毫也未见减退。怀有这种迷信的研究者，表现出对一种简单公式的渴望：就连爱因斯坦这样一个永生不死的、极其重要的思想巨人，无论是其生活还是事业，都可以用这个公式加以说明。其实他们不懂：像爱因斯坦所提出的那种令人信服、具有永恒价值却又简单明了的公式，仅适用于死的物质。对于活生生的人，适用的应该是另外一种规律。

爱因斯坦是那些曾在这个星球上漫步的最著名的人物之一。可以说，没有任何一位科学家拥有能够与之比肩的声誉，闪射出与之相近的神一般的光辉。围绕着他的令人困惑的不解之谜之所以越来越多，很大程度上要归功于他那极大的角色跨度和多样化的性格。一个人，一个资产者，一个放荡不羁的艺术家，一个超人，一个顽皮粗鲁的孩子……种种角色集于一身。他虽然可以容忍不同世界观之间的矛盾，但任何人都不会像他那样将这种矛盾人格化，并以极端的态度对待周围的人——对于一些人是朋友，对于另外一些人是敌人，一个忽略其外表的自恋者，不拘小节的青年和叛逆者，人类的朋友和孤独者，世界公民和遁世者，身为学者而为军事部门服务的和平主义者。

这边是法国大革命的理想，为自由和博爱而斗争；而那边，当涉及人类的另一半——女人们的时候，却又变成了盲点。这边是道德伦理的权威，那边却又担着一个不诚实的孩子和梅毒患者的嫌疑。出于强烈的正义感，原则上他在女王和流浪汉面前没有什么两样。而与之形成鲜明对比的是，两性间的平等却从来没有打动过他；恰恰相反，他只是把女人当成情人加以欣赏和利用，从来没有真正承认她们是与自己齐眉的伴侣（也许在演奏音乐时除外），而且不加掩饰地予以鄙视，两次婚姻皆以失败而告终。

远见卓识和昏聩糊涂很少如此贴近。对于纳粹可能招致的灾难，对于犹太人遭受迫害的规模，对于“二战”之后由于美国的军事化而使民主在美国所受到的威胁，几乎没有一个人像爱因斯坦那样及早而又明确地认识到所有这一切的发展。然而，由于他在政治上的天真和幼稚，又会让朋友和同伴们为之担惊受怕。

一方面是震撼世界的认识，另一方面又是疏忽和计算错误。他用他的相对论和关于量子论的基础性研究，使自己成为经典物理学的征服者和完成者。但他刚一出名，就从一个开路先锋变成了一个设法以自己的全部权威阻碍发展的人，被年轻一代看成是一个顽固不化、妨碍进步的人。

由于他的想象力，他可以像了解遥远星球的命运那样理解电子的实质，但一涉及离他如此之近的身边的人，特别是他的儿子们以及他们的窘困，他就失去了任何移情能力，变成了一个粗暴甚至残忍的人。反过来，对于穷人、弱者以及遭受迫害的人，他又表现出深切的同情。他不承认任何上帝，也不承认任何宗教信条，但几乎没有一位科学家像他那样心中充满宗教的虔诚。一会儿是和蔼可亲的智者，一会儿是无可救药的榆木脑袋——一个以自我为中心的、对整个人类充满责任感的独来独往的人。

爱因斯坦可谓人类天才的极致，他的一切创造都是由其力场供给的。但无论是他的大脑组织切片，还是他身体的其他残余部分，包括他的基因，都不可能告诉你其中的秘密。解开这一秘密的钥匙不应该到生物学里去寻找，而是在这里，在他的传记之中。

第一章　第二次诞生

——决定命运的 1919

就在这一时刻，阿尔伯特·爱因斯坦第二次诞生了：作为传奇和神话，作为整个一个时代的偶像和圣人，有如凤凰涅槃……

1919 年 11 月 7 日，一个灰蒙蒙的冬日星期五的早晨。当阿尔伯特·爱因斯坦在他位于柏林哈伯兰特大街 5 号的寓所里醒来的时候，他的人生发生了重大的、决定性的转折。从今往后，他再也不能像以前那样生活。不过此时此刻，这个 40 岁的男人，对接下来的几个星期和几个月里将要面临的、直至他的生命终结都无法摆脱的状况尚一无所知。“窥见上帝的秘密”是他的愿望，而像他这样能如此接近大自然之奥秘的人，也确实为数不多。但现在，指示他的命运的发展方向，在他奇特大胆的想象中却是从来未曾料及的。左右其道路的力量战胜了他的意志。这就是那一天——他在科学殿堂里被敕封圣号之后的那个日子。

在此之前，爱因斯坦基本上过着一种平静的、很少受到社会公众搅扰的生活。现在，他很快就将见识到20世纪除科研和技术之外的另一种产生了巨大影响的力量——大众传媒。大众传媒发现了他，通过空前的个人崇拜把他塑造为科学界首屈一指的世界级天皇巨星。声誉这种东西可以依靠自身的“营养”不断提高和增强，以至到最后除了声誉本身再不需要任何其他滋养。几乎没有一个人像爱因斯坦那样，能为这一论题提供如此鲜活的证明。今天，公众对爱因斯坦肖像的熟悉程度超过任何一个人，尤其是那幅披散着一头乱蓬蓬的白发、脸上布满皱纹、长着一个蒜头鼻子和闪射出天真目光的老年照片，几乎已经成为所有人心中一成不变的形象。

名声和传媒如同太阳和阳光一样互为前提。声誉的飙升是传媒链式反应的必然结果。伦敦的《泰晤士报》便在这个11月的早晨点燃了连锁反应的导火索。

作为时代的媒体，在无线电广播时代开始之前10年左右，报纸和杂志正处于鼎盛时期。这家英国报纸向它的读者们介绍了爱因斯坦的预言，称它“即便不是人类思想史上最重要的预言，也是最重要的预言之一”。《泰晤士报》一向以矜持克制和客观冷静的绅士风度闻名于世，而这一次编辑部却一反常态，以前所未有的激情报道了这一“科学中的革命”。

但是，对于远在柏林、这一轰动事件的“始作俑者”爱因斯坦，报道的内容却丝毫也不新鲜。因为报道中所说的“革命”，指的是他的广义相对论，而这一理论的建立至少已经是四年以前的事情了；报道所援引的消息——五个多月之前进行的一次天文观测证实了爱因斯坦的“宇宙的新理论”——他也早已经知晓。

作为对其思想正确性的考验，爱因斯坦曾经提出过多项预言，其中之一便是预言大质量的物体能够引起或造成空间的弯曲。如果这种弯曲确实存在，那么光线在穿越宇宙的途中一定会沿着弯曲的形状行进。太阳是宇宙中距离我们最近的大质量物体，在太阳附近，光线应该发生尽管微小但绝对可以测量得出来的偏折。

这一偏折值通过爱因斯坦的公式可以精确计算出来，用几何学的语言表示为1.7弧秒，这在天空中也就是相当于一根火柴棍儿宽度的距离。而迄今为止，在根据现代物理学的开路先锋伊萨克·牛顿（Isaac Newton）的方程式作出的、同样未经检验的预言中，该偏折值仅为上述数值的一半。由此可以看出，对于爱因斯坦理论的适用性而言，这次观测可以说是一次具有决定性意义的检验：一旦他的预言在实践中得到证实，便说明他的理论在牛顿去世将近200年之后，战胜了这位“现代科学之父”的思维模式。

所需要的观测每隔好几年才能进行一次。也就是说，从地球上看，只有在月亮将太阳完全遮蔽住的短短几分钟里才能进行。只有在这个时候，才能真正识别出掠过太阳附近的星光，也才能观测到由于太阳质量而造成的光线可能发生的弯曲。

现在，《泰晤士报》的读者们得知，在本年度的5月29日，前往热带地区的英国科学家们，在一次日食期间成功地进行了这一检验。

爱因斯坦于1919年夏初就已知道了结果。9月27日，他向身患癌症、住在瑞士的母亲报告了这一消息："今天收到令人高兴的消息：H. A. 洛伦兹（H. A. Lorentz）打电报告诉我，英国考察队证实了光在太阳附近发生偏转。"但正式结果直到11月6日，在伦敦举行的皇家学会和皇家天文学会联合会议上才郑重加以宣布。

这次值得纪念的会议所带来的后果，几乎彻底改变了爱因斯坦的生活。亲身经历了这次会议的英国数学和哲学家阿尔弗雷德·诺思·怀特海（Alfred North Whitehead）对会议作了如下描述：

"整个紧张专注的气氛犹如一出古希腊戏剧，"他写道，"我们则是为揭示天意进行伴唱的合唱队，在一次无比重大事件的展开中对命运加以宣叙。现场的安排充满戏剧色彩：传统的仪式，背景中挂着一幅牛顿的肖像，它仿佛在提醒我们，200年前所作出的最伟大的科学总结，现在要接受第一次修正。此中不乏个人色彩，一次人类思维世界的伟大探险终于抵达坚实的彼岸……物理定律即是诠释天命的语言。"

就在这一时刻，阿尔伯特·爱因斯坦第二次诞生了：作为传奇和神话，作为整个一个时代的偶像和圣人，有如凤凰涅槃。原来那个会死去的爱因斯坦刚刚跨越他探索性创造的顶峰，或许更加悲惨的后半生正待度过，一个与之同名、永生不死的人——那个作为精神探险之原版附着在20世纪的意识中的爱因斯坦，那个作为世界贤人，代表着一种人类良知，并对科学和进步之尺度提出责任原则的爱因斯坦，那个在生前就已作为天才的同义词进入日常用语的爱因斯坦，便已踏上了世界舞台。

11月10日，《纽约时报》以“天上的星光全都是弯曲的”为题刊登了这条新闻，并且宣布“爱因斯坦的理论取胜”。任何人都用不着为新理论预言了什么而烦心，因为报纸安慰它的读者：“只有12个聪明人”能够懂得这一理论。11月11日，《纽约时报》又就同一题目发表了社论，而且一直到这年年底，几乎天天都登载与此相关的故事，为的是让读者详细了解这个稀奇古怪的相对论的新世界以及它的创建人。这些报道，尤其是在以好奇心著名、狂热追求轰动效应、善于表达热情的美国公众中间，极大地提高了爱因斯坦的声誉。

尽管如此，无论是在11月7日还是在随后的日子里，柏林都没有拿它当一回事。战争刚刚结束一年，德国首都的老百姓所关心的是另外一些事情。多数人正在忍饥挨冻。冬季于这个月初提前到来，已经下了头一场雪。食品极度匮乏，几乎没有什么可供取暖的燃料。铁路客运一直中断了11天，以便为这个城市调运维持生存所急需的土豆和煤炭。

几乎所有的东西都处于紧缺状态，就连生活中的小小欢乐也成了一种奢求。《今晚报》记载了当时的情况：“抽中大奖，遭到雷击或者以正常的价格搞到一块巧克力，所有这一切，都是同等重大、难得一遇的幸运。”来自东部的难民涌入已经拥挤不堪的城市，住房变得越来越紧张，无处栖身的人露宿街头，躲在避风的角落里缩成一团。拥有宽敞住宅的房主都在担心被人强行入住，爱因斯坦一家也面临同样的问题，因为他们在哈伯兰特大街的寓所总共有七个房间。

“我们不得不舍弃（出租）一个房间，”爱因斯坦 1919 年 11 月在给母亲的信中写道，“从明天开始电梯就停了，每次出门都等于爬一次山；另外，整个严寒的冬天我们看来都要挨冻。”1920 年 3 月，他还写信告诉他第一次婚姻所生的儿子汉斯·阿尔伯特（Hans Albert）和爱德华（Eduart）：“整整一个星期我们都没有电，没有煤气，有时候连水也没有。”除了这类实际困难之外，对于这位一家之主，在这个 11 月的早晨，没有任何理由可以让他改变已经习以为常的每天的例行程序。他在他那间单独分开的卧室里醒来之后，便穿过书房和客厅进了洗浴间。他的卧室靠着门口，里面的陈设朴实无华，除了床和床头柜，只有一个衣橱、一张桌子、一只箱子和几把椅子。他新婚不久的第二任妻子爱尔莎（Elsa）的卧室位于这套房子的另一头，紧挨着洗浴间。洗漱过后，全家（夫妇二人加上他的两个继女伊尔莎和玛戈特）坐在一起吃早饭。多亏从瑞士定期寄来的包裹，一家人的伙食——迷恋美食的爱因斯坦称之为“饲料”——还算正常，基本上没有遭受饥饿的折磨。

吃过早饭，爱因斯坦像往常一样出门上班。他上班时并不需要离开这座楼，办公室就在他家的楼上，位于这栋楼的顶层，经过一段楼梯很方便就可以到达。他一天的大部分时间都在这间楼顶房间里度过。从两个窗户望出去视野非常开阔，柏林市区的屋顶尽收眼底。在写字台和窗户旁边的一个角落里立着一架结构简单的望远镜，属于供业余爱好者使用的那种。如果他真的使用过的话，恐怕偷窥邻居比观察星星的时候多。墙上挂着叔本华（Schopenhauer）和三位伟大的英国物理学家的画像：詹姆斯·克拉克·麦克斯韦（James Clerk Maxwell）、迈克尔·法拉第（Michael Faraday）和牛顿，牛顿的画像挂在最显眼的位置。

爱因斯坦在他这个小小的王国里一待就是几个小时。如果他想放松一下，有时会下楼回到家里，走进那间比德迈风格的房间，坐到钢琴旁边即兴弹奏一曲。从儿童时代起就一直陪伴着他的那把小提琴，大多数时候他只在夜里演奏——在墙面贴有瓷砖的厨房里面，那里发出的回响使琴声格外优美动听。但与他住在一起的妻女，却不免感到厌烦。

正在逼近的宣传风暴尚未波及他这里。没有详细地址、只是简单写着“德国，阿尔伯特·爱因斯坦教授收启”的信件估计到不了他的手中。那些后来由门房奥托用箩筐送来的邮件恐怕还都刚刚投进邮箱。没有一位国家领导人或女王打电话向他表示祝贺。人们所知道的唯一一封电报是他所钦佩的荷兰同行亨德里克·洛伦兹打来的，向他报告观测结果在伦敦发布的消息。

第二天夜里，伦敦《泰晤士报》的轮转印刷机正在赶印另外一篇关于“科学的革命”的故事，以便详细解释这次历史性日食观测的结果，而柏林人第二天夜里将要面对的却是一次月偏食。尽管由于天气不好，几乎没有希望观赏到这一自然奇景，但《柏林晨邮报》仍然向它的读者提供了有关即将发生的这次月食的精确数据：“柏林地区，下午 3 时 58 分月出，满月；午夜之前两分钟左右，位于南边的月亮隐入地球的阴影之中。”

若干世纪以来，天文学家们就已经能够准确地预报日食和月食这种从古至今一直让人着迷的天象。至迟自古希腊时期开始，观星者就在以不断提高的精度研究天体力学的时钟结构，一开始用肉眼，从伽利略（Galilei）时代起使用越来越精密的望远镜。20 世纪初，天文表格和星图已经达到了令人窒息的精确度。谁要是懂得力学定律，就像 250 年前发现它们的牛顿那样，几乎可以任意精确地描述天空中所发生的事情。至于小数点后面的微小偏差——对于谨小慎微的专家其实也是极其微小的——充其量也就是对所描述景象的完美性稍有损害罢了。

而现在，这个世界却不得不从其在伦敦的政治中心重新开始学习：一个住在柏林，叫做阿尔伯特·爱因斯坦的非常不出名的人，用一种全新的、非常不容易理解的、但其预测却更为精确的宇宙模型，推翻了前人所创造的、堪称人类伟大成就的、美妙无比的天体公式。这个新宇宙模型有一个值得记住的名字：广义相对论。

一个对星体和行星的运动并不比任何一个一般水平的业余天文学家更了解的人，创立了一个非同寻常的公式体系，对宇宙的描述比此前的任何一个体系更加完美。为此，他甚至不需要通过望远镜的目镜进行观察，而只是进行思考和计算。尽管旧体系和新体系得出的结果相互之间只有小数点之后的细微差别，但在它们的内部结构方面，却绝非“稍有不同”，而是有着根本性的差别。如果说，牛顿是以在他的方程式中虽然作了描述、却无法解释的神秘远距离作用为出发点，爱因斯坦则提供了一种既可以用于计算、同时又可以解释宇宙事件的模型。

来自被打败的敌对国家的这种新思想的巨大影响，可以说一下子就感染了大不列颠和美国那些幸福的、估计也是无忧无虑的世界大战的胜利者。而爱因斯坦的同胞，对其成就之伟大，却依然不闻不问，无动于衷。相反，一个叫约翰内斯·施拉夫（Johannes Schlaf）的人写了一本书，以严正的态度希望恢复哥白尼之前的宇宙观和地球中心说；11 月 8 日的《今日报》欢欣鼓舞地对此作了报道，而对 20 世纪最具独创性的学说及其引起轰动的证实公布之后英国人和美国人对它的痴狂却不置一词。

不过，还是有一个人对这一巨大成就表示关注，他就是《无线通讯公司》刚刚介绍过的、今天移动电话的先驱。“人们对此必须作好准备，”《柏林画报》写道，一如既往把握住时代的脉搏，“不久的将来，电话会像手表、笔记本、袖珍书和钱包一样，成为一种随身携带的物品。”

11 月 15 日，一则来自科学界的消息终于唤醒了德国人的自豪感：柏林人马科斯·普朗克（Max Planck）和弗里茨·哈伯（Fritz Haber）被授予 1918 年度的诺贝尔奖。其中一个是物理学奖，另一个是化学奖；而约翰内斯·斯塔克（Johannes Stark）则被授予 1919 年诺贝尔物理学奖。这三个男人，无论从好的方面还是坏的方面，在爱因斯坦的一生中都将扮演重要角色。而他自己，对来自斯德哥尔摩的电报的等待却必须一直持续到 1922 年年末。届时，他作为获奖候选人总共已经得到过 10 次提名。

其他方面，这个国家在崩溃瓦解与重新开始之间踟蹰不前。相对平静的国内政治阵线正在准备迎接某一时刻的来临，一次计划中的总罢工刚刚取消，失败成为报纸大字标题和市民们街谈巷议的主要内容。

德国总统艾伯特（Ebert）领导下的年轻共和国正在同作为战胜国的列强谈判和平条件和战争赔款。再过 11 天，陆军元帅冯·兴登堡（von Hindenburg）将向魏玛共和国提交他的一系列重大议题，其中之一就是“背后一箭”① 说，而这种说法正是导致共和国失败的一个原因。就在同一天，亦即 11 月 18 日，《福斯报》作为第一家报纸，发表了一篇基本客观的、有关爱因斯坦实现突破的报道，主要引用《泰晤士报》的消息。而其他报纸随后发表的一些有关此事的文章态度都相当冷淡。与此相反，英国人却觉得这还远远不够。“整个英国都在谈论您的理论。”阿瑟·爱丁顿（Arthur Eddington）爵士，这次意义重大的日食考察远征队的领导人，在 12 月 1 日给爱因斯坦的信中这样写道。而保罗·埃伦费斯特（Paul Ehrenfest）则于 11 月 24 日在荷兰说：“所有报纸都登满了《泰晤士报》有关日食和你的理论的令人激动的文章的译文。”爱因斯坦在回信中则把这说成是“一群飞着的报纸鸭子的嘎嘎乱叫”。

但是到了 12 月 14 日，德国的情况也发生了变化。《柏林画报》在封面上刊登了一幅照片，照片上的人表情凝重，沉思地注视着什么，黑色的头发梳向脑后，留着浓密的髭须，下巴

① “背后一箭”：第一次世界大战以后出现的一种谬论，认为德国战败是由于“后方的背叛”，即革命所致。

支在右手半张着的手指上。照片下面写着一行字："世界历史上的一位新巨人。"

如果说，在此之前公众对这个人几乎毫无认识，那么现在，在短短的几天之内，好像没有一个人未曾听说过爱因斯坦和他的业绩了。一篇令人印象深刻的、同时代人的描述反映出了那些日子里的激情："在这个时代，没有一个人的名字像这个人的名字那样被如此多次的提及。在让整个人类着迷的宇宙这个主题面前，所有的事情都相形见绌……到处都在举办讲习班和由游学讲师授课的流动大学，引导人们从日常生活的三维困境进入四维空间的美好天堂……相对性成了占据统治地位和让人获得拯救的词语，这是长久以来的第一次。只要想象一下：一个活生生的哥白尼在我们中间漫步，一种崇高的感情便会油然而生。"

爱因斯坦的名字突然一下子挂在了所有人的嘴上，当然还有那个值得注意的、名为相对论的东西——它之所以博得人们的好感，主要是因为谁也琢磨不透。"我敢肯定，"他解释说，"群众对我的理论的热情，恰恰来自由于不可理解而产生的神秘。""由于难以理解而吸引他们，给他们留下深刻印象，这就是神秘莫测所拥有的色彩和吸引力。"

直到此刻他仍然相信，这场"相对论引起的喧闹"很快就会平息。"不过，能让我经历这件事情，是命运对我的恩赐。"10 月 23 日，他还对马科斯·普朗克这样袒露心声。1920 年初，他给他的瑞士朋友海因里希·臧格尔（Heinrich Zanger）写信说："自从人们知道光线弯曲以来便掀起了对我的崇拜，以至我也觉得自己像个偶像……但在上帝的帮助下，这些事情总会过去的。”而此时此刻他还不知道的是：面对即将降临的荣誉的威力，不管何方神圣也只会束手无策。

现在，他被涂上了光辉，但是以一种令他恐惧的方式，一个充满梦魇的时代开始了，来不及回复的信件压垮了他。终其一生，诗歌都是爱因斯坦宣泄情绪的出口，所以他用一首诗表达了他的厌恶之情：

信件每天带来成百上千的事情，
每家杂志都张着贪婪的大嘴——
经受这种折磨的人该怎么办？
他沉默无语并暗自思忖：让我一个人清静清静！

即便几乎没有一个人能够领会他的思想，能够真正享用他为创立一种宇宙新秩序而英勇奋斗多年所获得的正确成果，一个像爱因斯坦这样的人，想必还是会同那个“老人家”再谈一次话（有时候他这样称呼上帝，而不是指某个人）——尽管尼采（Nietzsche）早已宣称上帝不复存在。

作为一个人，爱因斯坦的光彩超过了所有其他的人，他把这归因于他的影响力，最起码不亚于他所从事的工作。从1919年开始他所经历的事情，尤其是他在环球旅行中所经历的、那种把他当作英雄和神明近乎于歇斯底里的崇拜敬奉，并不仅仅是那记划时代锤击的余响——在那记重锤的撞击下，旧的物理学大厦轰然倒塌，在其废墟上爱因斯坦建立了至今适用的宇宙观。

更主要的是，他给那些由于科学而三次受到伤害的人们平添了些许慰藉：哥白尼（Kopernikus）从你们的世界中心夺走了宇宙的王冠，达尔文（Darwin）毁掉了你们对上帝创造万物的信仰，而弗洛伊德（Freud）又将你们的潜意识解释为“我”的统治者；而现在，这种受本能驱使的、起源于低等生命的、乘坐着它那个小小的星球孤独地穿行在茫茫宇宙间的生物，竟然证明：尽管如此，人，还是如此伟大！仅仅通过思考——他那最宝贵的本领，就能够洞悉宇宙及其深处的奥秘！

将爱因斯坦的形象骤然抬升到天上并促使他的敌人采取行动的并不仅仅是这一文明之成就，他对于人们的影响力也可以归于全然不同的其他原因。首先，他懂得将他作为学者和预言家赢得的威望用于自己的目的，特别是慈善和政治的目的。他的求索，他对和谐的渴望，以及他反对任何一种形式的权威的斗争，并非仅限于科学领域；他把它们扩展到了整个人类和文明进步的过程。在他那些创造知识的同行中，没有一个人曾经像爱因斯坦那样将自己和一项政治纲领连在一起。

同时，他那特有的、间或酷似卓别林的外表，如同他那些随口而出、让人想起格劳乔·马克斯（Groucho Marx）的笑话一样，极大地增加了他身上的超凡魅力。正如媒体利用他一样，他也渐渐懂得了利用自己的影响，一开始还很不纯熟，但慢慢地越来越应对自如——尽管这种魅力的展示始终带有少许笨拙。他通过无线广播直接向全国发表谈话，他的意见举足轻重，他的看法经常会引起轰动。

通过同报刊、电台和电影界娴熟而又自信的交往，他创造了某种今天被称为“品牌”的广告宣传战略。在“爱因斯坦”这个品牌中，漫不经心的教授形象同为和平、人权、裁军和世界政府而斗争的英勇无畏的战士化身相互映衬，健忘、对诸如衣着打扮之类的习俗和约束不屑一顾的浪漫气质与时局分析家的敏锐目光交织在一起。

当爱因斯坦在其晚年向世界和未来伸出他的舌头的时候，最终给我们留下了他自己那个标志着从人到隐喻完美转变的形象：这个将伽利略和甘地的性格特征集于一身的触犯禁忌者，成功实现了艺术家的自由与哲学家之力量的结合，将第欧根尼（Diogenes）① 和达利（Dali）② 作为一切时代的教父合为一体。

但这张照片也展示了一个令人悲哀的傻瓜：自从广岛和长崎的原子弹爆炸给他的星球投下一道阴影以来，他再也无法使他天真的游戏和孩子气的认真取得一致。

1919 年 11 月 7 日这一天，作为一道分水岭将爱因斯坦的一生划分成两段。这年年初，他同拖了他好几年的第一任妻子米列娃（Mileva）离婚，这标志着他正式告别了颠沛狂野的过去，并最终结束了他青年时代所梦想的“吉卜赛人的生活”。几周之后，他和他的表姐爱尔莎喜结连理，豪放不羁的波希米亚人重又回归到他童年时代的世俗生活中。

---

① 第欧根尼，公元前 4 世纪古希腊犬儒学派的哲学家，其衣食住极为简陋，据说曾在白昼打着灯笼到处寻找诚实的人。

② 达利（1904—1989），西班牙超现实主义画家、版画家。

1919 年末，对他的前半生有着巨大影响的人，他的母亲保莉妮（Pauline），搬到了位于哈伯兰特大街的儿子家中。身患癌症、已走到生命尽头的母亲希望能在家人环绕下闭上眼睛。她有幸亲眼看到了儿子的成功。“属于母亲的骄傲原本就是妈妈最好的食粮”。现在，他的“阿尔伯特儿”，终于开始长大成人了。

第二章　爱因斯坦何以成其为爱因斯坦

——一位天才的心理图谱

宇宙观的颠覆者爱因斯坦，在其成长发育的关键时刻，同样让其生命时钟的一部分停了下来。虽然这并不是一种故意的行为，但其结果却使爱因斯坦终生都保持着孩子的纯真。

“今天，户籍登记处官员接待了一位他所熟悉的人——商人赫尔曼·爱因斯坦（Hermann Einstein）。此人家住乌尔姆市火车站街135号，信奉犹太教。他报告说，他的妻子保莉妮·爱因斯坦——娘家姓科赫（Koch），信奉犹太教，住址同前——于1879年3月14日上午10时30分生下一个男婴，取名阿尔伯特。”

一个春天即将来临前的星期五，料峭的寒风从这座施瓦本城市吹拂而过，天空碧蓝，阳光灿烂，气温已经升到7摄氏度。在位于老城边上、烧得暖暖的那栋楼房里，一个刚刚降生的婴儿用他憋足了劲儿的响亮啼哭发泄着自己的不满。年轻的母亲刚把她的头胎儿子抱到手里，他那“异乎寻常的有棱有角的硕大后脑勺”便让她吓了一跳，竟怀疑自己生了一个“怪胎”。至少这是比阿尔伯特晚两年半降生的妹妹玛雅（Maja）成年之后，亲笔写下的家族传说。终其一生，他的大脑袋都是他最显著的外表特征之一。不过，这恐怕还不是小阿尔伯特让父母唯一害怕的事情。

按照他出生那天的统计，他的预期寿命只有35.6岁。在那个年代，儿童的死亡率还是一个相当严重的问题。而柏林的那位医生罗伯特·科赫（Robert Koch）刚刚在纯粹人工条件下成功地培养出了细菌，迈出了后来与病原体进行有效斗争的第一步。主要是由于卫生条件的不断改善，欧洲各国的人口急剧增长。阿尔伯特降生在一个当时有着4400万人口的国度。当他15岁离开这个国家、准备先迁到意大利然后再移居瑞士的时候，在德意志帝国生活的居民已经达到5200万。而当他于1914年返回柏林的时候，这个数字已经达到6500万左右。尽管发生了第一次世界大战，也只不过在不断上升的人口曲线上留下了一个小小的波谷。当爱因斯坦于1932年被迫永久离开德国并移居到美国时，这个“缺少空间的民族”的人口总数已经重新达到6600万。

创业狂潮泛滥的城市，艺术方面的根本变革，社会关系的严重扭曲，科学技术的飞速进步（这就是爱因斯坦和他那一代人所处时代的特征）——电话技术，邮件的管道风动传送装置和大西洋海底电缆，高层建筑和电梯，有轨电车，快速火车，汽车和飞行器——以及人和精神气质，商品和信息，所有的一切全都处于运动和加速之中。

正在兴起的通讯社会以令人眩晕的速度临近了现代的门槛。当时，以技术为标志的全球化需要统一的时间度量。钟表实现了同步，先是在城市里，然后越过了国界，最后遍布全世界。从降生到这个世界的那一瞬间起，爱因斯坦便从远处听到了终有一天要和他的名字紧紧连在一起的那场革命的伴奏曲。

爱因斯坦诞生的这栋楼房（于 1944 年被炸毁）距离新建的火车站只有几步之遥。不久之前通车的巴黎与伊斯坦布尔之间的“闪电快车”在那里停靠，乌尔姆借此与世界连接在了一起。铁路为消除德国众所周知的四分五裂的割据状态作出了巨大贡献。在爱因斯坦发出第一声哭喊之前八年，俾斯麦在威廉一世的领导下建立起了统一的德意志第一帝国。这个人是怎么去往火车站的？如果他不是步行或者骑着当时正时髦的自行车——当时仍然是唯一的个人交通工具，那就是乘着轿式马车或者出租马车。当爱因斯坦在乌尔姆降生时，环绕着他的氛围以及背景音乐中，除了煤烟、煤油味和蒸汽机的轰鸣，还有马的气味以及嗒嗒的马蹄声。

“作为一个人的出生地来说，这栋房子相当漂亮，”当其 50 周岁生日之际，爱因斯坦对他的出生地点作了这样的描述，“不过对于一个刚刚生下来的孩子，此时此刻最高兴的事情是大声哭叫，而不会为背景和环境操心，更不会有很高的美学需求。”

他在乌尔姆虽然只生活了 15 个月，但直至今天，乌尔姆人依然拿他做宣传广告。还有谁能够更有力地证明“乌尔姆的居民都是天生的数学家”这句流传已久的俗语呢？这句话既饱含着带有嘲讽意味的自豪，又表明了人们对于成为数学家的渴望。他们把这句格言记在了计算大师约翰内斯·福尔哈伯（Johannes Faulhaber）的名下。据说，这位大师曾在法国学者勒内·笛卡尔（Ren Descartes）于1620年访问乌尔姆期间指导他学习数学，而且此后不久便当上了天文学家约翰尼斯·开普勒（Johannes Kepler）的助手。

作为50岁的人，爱因斯坦在写给《乌尔姆晚邮报》的一封致谢信中，为他最初的生活地点写下了一句话："出生的城市对于生命之唯一性，犹如亲生的母亲。"即使这并不一定反映他的真实态度，但肯定包含相当一部分真情实意。他和他的父母以及妹妹一样，终生都是一个施瓦本人。直到他的晚年，在他的英语中仍然混杂有这种方言的口音。尤其是他的第二任妻子爱尔莎所做的施瓦本风味的饭菜，更是他格外喜爱的美味。尽管1880年夏天全家迁居之后，按照通信地址他已变成了一个巴伐利亚人或者说慕尼黑人，但新的环境并没有改变他施瓦本人的禀性。

有关爱因斯坦童年时代的原始资料非常少。从最早的照片看，他是一个胖乎乎的、长相挺漂亮的男孩，有点怯生生地看着照相机。当祖母第一次看到他的时候，不禁连声叫道："太胖了，太胖了！"这一记录同样源自他妹妹的回忆。她还回忆说，当她出生之后，他曾经问过：在这个父母答应带给他的新玩具——这个小娃娃身上，"小轮子"究竟在什么地方？但这与他说话方面发育比较晚的说法稍微有些矛盾，而说话晚的问题在他自己的回忆中也曾提到过。

“的确，”他在去世的前一年写道，“因为我很晚才开始说话，我的父母一度十分担心，甚至还找医生咨询过。那时候我有多大我也说不上来，但肯定已经三岁多了。”先是为脑袋的形状担忧，然后又是发育缓慢、反应迟钝——这对母亲的信心真是一个严重的考验。很显然，小阿尔伯特表现出来的行为有时类似于一个孤独的孩子：首先在头脑里构成完整的句子，然后再轻声试着表述，并配合以嘴唇的动作，直到确信一切都配合得很好，才用稚嫩的童声响亮地说出来。

这种奇特的行为一直伴随他到上学之前，所以家里的女佣把他叫作“小傻瓜”。德裔美籍精神分析学家艾里克·埃里克森（Erik Erikson）认为，对一个像爱因斯坦这样的孩子，“今天肯定会进行专门的研究或者加以特殊的对待”。谢天谢地，爱因斯坦幸亏没有受到这种特殊待遇。

人们背地里议论说，这个孩子性情暴躁得让人觉得可怕，这种毛病一直延续到 7 岁。如果什么事情不合这个小东西的心意，他会气得面无血色，鼻子也会因为愤怒而发白，有时还会动手打人。他的牺牲品中也包括一位家庭女教师。他妹妹回忆说：“他抓起一把椅子朝她扔过去，她吓了一大跳，由于害怕再也不肯来了。”玛雅同样遭受过他的攻击：“有一次，他把一根九柱戏的大木柱扔到她的头上，还有一次用的是男孩子玩的小锄头”，而且“在她头上打了一个洞”。

还在这个阶段，爱因斯坦就已经经历了某些给他留下“深刻和持久印象”的事情。比如，“当父亲把一个指南针拿给我看”的时候，他觉得十分惊奇：在没有任何人拨动的情况下，它的指针竟然总是转向同一个方向。“一定有什么东西深深隐藏在这件事情的后面。”这难道就是一个天才最初的萌动?

对于他的无与伦比之谜,“惊奇”说明不了太多问题——几乎每一个孩子都会对颤动的罗盘指针或者其他令人困惑的物理作用感到“惊奇”。

其他孩子背地里都喊他“烦人精”,因为他不愿意参加他们那些粗俗的游戏和打闹,即使参加,也只是当当裁判。他们把他看作一个过于诚实和坚信公道的人,还给他起了一个外号叫“假清高”。在他的一生当中,他始终把人与人之间的正义和公平挂在心头。

照片上的他陷入沉思,稍显瘦弱,拘谨而且非常严肃——这当然也可以用当时照片的普遍特征加以解释:照相的时候人们总是一本正经,基本看不到笑容。不论是父母花园里的景色,还是全家到阿尔卑斯山旅游时沿途的自然风光,都像他的音乐一样,完全是为了帮助他松弛一下精神或者更深入地思考。按照妹妹的说法,阿尔伯特宁肯一个人待在家里整小时地学习,也不愿意跑到外面去嬉闹,而这很需要坚韧不拔的毅力。他有一套插接式积木,常常让他着迷地组成各种大胆新奇的结构。他也喜欢用纸牌搭建房子,不到 10 岁就已经能够稳稳当当地搭起 14 层高楼。线锯木工的活计非常吃力,可他干起来却专心致志。对于热力耦合孩子气的初步认识,可以让他整天摆弄他的蒸汽机——舅舅凯撒·科赫(Csar Koch)从布鲁塞尔带给他的一件礼物。

据说母亲保莉妮很早就发现,“他有一天也许会成为一个大教授”。她把这个有两个孩子的小家庭收拾得井井有条，并给了他最大程度的帮助。相反，父亲对他而言只是一个快活、开朗、易于满足的伙伴，没有任何雄心壮志。“他只在那里笑眯眯地瞧着，看不出有任何愿望。”爱因斯坦在1918年写给朋友海因里希·臧格尔的信里说。

在有关爱因斯坦的所有传闻中，下面一种说法格外流行：他在学校里的表现很差劲儿。之所以如此，可能是一方面在父母看来，他们的孩子没有取得所期望的分数，这种榜样给他们带来某种安慰：“是呵，就连那个爱因斯坦……”而另一方面，则可能是因为这对那个神话的形成未曾起到重要作用。

其实，别看年龄不大，阿尔伯特的学习成绩已经让家里对他寄予了厚望。小学一年级，他的考试成绩名列全班第一。在上小学的整个期间，他的学习都比较好，只是体育一直不怎么样。据说，一进行剧烈的运动他就会头晕。另外，他断然拒绝参加任何比赛项目，包括下棋在内，就连体育课上有组织的操练恐怕也让他感到厌恶。

年轻的阿尔伯特与那时乃至今天的其他学生相比，最大的不同在于：在上学的同时，他还走上了另外一条属于他自己的求知之路，即通过自学获得了对于他以后的成长具有重要意义的技能。他不断地看书，看书，看书。当他学习的时候，即便家里人闹闹嚷嚷乱成一团，也不会让这个小小年纪的自学者分心。“当我还是个年轻人的时候，”暮年时的他回忆说，“我对生活的最大愿望和期盼就是能够安安静静地坐在一个角落里干我的事儿，而不希望人们注意我。”

这一性格特点他一辈子都没有改变。“在他身上，灵魂和躯壳发生分离，有点儿像圣徒那种心醉神迷的状态。”他第二任妻子爱尔莎的一位女友安东妮娜·瓦伦廷（Antonina Vallentin）这样描写他，她是在他的后半生才认识他的。“不管是发出震耳欲聋的噪声，还是在难堪的寂静中将所有的目光集中到他的身上，他也依然充耳不闻、视而不见。”她不仅看到，“他像住在一个荒无人烟的孤岛上一样把自己隔绝起来”，而且，“即使他的眼睛睁得大大的”，但它们“却像盲人一般黑洞洞的，黯然无光”。

与他年龄相仿的人都在外面寻找刺激，而他却躲在屋里，在头脑中寻求他的“飘浮体验”，如同心理学家所说的“完全融入感兴趣的对象中”。

他同几乎所有的伟大人物一样，都有这种癖好，一种对“事件高潮”的过分渴求。爱因斯坦渴望使自己永无止境的求知欲得到不断的满足。为此，很早他就开始锻炼自己第二重要的身体部位——屁股的坐功。他那些非常活泼爱动的亲戚经常看见沙发上坐着一尊精神恍惚的小菩萨，思考起数学问题来好像入定一般。

爱因斯坦的叔叔雅可布（Jakob Einstein）是一位工程师，也是他父亲业务上的合作伙伴，还在他上小学期间就开始教他基础数学。他以游戏的方式向一个孩子详细讲解由图形和公式组成的抽象世界，显而易见，他教的是一位罕见的天才。叔叔给他讲解道：“代数属于懒人的计算艺术。凡是你不知道的数值，就把它叫作X，并把它当成一个已知数加以对待，先把相互之间的关系写下来，然后再确定 X。”雅可布给他讲完毕达哥拉斯定理之后，这个孩子便“起劲地考虑这个问题，竟然长达三个星期之久”，并且自动自觉、完全靠自己的力量给出了正确的证明。

难道这里已经闪现出了点燃创造烈焰的火花？如果说爱因斯坦像为数不多的同龄人一样，在他的青少年时代就已显示出了天赋，那么，又是什么使他将其他人同样拥有的才能发展成只有极少数人才能达到的天才呢？这一从劳动者到创造者的飞跃又是何时以及如何奠定的呢？是否可能从中推导出非凡创造性的发展模式呢？

心理生物学研究一直在探求这种反复出现的性格特点。美国哈佛大学的霍华德·加德纳（Howard Gardner）将爱因斯坦同 20 世纪六位堪称天才的名人以及毕加索（Picasso）、弗洛伊德和甘地进行了比较。

他从自己的研究中推断，每一个创造性的突破都显示出有一个天真和成熟的接口。他甚至又进一步强调说：“现代精神从早期的儿童意识中吸取它的创造潜能。”查尔斯·波德莱尔（Charles Baudelaire）曾把儿童称为“现代生活的画师”，从这一意义上讲，作为一个正在走向成熟的科学家，爱因斯坦当然会从他青少年时期持续不断的漂泊体验中吸取革命性的力量。

心理学家加德纳认为，爱因斯坦的父母能够让孩子在那里安安静静地幻想，这是他特殊的成长历程中一个非常重要的因素。它可以给孩子们一个“自在从容地追随自己的好奇心、熟悉自己独特的世界的机会”。通过这种方式，他们积累了终生受益的“创造性资本”。所以，他把一个人的童年称为“强大的盟友”。

有句民间流行的格言说得非常好：“一个人的聪明才智不会从天上掉下来。”对于爱因斯坦同样如此。一般情况下，未来的天才都要经过一个十年左右的持续不断的手工作业和理论研究阶段，亦即成熟时期。从中学毕业到 1905 年获得包括狭义相对论在内的革命性发现，爱因斯坦付出了整整 10 年的艰苦脑力劳动，天天闷头思索，翻阅书籍，直至深夜。爱因斯坦最喜欢的作曲家莫扎特，在成功创作出载入音乐史册的作品之前，也已经写了 10 年的乐曲。此外，研究创造力的专家还发现，在成长为天才的道路上，过高的智商与其说有益，还不如说是一种妨碍。诚然，大部分被冠以“天才”的人，确实智商明显高于平均水平；但那些罕见的、智商超高的人（按照通行的方式测试，IQ 在 150 以上），几乎没有一个表现出他是一个天才的创造者。

富于创造性的人，除了智商之外，还有一台由精密材料构成的发动机在推动他们前进，那就是他们的意志。他们决心成为一个有所创造的人，以对目标的坚定追求和无限执著而著称。爱因斯坦本人也认为自己有着“犟驴般的执拗”。常言道：“上帝创造了驴子并且给了它一张厚皮。”如果必要的话，他会干脆闭上眼睛，根本不去理会别人的议论和看法。所以，凡是具有高度创造精神的人，往往都具有这一特点，至少在开始的时候，很难被别人所接受。

被人认为“孤僻”的爱因斯坦，只是在物理和数学方面表现优异，其他方面虽然也算得上是个好学生，但表现平平。如果说有什么特别之处，那就是学校认为他太机灵了。他父亲曾说："阿尔伯特早就让我习惯了：除了非常好的分数之外，他也会拿回较差的分数。"但这并没有妨碍这位年轻人向他的老师发起挑衅。他对权威的蔑视常常激怒他们。在他的回忆中，他把自己的逆反行为归咎于慕尼黑卢伊特玻尔德文理中学那种兵营般的气氛（他从 1888 年起在这所学校里就读），归咎于老师那种"军事长官的特点"，以及他们那种"枯燥无味、机械刻板的教学方法"。这种教学方法首先要求"对字句死记硬背"，而爱因斯坦对此十分讨厌："我宁愿接受任何一种处罚，也不愿意将什么东西倒背如流。"在回首往事时，爱因斯坦似乎非常喜欢拿这所文理中学同瑞士阿劳的州立中学进行比较。1896 年，他在充满佩斯塔罗奇（Pestalozzi）教育改革自由精神的氛围中从阿劳中学毕业。平心而论，"卢伊特玻尔德"当时在德国可以说属于比较先进的学校，虽然在管理上讲究严格和纪律，但也并非有意要像管理士兵似地制服年轻人。当他在慕尼黑的班主任约瑟夫·德根哈特（Joseph Degenhart）博士批准他离开这所学校时，感到意外的阿尔伯特为自己辩解，说他并没有犯过任何错误，但老师却说："由于有了你，我在班里应得的尊重受到了破坏。"

凡是成功取得创造性突破的人，都具有特立独行和独立思考的特点。而独立性往往会被误解为不听话。但是它所表达的，其实是对权利和公平的一种坚持不懈的追求，代表了青年人的典型意志——只要他们认为自己的观点是正确的，便很难忍受不同的意见。在这一点上，爱因斯坦终其一生也未改变，而且为之提出了一种崇高的动机："迷信权威是真理最大的敌人。"

他反对任何形式的权威机构，反对中小学和大学里的呆板规定，反对上层社会生活中的准则，反对诸如衣着整齐之类的习俗，反对宗教信仰和物理学中的教条主义，反对军国主义、民族主义和国家意识形态，反对老板和雇主。他反对一切类型的机会主义，这也是他性格中最令人钦佩之处。"在他的外表和举止中，"加德纳说，"与他那掩饰得非常糟糕的冷漠相比，对于成人的'游戏规则'，他终生都保留着某种孩子气。即使到了老年，他也依然保持着孩童般的无忧无虑。"

爱因斯坦也曾试图以此来解释他的奥秘："当我问自己，为什么偏偏是我发现了相对论，我想，大概是出于下述原因：对于时空问题，一个成年人不会再做什么思考；按照他的看法，所有这些问题，早在儿童时代就已经思考过了。而我则相反，我发育得很晚，以至我长大成人以后才开始对时空问题感到惊奇。所以十分自然地，我会比一般的孩子更能深刻地探究这个问题。"

这就是那个曾经建议儿童心理学家让·皮亚杰（Jean Piaget）要按照孩子们对于速度、空间和时间的想象来向他们提问的爱因斯坦。他的这个建议引发了这个瑞士人最富有成果的研究领域之一。遗憾的是，皮亚杰却没有再对他那个时代最令人感兴趣的研究对象——小阿尔伯特加以研究，否则的话，他很有可能在他身上观察到一些值得注意的现象：就像君特·

格拉斯（Günter Grass）虚构的世界中那个敲铁皮鼓的孩子——奥斯卡·玛泽拉特长到3岁的时候决定不再继续长大那样，宇宙观的颠覆者爱因斯坦，在其成长发育的关键时刻，同样让其生命时钟的一部分停了下来。虽然这并不是一种故意的行为，但其结果却使爱因斯坦终生都保持着孩子的纯真。与此同时，他还因此而为自己生活的其余部分亲自设定了一个角色，将要演出一幕幕悲喜剧。正如加德纳所说，“他永远是一个孩子”。这一看法同样适用于莫扎特。艾里克·埃里克森也曾做过类似的评价，称爱因斯坦是“凯旋的孩子”。

他生命时钟的一部分停了下来，而所有其他部分却毫无阻碍地继续向前运转。爱因斯坦成长为一个大男人和父亲，一个有思想的杰出人物。尽管人们把他看作“成熟的、人类理性的象征”，他却一如从前，继续保留着孩子的纯真本性。他会时不时地退回到他的孩童状态，并以这种方式建立起一道抵御生活中各种危险的保护屏障。从这时起，阿尔伯特·爱因斯坦开始在同一个人的外表下以两种不同的性格生活。

这种状况绝不是暗暗发生的，而是恰恰相反。他周围的人都见识过他那从未稍减的充满孩子气的个性。这种性格会让不熟悉他的人为之着迷，但也可能会把他的朋友们推向绝望。1921年，当朋友们恳求他阻止一本关于他的、涉及个人内容过多的传记出版时，他的同学兼同事马科斯·玻恩的妻子黑德维希（Hedwig）给他写信说：“你根本不懂这种事情。你简直就是一个小孩子。人们爱你，所以你一定听一下大家的劝告，何况还都是一些明智的人（不是说一定听你夫人的）。”

在爱因斯坦的家庭于1914年破裂之后，他最要好的朋友米歇尔·贝索（Michele Besso）一次又一次地要求他关心一下他生病的儿子爱德华，却没有结果。束手无策的贝索于1932年给他写信：“你这个头发都白了的孩子，知道我这个求助者的负担有多重吗?”无数的报道证明，爱因斯坦玩心甚炽，说话做事与儿童毫无二致，非常喜欢开玩笑，特别喜欢干一些调皮捣蛋的事情。这一点从他的一些滑稽的打油诗中也可以反映出来：

嘴里吹着口哨，满脑袋义务责任，
这就是不知忧愁的卡普特先生。
他面带微笑挺立在护墙上，
任何事情也逃不脱他的目光。
他望着海里和船上的一切，
一切都听从他的口哨行动。
他恪尽职守尽心尽责，
从外部审视着这个世界。

他的妻子爱尔莎讲道，自打5岁同她在沙箱里玩直到如今，他的性格从来就没有改变过。例如，曾经有报道说她如何给已经40岁的丈夫“喂饭”，因为他沉浸于工作而忘记了进餐；她又如何向他一一交代零花钱，因为他不懂得和钱打交道。就连妹妹玛雅对他“也像一个按照法律规定前去探望儿子的母亲”。

爱因斯坦天性中所包含的天真幼稚确实很有吸引力，而且进一步增强了他的超凡魅力——尽管朋友们和家里人有时候摇着脑袋试图阻止最让人恼火的事情发生。表面看起来，他那种令人窒息的无忧无虑有可能给他本人招致最惨痛的失败、最严重的敌视和危机，但也更加提高了他那超出常人的声望。“他几乎不知道害怕是什么感觉。”爱尔莎在给安东妮娜·瓦伦廷的信中写道。“任何事情都不会给他造成负担，他做起事情来无所顾忌，”她的女友这样记载，“他似乎从不晓得还有那种让胆怯者感到恐惧的梦魇。”

只要有他出现，就会出现同样的报道。同丈夫托马斯·曼（Thomas Mann）一起流亡到美国的卡蒂亚·曼（Katia Mann），1933 年之后曾在普林斯顿同爱因斯坦做过一段时间的邻居。她敏感地发现，“他有着一双睁得大大的眼睛”，而且“骨子里透出某种孩子气的东西”。哈里·格拉夫·凯斯勒（Harry Graf Kessler）则在他的札记中描绘了一个“被这对非常讨人喜欢、简直还带着孩子气的夫妇赋予了一种天真气息的”夜晚。

这些描述乍读起来往往给人一种表面、肤浅的感觉。而实际上，它们却透露出了爱因斯坦创造力量之源泉的深度，正如所有大智若愚的伟大丑角一样，孩子般的天真只不过是其智慧的另一种形式。因为，在他身上体现出来的，绝对不只是天真烂漫。他曾坦率地承认：“我总是以我的善意对待别人，不过有 20% 是有意的，这算是最好的了。”当然，与他为了掩藏自己、甚至作为战略手段使用的天真幼稚不同，他的孩子般的率真却是发自内心的，绝不是装出来的。这一性格特点给了他力量，并保护他免受一切教条主义的侵害——因为不存在任何不可以怀疑的东西。儿童的率真为他提供了一顶作为盾牌的滑稽帽，给他涂上了纯真无邪的上帝之子的光芒。

“他是一个神，而且他知道这一点。”他的朋友和医生古斯塔夫·布基（Gustav Bucky）指出。这是一个令人吃惊的评价。尽管爱因斯坦到了晚年一再提到，人们把他造成了“一个犹太圣徒”，但作为一个神，无论是转义还是实指，则肯定是他最终所希望的。很显然，他无法阻止给别人留下这样的印象。

20 世纪 40 年代末，曾应邀到普林斯顿爱因斯坦家中作客的自由撰稿人伊索多·F. 斯通（Isodor F. Stone），后来曾回忆起那次访问：“出乎意料，你面对的不是圣经中那位令人畏惧的上帝，而是小孩们的慈父，和蔼可亲而又聪慧。”他的奥秘就在于接近孩子们的世界。“只要看一看他同一个孩子的交谈，就可以清清楚楚地看出，在同成年人打交道时，阿尔伯特·爱因斯坦会用一道不可逾越的藩篱将自己围挡得何等严实。”安东尼娜·瓦伦廷说：“他在面对孩子时总是把他们当作完全平等的对手。”

与给人的印象相反，还在青年时代，爱因斯坦便显示出了一个提前成熟的成年人的特点。这是因为，这个永远长不大的孩子的反面，正如爱因斯坦自己所说，是“一个相当早熟的人”。所以，“性质完全不同的第二种惊奇”，比起那个指南针的小插曲来，肯定应该得到更多的重视。

爱因斯坦曾提到他在开始上六年级的时候得到了一本有关“欧几里得平面几何的小册子”，并认为这简直就是一个里程碑。他不仅掌握了它的内容，而且整个吞了进去。“在 12 至 16 岁期间，我已经掌握了数学的原理，包括微积分在内。”16 岁时，他已经学完了学校的全部数学课程。后来，他总是带着近乎宗教般的虔诚回忆起他同计算艺术的初次邂逅，并认为除此之外，只有在音乐中，特别是莫扎特的音乐，尤其是在他的 e 小调小提琴奏鸣曲中，才能找到它的这种清晰且富有逻辑的结构。他经常整小时地即兴拉小提琴，这把小提琴一直到老都是他的忠实伴侣。

即便所有这一切都不足以说明他是“神童”——有些人已经把他看作神童——那么，按照今天的理解，除了上面所说的之外，这个刚刚 13 岁就已经啃完康德（Immanuel Kant）的《纯粹理性批判》的孩子，至少也应该算是一个天分很高的人。在写给舅舅凯撒的一封信里，16 岁的他认为自己“还相当幼稚和不全面”。而他长达 10 年的成熟期正是从这时开始的，最终在 1905 年这个“奇迹之年”创造出了无与伦比的丰硕成果。

大约在 1894 年，这位腼腆羞怯、稍显柔弱的处于青春期的小伙子已长成为姑娘们心仪的对象：满头卷曲的黑发，弧线分明的嘴唇，一双乌黑的大眼睛，沉思和充满挑战的神情集于一身，充分显示出了他独特的个性。

爱因斯坦的自信，加上他非凡的数学才能成了他的救命稻草。不管怎样，他毕竟通过巧妙的方式，满足了他在卢伊特玻尔德文理中学的班主任约瑟夫·德根哈特博士希望他离开学校的愿望。他请他的数学老师约瑟夫·杜克吕（Joseph Ducrue）为自己开了一份书面证明，证明他的数学水平已经达到中学毕业的程度。又请同他们家关系密切的医生开了一份诊断书，证明他“由于神经衰弱而精疲力竭”（自 1880 年以来，这在德国是一种非常流行的病症），阿尔伯特患上了“神经衰弱”。凭借这些证明，他在父母毫不知情的情况下，提出了离开学校的申请，而学校也欣然批准了他的请求。

父亲、母亲和妹妹已于一年前搬到了米兰，而阿尔伯特却要独自留在巴伐利亚的首府，住在一个远房亲戚家里，以读完中学直到毕业。他离开这所像是兵营的学校的行动，有时被称赞为从魔爪下的“胜利大逃亡”，但其动机恐怕不能归于对家人的思念。1894 年圣诞节前不久，当这位逃离学校的游子突然出现在目瞪口呆的父母面前时，想必他早已估计到他们会何等惊慌。那个喜欢安安静静坐在扶手椅里用功的小家伙，怎么会没等中学毕业就跑回来啦?！但阿尔伯特早已准备好了应对的招数。

由于有数学老师开的证明，爱因斯坦可以比正式入学年龄早两年报名参加苏黎世联邦技术大学的考试。在意大利的利古里亚的群山中轻松愉快地游玩了几周之后，他又开始刻苦攻读。采用行之有效的自学方式，他仔细读完了朱勒斯·维奥尔（Jules Violle）的三大卷《物理学》。1895 年夏天，作为练习，他写下了他的第一篇科学随笔，题为《关于磁场中以太状态之探讨》，把它寄给了布鲁塞尔的舅舅凯撒。

尽管爱因斯坦被破格允许参加入学考试，却遭到了失败，不过他觉得这“是完全合理的”。物理方面用不着担心，问题出在那些需要“背诵单词”的学科上，例如法文或者植物学。

他在物理学方面的知识显然给考官海因利希·弗里德里希·韦伯（Heinrich Friedrich Weber）留下了非常深刻的印象，所以竟然不顾一切规定，允许他旁听自己教授的二年级的课程。但这个年轻人却选择了另外一条道路。

后来的事实证明，这次小小的挫折（爱因斯坦才 16 岁半），对他来说是一次很大的幸运。命运为他安排的这一年，对于他从一个早熟的青年到一个阔步向前的真正男子汉的嬗变，或许起到了决定性作用——不是说专业方面，因为对物理知识的学习，在这段时间里估计他已经不费吹灰之力，而是指为人方面。在距离苏黎世不到 20 千米的小镇阿劳的州立中学里，他可以用整整一年时间恶补残缺不全的知识，修完他的高中课程。总之，还有一年中学时代的自由，还有一年时间可以让他适应自己的角色，进行尝试，第一次爱上一个人并摆脱对家庭的依恋。充满民主氛围的学校，在物理实验室里游戏似的学习，自由精神，以及在深深崇尚自由的寄住家庭中接触到的政治——在真正成长为成年人，并迫使自己全力以赴地钻研、奔向前程、为挣钱和获得承认而拼搏之前，阿尔伯特还可以无忧无虑地再享受一回生活的快乐。他的同学汉斯·比兰特（Hans Byland）回忆说，“作为一个小青年”，阿尔伯特“不受任何清规戒律的束缚”。他形容这个“勇敢活泼的施瓦本人”具有一种“独特的专横”和“自信从容的品性”，同时称他是一个“天才的嘲讽者”，曾经伤害过那么多人的自尊心。许多熟悉他的人都曾谈道，这个自负的施瓦本人并不只是一个无忧无虑的小青年，有时候也会展现出让人非常难堪的一面。他的同事大卫·莱辛施太因（David Reichinstein）写道："爱因斯坦有时会表现出一种强烈的反感，变得非常暴躁，不容许别人有异议，甚至很不公正。"他的朋友和医生雅诺思·普雷什（János Plesch）警告说："你很难与他为敌；可是，如果他一旦从心里讨厌某个人，那么对他来说，这个人也就永远完蛋了。"

阿尔伯特寄住在阿尔高的"木马庄园"，住在并没有教过他的老师乔斯特·温特勒（Jost Winteler）和他的夫人保莉妮（Pauline）的房子里，与他相伴的是温特勒的七个孩子。没过多久，他就开始称呼温特勒为"爸爸"，叫保莉妮为"妈咪"。他一生都和他们保持着这种亲如一家的密切关系，尤其是后来又与这一家结成了亲戚。他的妹妹玛雅嫁给了温特勒的儿子保罗（Paul），而他的好友贝索又娶了温特勒的女儿安娜（Anna）。不过，阿尔伯特与这家的另外一个女儿玛丽（Marie）的恋情却以不幸（对这位少女而言）而告终。他在前往苏黎世上大学之后不久就断绝了同她的联系，不过这并没有影响他和这个家庭的真挚感情。后来，他从苏黎世给"妈咪"写信说："当我们一起坐在红色的小屋里，和你们如此惬意地闲聊让我非常欢乐。土豆因为嫉妒而变成了褐色，和蔼的太阳公公和其他一些可爱的东西不时向房间里张望。"

他可以像一个小伙子那样充满魅力，但也可以像一个男孩那样尖刻伤人。这种张力滋养了他的自负和时而表现出的鄙视一切的狂妄，而他又特别看重这种个性的价值。"放肆无礼万岁！"他觉得非常高兴，"它是我在这个世界上的保护天使"。

不过，即使他想改变，恐怕也已禀性难移。他这一辈子都像他所失去的梦想世界里的那个小男孩，实际上十分甘于这种介乎孩子般的无忧无虑和超成熟的严肃认真之间的不可克服的矛盾命运。在这之中，包含着他的一种浮士德式的交易——他的“从‘我’和‘我们’向‘它’的逃遁”，亦即遁入理性科学之中。正如他自己所说，他想挣脱“仅仅个人方面的桎梏”。与此同时，精神分析学家埃里克森认为，他完全意识到“人际关系方面的一些矛盾”，并学着“加以抑制和将其升华”。

从外表看，他为此付出了震撼人心的代价——尽管不乏友谊和相聚，陪伴他直到生命尽头的却是深深的孤独和寂寞。但从其内心看，这并非仅仅是一种精神负担，而且还是一种精神需求。“我真正是‘光棍一条’。”他从来不曾全心全意地属于国家，属于故乡，属于朋友圈子，也不曾将全部身心交给自己的家人。由于种种情结，在他们面前，他反而有一种从未稍减的陌生感和对孤独的渴求。在他将两个极端统一于一体的意图中，他发现了自身的另外一种角色，并成为一个自鸣得意的遁世者。

1918 年，在祝贺马科斯·普朗克 60 岁寿辰的一篇值得纪念的讲话中，爱因斯坦把这个与他同属一种类型的人描述为“相当怪僻，沉默寡言，喜欢孤独的家伙”。而谈及他们两个的驱动力时则说：“我相信叔本华说的，引导人走向艺术和科学的最强烈的动机之一，是逃离充满令人厌恶的粗俗和让人绝望的空虚的日常生活，进而摆脱反复无常的个人欲望的枷锁。”每个人都会形成自己的一套机制，用以承受平生的负担。爱因斯坦把“孤独”和“家乡”作为同一生活感受的两个方面。他断言，当他“皱着眉头在那学识渊博的黄金屋里耕耘时”，他是幸福的。有时候，几乎要给人们一种印象，似乎他把人们所了解的爱因斯坦形象给弄颠倒了。但这样一来却又一次提升了他的形象。爱因斯坦，这位孤独的天才，其实也是他自己创造出来的作品。

在 57 岁的时候，他谈到了“那种在青年时代让人痛苦、但在成熟以后却备觉甜美的孤独寂寞”。当时，几乎所有的、在科学方面对他而言极其宝贵的联系全都断绝了，而且他已经在这种状况下在一个遥远的大陆——美国生活了三年。他把自己看作一个“无论在哪儿都扎不了根的人”，“到任何地方都是外乡人”。他有一次承认，这种苦恼有可能让人极感沉重和压抑：“只有在一定限度下才能承受得住这种孤独。”

他即使面对自己最亲近的人也会怀有陌生感（但并不抱怨），这从另一方面反映出了他的难以接近。熟悉他的一些朋友说他被一层“无法穿透的甲壳”包裹着。他的助手莱奥波德·因菲尔德（Leopold Infeld）说，“摆脱内心的隔绝并理解常人说话以及思维的特点和方式”，“对他来说实在是一件很不容易的事情”。儿媳弗丽达（Frieda）说：“一道由空气构成的薄墙甚至把爱因斯坦和他最亲近的朋友也给分隔开了。”而他的同学比兰特则认为：“他属于那种双重性格的人，懂得用一层带刺的外壳将其强烈的感情生活中那片柔弱敏感的王国保护起来。”躲在这层外壳的深处，这个永远的孩子孜孜不倦地寻找着宇宙中的避难所。

只有同他最贴近的人们才能察觉，爱因斯坦处在什么样的内心冲突之中。“他希望自己被人爱，”他的儿子汉斯·阿尔伯特讲道，“但就在你刚想触摸的那一瞬间，他又把你推了开来。他并不是让自己走开，而只是像一只水龙头似的关住感情的闸门。”——“做到这一点其实很容易，”做父亲的解释说，“如果面对周围人的感情你能真正无所谓的话。”

年轻的麦克斯·布罗德（Max Brod）对爱因斯坦内心生活的认识非常值得注意。1912 年，这位作家在一次犹太知识分子沙龙上认识了爱因斯坦。这个沙龙是支持文化事业的药店女老板贝尔塔·芬达（Bertha Fanta）发起的。布罗德的朋友弗兰茨·卡夫卡（Franz Kafka）偶尔也会陪他前往。不过，卡夫卡没有留下关于这个沙龙的任何回忆。布罗德用一个诗人在灵魂解剖中练就的无情而又犀利的目光观察着爱因斯坦。最后，他面前这个人的“那种自我封闭式的罕有的性格特点”竟然深深吸引了他。后来，他在创造小说《第谷·布拉赫的通往上帝之路》时，以爱因斯坦为原型塑造了约翰尼斯·开普勒这一人物。

在小说中，作者描述了一种“极其少有的拗劲儿”。从外表看，“这种拗劲儿将他完全隔绝起来，使他不致受到侵犯，但也使他难以接受凡是与他的科学无关的一切事情”。开普勒，爱因斯坦的化身，“总是带着几分严厉和冷酷无情毫不犹豫地在世界面前径直展现他的灵魂，而人们所看到的，却是其灵魂的纯净、完美无瑕的表面”。可以说，“他生活中较大、较重要的部分完全是下意识发生的，至于其语言的最真实的含义，无论是别人还是他本人，都是难以触及的”。你不能硬说他这种做法背后有什么企图。“从语言最严格的意义上讲，对于他所做的一切，用‘不能负责’‘不负责任’加以形容应该说最准确。”

没有任何来自同时代的对爱因斯坦的刻画比这更为深刻。他后来的助手莱奥波德·因菲尔德也曾有过类似的观察：“如果涉及逻辑和思考，爱因斯坦对每一个人都能理解得非常透彻。但一牵涉到感情，要想让他理解可就困难多了。对他来说，那些不属于他自身生活的动机和感情是十分难以想象的。”仔细品味一下，麦克斯·布罗德与爱因斯坦有关自己的表述还真是相去不远。在爱因斯坦的晚年，他同比利时王后伊丽莎白（Elisabeth）结下了亲密的友谊。他曾对她袒露心声：“在艰难的生活道路上，大自然赋予了人沉重的感情包袱。一个不容易从感情重负下摆脱出来的人，等于解开了自己的衣服。”这与形成自身的风格没有任何关系。在他的一本旅行日记中，可以找到一处未曾有过先例的自我剖析：“超敏感性变成了无所谓的态度。在青少年时期，内心世界已经阻隔和不通世故。在自我和其他人之间隔着一层玻璃板。毫无理由的猜疑。枯燥乏味的替代世界。苦行僧的心血来潮。”

“一个没有身体知觉的人。”雅诺思·普雷什说得更加直白，“他睡着，直到别人把他叫醒；他醒着，直到别人催他上床睡觉；要是别人不给他吃饭，他可以一直饿着；要是别人不让他停下来，他可以一直吃下去。”普雷什还在其他地方写道：“他笑着，这倒是不多见，即使其他人在哭。”

通过这种方式，爱因斯坦完全显示出了一个“专家”和“智者”的特征，就像学术界用“隧道意识”称呼的天资非常高的人。这有可能是些聪慧明达、能够认识把握一切尺度的天才。他们只有通过机械地、毫无感情地论述他们的存在才会引起注意。当然，爱因斯坦与所刻画的这种性格还有很大距离。不过，这种或许是由于感触过多而造成的感情上的障碍，亦即他的“超敏感性”，很可能是他十分强烈的理性的代价。

“在这个躯壳里，一定聚集着一种超自然的、无比巨大的力量。”布罗德这样描绘按着爱因斯坦塑造的开普勒，“确实，没有任何东西能够让他偏离他生活的这个方向。为了这一方向，他仿佛把全部的无穷无尽的火一般的激情，全部的精神和活力都储备起来了。”他“在科学研究中耗尽了全部自我、全部才智和身心。而在和人的交往中，却只留下其天性中一小片郁郁寡欢、模糊不清的阴影”。同时，他还显示出一种“面对所有私人感情的不敏感性”，以及“面对偏离其科学目标的所有一切的一种幸福的失明”。

当爱因斯坦用他那洪亮的嗓音毫不在意地打断别人的谈话，或者在最不恰当的场合讲他的笑话的时候，会有多少人在暗地里这样想他呢？或者，当他陷入沉思，即使在大庭广众之下也会在总是随身携带的笔记本上胡乱涂写他那些神奇的公式的时候，又有多少人会这样想呢？“但是，每当他停止说话的时候，”安东尼娜·瓦伦廷发现，“就好像又有一扇沉重的大门——一个茫然若失的宇宙的大门，在他身后关上了。”

尽管在他身后留下的诊断资料残缺不全，但试图对爱因斯坦的生平，特别是他儿童时代的成长发育做出解释的研究者们还是得出了与此相似的结论。2003 年初，一则报道引起了公众的注意，称爱因斯坦可能患有孤独症。这一派观点的代表人物是英国剑桥大学的西蒙·巴伦-科恩（Simon Baron-Cohen），孤独症研究的领军人物之一。

人们之所以猜测爱因斯坦患有“阿斯玻尔格综合征”，恐怕主要是因为他表现出诸如说话比较晚、很早就对科学问题着迷以及在社会交往方面的困难等特点。“阿斯玻尔格综合征”属于孤独症的一种，一般不会引起学习方面的困难。

斯坦福大学的托马斯·索维尔（Thomas Sowell）走得更远，他甚至把一些“说话晚”，并且在行为上表现出某种怯懦的“聪明儿童”说成是患了“爱因斯坦综合征”。不过，他的目的是想以此来反对将这种状况病理化，让那些有着像爱因斯坦这样发育迟缓的孩子的父母鼓起勇气，相信他们的孩子不但不会受到任何孤独症之类缺陷的折磨，反而有可能像这位伟大的物理学家一样成长为极其优秀的人。

索维尔用“爱因斯坦综合征”这个词概括了那些和小阿尔伯特有某些共同点的儿童。他通过研究发现，在这类奇特人物的近亲中，总有一位或者几位是科学家、数学家或者工程师，这一点是非常典型的——像阿尔伯特的叔叔雅可布。他的父亲赫尔曼，也是从技术学校毕业的。在他们的直系亲属中，往往有一位能够演奏一种乐器；像爱因斯坦的母亲保莉妮，不但自己弹得一手好钢琴，而且以极大的耐心让他学会了拉小提琴。做父母的经常会观察到，某个事件会让他们的孩子突然张口说话。不过，究竟是什么样的事件使爱因斯坦开口说话，却一直未见经传。这类儿童绝大多数是男性，往往表现出“反社会”行为的倾向，大多数都以“意志坚强”或者“固执”而著称，在其早年几乎无一例外地被列为“落后分子”。

这种性格特征让别人很难轻易地容忍。麦克斯·布罗德无情地批评了爱因斯坦自己造成的那种与世隔绝和不通世故。“当他埋头工作时，他不再拥有任何意识，并生活在一种完全的静态之中。”然而，这种静态却具有“某种超出人性以外的冷漠，不可理喻的毫无感情，像是从荒远的雪域冰原吹来的”。

即便把诗人激发感情的需要考虑在内，像布罗德这样直言不讳地评论爱因斯坦的人，在了解他的人中恐怕也找不出第二个——除了他自己以外。“亲爱的上帝正是这样创造了他所谓的最宠爱的人。”这位物理学家固执地强调，“这是人类的一大不幸——由于与生俱来的强烈的欲望，人们不得不把彼此的生活搞得如同地狱一般。”

所以，即便说爱因斯坦一辈子都拒不承认精神分析是一门与科学具有同等价值的科学，这也毫不令人奇怪。只是在有了一把年纪之后，他对西格蒙特·弗洛伊德及其认识的态度才多少温和了一点儿。“从那以后，根据本人的小小的经验，这种信念——至少就其主要命题而言——才逐渐渗透到我的思想中。”他于1936年这样说。到了70岁的时候，他承认：“弗洛伊德博士通过他的恋母情结已经认识到某些正确的东西，尽管他也许过分夸张了一些。”

让弗洛伊德极为恼火的是，爱因斯坦一直积极地反对将诺贝尔奖授予这位医生。尽管他部分地承认弗洛伊德的著作，却激烈地反对他对病人的做法。“我不赞成进行精神分析治疗。”他于1932年在给患有抑郁症的儿子爱德华的信里写道：“（一旦接受这种治疗）就永远也摆脱不掉了。”因此，他告诉一位请他前往就诊的精神分析学家，他本人还是“乐于待在这种未被分析的黑暗之中”。

第三章 “一个新的时代”
——从工厂主的儿子到发明家

男性亲属在发明、技术革新以及专利申请方面的作为，对于阿尔伯特而言，就像其他孩子玩骑士游戏和打架斗殴一样，完全属于一种日常经验。

一个让来宾们忘记冬日严寒的时刻。先是“劈劈啪啪的礼花蹿上天空”，然后“随着一声炮响，极其成功的烟火晚会宣告结束”。接下来发生的事情，让等候在施瓦本普法尔大街上的人群沉浸在无比兴奋和激动之中。1889 年 2 月末，是人类历史上一个转折时期极为人性化的瞬间。

“突然一下子，庆祝会的会场以及施瓦本的街道在弧光灯和白炽灯的照耀下变得一片光明，所有在场的人爆发出热烈的掌声表示祝贺。随后，爱因斯坦先生，负责安装街道照明设备的爱因斯坦电气公司的代表，将该套设施交付市政使用，并对荣幸地获得该项工程表示感谢。”以上是《施瓦本乡镇报》的一篇报道。

小阿尔伯特可能经常经历这样的时刻——家庭生活中的高

潮。那一瞬间犹如圣经故事深入心田：父亲和叔叔给人们带来了光明。开关一合，电灯那驯服的光辉便驱走了黑暗，人们为之欢呼雀跃，惊喜感叹。光明与舒适的感觉紧紧相连，父亲及其弟弟是这个夜晚的英雄。这也是孩子气性格特征的一种形式，只有爱因斯坦等少数人具有这种性格。

在阿尔伯特年满 10 岁之前不久，施瓦本成了巴伐利亚第一批被批准使用“电力”照明的市镇之一。官方举办的竣工典礼变成了盛大的庆祝会。由 150 辆彩车组成的游行队伍穿过刚刚变得灯火通明的街道，带领欢乐的人群涌向萨尔瓦多啤酒馆。在那里人们将通宵达旦地畅饮庆贺。对于赫尔曼·爱因斯坦和雅可布·爱因斯坦两兄弟，这同样是一个激动人心的时刻。他们的 200 盏白炽灯泡以及 10 支灿灿放光的、亮度相当于 1000 个“新烛光”的电弧灯始终正常工作，可谓完美无缺。他们的两台 G XIV 型并联激磁发电机正在中心站稳定运转，驱动这两台发电机的是道依茨公司生产的一台 40 马力的煤气机。啤酒厂及其店铺中的电气照明设备也是由爱因斯坦兄弟公司于一年前安装的。

在施瓦本举行这次庆祝会 10 年之前，美国人托马斯·埃尔瓦·爱迪生（Thomas Elva Edison）发明了碳丝白炽灯。这项几乎和阿尔伯特·爱因斯坦同月诞生的发明立刻开始了它的胜利大进军。1885 年，德国的企业生产了将近 15000 只白炽灯泡；仅仅 6 年之后，它的产量就已经达到 230 万只。柏林的通用电气公司（AEG）那时就已大量生产，单这一家的产量就占了上面数字的一半。

和其他许多人一样，不甘寂寞的雅可布·爱因斯坦也想参与到大发展的洪流之中。这位30岁的工程师一向以能言善辩著称，没费什么力气就说动比他年长三岁的哥哥赫尔曼做出了一项后果严重的决定：1880年夏天，这位商人放弃了在乌尔姆经营良好的床用羽绒生意，同时也就等于放弃了一条稳定可靠、有利可图的生计。他带着妻子和儿子举家搬迁到慕尼黑。在那里，他成了雅可布的合伙人，并担任当时堪称高科技的电气工程公司的商务负责人。对于小阿尔伯特，这是一个具有决定意义的契机。有谁知道，他将来会成为伟大的爱因斯坦呢？谁又能说，他的父亲要是能坚决保持乌尔姆稳定可靠的局面，而不去冒险该有多好？

阿尔伯特的妹妹玛雅在她青年时代的回忆录中猜测，促使她父亲做出这一决定的主要动机恐怕还是叔叔缺少资金。没有哥哥作为合伙人，雅可布的公司有可能无法启动。不过，雅可布并没有因此而得到一位优秀的企业家，因为决策方面恰恰是赫尔曼的弱项。但雅可布却满怀豪情壮志，他根本不满足于仅仅安装电气照明设备。玛雅说：“除此之外，他那些五花八门、丰富多彩的念头和主意使他发明了一种发电机，并打算进行大规模生产。”施瓦本的照明设备让雅可布对自己的计划更加充满信心。

建立新公司所需要的大部分资金是由赫尔曼的岳父尤利乌斯·科赫（Julius Koch）提供的。可惜没过几年，他这笔好心的资助在账目上就变成了负数。不过，对于阿尔伯特来说，他父亲的这一灾难性决定和外祖父的投资失误，在他无可比拟的人生道路上却是极其关键的一步；而叔叔将作为老师，在自己家里把他引入基础数学之门。因为刚开始的时候两家都住在米勒大街 3 号，住在同一所房子里。

只有少数几个理论物理学家在他们的青少年时代能像阿尔伯特·爱因斯坦这样拥有如此接近技术实践的经历。车间、仓库和商店全都安排在同一栋房子里，这个男孩就在这样的环境中一天天长大。他还说不出一句完整的话来，父亲和叔叔就已经在国际电气技术展览会上介绍用他们的产品所组成的神奇世界。展览会的会场设在慕尼黑的水晶宫。巴伐利亚国王路德维希二世作为赞助人，特派他的代表卡尔·特奥多公爵（Karl Theodor，Herzog in Bayern）于 1882 年 9 月 16 日宣布展览会正式开幕。开幕式安排在晚上，完全根据人工照明的特点加以布置，新鲜刺激，让人耳目一新。从一开始，人们就通过自己的切身感受一下子明白了，展览会的口号“更加光明!”是什么意思。

爱因斯坦公司的展品有电动照明发电机，由安装在附近植物园里的 22 台锅驼蒸汽机驱动，还有新式电话、“帕特松系统”、两个电话中心以及 8 个播送音乐用的麦克风。通过麦克风，可以直接将“基尔圆形剧场”音乐会的乐曲传送到展览会场上带有外部噪声屏蔽的电话亭中。电话亭里，爱因斯坦公司安装的“卡口式白炽灯”大放光明。

在家里，阿尔伯特每天都可以听到父亲工厂里的“汽笛鸣叫”如何奏响劳动的序曲。车工阿洛伊斯·赫希特尔（Aloys Höchtl）自 1886 年起就在公司里工作，他在回忆录中这样描述工厂里的景象：“传送带约有 25 米长，纵贯整个车间，由一台蒸汽机驱动，（汽笛一响）便开始转动。”这个男孩不仅可以用眼睛看，而且还能用鼻子闻，嗅出过热的机轴所蒸发的润滑油的气味。他可以用自己的手指去触握绝缘子和断路开关。电枢和线圈成了这个正在成长的孩子手中的宠物。作为狭义相对论重要基点的电磁感应现象，在他的青年时代已经是一个不言而喻的问题。你只要参观过一次这种老式的生产设备，像在物理课上进行直观教学那样看到机械学和电动力学如何相互作用，你一定能够对依靠谙熟工艺技术及其背后所隐含的理论而获取营养的想象力做出一个正确的估价。

也许，科恩普罗普斯特（Kornprobst）工长经常给这个难缠的、充满好奇心的小伙子讲解蒸汽机如何将热转换为运动，如何通过变速箱进行机械传输，发电机发出的电力在其中起着什么样的作用，就像埃斯贝格工程师常常给他讲解它们背后的关联那样。反过来，这个小伙子倒是不费吹灰之力就解决了一些让专业人士很伤脑筋的难题。该公司的专利说明书上也出现过这两位职员的名字。1886—1894 年间，这家公司在电弧灯和测量仪表方面至少获得了七项专利。

男性亲属在发明、技术革新以及专利申请方面的作为，对于阿尔伯特而言，就像其他孩子玩骑士游戏和打架斗殴一样，完全属于一种日常经验。在他周围，人们天天谈论的是整个城区的照明，还有伏特、安培和欧姆，以及从力产生的光。从这一点看，爱因斯坦在最有创造力的阶段，亦即 1902—1907 年间，竟会为了谋生而在伯尔尼的专利局里当一名职员，也就没什么好奇怪的了。

过了若干年，1919 年的 12 月，亦即突然成为世界名人之后，他在给好友米歇尔·贝索的一封信中回忆起了专利局，称它是“尘世中的修道院，我那些最美妙的思想就是在那里悟出的”。在他生命的最后一年，他再次回顾了充当“专利审查之奴仆”的日子，并且强调：“按照规定的最终格式对技术专利进行表述这项工作，对于我是一份真正的福气。”他青少年时期与实践的接近，使他在对有关机器或者仪表的发明以及专利申请进行审核时，很容易深入到这个错综复杂的世界里进行思考。对于这位天生的怀疑者，带着批评的眼光俯身于那些喜欢苦苦思索的人所提交的文件资料上，的确是一大享受。估计他也应该审查过毫无意义的、诸如自行工作的永动机之类的建议。反之，在那些他“非常喜欢，由于变化纷繁而引起无穷思考”的项目中，他也找到了一处极其理想的、他最喜爱的“大脑体操”的训练场。

不过，爱因斯坦并不只是对专利做出评价和作为鉴定人出现在法庭上（甚至成为著名教授后依然如此）。还在专利局工作期间，他就已经在从事一些发明。1908 年，他公布了一种仪表的基本设计方案，用这种仪表可以测量最小的电压。一年以来，他同他的好朋友保尔·哈比希特（Paul Habicht）和康拉德·哈比希特（Conrad Habicht）兄弟一直在鼓捣这种测量装置。在伯尔尼大学，他甚至拥有一个“用一些简陋器材装备起来的小型电气实验室，用以完善那些电气测试方法”。

哈比希特兄弟最后设计出了“阿·爱因斯坦式电势倍加

器”，而且保尔还在柏林的物理公司介绍了这种“静电感应起电机”。爱因斯坦告诉他的朋友贝索，他“取得了一项巨大的成就，同样的东西远远超过了弦线静电计，它的前景现在看来是有保障的”。——即便柏林的“那些家伙”几乎全都“昏了头”，说什么根本谈不上可靠的前景，更不用说可靠的收益。但是，这台“小机器”从未达到可以推向市场的成熟程度，而且很快便因技术的发展而被淘汰。

爱因斯坦对他的发明活动从来没有大肆张扬，相反，却一再批评工程师这一职业，而且后来还坚决劝阻他的大儿子汉斯·阿尔伯特从事这一职业。“我自己，”他在 1919 年对他的第一位传记作者亚历山大·莫斯科夫斯基（Alexander Moszkowski）讲道，“按照我的家庭愿望，本来应该成为一名技术员，而这个职业，纯粹是为了养家糊口而求学。单就我本人而言，我根本不喜欢这一行当，因为在我的整个青少年时期，这方面的努力基本上都让我觉得是‘可悲和无关紧要的’。……是的，我的确怀疑一种提高了的技术能够提高人类的幸福感。”

但这种怀疑并没有妨碍他一次又一次试图成为霍默法贝尔①。1928 年，他写信给柏林的一位同事，机械制造和电气技术方面的教授鲁道夫·戈德施密特（Rudolf Goldschmidt），以打油诗的形式要求与他进行合作：

---

① 霍默法贝尔（Homo faber）：马科斯·弗里施（Max Frisch）的小说《能人法贝尔》的主人公，一位加工制造者。他认为，世界和自己的生活都是可以预见和计划的，一切事物都可以解释，借助于工具的帮助可以改变世界。作者通过小说展现了 20 世纪 50 年代西方世界高度技术化的真实氛围以及人们的信念。

偶尔玩点儿技术
也可让思索者开心喜欢。
为此我大胆设想，筹划深远：
我们俩再来下一个蛋。

这里所说的“蛋”，指的是爱因斯坦打算为一位失聪的著名女歌唱家研制的助听器。他和这位教授共同发明的这种助听器在文献中虽然被评为“新颖独特”，而且也获得了专利，但从来没有为这位耳聋的女士制造出样机，更不用说成为一种产品。从戈德施密特的回信来看，这件事更像两个人开的一个玩笑：

两个人下一个蛋
有点儿困难，
最好的解决办法
是让您觉得好玩。
让我们进行下蛋比赛，
看谁先把蛋饼来煎。

作为发明家，值得爱因斯坦庆贺的最伟大的成就恐怕是对一种陀螺罗盘的改进。这种罗盘可以不受磁场的影响，单纯通过机械方式进行导向。一开始，他只是作为鉴定人在一场涉及知识产权保护的官司中出现，并帮助基尔的工厂主赫尔曼赢得了官司。但第一次世界大战结束后，他便开始积极地帮助赫尔曼设计一种经过改进的罗盘，并要求对方为此至少支付 2 万马克。为了逃税，他要求全部用现金支付。他在设计方面的贡献使这家公司获得了专利，并保证他终生从该项收益中获得 1% 的分红。

这件事情同样属于和平主义者爱因斯坦人生中的诸多矛盾之一：20 世纪 30 年代，除了美国和英国之外，几乎所有国家的海军舰队都是用他参与设计的陀螺罗盘在世界各大洋导航的。第一次世界大战期间，这位和平战士针对飞机机翼的结构提出了一些想法，而且同样认为这算不了什么。出于纯理论的考虑，他建议采用后来被专家们称为“猫背式机翼”的断面结构。不过，采用这种机翼断面的飞行试验失败了。试飞员说：“当我在飞机着地的瞬间，经过难堪的平直飞行，终于感到轮子在阿德勒斯霍夫的栅栏边上重新落在坚实的地面上的时候，真的非常高兴。”

在第二次世界大战中，他帮助美军改进鱼雷技术的尝试也没有好到哪里去。军方很快便认识到，在解决鱼雷头部电磁点火这类实际问题方面，他们是指望不上这位理论家的。1943 年 9 月 1 日，爱因斯坦在一封信中终于承认了自己的不足：“在这种事情上，很多问题仅通过数学计算还不能解决。”

之所以不太适合把爱因斯坦称为伟大的发明家并不仅仅是因为这些失败，而是他实在没有什么值得一提的发明成果。他一生中所获得的专利至少在两打以上——尽管全部都是与别人合作取得的。1936 年，他还和他的朋友古斯塔夫·布基合作获得了一项有关一种自动照相机的专利，美国专利号为 No2050562。

他的大部分专利证书是和流亡的匈牙利人利奥·希拉德（Leo Szilard）共同获得的。20 世纪 20 年代末，他们共同研制了一种用于冷冻设备的新式泵。由于这种泵不是通过机械，而是通过电磁感应驱动的，从原理上讲可以使冰箱运转的时候不产生噪声。“制冷机的事情进展得非常顺利，”爱因斯坦 1928 年写信告诉他的儿子汉斯·阿尔伯特，“通用电气公司对此非常感兴趣，我们设想了三种完全不同的型号。”1928 年，这两位喜欢鼓捣的发明家还在莱比锡博览会上展出了他们的蒸汽冷却式冰箱。在“混凝土冰箱”的底下放着一个盛有甲醇的容器。

两位发明家不仅喜欢鼓捣机组，而且还致力于看起来很普通的像隔热之类的问题的研究。“希拉德和我将一些非常漂亮的东西申报了专利，”爱因斯坦写信对儿子说，“人们使用昂贵的软木板，而我们采用少数几道平行的纸制隔板。”不过，爱因斯坦的这些发明都未能达到可以推向市场的程度——好像完全继承了父亲和叔叔的公司的传统，过不了多久就会衰败。

爱因斯坦兄弟第一次参展的慕尼黑国际电气技术展览会于 1882 年 10 月 15 日圆满结束。现在，人们希望在他们家里也能够享用这类产品，销售额迅速攀升。爱因斯坦公司于 1884 年首次拥有了自己的电话转接台，号码为 722，成为城市大事记中特意提及的一个事件。自那次展览会以来，其连接的分机几乎翻了一番，达到了 355 户。

随着需求的增长，公司一天天扩大，但面临的竞争也越来越激烈。爱因斯坦公司不断膨胀。1885 年，兄弟两个买下了森德林区雷根大街 14 号庄园，后来改名为阿德尔茨莱特大街 14 号。这处房产包括厂房、仓库、锻工房、车棚、马厩和洗衣房。此外，还有一个“英国式”花园，一直保留在孩子们栩栩如生的记忆中。但投资又一次远远超出了公司的偿付能力，尤利乌斯·科赫不得不再次给予大笔资助。当他于此后不久搬到慕尼黑的女儿、女婿和外孙家里去的时候，住房变得有些拥挤，于是兄弟两个在这块地皮上又盖了一座宽敞的二层小楼。

爱因斯坦在儿童和青少年时代过的是一种中产阶级的富裕生活，直到开始上大学，他还不知道什么叫衣食之忧。1882—1892 年期间，父亲和叔叔公司里的从业人员从 25 人增加到了 100 人，业务开展得卓有成效，尤其是啤酒厂，显然是极好的客户。普绍尔·格奥尔格（Pschorr Georg）首先在他的厂房里、然后又在啤酒馆和私人住宅里安装了一套照明设备。施瓦本的佩图埃尔啤酒厂也随之仿效。

“伊萨尔河右岸医院”向爱因斯坦公司订购了全套照明设备。出口业务看起来也不坏，特别是对意大利的出口。1887 年夏天，意大利北部城市瓦雷泽购置了爱因斯坦公司生产的供电和照明设备，而苏萨显然也有一个与之相似的大型项目。

如果说，除了乌尔姆以外，还有一个德国南部城市可以称作爱因斯坦市的话，那就是慕尼黑。在这里，阿尔伯特度过了儿童和青少年时代最关键的岁月，获得了非比寻常的成长历程所必需的知识和技能。在这里，他们家的公司对经济生活的参与有声有色。1886 年，爱因斯坦公司从慕尼黑市拿到了一项即便不能说是极大、起码也是轰动一时的合同。这年秋天，《电气技术集刊》报道说：“啤酒节期间，举行庆祝活动的草坪首次采用雅·爱因斯坦公司的 12 盏弧光灯进行照明。”

在啤酒节期间的报纸上，可以看到对这种新型照明装置充满诗意的描述：“电弧灯发出的光柔和而又明亮；奇妙的光线洒落在万头攒动的节日草坪上，犹如一个童话世界。与闪烁着红光的漆皮灯笼和昏暗的煤油灯相比，它具有一种独特的魅力，好似倒映在伊萨尔河碧波中的月亮，闪射出一片朦胧的银白色清辉。”

爱因斯坦公司还有另外一件新鲜事儿：照明电力是由该公司自己供应的。为此，兄弟两个专门铺设了一条 6.5 千米长的室外线路，从工厂经过林德乌尔木大街直达节日草坪。客人们体验着这种新型照明方式，就像如今已经司空见惯一样：电灯静悄悄地放着光辉，蒸汽机在远处发出轰鸣。

至少在城市中，电在最短的时间里已经扎下了根。对于一项新技术来说，这在当时绝对是极不寻常的。仅仅在 10 年之内，这一新事物就从不为人知变得无所不在。其普及速度之快恐怕只有其后一百多年的因特网能够与之相比。而且，两方面的发展紧密相连：一方面，电报电话中的弱电第一次使即时通讯成为可能，并从 20 世纪初开始迅速占据统治地位。突然之间，距离不再成为一个问题。另一方面，来自“发电厂”的强电则为新型产品提供动力，引起了生产条件的彻底变革，给人们的劳动和日常生活带来了深刻而又明显的变化。

爱因斯坦在儿童时期所感受到的这些前所未有的进步犹如

一把双刃剑：一方面，存在着流水线把人变成机器之奴隶的威胁，而另一方面，通过技术把人从大量日常的繁重劳动中解放出来又是一个极大的诱惑。人类历史上第一次出现了一个业余时间充裕的社会，广大民众有了更多的自由，可以开展群众性体育运动，人人都可以公开进行娱乐消遣。

1882 年在慕尼黑的水晶宫、1891 年在美茵河畔的法兰克福先后举办了两届国际电气技术展览会。从这两届展览会之间的发展变化可以看出，在阿尔伯特出生之后的 12 年间，实际上发生了多么大的飞跃。根据组织者的统计，参观第二届展览会的观众人数远远超过 100 万。展览会的口号叫作：“一个新的时代！”通过参观，人们切实感受到了它的到来。爱因斯坦公司同样名列 21 家参展商的名录之中。在发电机展区内，来自慕尼黑的两兄弟可谓大出风头，他们用 G75 型机器为展览会的普冯施太德啤酒大棚、米拉尼咖啡馆、一处迷宫以及一个射击场提供照明用电。不过，赫尔曼和雅可布如果能够更加深入地考察一下的话，也许会发现，这个新时代的列车正在远离他们而去。

对于城市供电，究竟应该采用已经推广普及的、爱因斯坦公司同样也在销售的这种“直流中心”呢，还是采用更新式的、技术上花费更大的交流发电厂？关于这个问题的所谓“法兰克福系统之争”已经持续多年，而且争论得十分激烈，在这次展览会上应该说见了分晓。一项演示为之提供了最重要的论据。伦敦《泰晤士报》的记者对此很感兴趣，认为这是“自打这种神奇的自然力为人类所利用以来，电气技术中最有意义、最重要的实验”。

从而，除了直流电以外，交流电也彻底站稳了脚跟。由于交流电、直流电在不同的领域有着各自的优势，从此以后所有大生产厂家都开始同时提供两种系统，但爱因斯坦公司却继续把希望寄托于直流电这个单一品种。可是，在进行长距离输送电力的过程中，只有交流电才不发生损耗。他们没有能够认清时代的标志，这是公司很快走向衰落的原因之一。

1892 年，赫尔曼和雅可布在慕尼黑为争取一个极其重要的项目——继施瓦本之后为其他城市供电——与其他公司展开了竞争。经过艰苦的较量，他们被对手击败。直到现在，人们一直把公司破产的主要原因归咎于此。其实，决定公司胜败的并不仅是这一件事情。由于竞争，在价格方面承受的压力越来越大，而电气工业的实力日渐集中。在这种形势下，只有那些尽管同样在经受煎熬却拥有雄厚的自有资本或者在银行拥有顺畅的贷款渠道的企业才能生存下去。

“但爱因斯坦公司，”斯图加特大学的尼古劳斯·赫特勒（Nicolaus Hettler）在他的博士论文中分析说，“这两条显然都不具备。”单纯凭借岳父的积蓄根本无法渡过难关。赫特勒还认为，另外一个原因在于企业主的性格。对于企业的重大事项，阿尔伯特的父亲赫尔曼几乎没有决策能力。而叔叔雅可布，一向以喜欢争执而著称，老是同一些对于公司的生存有着重要影响的人物进行争吵。例如，他和负责产品检验的慕尼黑技术研究所的负责人关系非常紧张，经常和他吵架，结果人家在检测他们公司的产品和供货时格外挑剔。

最后，在慕尼黑的业务只能关门大吉，兄弟俩把公司迁到了意大利，先是迁到米兰，而后不久又迁到帕维亚，打算在那里再碰一碰运气。但是，仅仅过了两年，最后的清偿便决定了他们在商业上的彻底失败。

举家搬迁的时候，他们把儿子阿尔伯特留在了慕尼黑，让他在那里读到中学毕业，然后接下来进大学学习电气技术。但他却让这个计划落了空，离开了学校，跑到意大利去找父母。父母对这一行动极度震惊，因为他们的业务又一次面临失败。舒适安逸的中产阶级的生活很快就要一去不复返了，对于阿尔伯特同样如此。但是，这个年轻人却早已学过那些有关技术实践和专利的功课，印在脑海里的东西是谁也无法夺走的。

第四章　关于小人国和巨人国
——爱因斯坦读过的一段科学简史

与格列佛不同的是，他去两个目的地的漫游是同时进行的。当他到达那里的时候，他将以无可比拟的方式尝试着把小人国和巨人国联合成一个统一的大国。

“我可以肯定，亲爱的读者，当你还是一个小男孩或者小姑娘的时候，就已经见识过欧几里得（Euklid）几何学这座宏伟的大厦；也许，你还能带着几分喜爱或者不如说是敬畏，回忆起如何在专业教师的催逼下，在这座高大建筑的阶梯上疲于奔命。”

爱因斯坦这年 38 岁，正处于创造力的巅峰。此时正值第一次世界大战，爱因斯坦的工作量之大超出了人们的想象，但这并没有妨碍他以“通俗易懂”的文字写了一本 80 页的小册子——《狭义和广义相对论浅说》，于 1917 年献给了“亲爱的读者”。

他喜欢以同样的方式传播他的知识——就像自己小时候获取它们那样：“你是否想过，亲爱的读者，假如我们被创造出来的时候没有眼睛，那么我们所面对的世界将会是什么样?”阿隆·伯恩斯坦（Aaron Bernstein）在他的“自然科学通俗丛书”中这样问道。伯恩斯坦这套20卷本的丛书，属于那个时代思想开通、主张教育的市民阶层书柜中的必备之物。少年阿尔伯特大约是在10岁至12岁之间得到了它。他曾经说，这是“一套我以无比急切的心情读完的著作”。类似于这样的书籍经常让这个小书呆子蜷缩在慕尼黑家中的沙发上如饥似渴地啃个不停。25年后，他自己写下的让人心领神会的文字，读起来就像往昔那些青少年读物般悦耳——爱因斯坦似乎想把阿尔伯特在踏上人生之路时获得的这份礼物，以同样的方式回赠给他的读者。

在这里，可以找出他后来在其头脑中所进行的实验和在微观和宏观世界中进行思想旅行的根源。在这里，他享受到了完全沉溺于科学世界所带来的乐趣、激动和满足。“在我们之外存在着一个宏大的世界，”永远的孩子——爱因斯坦在他的自传体笔记中描述了青少年时代那种持续不断的惊奇，“它离开我们人类而独立存在，它在我们面前就像一个伟大而永恒的谜。”

根据他的妹妹玛雅的回忆，医科大学的学生马科斯·塔尔穆特（Max Talmud）在阅读材料方面给了他很多帮助。这个学生是个犹太人，由于十分贫穷，按照犹太教的古老传统，每周可以到爱因斯坦在慕尼黑的家中吃一顿饭。阿尔伯特并不满足于抱着书本躲在沙发里，他还经常缠着大人同他详细讨论所读的内容。

通过塔尔穆特的推荐，阿尔伯特阅读了康德的《纯粹理性批判》以及被列为国际畅销书的路德维希·比希纳（Ludwig Büchner）的《物质与力》。后者的哥哥格奥尔格（Georg Büchner）因为名剧《丹东之死》和《沃依泽克》而赢得了世界声誉。从路德维希的《自然世界秩序的基本特征》可以看出，人们试图彻底“改变迄今为止的神学与哲学的世界观”。

马科斯和阿尔伯特同样阅读和探讨了亚历山大·冯·洪堡（Alexander von Humboldt）分为五卷的《宇宙》。这部引人入胜的著作是“按照自然法则对世界秩序的勾画”，为19世纪中叶除圣经之外在德国阅读人数最多的书籍。

这样的功课爱因斯坦任何时候都不会忘记。在一个人开始思索的年龄，阿尔伯特全神贯注于一件事情并且力图把握它的特性，走上了一条完全属于自己的道路。别人在这么大时会把越来越多的时间用于寻找友谊、呼朋唤友，而年纪轻轻的爱因斯坦却把全部精力集中在为他打开了一个新世界的印有文字的纸面上。

通过书籍，伽利略是如何借助望远镜进行观察的，牛顿是如何描述月亮的轨道的，以及在过去的数百年里，其他许多伟大的学者是如何探索星球和原子、光和电、空间和时间，又是如何攻克一个又一个科学堡垒的，这些他一一经历。还有叔叔雅可布在他上小学期间就已经给他详细讲解过的数学，以及他后来称之为“神圣的”有关几何的小册子，或者与包括发明、专利以及设计结构在内的技术实践的接近……各种直观的、浅显易懂的展示和表述，就这样为这个中学生打开了跻身于自然研究者和发现者之世界的大门。

“但是，我尊敬的读者，”伯恩斯坦大声疾呼，“生活在这样一个伟大的时代，谁要是认识不到，将通过什么样的途径进行这样的发现，简直可以说他不配作为这个时代的同志。”

阿尔伯特认真地接受了这一挑战。这套大部头的著作允许他独立自主地构建宇宙的图景，并以此对他进行了最佳意义上的普通教育。如果有什么能够让今天的父母从青年爱因斯坦的成长过程中汲取教益，那么首先就是他广泛涉猎适合青少年阅读的、有关科学探索的各方面著作。每个孩子身上都隐藏着对于事物的惊奇，问题完全在于如何尽早地和通过恰当的手段将它们唤醒。

他的书籍将其生命的作用模式摆在了他的眼前。在他头脑中的探险游戏场上，他可以在成为一个发现者之前，“在卓有成效的科学征程中”早早地把自己划入西方最伟大的发现者之列。

阿尔伯特以游戏的方式去研究空间和时间、能量和物质的问题。他熟悉科学研究的思路，读过关于猜想和原理的文章，深入思考各种假说、理论和定律，经历了作为所有时代最出色的游戏之要素的实验、预测和证明。从伯恩斯坦的书中，他也获得了一些非常实用的知识，例如气象图的解释，避雷针的功能，或者“烧酒的危害”，等等。不知道他终生对酒的厌恶是否源于此。唯一能让他沉醉的，是精神最高度的集中。

最主要的是，比希纳给这个孩子唱了一首与迷信和巫术进行斗争的启蒙颂歌：“在科学的手下，魔怪和诸神的威权何等迅速地化为乌有!”理性骑士才是人类的救星——哪个有抱负的青年学子不希望自己能像具有强大精神力量的英雄一样做出一番业绩呢?

在比希纳的书中，也有一些完全适合正在成长的青年人口味的政治儆诫：“但是，善于思索和热爱自由的英才应该钟爱这样一种思想：这个世界不应该是一个君主国，而应该是共和国，而且应该依据永恒和不容改变的准则（由民众）自行治理。”凡是政治上失败的事情，现在都可以通过科学的途径获得成功。“真理本身包含有一种内在的魅力，”比希纳写道，“任何禁令，任何外部的困难，都无法真正阻止它的永存。”自由，启蒙，永恒的准则，维护真理的英雄——作为一个学生，爱因斯坦已经找到了为其非凡的人生指引方向的路标。

尤其是他的自学，使他得以超越各个学科的分界，全面掌握整个科学世界的概貌，使他能在短短的几年之内，在理论方面做出杰出的成就。

16 岁的时候，他已经比某些头发花白的退休教授更深地认识了科学的本质。他所缺少的是对物理学现实难题的了解。这些问题要到下一个 10 年才会纳入他个人的学习计划之中。但他已经认识到的是自然研究的纲领——“努力追求概念的普遍化和简明”。洪堡把这一点作为“难以达到的最高目标”为他写进了人生这本书中。

“我们科学的最高和最终目标，”阿隆 · 伯恩斯坦在他 20 卷巨著的开篇，同样态度鲜明地宣告，“始终是获取一种适用于一切事物的非常简单的认识，将所有的事实统一于一种解释。”例如，针对自然界里的引力，作者问道：“所有这一切是否全都源自于一种我们完全不了解的自然力，而吸引只不过是这种力的一种特殊现象？”恐怕正是这个问题，成了爱因斯坦后半生一种无法摆脱的思想。伯恩斯坦在这里所提出的，其实就是那个关于宇宙公式的永久梦想。路德维希·比希纳坚信的“存在的最终理由”，陪伴着阿尔伯特启程了：“众所周知，简单是真理的特征。”于是，成就了那个将“物质和力”，亦即能量和物质组合在一个简短的公式里的爱因斯坦：$E = mc^2$——对世界最简明的阐释。

这位青年人很早就对科学思维的各项基本原则深信不疑。这些原则起源于一项长期的传统。摆在所有大统一理论面前的始终是对合和分的观察。自然科学家将各种事物加以区分，如星星、植物、疾病……他们对各类现象进行解析，将世界分成各种基本的过程和状态，分成各种纯净的物质，分成越来越深、越来越细的性质和特点。几乎没有什么比根据感官经验进行区分的能力更能决定一个人的“手艺”——区分恒星和行星，区分正圆轨道和椭圆轨道，区分抛掷和下落，区分金属和矿石，区分细胞液和蛋白质，或者只会区分油和水。

根据“分”产生了对感官感觉的排序，根据“合”则产生了分类学。对大自然之多样性的回答是分类中的抽象，而在分类中或许已经隐含着普遍原理的奥秘。它既适用于植物和动物，同样也适用于晶体和石头，适用于星星、太阳和月亮。

时间属于人类早在遥远的史前时期就已划分的第一批事物之一。由于历法具有预见性，使得以农耕和畜牧为特征的定居文明成为可能。而历法的产生又与天文学的发展密不可分。作为所有学科之母，天文学不仅充当了数学和几何学的助产士，用英国研究科学史的学者约翰·德斯蒙德·贝尔纳（John Desmond Bernal）的话说，它“还是让所有科学工具变得锋利的磨刀石”。

青年爱因斯坦在书中所能发现的所有稀奇现象里面，天象观察所达到的几乎无法让人相信的精确性，当属最值得惊奇的事情。单是那种查得出“肉眼能够看清楚的一大堆星星的个数”的能力（据洪堡说仅在柏林的天际就有 4022 颗），便已经超出了常人的想象。在没有望远镜等辅助工具的情况下，能够发现宇宙星座分布位置中一些发光点之间的微小变化，当然需要高超的技巧。更何况由此还产生了一套体系，不但能描述、而且还能预言所有行星的轨道，这已经近乎巫术了。

而这正是远古时代以来人们一直在做的事情。一直到 16 世纪，占据统治地位的一直是希腊人托勒密（Ptolemus）的体系。在这个体系中，行星已经按着正确的排列顺序分布在它们的圆形轨道上——只不过包含一个美丽的小错误：在金星和火星之间运行的不是地球而是太阳，而取代太阳处于中心位置的则是地球。最终改正这一看法并将太阳挪至该体系中心位置的是尼古拉斯·哥白尼，他属于阿尔伯特青少年时代所读书籍中的第一等英雄人物。20 年之后，这个青年被马科斯·普朗克赞为“新的哥白尼”。

直到这位波兰人去世时的 1543 年，他的著作《天体运行论》——一种可以用数学方式表达的宇宙模型——才得以发表。爱因斯坦又上了一课：从美学和哲学的角度也有可能阐明一种理论。哥白尼辩称，大自然不会制造任何多余的东西。也许正因为此，他在反对托勒密的体系时，选择了大量辅助结构来支持这个“比较简单的答案”——一个绕着自身的轴转动的地球，在围绕着太阳的圆形轨道上旋转。

虽然他的体系同样包含有“本轮”（所谓本轮就是一些复杂的小圆圈，它们的圆心又在更大的圆圈上），但已经无足轻重。哥白尼的变革并非取决于数学或者技术方面的细枝末节，而是依赖于致命的一掷：他所提出的日心说的意义，完全不亚于创造一种崭新的世界观。住在地球上的人被从中心挪到了边上，敞开的宇宙从原则上讲变得无边无际，永无穷尽。哥白尼的观点经过很长时间才被人们普遍接受。甚至到了1600年，他的拥护者之一，意大利人乔尔达诺·布鲁诺（Giordano Bruno），还因为坚持“异端邪说”而被罗马的宗教裁判所活活烧死在柴堆上。同一年，威廉·吉尔伯特（William Gilbert）的《磁学》一书出版。在指南针的原理被发现半个世纪之后，这位英国女王伊丽莎白一世的御医通过这本书让很大一群读者了解了地磁的作用。对于“如果不是上帝，是什么让行星保持在它们的轨道上”这样的问题，磁学也提供了看起来很有说服力的答案：如果所有的天体都带有磁性，难道它们不能在它们的圆形轨道上（按照以前对宇宙完美性的想象）同样保持这种已经广为人知的吸引方式吗？

约翰尼斯·开普勒进一步发展了哥白尼的学说，并将彻底放弃圆形轨道。这个穷人家的儿子和第一位伟大的基督教科学家，曾经在布拉格担任过天文学家第谷·布拉赫（Tycho Brahe）的助手。布拉赫对天体进行的精确测量远远超过以往的所有观测，但开普勒不可能仅仅满足于布拉赫的数据。他那神秘的、近乎于狂热的愿望是洞悉宇宙的奥秘。依据布拉赫的数据，他对广泛流行的、有关行星轨道的设想产生了怀疑。经过没完没了、麻烦而又细致的工作（仅仅为了算出火星的轨道他就花了六年时间，带有密密麻麻算式的稿纸竟达900页），他终于发现了符合实际的轨道——椭圆形轨道。

从开普勒的故事中，青年爱因斯坦发现，不懈的努力以及对正确答案的坚信会得到回报，而且，天文学家的劳动还让他见识了科学中最令人惊讶、他以后也要与之打交道的奇特现象之一——宇宙的数学化。怎么会是这样呢？数学公式，几何图形，依照人的思想所构造的原则，竟然把这一切描摹得如此精确，似乎自然这本书是用数学语言写成的！

公元前3世纪，阿基米德（Archimedes）已经改进了圆周率π的计算方法，并且精确到了小数点后面5位。2000年之后，这些古老的方法在牛顿手中发展成了微积分，并以此推动了物理学的革命。除此之外，阿基米德还得出了用于计算形状比较复杂的物体的面积和体积的公式，例如圆柱体和圆锥体。

在他之后不久，阿波罗纽斯·冯·佩尔格开始在亚历山大用数学方法研究“锥形截面”，并提出了双曲线、抛物线和椭圆这些名称。而今，认识到圆形轨道并不符合实际的开普勒把这些全都用上了。他拿起阿波罗纽斯的工具，并且发现，椭圆形才与行星的轨道相符，好像它们是专门为此而准备的。

但是，开普勒的曲线也并非完全正确，在用数学表述天文学家越来越精确的观测结果时，固定的椭圆轨道很快就显示出了它的缺陷。为此所需要的还要复杂得多的轨道，直到 300 年之后，依据爱因斯坦的广义相对论才求证出来。

还有一位与开普勒属于同一时代的人，对于善于汲取知识的阿尔伯特具有同等重大的影响。此人生于比萨，名字叫作伽利略·伽利雷。鉴于他针对自由落体等现象所进行的系统实验，他被尊为实验物理之父。同时，他还将处于监控之下的实验方法与精确的数学公式结合在一起。他试图通过这种方式来解释事情是怎样发生的，并以此奠定了现代自然科学的基础。依据他的实验，伽利略颠覆了许多流行的观念。据说，他从家乡城市那座斜塔上看到，较重的物体并不比较轻的物体下落得更快。按照他著名的落体定律，假使羽毛和石头处于同样的高度，在消除诸如空气阻力之类滞阻因素的条件下，它们将以相同的速度落地。

1633 年，为了让伽利略宣誓不再信奉哥白尼的学说为唯一正确的宇宙观，教会将他传唤到罗马的教皇法庭。由于害怕民众，教会针对他的诉讼是秘密进行的。被告被判处监禁（确切地说是名义上的）。不管他在宗教法庭上是否真的说过“无论如何，地球确实在转动”这句话，地球反正是在转动！——当然这已经属于传说的范围。虽然被判处监禁，但允许他在一位朋友的宫殿里服刑。在那里，他完成了关于处于静止状态之物体状况的著作（《静力学》）以及关于处于运动状态之物体状况的著作（《动力学》），从而一跃成为具有坚实科学基础的工程学的奠基者之一。

伽利略有许多理由忠于自己的立场，尤其是他于 1609 年成功完成的一项天文学发现，更加坚定了他的信念。他听说，在荷兰有位眼镜商偶然搞出了一项重要发明，而且开始时只是作为生产眼镜片的副产品。这个人注意到，将两片透镜组合在一起，可以把远处的物体拉近到眼前。伽利略立即动手，亲自制作了一架十分简单的“望远镜”。现在，他可以第一次用“经过武装的眼睛”仰望天际了，展现在他眼前的夜空从未如此清晰。

随着望远镜以及稍微晚些时候显微镜的发明，迄今为止看不见的世界敞开在了自然科学家面前。以前很少像现在这样，科学进步的一项原则会随着新的成就显现出来：新的工具能够带来新的认识，而新的认识又会成为新式工具的基础。科学得益于技术和日常知识，而技术方面则应用科学原理。在这方面，直至 18 世纪末，科学从工业中获得的益处远远超过工业从科学那里获得的好处。

望远镜和显微镜的使用极大地拓展了人们的视野，对迄今无法窥探的细节和特点的区分与辨析进入了一个崭新阶段。随着这种光学仪器的每一次改进，无论是微观世界还是宏观世界，都会在自然科学家以及那个着了魔似的、蜷缩在家中沙发上勤奋读书的少年面前展开一个全新的层面。一方面，主要是生命的显微结构，如组织、细胞以及它们的各种成分。另一方面，天空探索者的目光渐渐离开了太阳系，最终也离开了银河系，不断向越来越遥远的宇宙空间延伸。

伽利略借助他的第一台望远镜发现，有几颗卫星在围绕着木星这颗行星旋转。在哥白尼的体系中，地球已不再处于中心位置。望远镜里的观测结果让伽利略更加坚信，他的宇宙观是正确的。

不过，伽利略最为重要的发现并不是在遥远的太阳系，而是在地球上，在他的家乡，在他进行的抛射以及斜面上的球体实验中取得的。他敏锐地认识到，一个被抛射出去的物体，比如一枚发射出去的炮弹的“抛物线”，是由两部分组成的：通过发射而形成的水平线和由于下落而形成的垂直线。而且他还做出了另外一项重大发现。最主要的是，他对摆动着的钟摆的观察告诉他，如果没有外力的作用，物体的自然运动将始终保持匀速和直线状态。这是一种与亚里士多德的观点相反的看法，而教会是支持亚里士多德的观点的：为了保持运动，根本不需要任何力。伽利略的发现为即将到来的英国人伊萨克·牛顿的革命奠定了基础。

这位意大利人还表述了一条原理，他去世以后经过很长时间才被概括为“伽利略相对性原理”：在一列以时速100千米行驶的火车上，如果一个乘务员以每小时5千米的速度沿火车行驶的方向向前行走，那么，他实际上在以每小时105千米的速度相对于火车站台进行运动。如果他朝着与火车行进相反的方向行走，那么在火车外面的观察者看来，他每小时的行进速度便只有95千米。但他自己，在火车这个“参照系”中，无论是朝前走还是向后走都是一样的。反之，从位于站台上的观察者的角度看，他往前走时经过观察者身边的时速为105千米，朝后走时则为95千米。

在经典力学中，这一计算方式完全够用，但它与当时的人还无法想象的光和电子的更为快速的运动相矛盾。这个问题，直到伽利略去世263年之后，才由爱因斯坦通过他的狭义相对论加以解决。

能够作为一个乘客参加穿越科学史的时光旅行，该让一个中学生何等激动。亲自经历观察信赖观察、思想信赖思想、认识信赖认识的过程，该让他多么向往。当读到数学力学的创立者怎样成功地完成看起来全然不同的物理世界的首次重大统一，他又该如何着迷。

在近代和现代物理学的两个中心人物——牛顿和爱因斯坦之间，有着很多有趣的相似之处。不论爱因斯坦还是牛顿，都被说成患有阿斯玻尔格孤独综合征——其表现为那种接近孤独性（我向思考）的行为特点，开始说话比较晚，很早就沉迷于一些专门的问题，在社会交往中存在障碍，等等，但在学习方面却没有任何困难。

两个人都想把天上和地上的事情综合到一起，并希望理解造物主的作品。“上帝是永恒的，而且无处不在。”牛顿说。“（上帝）通过他的无时无处不在，创造了永恒和空间。”爱因斯坦在他去世前不久说，“一开始（如果有过这个开始的话），上帝创造了牛顿的运动定律，必要的质量和力统统包括在内。这就是一切。”

1905年的狭义相对论是以牛顿的一条硬性定律为出发点的：“封闭在一个空间里的物体，”他在书中写道，“根据自然科学的数学原理”，“它们相互之间完成相同的运动，不管空间本身是静止不动，还是处于匀速和直线运动之中”。

当爱因斯坦去世的时候，如同牛顿 1727 年去世时一样，他已经登上了神坛。“这里安葬着伊萨克·牛顿身上死去的部分。”立于威斯敏斯特教堂的墓碑上用拉丁文这样写道。而爱因斯坦身上会死去的部分，除了大脑和眼球之外，已由他的家属秘密撒掉，随风而逝——就像他活着的时候一样，不可能只固定在一个地方。

其他任何一个人都不曾像牛顿那样被爱因斯坦奉为楷模。他对牛顿的宇宙观进行了修正，对牛顿的力学进行了变革，而为牛顿恢复名誉的仍然是他。没有任何一个人像这个英国人那样，让爱因斯坦直到晚年仍然谦卑地深情呼唤：“牛顿啊，请原谅我：你发现了在你那个时代一个具有最高思维能力和创造能力的人所能发现的唯一道路。”

除了其他许多杰出的发现之外，有一项永恒的贡献也应归之于牛顿：似乎把天上的时钟工厂搬到了地上。根据他源自于开普勒和伽利略的公式，天空中的事件原则上都可以预先计算出来，直至无穷久远。如果知道了天体的位置以及它们的速度，那么也可以预知它们未来的分布。

科学仿佛具有预言的能力——这将对爱因斯坦的成长产生巨大影响。牛顿和他的同时代人那时就已经能够预告，250 年之后，亦即 1919 年的 5 月 29 日，在热带地区，太阳将在接近正午时分消失在月亮的后面，并将持续几分钟之久。这次让爱因斯坦对牛顿产生无限敬意并最终使他接替了牛顿的位置的日全食，在牛顿活着的时候已经载入天文学书籍中。后来，爱因斯坦用诗歌表达了对这一成就的赞美之情：

> 看啊，那些星星，在那里教导我们，
> 应该如何对大师表示尊敬。
> 每一颗都按着牛顿的预想，
> 永远默默无言地在自己的轨道上运行。

牛顿新物理学的这一重大成就，是建立在他所创造的一种数学方法基础之上的。每个学生都知道微积分框架内的最小化计算，不过它的写法是由与牛顿同时代的数学家和哲学家哥特弗里德·威廉·莱布尼兹（Gottfried Wilhelm Leibniz）发明的。两个人的成就标志着人类一项发展的高峰，而这一发展几乎可以追溯到人类的文明之初，追溯到巴比伦时代。毫无疑问，牛顿无与伦比的贡献在于，他将各种新的方法用于解决大量的物理难题。应用他的运动定律，实际上可以精确描述所有力学过程。流体动力学和空气动力学也是由他创建的。直到爱因斯坦时代，空气动力学才在飞机制造中得到应用。

质量在牛顿的定律中具有双重作用：一方面是作为惯性用以说明一个物体相对于加速度产生的阻力。一辆马车的惯性质量越大，拖动它和使之加速所需要的马力也就越大。另一方面，是指造成引力的重力质量，亦即一个物体吸引另外一个物体的引力质量。即使是苹果也会对地球施加重力。根据伽利略的落体定律，所有物体无论质量大小都以相同的速度落向地面。对于这一定律，牛顿用惯性质量和引力质量具有相同的值来加以解释。随着惯性的增大，重力也以相同的比例增大。至于为什么会这样，他未能做出说明。

这个英国人通过他的定律，将天体力学和地球上的力学概括于一个系统之中，从而为自己赢得了不朽的地位。按照他的定律，让苹果落到地上的力，与让月亮保持在围绕地球的轨道上的力，以及让地球保持在围绕太阳的轨道上的力都是同一种力——引力或者说重力。但这种引力究竟是什么，对于牛顿也依然是一个谜。这个问题一直到爱因斯坦提出广义相对论才得到解答。

那么，月亮为什么不会落到吸引它的地球上呢？又是什么让天体保持在它们的轨道上呢？在牛顿的世界里，一方面在重力之间存在一种精确的平衡，另一方面存在着由于运动而产生的离心力。如果从世界最高的山顶上，用一座威力无比的大炮发射一枚炮弹，并使他的离心力与它的重力完全相等，那么在原则上，这枚炮弹就会像月亮（或者一颗卫星）一样围绕着地球无休止地飞行下去。爱因斯坦在阿隆·伯恩斯坦的书中找到了相应的章节："月亮的运行可以同一枚炮弹的飞行相提并论。"在伽利略的著作中还没有出现这种说法。在那里，炮弹经过同样的时间之后总要落到地上——不管它以什么样的速度离开炮膛，是马上掉下来还是呼啸而去，都没有什么影响，只是它飞行的距离取决于速度。而牛顿的定律则考虑到所有的力，就是说把引力和离心力都考虑进去，对物理实在性的描摹要准确得多。

但是，谁相对于谁运动的问题——是炮弹和月亮相对于地球运动呢，还是地球相对于月亮运动，这个问题并没有解决。在这里，牛顿引入了一个受到其他思想家（如莱布尼兹）激烈批评、直到爱因斯坦才给以正确分类的概念——绝对性。按照牛顿的观点，空间和时间都是绝对的。即使其他任何事物都不存在，空间和时间也依然存在。

绝对空间仿佛成了盛装全部宇宙事件的容器。不只是地球和月亮，一切都在这个空间中运动。牛顿出于内心深处的宗教虔诚以及对造物主上帝的崇敬，认为这个空间完全处于静止之中，本身是恒定不变的。但这样一来，这位物理学家便创造了一个特殊的参照系，致使伽利略的相对性不再适用：当一列火车从一个站台驶过时，站台上的人和火车上的人没法再说他们各自都在相对于对方运动；从绝对空间的角度，毋宁说其中一个是静止不动的，而只有一个在运动。

牛顿在他的《原理》一书中将他的第二个绝对同样奉献给了万能的造物主："绝对的、真实的和数学的时间融合为一体，并因其性质而相同。"按照这种观点，整个宇宙只有一个时钟。对于与这个时钟同步流逝的一种绝对时间的设想，同我们的日常经验精确吻合，却像爱因斯坦所理解的那样，并不符合真实的情况。在他的相对论中，他将彻底改变绝对时间这种看起来颠扑不破的思想。

尽管有些问题用牛顿力学还无法解释，但它已经近乎完美地描述了物理的真实。汽车和火车，轮船和飞机以及航天器，一如既往、毫无问题地继续遵照他的公式在行驶、漂浮和飞行。因其极其准确的预见性，从一开始便已证明它是令人信服的。

阿隆·伯恩斯坦在他的“自然科学通俗丛书”中用很大篇幅写到了一种一直让人们感到害怕和惊恐的天文现象——彗星。从人们对待这种突然出现、一段时间在天空中固定不动、然后又在遥远的苍穹中消失、拖着一条明亮的长尾巴的宇宙之帚的态度，可以清楚地看出从带有神秘特点的中世纪向以理性为主导的近代的过渡。直到牛顿的时代，彗星依然被当作预测命运的神秘手段和灾祸的征兆。

伯恩斯坦邀请他的读者“在宇宙中进行一次梦幻之旅”：“我们是经水路，还是骑着马或者乘坐火车进行这次旅行？不，这些全都用不着！我们只需借助一台电报机！”以电流的速度进入宇宙深处！——这正中小爱因斯坦的下怀，就像让其他孩子坐在雪橇上念小学一年级一样。阿尔伯特还可以查到，天文学家如何渐渐学会预报这种拖着尾巴的天体的出现。谁要是能够预言它们的突然出现和消失，也就不会再觉得害怕和恐惧。而今已经具备预言能力的物理学，在牛顿去世八年之后，为它的第一次巨大成功而庆祝。英国自然科学家埃德蒙·哈雷（Edmund Halley）根据牛顿的方程精确预言了后来以他的名字命名的那颗彗星的回归。1675 年秋天，这颗彗星正如事先计算的那样，真的出现在天空中。

一下子，科学家们便能够通过数学手段进行时光旅行和窥探未来，预言变得合情合理，天命遵循由人创造的似乎富有魔力的公式，上帝的时钟工厂看起来一目了然。直到爱因斯坦的时代人们才知道，造物主对宇宙的建构，远比哈雷和他的同时代人按照牛顿的著作所能想象的精巧得多。

青年阿尔伯特在伯恩斯坦“自然科学通俗丛书”的第16卷中读到了一个更加让人难以置信的有关天文学慧眼的故事：“1846年，”书中写道，“一位自然科学家，巴黎人勒威烈（Leverrier）既没有仰望天空，也没有进行观察，单纯通过计算便猜出，在距离我们60亿英里的地方，应该还有一颗任何人都没有见过的行星；这颗行星每60238天零11小时围绕太阳转一圈，重量为地球的24.5倍；在特定的时间于天空中的某一位置可以找到它；如果想要看到它，只要有足够倍数的望远镜即可。这难道不是非常值得惊奇吗？”

1846年9月23日，装备精良的柏林天文台的天文学家约翰·伽勒（Johann Galle）收到勒威烈的一封信，请他“在准确标出的天空位置捕获这颗新的行星”。当天晚上，伽勒便将他的望远镜指向了预定的方向。结果，他真的找到了那颗行星，后来这颗行星被命名为海王星。这的确是哥白尼、开普勒、伽利略和牛顿所创立的数学物理学的巨大成功。

“我并不打算把你培养成一个天文学家，”伯恩斯坦在这一章的结尾安慰他的读者说，“但我希望，我能够把这一发现的神奇给你讲个明白。”然后，他讲解了勒威烈怎样按照牛顿的原理，根据其他行星的轨道，推导出了海王星的存在。“所以，光荣属于科学！光荣属于促进科学的人们！光荣属于比人的眼睛更加敏锐的人的思想！”

的确，伯恩斯坦没有把爱因斯坦培养成一位天文学家。但是，那种“比人的眼睛更加敏锐的人的思想”在这个青年人身上却早已被唤醒。今后，他将依据自己所创建的公式，亲自对连牛顿体系也未能解决的问题做出预言。首先，他将能够通过他的理论，解释太阳系中一个值得注意的奇怪现象——水星近日点的进动。这个问题在海王星被发现之后，如同一个小小的瑕疵一直黏附在牛顿那完美的天体力学身上：描述水星 100 年间距离太阳最近的那个点的曲线，每年都同所计算的轨道发生一点儿微小的偏差。跟发现海王星时的情况一样，当时的天文学家很长时间里都在猜测，这一偏差是另外一颗迄今尚未发现的行星引起的；他们甚至给它起了个名字叫“火神星”。但这颗火神星一直没有找到，而且也不可能找到，因为它根本就不存在。牛顿的方程所提供的预测是错误的，用它们无法解释水星轨道的异常。科学家们做出各种尝试，试图在不需要为此而额外增加一颗行星的情况下消除这种荒谬。但直到爱因斯坦的广义相对论诞生，水星近日点进动的难题才得以彻底解决。

犹如天文学发现了某种现象的蛛丝马迹，让中学生阿尔伯特更加热切关注的却是另外一个问题，一个让他几乎比其他任何人都倾注了更多精力和心血的问题——光；1905 年，他将在成为量子理论奠基之作的论文《光量子假说》中阐明光的双重性质。阿隆·伯恩斯坦在他的书中说：“光是报信的使者，它给我们带来有关远方所发生的事情的消息。”关于“光的这一定律”，作者写道：“它适用于宇宙的整个空间……适用于各种光，无论远还是近，不管大还是小。”作者们对于探索光速的描述，阿尔伯特读起来犹如惊险小说。

首次引起轰动的成就是由丹麦人奥勒·罗默（Ole Rmer）于1676年（望远镜发明之后不到70年）取得的。他通过对木星卫星的研究推断出了光的速度。这些木星卫星是很久以前由伽利略证实的，他把对哥白尼宇宙观的坚信押在了那个正确的模型上。这颗最大行星的卫星和地球的月亮一样，当进入木星的阴影时，它们也会变得昏暗。罗默特别观察了木卫十，亦即当时所知道的四颗木星卫星中最里面的一颗。他通过观察并经过计算比较发现，卫星投在木星上的阴影会定期延迟出现，相差的时间为22分钟。

他据此正确地推断，这一迟到现象与该行星（以及它的卫星）相对于地球和太阳的位置有关：当它和地球处于太阳的同一侧时，光线（连同变暗的“消息”）到达的时间就会早一些；而当它转到太阳的另一侧时，光线到达要晚一点儿。也就是说，光线必须经过一段较长的距离，为此当然需要多花一些时间。而根据距离和时间，自然可以求出速度。

一开始罗默的测量有5分钟的差错，按照他的数据算出来的光速为每秒210000千米——这在当时已经是极高的速度了。而且，这也是极为大胆的想象；他的许多同时代人都觉得难以接受：光竟然也会运动，竟然也需要时间来走完一段距离。后来的测量使这个丹麦人逐渐接近实际值，今天光速被确定为299792千米/秒。

在伯恩斯坦的书中可以发现大量与爱因斯坦后来的思想惊人的相似之处。例如作者对光行差，也就是他用漂亮的德语称之为光线由于地球的运动而产生的“像差”现象的解释：“我们想象一下，有个站在铁道旁边的人，朝着从他身边疾驶而过的火车开了一枪。”子弹首先穿透这一侧的车厢板壁，飞行一段之后又射入另一侧的车厢板壁。由于火车在此期间是向前运动着的，那么，“车厢里坐着的人……将根据两个枪眼推断出，这一枪应该是沿着与火车成斜线的方向发射的”。

将此用于科学家在地球上观察星体的情况则意味着：一束从某个天体进入观察者望远镜的光线，由于地球的运动，在镜筒里，甚至在观察者的眼睛里，其轨迹同样表现出稍微有点儿偏斜。因为“在光线经过镜筒所需要的极为短暂的时间内，地球连同望远镜沿着轨道又继续挪动了一小段”。伯恩斯坦解释说，“如果你想观察一颗恒星，就必须让望远镜偏移一个小小的角度”。这一偏移可以与光行差相抵消，就像雨中的行人打伞的时候都会把伞向前倾斜，通过这种方法可以少淋到一些雨点。

这一惊人的发现要归功于英国天文学家詹姆斯·布雷德利（James Bradlley）1725 年的观察。这位英国人原本打算测量恒星与地球之间的距离，但那时光学仪器的质量还满足不了要求。“可是，就像在通往一个重要目标的道路上经常发生的那样，”伯恩斯坦写道，“布雷德利在这种情况下的探索并非徒劳无益，他发现了重要性丝毫不亚于原定目标的真相。”

布雷德利——对于伯恩斯坦同样具有决定意义——发现，“光行差”对于所有星体都是同一个值，不管它们距离多远，全都一样。他由此正确地推断，所有的光都以相同的速度运动。也就是说，光速是恒定不变的，这是构成爱因斯坦狭义相对论的两项基本原理之一。

但是，光的本质到底是什么？按照牛顿的设想，光是由最小的微粒亦即所谓的粒子组成的，如同抛射体迅疾地穿过空间。他的主要对手荷兰人克里斯蒂安·惠更斯（Christian Huygens），代表与之相反的另外一派观点，认为光所涉及的是一种波动现象。1801 年，英国医生、埃及学者和物理学家托马斯·扬（Thomas Young）站到了荷兰人一边。他利用光的一种特性，即干涉现象，提出了论证：根据干涉现象，两束光线可以像水中的两道波纹一样相互加强或者相互抵消。

由于这一时期牛顿或多或少仍然被认为不可能有错，因而开始阶段扬得不到普遍承认。但是，经过一次又一次试验，特别是法国科学家奥古斯廷·菲涅尔（Augustin Fresnel）在实验室里进行的投影图案实验，证实了光的波动理论。在四分之一世纪之内这一理论得到了完全认同。

但现在问题又来了：什么是光波的载体？如果它不像大海的波浪以水为载体，又不像声波以空气为载体的话，那么发生振动的究竟是什么呢？在这种情况下，出于对力学的坚信，物理学家们突然想到一个 100 年来决定他们思维的观点。由于按照他们的看法，应该存在一种能够发生机械变形的传播光波的东西，他们提出了一种假想的介质——以太。尽管谁也无法称量、看到或者测度以太，但为了解释光的波动性，以太暂时还是合适的。伯恩斯坦据此认为："现在，对于以太的任何怀疑，通过天文学的现象，应该被视为已经排除。"这一错误最终被爱因斯坦彻底改正。

在这些书中，阿尔伯特早已找到类似于他未来研究计划的一些东西。很少有人像他那样，能在理论道路上同时踏上宇宙的两个极端——最微小粒子的显微世界和最遥远星系的宏观世界。“现在，发光时间的重大意义无可估量，”伯恩斯坦在书中近似预言般地宣告，“今后，光波长度将很有可能成为适合于迄今尚看不见的和无法度量的原子小微粒的一种科学尺度。”

就像乔纳森·斯威夫特（Jonathan Swift）著名小说里的那位旅行者，爱因斯坦也将深入到大人国和小人国里去。与格列佛①不同的是，他去两个目的地的漫游是同时进行的。当他到达那里的时候，他将以无可比拟的方式尝试着把小人国和巨人国联合成一个统一的大国。

在他通过阅读进行探险期间，阿尔伯特几乎可以发现直至他上中学之前自然科学研究业已发现的一切。19 世纪，化学取得了巨大的进步——特别是在法国人安托尼·劳伦特·拉瓦锡（Antoine Laurent Lavoisier）把混乱的化学元素进行了一番整理，以及英国人约翰·道尔顿（John Dalton）把原子理论引入化学以后。而物理学，到它承认古希腊人德谟克利特（Demokrit）已经猜测到的原子的存在，则还需要整整 100 年。爱因斯坦在他的“奇迹之年”——1905 年，也将通过他的论文《分子大小的新测定法》为此做出一份重大贡献。

阿尔伯特在他的书中找到了他构建新物理学所需要的一切——无论是答案还是问题。特别是在关于磁学和电学——

① 格列佛：英国作家斯威夫特所著小说《格列佛游记》的主人公。

“光的孪生姐妹”的章节里，无论从发现还是理论方面，父亲工厂里实践的世界立即在他眼前浮现出来。伯恩斯坦一再指出，诸如物质、元素或者流体之类词汇只是事物的名字，而它们的本质依然是秘密。以后，爱因斯坦则将宣告：“物理词汇是人的思想的自由创造。”伯恩斯坦还信心十足地表达了他的猜想：“我们所观察到的各种神秘自然力，只不过是唯一一种自然力的不同表现。”

直至19世纪之初，电和磁还被看作两种不同的东西，最多像雷电这类自然现象会让人们猜测，二者之间也许存在一定的关系：雷电能使铁棒磁化并让指南针发生偏转。1820年，丹麦物理学家汉斯·克里斯蒂安·奥斯忒（Hans Christian Ørsted）发现，导线通上电流后会对罗盘指针发生同样的作用。11年后，英格兰一位有着特殊天赋的实验物理学家迈克尔·法拉第发现，反过来同样可以产生相应的效应：如果将一个磁体沿着一根电线移动，便会使电线中产生电压。直到今天，这种“磁感应”依然是发电机和振荡器产生电流的基础。当时，它激起了一系列发明的浪潮并最终引发了电气技术革命，阿尔伯特的父亲和叔叔也曾投身其中。

法拉第的功绩，一方面在于搞清楚了两种现象的关系，将它们一起纳入到电磁学这门新的科学中。他通过研究告诉我们，这两者的关系不是静态的，而是动态的，是通过运动联系起来的。依照他的“感应定律”，电流不但可以生产，而且反过来也可以用于驱动机器。另一方面，实践家法拉第通过对磁效应的观察，如一张纸板上在磁体作用下的铁屑，论述了组成

"场"的磁力线。随着"场"的提出，一个全新的思维形象走上了自然科学研究的舞台，并将紧紧缠住爱因斯坦，使他一辈子欲罢不能。

按照法拉第的设想，场（例如通过一个磁体产生的场）是充斥于空间的某种特性，并能对一个物体（例如一块铁）施加一个力。犹如当初牛顿将伽利略的思想嵌入具有最完美数学结构的理论著作之中，另外一个英国人也将法拉第灵光闪现的想法纳入了一个完美的数学模型。出生于苏格兰的詹姆士·克拉克·麦克斯韦于19世纪60年代创建了一个物理学中前所未有的复杂体系——场方程。麦克斯韦著作中的视角立刻激起了阿尔伯特的想象：将两个不同的领域，光学和电磁学，统一在一个理论中。因为这个英国人已经认识到，光同样是由电磁波组成的。

当这个小青年读到"光的后传播"时，可能会怎么想呢？对于这一概念，阿隆·伯恩斯坦是这样解释的："在这个意义上，我们所看到的永远是过去，从来不可能是现在。"各个天体发出的光，分别按照它们的距离，都要经过很长一段时间才能到达地球。从太阳到达地球，光需要走8分钟；从木星这颗行星到我们这儿就需要52分钟，从天王星甚至超过2小时。而恒星更是开启了一个全新的量级，离我们最近的阿尔法半人马座的光发出3年之后才能到达人的眼睛，下一个离我们最近的是天琴座，其中的织女星发出的光，要经过12年零1个月才能到达地球。

"宇宙空间的这类事件，"亚历山大·冯·洪堡写道，"是以往的历史传达给我们的声音。人们完全有理由说，我们通过我们的大型望远镜同时深入了空间和时间”。因为“布满星斗的天空景象呈现的是非同时性”。一个需要他付出毕生努力的题目就像摆在托盘上一样端到了青年爱因斯坦的面前：空间和时间彼此密不可分，光和时间以一种特殊的方式连在一起，事件的同时性取决于观察者的立场。

柏林作家菲力克斯·埃伯尔蒂（Felix Eberty）以此为契机写了一本书，名叫《天体和宇宙的历史》。这本书于 1846 年首次在德国匿名出版，无论在欧洲还是在美国，当时都是一部传播甚广的著作。当埃伯尔蒂的这本书于 1923 年署名再版时，为之作序的不是什么小人物，而是鼎鼎大名的爱因斯坦。

这部非常值得注意的著作许多章节读起来像是科幻小说——尽管其核心内容是以严格的科学事实为依据的。作者将箭头也就是光线倒转，让观察者从距离不同的遥远星球朝地球看。他以这种方式虚构了一种时光机器，借助时光机器可以进行回到过去的时光旅行。

“在广阔无垠的宇宙空间里分布着数量无限的恒星，”他写道，“毫无疑问，每颗恒星都可以向后倒推任意多年。所以，总是可以找到一颗恒星，在它上面此时作为现在所观察到的正是我们地球过去的时代。”“上帝对于往事的无所不知”突然得到了如此自然的解释。“因为，既然我们想象上帝的眼睛对于空间的每一点来说无所不在，那么他当然能够同时而且一下子看到宇宙历史的整个进程。”

埃伯尔蒂谈到一幅“油画”，这幅油画“包括空间和时间，并将二者作为一个整体同时加以展现，以至我们根本无法将空间和时间的延伸分隔和区别开来”。他的某些章节读起来就像他自己在进行通往未来的时光旅行，并在按照阿尔伯特·爱因斯坦的想法审视宇宙：“以这种方式，我们让重合在一起的时间的延伸与空间的扩展同我们的感性认识如此接近，以至我们不能再把空间和时间看成两个彼此不同的概念。因为，在时间上相继发生的事件，这里在空间上同时也在并行展开。”

在这里，也可以发现有关狭义相对论的一个关键思想：瞬间在以光的速度旅行。或者反过来说：当达到光的速度时，时间就跟凝固了似的。埃伯尔蒂兴趣盎然地玩起了思维游戏：“谋杀不只在房间的穿堂里留下无法消除的血迹，所犯的罪行也会永远在宇宙空间留下影像。”如果这时向宇宙空间发送一张地球的瞬间照片，而且上面的时钟看得很清楚，这张（时钟）时间的照片与光一起到达遥远的观察者，那么时钟在旅行期间就会像停止了似的。

“也就是说，在宇宙空间里永远永远保留着借助光的翅膀传播开来的所有事件的档案，真实而又确凿。”“因为，不仅我们这个天体的历史，而且所有天体的历史，如同一幅最大、最真实的世界和宇宙的历史画卷，此时此刻正在空间到处传播。”

在这一背景下，真实的科幻世界展现出一种完全不同的景象。“很显然，”赫伯特·乔治·威尔斯（Herbert George Wells）1895 年的小说《时光机器》里的时光旅行者说，“每个实际存在的物体必须在四个维度——长度、宽度、高度和时间上延伸。”这种观点很奇特，但绝不是什么新东西。1907 年，数学家赫尔曼·闵可夫斯基（Hermann Minkowski）将在爱因斯坦狭义相对论的基础上对其加以完善。在狭义相对论中，四个维度被融合成为时空。

“时间只不过是宇宙历史的节奏，”埃伯尔蒂于1846年宣称，“所以，时间的延续对于发生的事件是不必要的——更确切地说，起点和终点可以重合，并包容处于中间的所有一切。”他的“用于时间的显微镜”帮助他在一座宇宙电影院里把宇宙事件的影片拉近成为慢镜头，或者在慢摄电影机里将它拉长——在这帧图像学会飞跑之前50年。

作者甚至开始玩弄缩短的空间和加速的时间。如果“用六个月过完一年”将会怎样？对于那些认为这种思维游戏很新鲜的同时代人，答案想必出乎意料：“我们恐怕觉察不出任何变化。”埃伯尔蒂肯定地说——即使从狭义相对论的意义上也完全正确，“因为只有通过与另外一个时间流程的比较和测量我们才能确定时间的流逝”。

这对于埃伯尔蒂缩微想象的空间同样有效。我们会觉察到这一点吗？“经过这样的缩小之后，就像《格列佛游记》中小人国里的小矮人，我们自己有同样的权利认为自己是成长发育完全正常的人。”后来，爱因斯坦为这类幻想提供了科学依据，好像是专为那个虚构的、以接近光的速度运动并且对此没有任何感觉的旅行者写的。

在这种“虚构和幻想”中，吕内堡的文明学家卡尔·克劳斯贝格（Karl Clausberg）看到了“孵化科学幻想的一个新型门类的温床。这种新型的科学幻想就是思想实验，它在20世纪得到了高度重视”。而阿尔伯特·爱因斯坦则将成为这门艺术无可争议的大师。

当爱因斯坦苦苦思索的时候，他会大量使用虚拟式：“如果一个人跟在一束光的后面奔跑将会怎样？如果他以光的速度飞奔又会怎样?”按他自己的说法，这种假想思维从 16 岁时就开始了。这种奇特的、看似原生的思想源自何处，在他的自传中未曾提及，在伯恩斯坦的书中可以找到字面上几乎一模一样的问题，而问题的答案——如果你想知道的话，便是狭义相对论。

第五章　对遗产的责任

——爱因斯坦侦缉队投入行动

> 突然之间，世界看到了另外一个爱因斯坦，一位天才和情种，伟大而又冷酷无情。

每个人都会把秘密带进坟墓，有的多一些，有的少一点儿。一般人死后留下的东西，过不了几代便会湮灭。但对于一个像爱因斯坦这样生前就不乏奇闻逸事的人，遗忘却始终不肯眷顾，或者说是——按照看问题的不同方式——过于吝啬。

“在我身上，”有一次他说，“每一声细小的尖叫都会成为小号独奏。”自从他停止——用他的话说——“学问高深的呼吸”以来，尸体检验过程虽然短暂，但紧接其后开始的，却是在科学解剖台上对一个光辉形象加以剖析的漫漫长途。

耶路撒冷，希伯来大学，一栋朴素的图书馆大楼。不见借阅处的忙碌，远离大学生的喧闹——这就是爱因斯坦档案馆，爱因斯坦研究的圣杯。大约有 8 万份文件，尤其是书信、便笺、笔记、日记、草图、提纲、演算草稿、手稿，在历史洪流的冲刷下未能留下痕迹的每一次涂鸦，还有护照、证书、照片，等等，皆因出自他本人而显得弥足珍贵。为防止时间的吞噬，所有文档都夹在硬纸板制作的不含酸的本夹中，整齐地摆放在同样是灰色的、不含酸的硬纸箱里，一页挨着一页，摞在高达顶棚的架子上，全部都是爱因斯坦留下的漫长的人生印迹。

一般人根本不可能接近这些珍宝。经过批准的专业人士只允许在隔壁一个没有窗户的房间里，在档案管理员严厉目光的注视下进行翻阅。因为凡是在这个地方接触到的东西（大部分都是已经发黄的纸张），拿到自由市场上拍卖，都值好几百万。尽管采取了极其严格的监控措施，但有些资料还是秘不示人，连专家也无缘得见。不只是账簿和有关离婚的文件，包括一些私人信件和情书在内，遵照严格的遗产管理人或者说费心操劳的遗产继承人的意图，直至今天仍然封存得严严实实。

访问以色列的贵宾经常提出参观档案馆的要求。但他们在那里所能看到的，也只是这位物理学家的熨得平平整整的晚礼服，他的一小部分藏书，以及在伯特兰·罗素（Bertrand Russell）的一本书上的批注“难以置信的天真”，关于剧本《伽利略》写给它的作者贝托尔特·布莱希特（Bertolt Brecht）的一封信，以及一封写给一个小女孩的信，在信里他向这位小姑娘保证，他“也不像常见的凶恶男人们那样胳膊和手上长满黑毛”。另外还有一份 1912 年的手稿，小心翼翼地保存在一个浅底的大盒子里，第 38 页上写着那个著名的公式：E 等于 m 乘 c 的平方。爱因斯坦认为自己是个受人尊敬的人，别人却把他看作“犹太圣人”。于是，他留下的东西最后变成了供人顶礼膜拜的圣物，这恐怕是他做梦也没有想到的。

洛杉矶附近的帕萨迪纳，加利福尼亚理工学院，一幢模仿桁架式建筑风格的二层小楼，修剪得整整齐齐的草坪。入口处一块蓝地白字的牌子上写着："爱因斯坦文档项目"（爱因斯坦研究中心），下面是这位物理学家手写体姓名开头字母的大写。安装在墙上的一排排绿色卷柜，标有说明的检索卡，用浅黄色硬纸板做成的文件夹，耐火的钢制立柜，耶路撒冷原件的影印件……文档总数也是 8 万件左右——与以色列的爱因斯坦档案馆基本相同，十分安全地存放在房子的底层。

在这里从事研究工作的大多数历史学家和物理学家们，经过长达 40 年、甚至可能 50 年的空前努力，编辑出版了《阿尔伯特·爱因斯坦文集》——一套黑色封皮的沉甸甸的书籍，装潢显得古色古香。任何一位爱因斯坦的研究者或者传记作家恐怕都不会对它视而不见。自从 25 年以前首次问世以来，这套《阿尔伯特·爱因斯坦文集》成为我们了解这位物理学家有关情况的最丰富的源泉。书中的部分文章来自他的遗物，而另一部分则由研究者们自己调查搜集而来（他们对此感到格外自豪）。他们在世界各地飞来飞去，以侦探般的嗅觉钻进各种档案和私人藏品中进行搜寻。经过推理分析，一旦获悉哪里有他们还不了解的文献，"历史学家的心便会狂跳不止"。这是来自阿姆斯特丹的教授、安涅·柯克司（Anne J. Kox）说的话，他每年定期从荷兰到这里工作几个月。正是他在系统地查阅原始资料时，发现了迄今一直没有受到重视的爱因斯坦写给他的荷兰同事阿德里安·福克尔（Adriaan D. Fokker）的那封信的线索。柯克司沿着楼梯下到位于底层的"存放圣物的密室"——档案库。电子数据库告诉他，爱因斯坦写给福克尔的信共有七封，其中一封没有注明日期，发现地为73号抽屉，文件编号264。一定是它！当他把找到的纸页拿在手中的时候，兴奋之情溢于言表："我就知道!"这封信写于1919年，上面的日期为7月30日，发信地点为瑞士的卢塞恩。尽管这一发现没有引起任何轰动，但又为拼成完整的爱因斯坦这张大图增添了一个小小的构件。

从这封信里可以得知，爱因斯坦为什么没有去瑞士阿罗萨看望当时正在生病的福克尔。"我在瑞士的时间只有短短几天，必须留在这里陪伴躺在疗养院里的母亲。"他母亲的癌症这时已经到了晚期。这封信又一次提供了一个例证——爱因斯坦是如何逃避"仅仅个人的"事情的："生活对待我们大家都很冷酷。不过，如果一个人能在一定程度上把自己心中的怒气发泄出来并尽量去关注客观事物，不致一味地沉浸到生活的痛苦中去，也算是一种幸福。"

这封信的字里行间还流露出了他对于这个动荡时期"德国政治气质"的某些看法，以及对于德国人的评价："这些人对于自己成为肆意妄为、毫无廉耻的少数人的盲从工具没有任何清醒的认识。所以，对于他们，对'屈辱的和平'的愤怒并不是一句空话或者虚情假意，而是一种实实在在的经历。"而针对科学，信的开头便说："但是看来，在选择合适坐标的情况下，宇宙的质量几乎处于一种静态的平衡之中。"

生命垂危的母亲，从个人感情的痛苦深渊中逃离，对第一次世界大战责任的拷问，宇宙的物理质量——那个时期的爱因斯坦好像被放在了放大镜的下面。如果世界上只有这一封信，那么，我们将从中了解到有关爱因斯坦进入物理学的宏伟殿堂、第一次严肃的政治批评以及他母亲去世之前几个月里的许多事情。

但是，面对 8 万份文件却让人觉得，实在难以做出一个心平气和的评价。其中绝大部分出自爱因斯坦本人，少部分是写给他的，还有极少部分是关于他的，特别是来自他前半生的，也就是 1919 年之前的那个时期。在那之后发表的许多关于他的文章，由于对他的敬重（也有不少出于憎恨）而多有扭曲和失真。爱因斯坦神话比爱因斯坦本人更伟大，传闻把人们的目光引到了活人身上。随着爱因斯坦于 1919 年突然出名，对他的研究遇到了一道屏障。大堆的资料使研究人员无法再像以前那样按常规方式工作。大量的信件和出版物以及报纸杂志上的无数文章，给爱因斯坦的一生画上了一道极其明显的分水岭。鉴于这种新的情况，研究中心负责人戴安娜·柯尔莫斯·布赫瓦尔特（Diana Kormos Buchwald）召集了一次编辑工作会议。参加会议的除了这位女教授和上面提到的那位荷兰人以外，还有一位德国人、一位伊朗女士、一位以色列人、一位匈牙利人和几位美国人。

这位女负责人对于面临的形势无须多加解释，作为负责人，她从事爱因斯坦研究的年头并不长，所以在专业圈内格外引人注意。新书必须在两个月内完成，并将爱因斯坦的一生加以压缩，到 1920 年 4 月 30 日为止。出版社是否会认同呢？布赫瓦尔特回到办公室，给那边打了一个电话。对方回答说让她等一等。时间已经过了很久，办公室的门一直关得死死的，女头头坐在门后一个劲儿地抽烟。这在加利福尼亚的一个大学校园里可是有些不同寻常。门终于开了，屋子里烟雾腾腾。出版社同意了，书稿可以进入最后的审校阶段。

女教授邀请她的研究小组前往文人学者经常聚会的“雅典娜神庙”共进午餐。加利福尼亚理工学院这家受尊崇的餐馆距离研究中心只有数百米。同事们利用这个机会顺便参观了位于二层的所谓的爱因斯坦套房。这个套房破例没有住人，而他们研究的中心人物在帕萨迪纳逗留期间总是在这套房间里过夜。还在上楼的路上他们就已经遇见了他：在楼梯拐弯处的壁龛里立着一尊半身塑像，出自雕塑家赫莱纳·布鲁姆（Helaine Blum）之手。他就是爱因斯坦，正如全世界所描绘的那样：若有所思，庄重深沉，让人琢磨不透。

从套房的窗户望去，校园景色尽现眼前：棕榈、柑橘、喷泉、柱廊，好似一座美丽的公园。这里的天空总是那么蓝，爱因斯坦非常喜欢这片蓝天之下的加利福尼亚世外桃源。1930年，他在旅行日记中写道：“帕萨迪纳犹如一个大花园，街道笔直，一座座别墅掩映在栽种着棕榈树、小叶橡树、胡椒树的小花园里。”然后又开玩笑地补充了一句：“为了不辜负这些胡椒树，所有菜里都要加胡椒。”

爱因斯坦研究小组在套房的木墙围子的房间里照了一张合影。照片上只缺了一个人：罗伯特·舒尔曼（Robert Schulmann）教授，他担任该中心的负责人多年，并在几乎超过四分之一个世纪的时间里一直是小组的灵魂。行动迅速而机敏，富有远见卓识，如果需要，也会表现得有些好斗——正是这种性格保证了他在爱因斯坦研究领域中的地位。在爱因斯坦侦缉队中，他是最能干的一位，研究中所取得的一些重大的、轰动性的成果，完全归功于他的嗅觉、魅力以及毫不退缩的坚定性。他住的地方距离帕萨迪纳要飞行五个小时，网络已成为他生活的一部分。

华盛顿附近的贝塞斯达，占据一层楼的宽敞住房，是追踪爱因斯坦踪迹的侦探大师的基地。当舒尔曼和他的夫人坐下来吃晚饭的时候，饭菜散发出欧洲的味道。桌子上摆着盛有酸菜和肉丸子的碗盘，另外还有黑面包。朱迪特（Judit Schulmann）出生于匈牙利，她也是这样做饭。离乡背井的苦难生活，流亡者的沉重负担——而故乡从来未曾离开她的心间。

舒尔曼出生在菲律宾，讲起德语来带有柔和的、流行于维也纳一带的巴伐利亚口音，他的父母就出生在那里。他的清晰、直率、在大马路上经过考验的英语是在洛杉矶学的，他曾经在那里漂泊了四年。这位历史教授是在 1981 年，亦即文集第一卷出版前六年加入爱因斯坦项目的。多亏他的调查，世界才认识了爱因斯坦生活中的一些阴暗面和不那么光彩的隐私——按照他的想法，这些事情还是永远隐瞒起来比较好。

对于隐私的揭秘，爱因斯坦指定的遗产管理人则完全是另外一种态度。首先是海伦妮·杜卡斯（Helene Dukas），她于 1928 年 4 月 13 日进入爱因斯坦的生活。在一次严重的虚脱之后，爱因斯坦病恹恹地躺在床上，需要找一个在他恢复期间能够帮着处理事务的人。杜卡斯当时正好失业，而从那以后直到去世，她再也不曾失去过工作。在这个星期五，她的生命找到了自己的目的——阿尔伯特·爱因斯坦。“这位是杜卡斯小姐，我忠实的助手，”她的新雇主说，“如果没有她，恐怕谁也不知道我还活着，因为所有的信件都是她代我写的。”

杜卡斯被描述成一个“身材修长苗条、表面很严厉的年轻女士”。“她的羞怯中隐藏着一种坚韧、有时甚至相当刻薄的性格。”她成了爱因斯坦的秘书，后来又成了管家兼厨娘，并同爱因斯坦全家一起来到美国。当爱因斯坦的第二任夫人爱尔莎于1936年去世以后，她又担负起泽贝卢司①的重任，保护着这个被神话包围的男人，与作为“天然敌人”的记者们进行斗争。

当她于1982年2月10日以87岁的高龄与世长辞的时候，与她同处一个战壕里的战友奥托·纳坦（Otto Nathan）对新闻界的“敌人们”说：“随着她的辞世，爱因斯坦第二次死去。”纳坦是受托管理人联盟中的另一个人，魏玛共和国时期是一位颇受重视的国民经济学家和政府顾问，于纳粹掌权之前逃离德国。爱因斯坦被迫流亡之后不久，他就结识了这一家人。在普林斯顿，他成了这个家庭的朋友并担当全部经济事务的顾问。现在海伦妮·杜卡斯只叫海伦，而纳坦则成了她最紧密的盟友。

“纳坦为爱因斯坦铺设走路的地板，”舒尔曼说，“只要事关保卫爱因斯坦，他就成了一条真正的猛犬。”为了尊者的利益（他大概希望把所有“仅仅个人方面的东西”从留给后世的

---

① 泽贝卢司（Zerberus）：希腊神话中守护冥府入口的长有三个头的恶狗，比喻顶真而又厉害的看门人。

形象中全部剔除)，在1950年的遗嘱中，把全部遗产托付给这两个人应该说是顺理成章之事。这两个人，舒尔曼认为，“把爱因斯坦看作是上帝赐给人间的礼物”。

爱因斯坦去世几个小时之后，纳坦便担负起了他的新角色。当托马斯·哈维剖开死者的遗体并取出大脑的时候，他就站在旁边。他对哈维将这一器官据为己有一事也没有提出异议。他在生前一直保持同这位病理学家的联系，为的是了解对爱因斯坦死亡的思维器官的研究是否取得了什么成果。至于他心里是怎么想的，根本用不着怀疑：“纳坦希望听到：对爱因斯坦大脑的研究显示，他的确是一位超级天才。”舒尔曼说。

海伦·杜卡斯去世之前，一直住在爱因斯坦位于普林斯顿梅瑟街的房子里。作为这位永生不死之人的女秘书，1955年之后她一如既往，继续回复写给她的教授的信件，并且继续领取间接由他支付的工资。他不仅把个人的财产遗留给她，而且还额外遗赠她2万美元。只要她在世上活一天，来自他著述的收入全部归她所有。

忠诚是值得的。纳坦和杜卡斯给所有希望接触档案（当时大约还有42000份）的人造成了很大困难。但他们也很清楚：闸门不可能长期关闭。有些事情也不足为奇——就像在秘密警察的档案里，总会留下一些可以作为罪证的材料，而每当政府更迭之后，一些重要文件便会消失得无影无踪。爱因斯坦死后，有多少文献从他的遗物中被清除掉了人们并不清楚。但是，那些在受托管理人看来公之于世会对爱因斯坦不利的文件已被抽走则是可以肯定的。

按照爱因斯坦的遗愿，只有他的著作，他留下的文字、文件，他的思想，他的理想，他的宇宙观，才是他的遗产，但不包括今后这个世界所塑造的那种形象。即便两位遗产管理人坚信，自己是在忠实地遵照这一遗愿行事，可实际上，他们却在千方百计给后世编造一个从未有过的爱因斯坦。

这一态度所导致的结果往往适得其反。你把来源封锁得越是严密，调查的人就越是愤懑；获得的消息越是稀少，大家的问题就越发急切；越想守口如瓶，嫌疑和猜测便越离谱。

哈佛大学年轻的物理学家格拉尔德·霍尔顿（Gerald Holton）第一次到普林斯顿拜访海伦·杜卡斯，应该是20世纪50年代的事情。他原本只想为准备一个研讨会查找几份原始资料。当时这些遗物已经一分为二：许多私人信件继续保存在梅瑟街爱因斯坦的房子里，其余部分，主要是科学和政治方面的资料，则已经移交给爱因斯坦度过他最后22年职业生涯的高等研究院。霍尔顿在位于研究院校园区内的主楼地下室里，一个可以通行的大型保险库里找到了这位老夫人。“对于在那里遇到的情况，我一点儿思想准备也没有。”他讲述道。只有海伦·杜卡斯一个人坐在仅有的一盏电灯下面，在高大的文件柜的包围中埋头工作。“整个场景让我想起墓穴中的朱丽叶。”

这位物理学家发现，柜子里的纸张乱得一塌糊涂。很显然，让海伦·杜卡斯把委托她管理的遗物整理成井井有条的档案实在是一项难以胜任的任务。得到她的同意以后，霍尔顿和几个大学生接过了这项工作。但这样一来，堤坝便被冲开了口子。这位一丝不苟的遗产守护人逐渐把藏在家中的资料也移交给了研究院。至于到底有多少文件从来没有找到通往那里的道路，则属于爱因斯坦研究中的未知数了。

直到1971年，圣杯的守护人才终于和普林斯顿大学出版社达成了协议，迄今为止所进行的研究工作都是以这个协议为基础的。但一开始，这个雄心勃勃的项目只能拖着。经过几轮反复，才在1976年找到了一位合适的主任——波士顿大学的约翰·斯塔切尔（John Stachel）。这位相对论者于1977年搬到了普林斯顿，但他很快发现，杜卡斯夫人是不会那么轻易地放弃对于她这些珍宝的控制的。“能否接触到档案，很大程度上是以个人关系为基础的，完全取决于你同她的关系。”

在这种情况下，一个科学家是没有办法开展研究的。作为出版人，斯塔切尔要求获得完全的自由。但这让奥托·纳坦不能接受，他拒绝在相应的协议上签字，于是不得不通过仲裁法庭加以澄清。法庭裁决纳坦的对手有理。但纳坦却不肯放弃，通过所有可能的渠道提出诉讼。直到1980年，他用尽了所有的法律手段。这个项目可以启动了。

而今，纳坦愈加没有退路了。1981年秋天，罗伯特·舒尔曼受雇来到普林斯顿。在这位年轻的历史学家身上，年迈的国民经济学家算是找到了自己最难缠的对手。其实，在这两个人之间有很多共同之处：两个人都对他们德国的根怀有强烈的情感，都以各自的方式对美国政府持激烈批判的态度，两个人对物理学都一窍不通，而且都对爱因斯坦极度着迷。唯一不同的是，这个人千方百计寻找的，正是另外一个人要想方设法隐藏的。

一方面出于对探查事物的兴趣，同时也是出于历史学家的敏感，舒尔曼走上了一条新的道路：他不再局限于在爱因斯坦的现有遗产中搜寻证据，而是另辟蹊径，前往欧洲，到处探查未曾受到重视的档案，在阁楼、仓库中四处嗅闻，挑选整理被忘却的遗物，寻访时代证人，进行采访，提出问题，获得了一个又一个让他不断踏上新的旅程的线索。

1985 年 11 月，在物理学家勒斯·约斯特（Res Jost）位于苏黎世郊区的家中举行的一次晚会上，话题扯到了奥托·纳坦以及他最早一次捍卫死去的天才的行动。晚会的主人曾经在普林斯顿在爱因斯坦身边工作过将近 10 年，并在欧洲为爱因斯坦文档项目募集过资金。舒尔曼根据约斯特的讲述逐渐梳理清楚的曲折故事，从爱因斯坦尚在世的时候开始，作为一次轰动事件而宣告结束。

米列娃，爱因斯坦的第一任妻子，经过长期的病痛折磨之后，于 1948 年 8 月 4 日在苏黎世的一家医院里孤独地去世。老人故去后，家里的东西通常由儿媳妇负责清理；在这种情况下，此项工作当然由爱因斯坦的儿子汉斯·阿尔伯特的夫人弗丽达负责。当她踏进位于苏黎世胡藤大街的住宅时，无论如何也想不到，稍后不久将有什么东西落到她的手里。她找到的不仅仅有藏在床垫下面的 85000 瑞士法郎。米列娃之所以保留这笔钱，显然是为了给二儿子爱德华治病。爱德华在附近的一家精神病院里，在束手无策的精神病大夫的照料下，过着一个精神分裂症患者的悲惨生活。弗丽达还发现了一捆书信。她的婆婆一直收藏着和阿尔伯特的通信——一开始他们是如此相爱，这些信全都写于他们交往的最初几年。弗丽达收起了这捆信件，将它们带到了加利福尼亚的伯克利。她和在大学里担任流体力学教授的丈夫住在那里。

差不多有 10 年时间没有发生任何事情。不过，遗产管理人显然知道这批信件，只是不了解它们的内容。爱因斯坦刚一去世，奥托·纳坦就曾试图从汉斯·阿尔伯特那里打听这些信的内容，但没有结果。1957 年年初，纳坦以存档为名要求获得这些信的复印件，但遭到了汉斯·阿尔伯特的拒绝，而且理由冠冕堂皇。汉斯的夫人弗丽达决定，向世人介绍一下她公公作为常人的一面，并准备将这些具有爆炸性的书信摘录连同她的文章一并交由苏黎世的奥利格出版社出版，所得稿酬用于生病的小叔子爱德华的康复治疗。

这一次，纳坦和杜卡斯想尽了一切办法加以阻挠。1958 年，他们将官司打到了一家瑞士法院，把这件事变成了令人厌恶的权利之争。汉斯·阿尔伯特和弗丽达的律师代为陈述了他们的观点：这些信件摘录所包含的都是关于他们家庭的信息，所以，作为家里人有权将其公开。而对方则辩称，这些信件作为文学作品属于爱因斯坦的遗产，这一论述最后得到了法官的赞同。命运没有赐给弗丽达与这一判决进行抗争的机会，她于 1958 年 10 月撒手人寰。

从那以后，便失去了这批信件的踪迹。研究爱因斯坦的专家们既不清楚它们的内容，也不知道这批信件是否还在。

弗丽达去世 27 年之后，罗伯特·舒尔曼坐在苏黎世约斯特的家里吃晚饭。“爱因斯坦的事情好像有点门儿了！”谈话转到了那批神秘的信件。希尔达·约斯特（Hilda Jost），这个家的女主人，几乎是在不经意间谈道：大约六年以前，也就是1979年，当全世界都在开始庆祝爱因斯坦诞辰100周年，召开大会、举办展览之际，她在路上碰巧遇见了汉斯·阿尔伯特和弗丽达的儿媳妇。她对她讲，那些信写得美极了，而且现在仍然保存在他们家中。

舒尔曼的头脑里立刻翻腾起来。这批信件的时间是从1897年至1903年，正是爱因斯坦在私人生活和科学研究方面经历重大转折和取得突破的一个时期。而对这段时期的情况，人们几乎一无所知。舒尔曼激动地把自己的想法告诉了大家。他是多么希望把这批手稿弄到手呵！它们对研究爱因斯坦将有多么重大的意义呵！但他还是缺少足够的证据。

正巧，几天之后他又一次应邀到约斯特家里吃晚饭。这一次，爱因斯坦多年的老友海因里希·臧格尔的女儿吉娜（Gina）也在被邀请之列。舒尔曼清楚地记得这位“坚强的、有时会泄露一些事情的老夫人”。已经不时为他提供某些信息的吉娜·臧格尔，这天晚上看起来打算透露点儿什么。“但问题是，”这位侦探说，“她们想给你讲点儿什么，可同时又不想讲得那么明白。”

在这类关于亲戚和亲戚的亲戚或者关于朋友和熟人的故事中，大家往往沾亲带故，讲这些事情就像点燃了导火索，最后闹不好一下子就崩了。

吉娜·臧格尔中学毕业于瑞士的一所寄宿学校，而汉斯·阿尔伯特和夫人弗丽达的养女艾芙琳·爱因斯坦（Evelyn

Einstein）50 年代也在同一所学校里生活。碰巧的是，吉娜和这所寄宿学校校长夫人的关系非常好。有一次，弗丽达向这位校长夫人吐露，她和她丈夫只是出于好心才替爱因斯坦抚养艾芙琳。这位老夫人没有再往下讲，无论舒尔曼怎么追问她也不肯回答。其实，他根本用不着多费脑筋；即便没有进一步的回答，事情也像一加一等于二那么简单：说这种话除了在暗示艾芙琳可能是爱因斯坦的亲生女儿之外，还能有什么别的意思！

后来，舒尔曼曾私下里问过做东请客的约斯特，他对这个故事怎么看。这位物理学家不仅证实他早就听到过这一传言，而且还说——不过没有透露消息的来源——艾芙琳可能是爱因斯坦 1940 年同纽约一位舞蹈演员的爱情结晶。舒尔曼费了好大劲儿才掩饰住自己的激动。这不仅是因为或许有可能遇到爱因斯坦私生女的希望让他喘不上气来，而且还因为突然一下子，正如他所说的，心头闪过“一系列精彩的联想和推理”：住在伯克利的艾芙琳难道不知道那批下落不明的信件的命运？

1986 年 1 月，舒尔曼给爱因斯坦的这位养孙女打了个电话，她同意与他见面。他属于那种让人惊诧的人：既像坚定而又亲切地听取忏悔的神父，又像父亲一般循循善诱的侦探，几乎每一个人经过短暂的接触之后，都愿意把自己的人生故事托付给他。艾芙琳对他讲道，自己不得不“作为一个不讨人喜欢的孩子在一个破裂的家庭中”长大，以及在她的养父汉斯·阿尔伯特于 1973 年夏天去世以后，亲戚们对她是如何的冷落。

那段时间，她的生活非常拮据。有一次因为没有钱，她给奥托·纳坦打电话，希望能得到一些资助。她养父的父亲的遗产，通过印刷出版、肖像使用以及宣传广告带来的收益至少好几百万，谁知纳坦却让她碰了一鼻子灰。舒尔曼向她讲明了在出版爱因斯坦文集中所碰到的难题。爱因斯坦去世已经 31 年，竟然还没有一卷文集问世，这首先应该归罪于遗产的管理人。

关于可能的父女关系问题，第一次会面时舒尔曼未敢提及。直到同一年晚些时候，当他又一次去拜访她的时候，他才透露了这一秘密。艾芙琳听了极度震惊。但她对这一想法思考的时间越长，就越发觉得清晰。许多迄今为止百思不得其解的问题，突然之间变得明明白白。她甚至渐渐适应了自己是爱因斯坦亲生女儿的想法。

她恐怕不是第一个根据传闻被认为是这位物理学家的私生女的人。1993 年夏天，捷克物理学家鲁德克·扎克尔（Ludek Zakel）通过《纽约时报》披露并且宣称，自己是爱因斯坦在布拉格留下的私生子。不过他无法加以证明。在一桩案件中，爱因斯坦甚至委托过一家侦探社对所告发的事情进行调查，但是没有什么结果。很显然，关于他有可能“窝外下蛋”的传言在熟人圈子里也不是什么秘密。1932 年，他就这个问题给关系密切的医生雅诺思·普雷什寄了一首诗：

朋友们都在拿我开涮，
请帮帮忙别把我的家庭搅乱！
真的已经让我厌烦透了，
对此我老老实实忍了很长时间。
可流言蜚语依然不止，

说我不断窝外下蛋。
当成风流韵事听听无妨，
但不要把别人往里面卷。

署名：继父，爱因斯坦。

直到六年之后，艾芙琳的事情才又重新开始运作。在此期间，罗伯特·舒尔曼对这一猜测采取了任其自然的态度。“作为历史学家，我需要过硬的事实。”可是突然之间，他碰到了一个获得这种“过硬事实”的机会，而且可以加盖精确的科学印记。新泽西州新不伦瑞克市拉格大学的遗传学家查尔斯·博伊德（Charles Boyd）计划对血管病进行遗传基因方面的研究。爱因斯坦家族作为可能的研究对象浮现在他的脑海之中。人们注意到，这个家族里经常有人因患血管病而死亡，或者说血管病成为他们死亡的原因。

同事们建议博伊德去找舒尔曼帮忙，因为他对爱因斯坦家族的疾病史有可能非常了解，而且或许还知道爱因斯坦大脑的下落——对于遗传研究，这可是重要的组织试样。非常遗憾，舒尔曼说，因为他回答不了这个问题。他也不知道大脑究竟在什么地方。但爱因斯坦还有两个孙子辈的人在世——汉斯·阿尔伯特的亲生儿子贝伦哈特·凯撒（Bernhard Caesar）和养女艾芙琳。

当他一口气说出爱因斯坦的大脑和他的养孙女的那一瞬间，舒尔曼看到了一个机会：大脑组织最后是不是也有可能派上用场，比如用于进行亲子鉴定呢？最可靠的途径，他对博伊德说，就是找到被保留下来、但不知下落的爱因斯坦的器官。据说，这东西在一个应该予以逮捕的人手里，他在爱因斯坦死后擅自把他的器官据为己有——这个人就是托马斯·哈维大夫。

1993年，博伊德在堪萨斯州的劳伦斯找到了这位病理学家。像以往在其他情况下已经做过的一样，哈维慷慨地把他保存的组织切块之一交给了博伊德：爱因斯坦大脑右前叶后部的一块组织，编号为47。而对自己的出身之谜充满好奇的艾芙琳·爱因斯坦，则让一位皮肤科医生取下了自己的一块组织试样，并把它交给了博伊德。

这位遗传学家开始了他的工作。爱因斯坦大脑的第47号切块被放入一台搅拌器中。博伊德从搅成糊状的组织中提取出遗传物质，用一种专门的染色剂进行染色处理。但研究进程却让人失望。这种粉碎成极其细微的颗粒的物质已经完全变质，以致根本无法再对其进行基因分析。就这样，舒尔曼这项因苏黎世城郊一次晚餐期间的传言而引起的调查，经过七年多的时间之后只好偃旗息鼓了。

爱因斯坦的这位养孙女住在她位于伯克利附近的公寓里，窘困的状况令人可怜。她病得很重，身患肝病、狼疮和癌症，没有电动轮椅的帮助几乎寸步难行。由于身世不明，这个伟大姓氏对她而言反而成了一种极其沉重的负担。不，她说，对这个问题她再也不想提及。“知道这一点对我有什么用呢?”尽管这件事情在她的家庭中像以前一样早已是“公开的秘密”，但这个家庭却将她驱逐在外，就连其中的原因她也不愿意说。

舒尔曼放弃了对这件事情的调查。他也不相信在封存于耶路撒冷爱因斯坦档案馆里的某封书信中，会隐藏着揭开这个亲子之谜的答案。

让这位侦探无法释怀的是另外那条传言，就是那批信究竟到哪里去了？这搅得他心绪不宁，比爱因斯坦家谱问题的影响还要大。在他们两个人第一次见面、双方开始建立起相互信任的时候，他就曾经问过艾芙琳，关于这批信件的下落她是否知道点儿什么。不知道，这位孙女说，她感到十分抱歉。不过她手里也有一些东西，可能是她养母弗丽达手写的底稿——1958年由于奥托·纳坦的阻挠而未能出版的那本书的序言。

舒尔曼给艾芙琳解释了半天，请她一定要让自己看一下这些东西。她答应送他一份复印件。他还没有离开这座城市，便接到了那个他永远也无法忘记的电话。当艾芙琳回到她的住处，将她养母的底稿从塑料套中抽出来的时候，插在后面、此前她一直未曾发现的一些纸页引起了她的注意。根据她所能认得出来的内容判断，应该是那些信件的拷贝。舒尔曼立刻赶了过去。

当他把这些纸页捧在手里的瞬间，这位内行一下子就明白了，艾芙琳这么多年里在一无所知的情况下保存下来的是些什么东西：他首先看到的是爱因斯坦于 1914 年至 1955 年间写给儿子汉斯·阿尔伯特的书信的复印件，接下来便是阿尔伯特与米列娃之间来往的情书的复印件，苦苦追寻了那么长时间，现在这些东西第一次映入了他的眼帘。

罗伯特·舒尔曼立即看到了有可能获得原件的机会。爱因斯坦文档项目以及希伯来大学的相关人员很快便开始同汉斯·阿尔伯特家庭的（财产）受托管理人进行商洽。在这件事情上，奥托·纳坦的意见再也起不到任何作用。1986 年 4 月 18 日的晚上，恰逢爱因斯坦逝世 31 周年纪念日，目的终于达到了：家庭律师亲自从一个银行保险箱中取出了这批书信的原件，并在银行里将每一份文件影印了两份，一份交给希伯来大学，另一份交给舒尔曼身旁的研究人员。原件仍归汉斯·阿尔伯特的家庭所有。1996 年，这批信件在曼哈顿克里斯蒂拍卖会上被以 442500 美元的价格拍卖。1984 年，爱因斯坦文档项目迁往波士顿。在那里，最繁忙的几个月来临了。尽管到了最后的时刻，但这些书信好像还是可以收入第一卷——但这样一来它的出版只得又一次延期了。有成百个细节还需要搞清楚。舒尔曼和他的同事们再次奔向欧洲，以便在图书馆和报刊档案中查找这些书信中涉及的某些事件的详情。从所发现的这些信件看，根本谈不上正常通信的你来我往。54 封信中，只有 11 封是她写给他的，剩下的全都是他写给她的。她把他的信收集并保存了下来，而她给他的信不是弄丢了就是被扔掉了——从他经常把信件的背面当作演算草纸或者做摘记来看，这种情况并不稀奇。

爱因斯坦一生中迁居的次数超过 25 次之多。仅仅从 1895 年至 1911 年在瑞士期间，他的住所就更换了 15 次以上。在伯尔尼，阿尔伯特和米列娃的家庭住址变更了 6 次，只是在一定程度上保持了一个家。以至世界闻名的马科斯·普朗克写给这位当时还不为人知的专利局职员的大量书信，也由于这种地址的频繁变更而成为了牺牲品。

奥托·纳坦于1987年1月27日辞世，享年87岁，未能看到仅仅几个月之后《阿尔伯特·爱因斯坦文集》第一卷的出版。因为他的阻挠，这部著作的出版拖延了许多年。不过，多亏它的延迟出版，现在第一卷才包含了有助于我们理解爱因斯坦人格的钥匙，而这正是这位遗产管理人不惜任何代价想要掩盖的。

突然之间，世界看到了另外一个爱因斯坦，一位天才和情种，伟大而又冷酷无情。它获悉了一桩阿尔伯特和米列娃在分手和婚姻战争之后一直共同保守、而且他们每个人都将其带入坟墓的秘密。

第六章　“爱尔莎或者伊尔莎”
——爱因斯坦和女人们

“婚姻肯定是一头缺乏想象力的猪猡发明出来的。”在辞世前不久，他坦率地说，婚姻是“一种冒险，在这种冒险中我曾经两次相当可耻地失败”。

他是一个极端的人。几乎没有一个人会像他生活中的女人们那样如此深切地感受到这一点。他时而吸引她们，时而让她们厌恶。一会儿，他的情欲如烈焰般燃烧：“我想念你那两条纤细的玉臂和充满柔情而又温润的炽热嘴唇……”而且获得了满足：“上一次，当我把你娇小的躯体紧紧抱在怀中，赤裸裸一丝不挂，感觉是那样的美妙。”过后，他的辱骂又脱口而出：“她唯一缺少的，就是一个统治她的人。”要么炫耀自己的固执：“要是我像你那样老是想着要我，那我就不是阿尔伯特·爱因斯坦了！”

事情之所以这样复杂，首先是因为爱因斯坦的性格似乎在青少年时代就已经发生了分裂。一方面，在他的思想中保留了一部分儿童的天真和纯洁无邪——这也许是他取得巨大科学成就的决定性的前提。而另一方面，一个有着健康性欲的年轻小伙子逐渐长大：充满渴慕，耽于幻想，淫荡好色，心猿意马，满怀好奇而且贪得无厌，一个成长中的多情种子。从他的情书的字里行间，人们读到的是一个在初次性爱的紧张气氛中消耗殆尽的征服者的语言。

“非常非常感谢您令人心醉的来信，小宝贝儿，它让我感到无限幸福。能够把这样一张小纸压在心口真是妙不可言——两只可爱的眼睛曾经含情脉脉地注视过它，一双娇嫩纤巧的小手曾经在它上面亲切地来回抚摸。现在，我似乎已经完全明白，我的小天使，想家和渴念意味着什么。然而，爱情带来的幸福远远超过思念造成的痛苦……从我的内心来说，您比以前的整个世界还要重要得多。”

“现在，亲爱的，又该轮到你了，使劲地吻我，吞我，爱我，这是你的忠贞理应赢得的。白天，我是如此经常地想到这事儿。现在，亲爱的小妞又在使劲地猛干。而晚上，我想，她现在正情意绵绵地思念着我，躺在床上亲吻他的枕头。我已经知道怎么干这种事儿！”

“我现在有了一个我怀着纯真的喜悦想念她、可以为她而活的人。另外，即便说我还没有感觉到这一点，此刻我在这里所期盼着的你的来信也一定会告诉我。我们两个将相互拥有我们极其缺少的东西，彼此获得平衡，并将欢乐的目光赠予世界。”

有趣的是，以上片段是从写给三个不同的人的书信中摘录的。第一封是1896年写给玛丽·温特勒的，估计她是爱因斯坦的初恋情人；第三封是1913年写给他的表姐、后来成为他第二任妻子的爱尔莎·列文塔尔的；只有写于1900年的第二封信是给米列娃·马里奇——他从大学时代起的恋人，第一任妻子和孩子们的母亲的。

与米列娃的早期通信第一次将另外一个集善恶于一身的爱因斯坦呈现在了世界面前。这些书信发表以后，他的爱情生活对公众的想象力的激发突然一下子超过了他在科学上的创造和对政治的参与。剥去外衣的戏剧手法刺激了人们的好奇心，新的材料不断被披露。在文集第5卷和第8卷中公开的他同表姐爱尔莎的关系成了人们注视的下一个目标。公众的反应和通常一样，当名人的隐私被过度曝光的时候，人们总是在满怀兴趣的同时又觉得愤懑：对于这样一个伟大的人，怎么能给他身上泼污水呢？——不过，请再给我们介绍一些这方面的事情。关于超人的神话引起了纪念碑的倒塌。

在他同异性的通信中总是展现出不同的两面：一方面，他对女人几乎就像非要不可的玩具那样充满渴望；而在占有她的那一瞬间，渴求的曲线便开始下降。另一方面也很明显：当他远距离面对他的女人们的时候，他是极其温柔的。“我已经急不可耐地期待着再次拥有你，我的全部，我的小荡妇，我的街边小无赖，我的小调皮。”——1900年9月他在给米列娃的信中写道。

遗憾的是，有关同玛丽·温特勒的恋情，爱因斯坦的研究者们几乎没有收集到任何资料。在比较成熟的年龄，她曾经表示过，两个人相互之间完全是纯粹的柏拉图式的恋爱。也许，这也是两个人的关系仅仅成为一段小插曲的一个原因。爱因斯坦年届十八，他觉得已经到了尝试的时候。他想要性生活，但不想要婚姻，或者至少在有可能结婚之前就要性生活。他在米列娃这个进步、开放的妇女身上做到了，后来在爱尔莎身上也做到了。在后者面前，还在刚开始调情阶段他就吹嘘自己："我满怀自信地向你保证，我是一个没有任何缺陷、让人非常满意的小子。也许，会有一个机会让我证明给你看。"

爱情生活的高潮往往会随着婚姻的缔结而成为过去，爱因斯坦和他的两任妻子也未能例外。比如和爱尔莎，研究爱因斯坦的专家罗伯特·舒尔曼说："自 1920 年起，爱因斯坦是否还和她睡觉甚至都是一个问题。"相反，自从 1919 年他的生活发生重大转折以后，他在一些婚外桃色事件中毫无节制地放纵情欲却是毫无疑问的。早在同玛丽·温特勒的交往中，他在女伴面前时而表现出来的那种肆无忌惮便已显露出征兆。

阿尔伯特和玛丽是在瑞士阿劳姑娘的父母家里认识的。乔斯特和保莉妮·温特勒对这个为了修完州立中学的学业而寄住在他们家里的中学生就像对待自己的儿子一样。他对他们的回报却是让他们的女儿心碎。对于玛丽，阿尔伯特是伟大的爱情，而她在他眼里，恐怕从来不是这样。

"您知道得很清楚，一切在我心中寄寓着、生活着以及感受着的东西，都是为您一个人的。"在所搜集到的两封信中的一封里，这位少女给她的心上人这样写道。很显然，对他而言事情似乎已经得手："自打您可爱的灵魂留驻并生存在我的心里那天起，那是何等的美妙啊，我简直说不出来，因为没有任何语言能够形容它。我只能说，我将永生永世珍爱它，宝贝，上帝将守护和保佑它。”对于爱因斯坦，与玛丽的暧昧关系主要是一场玩弄他的性爱情感的游戏。一旦这位“小宝贝儿”使他的目的得以实现，他就不准备再理睬她了，而且暂时还不让她知道。他继续让玛丽为他洗衣服——可能是为了让她借此看到一星半点儿希望的火花。但是，尽管阿劳距离苏黎世只有20公里，爱因斯坦却不允许玛丽去看他。

在这期间，他已经在苏黎世开始学习物理学，并且认识了米列娃·马里奇。这位女同学是他们班里唯一一位女生，拥有玛丽永远不能给予他的一切东西：作为一个具有自由精神的人，在大学生放荡不羁、无忧无虑的简朴生活氛围下，她和他同样怀有对于一种“吉卜赛生活”的渴望。在才智方面，她和他可以说是旗鼓相当，而且和他一样，被基础物理学深深地吸引。“如果我重新回到苏黎世，”他在1899年写给她的信里说，“我们马上开始研究亥姆霍兹（Helmholtz）的电磁光理论。”

米列娃是米洛斯（Milos）和玛利亚·马里奇（Marija Maric）的第一个女儿，于1875年年末生于今天的塞尔维亚共和国沃伊沃狄那省的一个富裕家庭。那时，这个地区还属于奥匈帝国，她的父亲在服兵役期间学会了德语，因此米列娃受的是双语教育。后来她在上大学时使用的语言是跟着家里人一起学的。

由于勤奋好学且成绩出类拔萃，她获得了“怪人”的绰号。经过特批，她成为奥匈帝国第一个被允许进入一所纯男子中学读书的女孩子。1894年，她以数学和物理第一名的成绩通过了毕业考试。凭借这一优异的成绩单，她来到在妇女教育问题上比较自由的瑞士，在苏黎世的一家高级女子中学取得了中学毕业证书，从而获得了进入高等学校学习的资格。

1896 年冬季学期，她作为唯一一位女性被联邦技术大学录取，进入Ⅵ学部 A 系学习物理。热衷于追逐女孩子的阿尔伯特·爱因斯坦也已经在这个系登记注册，两个人很快便成为朋友。从一封相当自信的信里，我们可以看出米列娃是一个头脑何等聪敏的女孩。这封信是她于 1897 年 10 月从海德堡寄给他的，当时她作为旁听生在那里度过了一个学期。“我不相信，人脑的构造有什么缺陷，以至于使人无法理解（空间的）无限。即便是一个普通人，在其学习理解的青少年时代，它也没有无情地将他仅仅拘禁于地球上，或者干脆将他关押在巢穴中，限定在四壁之内，而是让他进入到宇宙中漫游。所以，他也一定能够理解这种无限。人能够如此深入地思考真是无比幸福，他应该能够理解空间的无限，而且我认为，做到这一点应该非常容易。”

这是所得到的他们的通信中的第一封，反映了两个人之间在思想方面的相似。“我是多么幸运，找到你这样一个堪与匹敌的人！你坚强、独立，就像我自己一样！”他为她大声喝彩。她用她的独立不羁以及如罗伯特·舒尔曼所说的那种“大胆放肆”征服了这位乖僻的人的心，他的思念紧紧缠绕在了她的身上。

“我唯一的希望就是你，我可爱的、忠实的灵魂。”1900 年的晚夏他在给她的信中写道，“要是没有对你的思念，我恐怕根本不想继续生活在可悲的芸芸众生之中。你的占有让我感到骄傲，你的爱让我觉得幸福。如果我能再次将你压紧在心窝，望着你那双只对我闪烁爱火的眼睛，亲吻着你那只有在我的面前才因幸福而战栗的嘴唇，我将感到双倍的幸福。”不久之后他又写道：“不管有谁陪伴，我都感到寂寞孤单，除了和你在一起的时候。”

当两个人的爱情渐渐成形的时候，另外一个情人同样征服了对事业充满急迫感的爱因斯坦，而且再也挥之不去——那就是科学。一开始，他把米列娃看作在事业上唯一与之相配的伙伴。在一段值得注意的、清醒的自我剖析中，他向被他抛弃的玛丽的母亲（他深情地称她为“妈咪”）解释了自己的变化：“我心中充满一种少有的歉疚，现在也不得不饱尝由于我的轻率和无知而给一个如此柔弱娇嫩、可亲可爱的姑娘所造成的一部分痛苦。需要付出全部身心的艰苦精神劳动以及对上帝本性的沉思冥想，是将要引导我穿越此生一切烦扰忧患的天使，他们抚慰我，激励我，却又严厉无情。在这方面，我要是也能给这个可爱的孩子一点儿什么该有多好！可是，为了承受生活的风暴，又需要一种多么奇特的方式——在某些清醒的时刻，我觉得自己就像一只把脑袋埋进沙丘里的鸵鸟，以免看见危险的来临。就这样，人们自己造就了一个小小的世界，但相对于真实存在之永远变化不定的宏伟浩瀚，它又是那么无足轻重。”

玛丽之于他（正如他之于玛丽），也许曾经非常重要——当然主要是作为一个能够吸引他、或许也能让他激动的“女人”，比如当他想象她那“娇嫩纤巧的小手”在信纸上“亲切地来回抚摸”的时候。至于她在他的心里究竟处于一个什么样的位置，我们从他早期写给米列娃的一封信的片段可以品味一二：“我现在如此经常地到阿劳去——但你根本用不着害怕——因为那个我在4 年以前爱得要命、情况不妙的小女儿回到了家中。不过，在我那气定神闲的高大城堡中，我还是觉得相当安全。可是，如果我再看到那个姑娘几次，我肯定会发疯的。我很清楚这一点，而且就像害怕烈火一样。”

按说，这应该会让米列娃感到宽慰。然而，对于一个像她那样敏感的人，害怕失去与嫉妒交织在一起，这样的表白与其说是安慰，倒不如说是发出的警报。她这位恋人在这里第一次、却不是最后一次表露出来的性格特点——爱因斯坦式的残忍的坦率，很有可能将她从睡梦中吓醒。

半年之后，米列娃遇到了更加酸涩的事情。这时，他们之间已经愈加亲密，相互的称呼也已由礼貌客套的“您”变成了亲切随便的“你”。他现在打趣地叫她“小淫妇”或者“小妞儿”，而她则戏称他为“小嫖客”或者“纨绔儿”。爱因斯坦同他的母亲和妹妹在麦尔希塔尔一起度假，他从那里给米列娃发了一封信，毫不掩饰地描述了他和母亲之间因为她而引起的一场“争闹”：

“我们回到家里，我走进母亲的房间（在四只眼睛的注视下）。一开始，我言不由衷地给她讲了讲考试的情况，然后，她就一本正经地问我：‘说吧，你和那个小丫头到底打算怎么着?’‘娶她做我妻子。’我也一本正经地回答，并且准备好了有一场‘大闹’。结果立刻就来了。妈妈扑到她的床上，用枕头捂着头，像个孩子似的大哭起来。当她从最初的打击中恢复过来以后，马上转入一场绝望的进攻：‘你毁掉了你的未来，自己堵住了你的人生道路。’‘那个女人根本不能进入任何一个正派的人家。’‘一旦她有了孩子，你可就糟糕透了。’”

他为什么如此详细地把这件事情讲给米列娃？难道是为了向她显示，他是何等的宽容：尽管母亲如此激烈地反对，他还是要娶她为妻？要么是为了折磨她？还是说，除了他的孩子性情，在这种残酷无情的坦诚中并没有反映出其他任何东西，而且他根本意识不到这是何等的伤人？

面对他和玛丽之间的爱情，爱因斯坦严厉的妈妈曾经是如此的幸福，在与保莉妮·温特勒经常性的通信中曾经对这一关系给予了慈母般的祝愿。而现在，她却要竭尽全力阻止他和米列娃之间这桩新的情缘：“这位马里奇小姐让我陷入了一生中最痛苦的时刻，”她在给与自己同名的玛丽母亲的信中写道，“如果我有权力，我会调动一切力量，将她逐出我们的视野，她实在是让我厌恶。”

阿尔伯特几乎是一字不漏地将母亲的反感转达给自己的未婚妻。在信里他向米列娃报告了这场“争闹”，以及他如何“全力”反驳“对我们可能会有失体统地在一起生活的怀疑”。但是，接下来他却没有让她稍感宽心，而是继续用他“妈妈”的激愤独白来刺伤她：“她是一本书，就像你一样——而你应当娶一个妻子。”“等你到了 30 岁，她已经变成一个老妖婆了！”

这种预言变成了折磨。从这时开始，一位母亲的诅咒沉甸甸地压在这对年轻情侣的心头。几个月之后，米列娃尴尬地读着下面的话："我的父母因为我对你的爱情非常忧虑；妈妈经常哭泣，流淌着苦涩的泪水，一时一刻也不让我安宁。我父母为我伤心痛哭，好像我已经死了似的。她在我面前不停地唠叨，由于我对你的承诺，我已经陷入了不幸，他们认为你的身体不健康。……噢，小淫妇，这简直是要疯了！你不知道，当我看到他们两个是那么爱我，在我开始这桩最严重的罪过而不去做心灵和良知让我无法忘怀的事情，从而让他们那样绝望的时候，我要忍受何等的煎熬！"

他非常痛苦，并以父母担忧为说辞婉转地责备米列娃身体的虚弱。其实，即便没有他这些直率的话，她的身体状况也足够让她烦恼的了。虽然她没有生什么病，但从小走路就有点儿瘸，估计是骨结核造成的。有一次，当一位朋友与他谈起她的残疾并且问他，他怎么能忍受一个这么丑陋的女人时，他回答说："那有什么，她有一副可爱的嗓子！"

在米列娃身上，流浪汉阿尔伯特找到了他的吉卜赛女郎，一个有着南欧人肤色的充满异国情调的女子（有一次他把她称作"我的小黑妞儿"）。而且她还有着斯拉夫人的低沉嗓音，既是一位物理学家，又是一个"放荡的妖妇"，一个他可以"在晚上和夜里随心所欲地抚弄和搂抱"、既温文娴静又激情似火的情人。

谁要是不接受她，会激起他更加强烈的逆反情绪。如果说他的母亲确实想阻止这桩婚姻的话，也许赞成会比抗拒更加有效。由于他一向反对任何形式的权威，终其一生都在为此而斗争，结果连米列娃也成了他用以挑战权威的工具。不管她愿意不愿意，总归有利于他摆脱掉对强势“妈妈”的依附。她在一定程度上为他提供了他本性中儿童那一面所需要的母爱。她为他操持家务，尽管同那些满身小市民气息的瑞士邻居相比，她所能炫耀的一切完全不同于一个能干的主妇。她为他洗衣做饭，尽可能把他一天到晚乱七八糟的什物归置整齐。“所谓称职的家庭主妇，”他心满意足地指出，“是那种处于臭猪和洁癖中间的女人。”

不管怎么说，她对他而言，至少是在初期，意味着某种在他的一生中只有少数人才能获得的东西：他把这位“唯一甜美的小女人”当成了可以穿透他的防护罩的知己。“除了你以外，所有的人都让我感到陌生，好像有一堵看不见的墙壁将我和他们隔离开来。”可以说，米列娃是他一生中唯一一位真正贴心的伴侣。在她之后，任何人都未曾像她那样也能了解他阴暗的一面。在他后来其他的两性关系中（说来说去反正都是一些暧昧关系），包括他和爱尔莎的第二次婚姻，都缺少某种程度的知心、尊重和志同道合，而他和他的“小妞儿”至少在相当一段时间里却曾感受过这一切。

在有关爱因斯坦的作品中，几乎是众口一词地把米列娃描绘成另外一种形象。一说到她，就是情绪低落、心情抑郁、性格内向、意志消沉，一个怀有病态嫉妒心理的、难以相处的女伴，把幽默风趣、无忧无虑且心地善良的爱因斯坦的生活搞得一团糟。不过，实际情况也许恰恰是另外一个样子；她之所以越过越萎缩，逐渐丧失了自信，变得“容易消沉，寡言少语，喜欢猜疑”，应该说他“功不可没”。从早期的一些信件中我们发现，有很多迹象表明，她身边这个男人，可不仅仅是一个性情随和、和蔼可亲的人，而是有着完全不同的面孔。

“现在，当我思念你的时候，”他在 1900 年 9 月的信中写道，“我就会想，我永远也不再惹你生气和愚弄你，对你要始终像个天使一样！噢，这美丽的幻想！不过，即便我故态复萌，又变成了那个老无赖，蛮不讲理，残酷暴虐，情绪变化无常，就像以前一样，但你还是喜欢要我，对吧？”

将近两年之后他又写道：“如果我不在你身边，那么我总是会怀着这样的柔情想念你；但你恐怕不会心存不切实际的幻想，当我在你身边的时候，会是一个比较讨人喜欢的家伙。”在另外一封信中他请求她的原谅：“我只是由于烦躁不安才总是对你这么粗暴。”

米列娃知道，她在他心目中是怎么一回事儿。至少他自己，作为一个男人，对于自身和自身的行为是一清二楚的。有一次，他在阿劳时的一位老熟人尤莉娅·尼吉（Julia Niggli）就与一个岁数比较大的男人的关系问题向他讨教。他在 1899 年给她的回信里说：“噢，根据我的亲身体验，我对这类小畜生可以说非常了解，因为我自己就是这种人。对这种人不要寄予太多的希望，这一点我非常清楚。我们今天可能怏怏不乐，明天又可能高兴得忘乎所以，后天也许会冷若冰霜，然后又可能激动万分或者有些厌世……就这样没完没了地循环下去；嗨，我差点儿忘了还有对爱情的不忠、忘恩负义以及自私自利。”

还有一点米列娃同样无法回避，那就是他毫不妥协地坚持他的优先权。处于最高地位是的物理学，他的另外一个至爱，而她却觉得自己已经逐渐被从这一领域中排除出来。她在1900年给女友海伦娜·萨维奇（Helene Savic）的一封信里就已经写道：“这样对他的前程更好一些，我不能挡这个人的道，另外我还非常爱他，而为此我所承受的痛苦只有我自己知道。”

很快，又有了让她感到痛苦的另外一件事情。罗伯特·舒尔曼于1986年发现的那批情书揭开了这桩秘密：大约在1901年的5月，米列娃有了身孕，并于当年夏末返回了塞尔维亚的父母家中；那年冬天，她生下了一个名为莉泽尔（Lieserl）的女孩；一年之后，她只身回到了瑞士，没有带着这个非婚生的女儿；而爱因斯坦则可能从来就没有见过这个女儿。这个孩子后来的命运如何，至今依然是一个谜。

这件轰动一时的新闻被披露之后，引起了各种各样的猜测。美国女作家米歇尔·查克海姆（Michele Zackheim）所代表的一派观点认为，这个小姑娘可能患有残疾。不过，她的根据主要是米列娃在一本关于《性的问题》的书中以及一本关于《酒精中毒与堕落》的小册子中所做的标记。查克海姆从中得出了一个大胆的结论：爱因斯坦可能得过梅毒（他一辈子坚持滴酒不沾）。毕竟，长期以来就有传言说，爱因斯坦经常嫖妓，而且是在米列娃知情的情况下做这种事情。爱因斯坦在柏林期间的医生雅诺思·普雷什不是在他去世之后曾经宣称，他腹部膨出的主动脉的破裂，可能是未曾治愈的梅毒所造成的后果？这种情况在爱因斯坦身上一再发生：猜测渐渐浓缩成了历史，然后又通过诸如查克海姆《爱因斯坦的女儿》这类有影响的书籍广为传播。

但无论如何有一点是值得注意的：这位生身父亲从来没有见过他的第一个孩子，而且在他未来的妻子米列娃分娩之后也未曾去探望过她。按说这绝对是不应该的。那时，从瑞士乘火车到塞尔维亚连一天也用不了，时间肯定不是问题。把这种“疏忽”归咎于爱因斯坦由于受叔本华的影响而蔑视“妇女”肯定是过于简单了。有一次，他当着一位同事的夫人肆无忌惮地说：“你们女人的生产中心根本就不在头脑里。”关于“妇女的选举权”，他在 1928 年写给二儿子爱德华的信里说：“为此而斗争的只是妇女中间那些具有男人气质的人。”可是，就算第一胎生的是一个男孩，他又能怎样对待呢？

这个莉泽尔的命运让人们的好奇心无法平息，不断有人去追踪寻迹。阿尔伯特和米列娃把这个孩子送人了？那么，总该有收养文件留存下来。可是对这方面的调查却一直没有结果。有一次说到了猩红热，也许这个孩子生下来不久就夭折了，那么在米列娃家乡的某个地方应该有她的坟墓。罗伯特·舒尔曼也曾按着有关提示前去寻找，但直到今天依然徒劳无功。

在这一切努力的背后，也隐藏着一种意图，即人们希望更清楚地了解阿尔伯特和米列娃的婚姻后来破裂的原因。在文献中，关于莉泽尔的悲剧只有唯一一条间接的暗示。直到发现这批情书之前，它一直是一个难解之谜。这一暗示是在爱因斯坦去世之后，于 1962 年出版的第一部较大型的有关他的传记中提到的。作者彼德·麦克摩尔（Peter Michelmore）从负责管理爱因斯坦遗产的海伦妮·杜卡斯那里所获得的全都是有利于展现爱因斯坦光辉形象的材料。对于那段破碎的婚姻，就像对已经存在的爱因斯坦同他表姐的暧昧关系一样，他知道的恐怕非常少。

不过，麦克摩尔还是有机会同这对夫妻的大儿子汉斯·阿尔伯特（1904—1973）进行详细谈话的。汉斯想必向作者暗示过父母关系中灰暗的一面，而且很显然，这与他出生之前的一桩“意外事故”是有联系的。“朋友们发现，”传记作者记录了这样一段话：“米列娃的态度发生了变化，而且认为她同阿尔伯特的关系走到了尽头。大概两个人之间发生了什么意外事件，但米列娃只是说，是一件‘极其私密的事情’；究竟会怎么样，她正在仔细考虑，但不管怎么样，看来都应该由阿尔伯特承担罪责。”

他的“罪责”会是什么呢？是不是他在1902年曾经逼迫她丢弃他们的孩子呢？或者干脆提出：是要莉泽尔还是要我？不管怎么说，爱因斯坦在事业上开始艰难起步的阶段还是有一定危险的。带着一个非婚生的孩子，他有可能得不到伯尔尼专利局的岗位。“她的朋友们认为，她应该把事情说出来，这样心里会轻松许多。”麦克摩尔接着写道，“但她坚持认为，这纯粹是私人的事情，要一辈子把它埋在自己心里。”

那她为什么又要保留这些信件呢？而且有几封里面还谈到了莉泽尔。难道说她已经有所打算，或者说甚至希望在她死后这些信件被人发现并拿去发表？即便如此，跟她又有什么关系呢？是为了身后的忏悔，还是为了以后用来报复她声名赫赫的前夫？但不管因为什么，有一点恐怕是毫无疑问的，就是这些信件的内容敏感而又容易引起轰动，一旦大白于天下，给他造成的负担肯定比她大，会让人觉得他是一个犯有罪孽之人，而她则是一个受害者。

1903 年 1 月 3 日，在两个人发生恋情五年之后，米列娃终于答应同她的阿尔伯特结婚，但他心中的爱情之火恐怕已经接近熄灭了。而她却相反，把自己完全托付给了一个对自己不理不睬的男人，想方设法让自己变成他的附属品。婚后不久，她在给女友海伦娜的信中写道："我觉得，只要能做得到，我会比在苏黎世的时候更加深爱我可爱的宝贝。他是我唯一的伴侣和朋友，有他在我身边是我最幸福的时刻。"

但是很快，阿尔伯特就违背了自己对爱情的承诺，抛弃了只属于他们两个人共有的梦幻世界。不过他还知道安慰她，在给她的信里说："我每天都在思念你，但我不会做类似的事情，因为那样就太没有男子汉气概了。"不过，他同朋友、同学以及同事（无一例外都是男人）来往得越密切，对他的妻子就越冷落。

当她于 1904 年生下汉斯·阿尔伯特的时候，尽管因为孩子而充满了幸福，但他们的生活已产生了严重的裂痕。她也曾经"小荷才露尖尖角"，作为那个时代为数不多的女性有可能在自然科学领域拥有似锦的前程，但在隐瞒未婚先孕的沉重精神负担下，却未能取得学位。米列娃同她之前之后的千百万妇女一样，在传统的家庭主妇和母亲角色中结束了她们的自我解放，而她们的丈夫则径自走自己的路。

“一人得珠，另一人获椟。”她在给海伦娜的信中心灰意懒地写道，“我对爱情充满饥渴，每当听到一句‘是的’时，我便高兴得忘乎所以，以至于会认为这全都要怪可恶的科学，于是我便乐于容忍这种可笑的状况。”

这位女友是 1909 年收到这封信的。此时，让米列娃觉得自己被排除在外的“可恶的科学”，已经将阿尔伯特和他的妻子拉开了极大的距离。在此期间，至少在专业圈内，他已经有了一些名气。就在这一年，他离开了专利局，当上了苏黎世大学的教授，在姗姗来迟的锦绣前程上迈出了第一步。

一段出自这一时期的小插曲，明显地反映出米列娃无法抑制自己的嫉妒心。10 年前，爱因斯坦在同他的母亲和妹妹一起度假期间认识了一位女士，并在她的纪念册上题写了几行亲切却无他意的诗句。安娜·施密特（Anna Schmidt）终生保存着爱因斯坦的这段题词：

> 我该给你写点儿什么？
> 你，娇小美丽的姑娘，
> 各种事情你都知道，
> 包括一个亲吻，
> 印在小嘴之上。
>
> 如果你为此而生气，
> 千万别又哭又闹。
> 请你也吻我一下——

这才是最好的惩罚。

这位女士从当地报纸上得知爱因斯坦荣任教授的消息，于是特意致信表示祝贺。

爱因斯坦给这位已经结了婚的女士写了一封热情洋溢的回信，并邀请她到苏黎世来做客。对方的回信显然落到了对两人的关系起了疑心的米列娃手里，她怒气冲冲地向这位女士的丈夫提出了抗议。爱因斯坦被迫介入此事，为“只是由于我夫人强烈的嫉妒心而造成的可以原谅的错误”写信向那位女士的丈夫表示道歉，并保证她“不会再做那种有可能对你们的幸福造成新的干扰的事情”。因为这件事情，他很长一段时间都不能原谅米列娃。以至五个月之后，他在写给好友贝索的信里说：“由于米列娃而失去的心理上的平衡再也无法恢复了。”

米列娃收获了和其他无数妇女相同的命运。当婚姻已经在不同程度上陷入危机的时候，她却在期待着另一个孩子的降生。1910 年，儿子爱德华来到了这个世界。当阿尔伯特事业上的辉煌进一步给米列娃造成不幸的时候，他还在襁褓之中。不顾她的反对，他接受了布拉格大学的聘任。她在布拉格过着深居简出的生活，没有一个朋友；他们在那里生活了 16 个月，她却从未有过家的感觉，而她丈夫在事业上却如日中天，和她的距离也越来越远。他会接连几个星期出去做报告或者参加会议，而把她一个人丢在家里。1911 年 10 月，他接到她写来的一封伤心欲绝的信。“我很想倾听，哪怕只是一点点儿，或者见到所有这些出色的人。”她在信里写道，“现在我们已经很久没有见面了，不知你是否还能认出我来？”

他们的儿子汉斯·阿尔伯特后来回忆说，1912 年 5 月，在他 8 岁生日的前后，已经明显感觉出他父母的婚姻出现了危机。这绝非偶然，正是在这段时间里，爱因斯坦童年时代同他表姐的一段旧情重又燃烧起来。他的表姐爱尔莎这时已经离婚，带着两个女儿玛戈特（Margot）和伊尔莎（Ilse）住在柏林。直到 20 世纪 90 年代，这段婚外情是怎么开始的还是一个秘密。用作者罗杰·海菲尔德（Roger Highfield）和保罗·卡特（Paul Carter）的话说，这“不仅说明爱因斯坦在掩藏其痕迹方面非常高明，而且反映出他周围的人对他的崇敬”。

仍然是相关的信件为后世提供了这桩桃色事件的证据，只不过这一次是阿尔伯特写给爱尔莎的。爱因斯坦的女婿第米特里·马连诺夫（Dimitri Marianoff）显然是知道这些信的。马连诺夫的妻子是爱因斯坦的继女玛戈特，从 1930 年起他和她一直住在哈伯兰特大街的那套寓所里。他在他关于岳父的传记里写道：“要是将他写给她的那些信发表出来，肯定会在世界著名爱情书简中占得一席之地。”这肯定不是夸大之词。可是，当 1993 年这些信件在文集中发表的时候，展示给人们的却是，作为主动求爱一方的爱因斯坦始终忠于自己的行为规范。

“我必须要爱某一个人，”他在 1912 年 4 月 30 日给爱尔莎的信里写道，“否则活得就太悲惨了。这某一个人就是你。对此你不能表示任何反对，我问你并不是为了获得你的同意。在我想象的冥府里我占据着绝对的统治地位，或者说我无论如何都要得到。”

虽然他再一次表示了退缩，并且宣称要终止两人之间暗地里的书信来往，但是，大约在他 34 岁生日的时候，心中的爱火再次燃起。“我很想能够和你在一起度过几天，而不……再忍受痛苦。”在一封信里他这样说。然而，他的“痛苦”，也就是他从前所追求的米列娃，却重新点燃了一丝希望：在布拉格住了不长时间之后，阿尔伯特被任命为瑞士联邦技术大学（即以前的综合技术大学）教授，爱因斯坦一家重又回到了苏黎世，这让她非常高兴。

但返回他们最初恋爱的城市并不能挽救他们的婚姻。“他不知疲倦地研究他的问题，完全可以说，他只是为此而活着。”失望之极的米列娃写信对她的朋友海伦娜说。从这家人的一位女朋友的日记中可以推知，爱因斯坦甚至对他的妻子大打出手。从他们大儿子汉斯·阿尔伯特的说法里也可以看出，很有可能他是打过妻子的。据说，在离婚文件中（这份文件一直封存在耶路撒冷的档案馆里）也谈到了婚姻中的暴力。

阿尔伯特对他的表姐说：“我们是两个流浪的人。”就像从前对米列娃展望一种充满大学生浪漫情怀的生活，“如果我们能一起过上一种吉卜赛人的小日子，那该多美呀！”这样的机会没过多久便来临了——柏林普鲁士科学院向爱因斯坦提出了优厚的条件。做出决定一点儿也不费劲，因为那里有爱尔莎，“我们在你小屋里的相会”将他和她连接在一起。后来他对他的朋友海因里希·臧格尔坦白道：“我和别人来往很少，但多亏有我表姐的关怀，我一点儿也不觉得寂寞孤单，其实就是她把我吸引到柏林来的。”他已经把爱尔莎的女儿们称为“我的小儿媳们”，很显然，他已经下定决心结束他和米列娃的婚姻了。

对于米列娃，宣布搬家是一个可怕的新消息。她和她的家庭刚刚在可爱的苏黎世重新安顿下来，又要再次面临离别。在柏林，他那些亲戚就在近旁，她却对她们充满了憎恨之情。而爱因斯坦则津津乐道地，几乎以一种虐待狂的心态给她的新情人描述了自己妻子那种令人怜悯的境况：

“我的夫人出于对柏林和亲戚们的恐惧对我不停地哭喊。她觉得自己受到了折磨，害怕 3 月末她的丧钟就会敲响。好了，顺便再说点真实情况。我的母亲通常脾气很好，可儿媳妇却是个不折不扣的魔鬼。只要她和我们在一起，一切就都像是填满了炸药。”

看到这样的信爱尔莎也许会高兴，但也许会对米列娃感到同情。仅仅在不久之前，阿尔伯特还告诉她：“我害怕看到她和你在一起。哪怕她仅仅从远处看到你，也会像条虫子一样蜷缩起来。”对于爱尔莎而言，这难道不是一种警告？——她将和一个什么样的人在一起呵！在这期间，她的情人给她写信说：“我对待我的妻子就像对待一个无法解雇的职员。我有自己的卧室，以避免和她单独待在一起。”此后还不到 10 年，爱尔莎就落到了相似的境地。

米列娃是否明白，她的婚姻在这一时刻已经破碎？就在迁居德国之前不久，爱因斯坦向爱尔莎报告说，他的妻子已经在她身上“嗅到了某种威胁。”他肯定了米列娃的绝望，手段近乎狡诈：“迄今为止，除了我以外，可以说她从来不会同其他任何人干这种蠢事。”1914 年 4 月，被蒙在鼓里的人带着儿子们到达了柏林。阿尔伯特向她提出了有可能在一起生活的“条件”。很明显，只要她还残存一丁点儿尊严，永远也不可能接受这样的条件：

A. 你需负责

1. 保持我服装、衣物的干净整洁；

2. 将一日三餐按规定时间送到我的房间；

3. 让我的卧室和书房始终保持井井有条，尤其是我的工作台，只能供我一人单独使用；

B. 只要不是出于维护社交关系的需要，你必须放弃同我的一切个人关系。尤其是不得要求

1. 在家的时候我坐在你的身旁；

2. 我和你一起出门或者外出旅行；

C. 你要明确承诺，在和我的交往中

1. 既不能期待我对你温柔，也不能对我进行任何指责；

2. 只要我请求，必须立即停止针对我的谈话；

3. 只要我要求，必须立即离开我的卧室或书房，并不得抗拒；

D. 你必须保证，不得当着孩子们的面通过语言或者动作对我加以贬低。

出于无奈，米列娃起先甚至打算接受这些条件，但他再次

加码，并且告诉她，对他来说重要的只是儿子。他们之间的同窗之谊已经毫无考虑的余地，如果她不能遵守上述交易条件，他便立刻和她分手。最后他建议他们先在形式上离婚，并且提出孩子可以跟她，他每年给她 5600 马克——这几乎是他收入的一半。

米列娃没有别的选择，只能举手投降。1914 年 7 月 29 日，她又一次离开了，永远地离开。阿尔伯特把他们送到安哈尔特火车站，吻别了两个儿子。当火车载着他们驶离以后，他不由得放声大哭。第二天，他把他们共用的家具收拾打包，随后给她发运了过去。还要过将近五年的时间他们才能正式离婚。送别米列娃以后，正如他在给好友米歇尔·贝索的信中所写，“通过舍弃一段婚姻，保证了同我表姐那种极其温暖舒适、真正美妙的关系的持久性”，他现在可以去尽情品味与享受了。而且，他还重新对爱尔莎做出了承诺——同她结婚。

“我们男人是一些很可怜的、不能自主的家伙，对每个人我都乐于承认这一点。”他在 1916 年对他的朋友贝索坦言。“但和这些娘们儿相比，我们中间的每一个人都是国王；因为他还可以凑合着依靠自己的双脚站立，而不必总是等待某种外援，然后把希望寄托在它的身上。可那些女人却总是等待，直到来一个什么人，对她随意进行支配。要是这种情况没有发生，她们简直就会垮掉。”

在爱尔莎身上，阿尔伯特找到了与米列娃截然不同的东西；她是他母亲的一个翻版，作为旧友是一个适当的补充，但却不是一个真正的婚姻伴侣。两个人还是孩子的时候就在慕尼黑一起玩耍，具有终生熟悉的、只有孩提时代才能形成的相同习惯。她和他说的是相同的方言，懂得他粗俗的施瓦本幽默，喜欢吃同样的美味佳肴，有一副和妈妈保莉妮非常相近的丰满身材，丝毫不见米列娃的纤细瘦弱和异国风情，也没有科学方面的壮志雄心。相反，她是一个胸怀坦诚、意志坚强的女人，愿意和人们交往，为他们做饭，带着德国人那种举世闻名的从容不迫，以一种安闲舒适的形式关心照料他们。

她以精于世故的谦逊听任她的阿尔伯特沉湎于科学，根本没有想过去探询他的思维的秘密。“尽管有时候她也会烦躁，而且不是一个特别聪明的人，”后来爱因斯坦在给儿子汉斯·阿尔伯特的信中赞许地说，“但她善良敦厚，所以还是非常出色的。”

当她与他重续旧情的时候，这位生活优越的离婚母亲和受过培训的演员靠教语音课挣得些许补贴。有一次，她曾参加公开的诗歌朗诵会，她的朗诵艺术赢得了大部分听众的热烈鼓掌。她喜欢社交，在柏林的上流社会中小有名气，后来把她的丈夫也引进了这个圈子里。她竭尽全力把他打造成一位与自己比肩的绅士——不过并没有取得明显的效果。

在那几年的时间里，两个人变得越来越像。从照片上看，他们就像姐弟一样。“要么因为懒散，要么因为劳累，她已经有些未老先衰。”她的女友安东妮娜·瓦伦廷写道。“她的脸变得虚胖，头发也过早地花白。这位曾经责备她的丈夫不修边幅的女人，自己也逐渐邋遢起来。”不知从什么时候起，连她的签名也开始随他。她在写“爱尔莎”（Elsa）中的字母“E”

时，不再像以前那样敞口，而是像阿尔伯特写“爱因斯坦”（Einstein）那样，给“E”的上半部弧线加上了花饰。

尽管她不再注意修饰自己的外表（似乎想让自己变得和他一样），但出于虚荣心，她还是不愿意让一副眼镜遮挡住自己那双美丽的蓝眼睛。她的眼睛近视得非常厉害，以致在一次宴会上，竟然把桌子上的花铲到了自己的盘子里。她连一巴掌远的东西也无法看清，可拒绝上任何理发店的爱因斯坦却偏偏把头发交给她来打理，所以，那个著名的、长着一头乱蓬蓬飘舞的鬓毛的爱因斯坦形象也许应该归功于她。

能够站在声名显赫的丈夫身边在大庭广众前抛头露面的同时，热衷社交的她也得忍受苦涩的日常生活。“在阿尔伯特身边，一切事情都得让她操心，”女儿玛戈特回忆说，“从他不顾禁止偷偷抽烟，到吃饭或者驾驶帆船——这就是她的命运。他这个人——如果允许我这样讲的话——根本就是一个孩子。比如我一直记得，吃午饭的时候我母亲经常要说：‘阿尔伯特，快吃吧，别做梦了！’”

她得照料他，喂他吃饭，替他阻挡那些纠缠不休的记者和求见者，给他穿戴整齐（他最喜欢穿着同一身旧衣服跑来跑去），每当他要在公众场合露面的时候，还要操心他的外表形象。“她蜷缩在他的影子里，而且觉得心满意足。”安东尼娜·瓦伦廷说，“她的同情心让她把掩盖阿尔伯特·爱因斯坦的执拗所造成的后果当成了自己的任务。”

从某种程度上说，她满足了他给米列娃提出的“条件”——虽然她可以和他一起旅行，一起出门，“在家里和他并肩而坐”，可是他自己的卧室却位于住宅中距离她最远的另外一头。他位于顶楼的办公室只有在得到他的许可的情况下她才可以进入。有一次，她领着一位造访者上楼，刚刚问了问客人身体可好，旅途是否顺利，她的丈夫就训斥说：“你妨碍了我们。你根本不知道，你是何等严重地妨碍了我们。”如果她，就像每个妻子那样，把他包括在共用的称呼“我们”里面，他就会极不耐烦地怒斥道：“要说你或者我，但决不要说我们。”

这位“新的哥白尼”（马科斯·普朗克有一次曾这样称呼他），也可能是一个让人生厌的人。另外，他还具有一些秉性，使得跟他在一起生活并非总是品尝甜美。“我丈夫的呼噜打得响极了，”爱尔莎对一个熟人承认说，“在他身边你根本就睡不成觉。”他不肯认真洗澡理发，还长着一双汗脚。在他们的关系开始之初，当爱尔莎有一次犹犹豫豫地批评他不讲卫生时，他给她写信说，如果她适应不了他的习惯，她就应该立刻去找“一个按照女人的口味可以吃得消的男朋友”。而且结尾还写上：“顺致粗野的诅咒以及一个来自诱人距离的飞吻，你的诚实的、肮脏粗俗的阿尔伯特。”所以，最后将两人的卧室分开这一主意至少不会让她觉得那么糟糕。

此前不久，他已经带着极大的快乐证明了他的独立不羁：“公务方面：发刷要定期使用，另外也要比较认真地清洗。其他生活作风方面可以马马虎虎。出于真正科学的考虑，让牙刷进入退休状态。猪鬃可以钻透钻石，我的牙齿怎么受得了呢？”

当两个人于1919年（也就是与米列娃离婚以后不久）步入婚姻殿堂的时候，至少在他这一方面，激情早已经熄灭。爱尔莎——她的嫁妆有 10 万马克——不得不眼睁睁地看着他在家庭之外的爱情中寻求快乐。

关于他对异性的口味，人们的看法可谓大相径庭。“在选择爱侣方面他倒是不怎么挑剔，”雅诺思·普雷什认为，“但他觉得不谙世事的天真少女比圆巧世故的社交型妇女更有吸引力。”普雷什的儿子表达得更为尖刻：“爱因斯坦喜欢女人，而且她们越是粗俗邋遢，便越是讨他喜欢。”女婿第米特里·马连诺夫说：“我始终觉得，爱因斯坦仅仅是出于对女人丑陋的同情才被她们所吸引。”相反，女管家赫尔塔·瓦尔杜（Herta Waldow）却保留着全然不同的回忆：“偏爱漂亮的女人是他的一个弱点。”

他在柏林期间的几桩风流韵事似乎支持这样的看法：爱因斯坦并非不喜欢“圆巧世故的社交型妇女”。最起码，他会接受一些有钱而又高雅的妇女的邀请，并让她们坐着有司机驾驶的高档轿车到家里来接他去看戏或者听音乐会。而爱尔莎至少得给她这位一向不善于和钱打交道的丈夫足够的零花钱，以便他能自己支付存衣物的费用。

他经常同艾斯特拉·卡岑鲍根（Estella Katzenbogen）相会。她是一位美丽而又傲慢的交际花，经营着柏林的若干家花店。还有一位富有的寡妇托尼·门德尔（Toni Mendel），他经常在她位于万湖边上的别墅里过夜。据赫尔塔·瓦尔杜说，爱尔莎偏爱甜食是出了名的；为了平息她的怒气，托尼每次都要给她带夹心巧克力。有关这些婚外情详细情况的最重要的来源已经随着时间湮灭了。遵照爱因斯坦的愿望，在她们死后，她们的遗产继承人把他写给她们的所有信件都毁掉了。

贝蒂·诺伊曼（Betty Neumann）曾经作为女秘书为他工作了一小段时间，他们之间的信件被封存在耶路撒冷的爱因斯坦档案馆。有一次，由于管理人员的疏忽，这些“简单捆扎的（但是封死的）信件”落到了历史学家弗里茨·斯特恩（Fritz Stern）手中。“我正想偷偷翻看一下这些信件，可还没来得及，它们就被夺回去了。”按照斯特恩的说法，这段暧昧关系延续了 10 年以上。

玛嘉蕾特·雷巴赫（Margarete Lebach）每周都要到卡普特的夏季别墅做客。她也试图用甜食来平息受骗主妇的怒气，所以每次都给爱尔莎带自己烤制的香草味小面包。“这位奥地利女人比教授夫人年轻，”赫尔塔·瓦尔杜回忆说，“看起来很漂亮，非常风趣，经常发笑，而且很喜欢笑，教授先生也是一样。”

这位女管家还说，在雷巴赫来访的日子，爱尔莎“可以说就得让位”：“只要她一来，教授夫人便驱车去柏林，以便订购或者置办什么东西。她总是一大早就坐车进城，直到很晚才回家。”根据未经证实的传言，雷巴赫同爱因斯坦也有一个私生子。

当爱尔莎终于忍不住在女儿们面前发泄她的愤怒的时候，玛戈特和伊尔莎向她解释，要么“和阿尔伯特父亲分手”，要么容忍他的婚外私情，她只能在这两者之间进行选择。结果，这位母亲哭着决定，在雷巴赫来访的日子里，自己还是继续出门采购比较好一些。“她的爱情是不可分割的，”卡普特夏季别墅的建筑师和这个家庭的朋友康拉德·瓦克斯曼（Konrad Wachsmann）认为，“她根本不明白，她的丈夫有时也会对别的女人发生兴趣。”

“他对女人的吸引有点像磁铁吸引铁粉，”瓦克斯曼说，“而他在女人的围绕中也感到非常惬意，并且对所有的女性都感兴趣。但不管怎么说，这对夫妻之间的烦扰通常都是由爱尔莎因吃醋而争吵开始的……爱因斯坦观察那么几天，最后终于发了火，因为他把此类行为看成是幼稚可笑的。在这种情况下，两人多半都会谈到离婚。”

“婚姻是给天长地久这类东西一个偶然机会的没有结果的尝试，”爱因斯坦有一次曾经这样说，“是披着文明外衣的奴隶制度。”到了比较成熟的年纪他仍然说：“婚姻肯定是一头缺乏想象力的猪猡发明出来的。”在辞世前不久，他坦率地说，婚姻是“一种冒险，在这种冒险中我曾经两次相当可耻地失败”。

当涉及同女人们的关系时，人们有时候会采用某种特殊的道德尺度来衡量爱因斯坦的品格，而这种尺度从来不曾用在文学、音乐、艺术或者政治领域中可以与之相比的人物身上。无论是肯尼迪（John Kennedy）还是毕加索，无论是莫扎特还是布莱希特，同样的不道德与其说对他们的名誉造成了损害，还不如说有助于他们声望的提高。然而，一个不带性征的、天真无邪的世界智者形象似乎比一个淫荡猥亵的色鬼更适合于爱因斯坦。作为自然科学研究的甘地或者现代精神的摩西，他理应把先知的圣洁与和平主义者的纯真结合在一起。他自己却用一种充满幽默感的实用主义来应付诸如此类的道德命令式：“对于纯洁者一切皆为纯洁，对于污秽者一切皆为污秽。”

在他们结婚之前，爱尔莎想必已经遭受过男人在同女人交往时最让人丢脸的局面：她的“年纪”曾把她置于何等难堪的境地。1918 年 5 月，他让她和她的女儿伊尔莎作出令人愤慨、闻所未闻的选择。

这段故事之所以能在几年之前公之于世，是因为这些贴心话的收启者没有遵从写信人“阅后请将此信立即毁掉!”的急切愿望。在医科教授格奥尔克·尼科莱（Georg Nicolai）的遗物中，人们发现了这封伊尔莎·爱因斯坦所写的信。尼科莱是这个城市颇为有名的花花公子，据说他同伊尔莎曾经有过一段关系。

“昨天突然提出了一个问题：阿尔伯特到底打算和妈妈还是和我结婚……阿尔伯特拒绝作出任何决定，无论和我还是和妈妈结婚他都愿意。我知道，阿尔伯特非常爱我，也许再也不会有一个男人这样爱我，昨天他也亲口对我说了……我从来没有感觉到，我在肉体上有同他亲近的愿望或者最微小的兴趣。他就不同了——至少是最近一段时间。他曾经亲口对我承认，控制住自己是多么困难……请帮帮我吧!”

尼科莱是如何回复的我们不清楚，反正伊尔莎摆脱了爱因斯坦的纠缠。尽管发生了这次的事情，一年之后她的母亲还是同意了与阿尔伯特的婚姻。虽然他在这个总是追逐时尚、在美女沙龙打发时光的柔弱而又骄傲的女儿身上未能得手，但某些迹象让人猜测，他的激情仍然没有熄灭。1919 年 8 月，他通知伊尔莎，她可以担任他的秘书，但有一个条件——放弃在大学实验室里的职位。“理由是：保持和尽可能增加处女的魅力。”1920 年，当他准备赴挪威旅行时，他给他的朋友和同事弗里茨·哈伯写信说：“两个女人我只能带一个，爱尔莎或者伊尔莎。后者最为合适，因为她更健康和能干。”

第七章　从神童到奇迹年
——爱因斯坦的天使

他们一起阅读和讨论过的东西，都嵌入了正在酝酿的爱因斯坦的世界观中。从 1905 年开始，爱因斯坦将用这种世界观推翻关于空间、时间和物质的传统观念。

她到底起没起作用？在关于爱因斯坦的研究中，极少有一个问题会掀起这样的轩然大波。米列娃是否扶助过她所爱的阿尔伯特并引导他走上成功的道路？她对他在 1905 年完成的划时代论文有没有做出重大的贡献？也许是她首先用她的思想将他塑造成为物理学明星，而后世界才认识了他。似乎她成了“相对论之母”——就像 1983 年 10 月，《埃玛》杂志在一篇引起轰动的文章中所说的那样。按照这种说法，她在他的传记中或许应该赢得另外一种地位，而不仅仅作为一个懂得物理学的、拥有结婚证书和孩子的阶段性生活伴侣，不得不成为他神圣科学祭坛上的牺牲。或者说，他这位独一无二的天才，如果没有她的帮助，也无法达到同样的目标。

《埃玛》的文章基本上取材于唯一一个来源—— 一本关于

米列娃的传记。在这本传记中，塞尔维亚籍女作者德桑卡·特卢布霍维奇-久里奇（Desanka Trbuhovi-Gjuri）写到了1905年发表的狭义相对论："我们不得不为此而骄傲：无论是它的形成还是它的编辑，我们伟大的塞尔维亚同胞米列娃·马里奇都曾参与其中。"

据说，爱因斯坦曾对米列娃的父亲说过："我所完成和取得的一切，都应感谢米列娃。她是我绝好的鼓动者，是我生活中对抗罪孽的保护天使，在科学中（为我做的）则更多。没有她我永远无法开始我的工作，更不用说完成了。"在一封被很多人引用的、爱因斯坦于1901年3月27日写给米列娃的信中有这样一段话："当我们两个一起将关于相对论的论文胜利完成的时候，我将多么幸福和自豪！""严肃"的研究对这个在全世界广为传播的故事做出了反应。爱因斯坦文集项目的第一任主任约翰·斯塔切尔做出了总结：经过调研，"可以得出这样的结论：她（米列娃）在其中发挥了微小却重要的作用。"

那么，这有可能是一种什么样的作用呢？在他写给她的信中，当涉及科学方面的事情时，虽然他使用"我"和"我的"远比"我们"和"我们的"要多，但在1901年4月末的信中他还是再一次使用了复数人称："我非常好奇，不知我们保守的分子力是否也适用于气体。"此后不久，在谈到温特图尔技术学校的教授古斯塔夫·韦伯（Gustav Weber）时又说："我把我们的论文交给了他。但愿我们能够有那么一点儿运气，在这条美好的道路上继续携手奋勇向前！"

很可能就在这时，这条共同的"美好道路"已经走到了终点。因为米列娃怀孕了，应该说这是她科学生涯的转折点。一开始，她也许还希望以居里夫妇（Curie Marie，Cueie Pierre）为榜样，在科学研究事业中成为伟大的伉俪。而现在，她没能成为相对论之母，却在自己体内孕育了爱因斯坦的后代。

那么先前又发生过什么事情呢？任何一个具有独创性的研究者都知道，除了建议、点子以及其他明显的贡献之外，也有一些隐性的、间接的帮助，比如对弱点和矛盾的提示，有待澄清的问题或者茶余饭后一起闲聊时的自由联想，等等。在通往顶峰的道路上，米列娃是爱因斯坦最重要的陪伴者。即便她竭尽全力也只能陪他走到准备冲顶的营地，但也许正是她帮助这位幻想者竖起了指路的标牌。

关于这方面，爱因斯坦没有说过一个字。怎么会有这样的不同呢？当他第一次讲述相对论产生的故事时，他同米列娃早已经断绝了往来。一直到他晚年，他总是在制造新的版本，但米列娃的名字却从未出现。不过，缺少的不仅仅是她的名字，就是其他一些重要的同行旅伴也未见提起。

作为 19 世纪的人，在他青少年时代的读物中，发明家都是一些孤独的人，怀着对天才的带有浪漫主义的狂热崇拜，爱因斯坦从来就没有把自己看成是团队中的一分子。对于帮助他的人所做的贡献，他很愉快地接受而且往往终生表示感激，但却不做任何评价地纳入自己的整个著作中——将它们归到天才头上似乎是天经地义的事。

总而言之，孤独天才的形象已然陈旧不堪，只不过是一种带有美好色彩的想象。一个个体看似超人的能力，和人与人之间这个复杂而又相互关联的系统中的真实情况并没什么太大关系。不来梅国际大学的心理学家和履历研究专家乌尔苏拉·施陶丁格（Ursula Staudinger）说，每一份人生履历都是由发展过程中的胜败输赢组成的，所以对天才的理解必须从个人转向系统。按照这种观点，像爱因斯坦这样的个人，犹如一只富有创造力的坩埚；在这只坩埚中，各种不同的元素融合在一起形成一种全新的品质。归根结底，所谓天才，就是能够凭借准确无误的直觉对所有的配料、想法以及连接件加以辨别，把它们归纳在一起，焊接成一个更大的整体。反过来说，天才在开始的时候又像一颗未经加工的钻石，需要很多人帮着进行雕琢打磨。

从这个角度看，关于米列娃对爱因斯坦的成就有过什么样的贡献的问题，仅仅是范围非常宽广的整体中的一部分；也就是在爱因斯坦这个系统中，谁曾在什么位置贡献过什么元件的问题。在她之前，在她之后，以及与她同时，还有很多人围绕在他人生道路的两旁，如同由他主演的这出戏剧中的天使，总是在正确的时刻出现在他的舞台上，给予他支持和帮助。如果没有他们参与演出，无论爱因斯坦如何喜欢孤军奋战，他能否成为直至今天世界仍然为之欢呼喝彩的人物还真是一个问题。

除此之外，他也是幸运的，从一开始就能够在一个面向世界的进步环境中施展自己的才华。1896 年 10 月（他那年刚刚十七岁半），这位“神童”在苏黎世的工学院（即后来的瑞士联邦技术大学）登记注册，从而进入了瑞士最大的城市，这个银行业的大都会，国际金融中心和瑞士工业化的支柱。到处都需要工程技术人员和自然科学研究人员，像“工学院”这种高等专科学校则是培养他们的摇篮。当爱因斯坦进入这所大学学习时，学生人数正好是 1000 人，还没有超过他在慕尼黑所上的中学的人数。在这所“培养数学和自然科学领域专业教师”的学校里，除了米列娃这位Ⅵ学部 A 系唯一的女生以外，对阿尔伯特产生过影响的人还有雅可布·埃拉特（Jakob Ehrat）、路易斯·科尔罗斯（Louis Kollros）和马塞尔·格罗斯曼（Marcel Grossmann）。格罗斯曼成了他一生中第一位真正的朋友和对他帮助最大的天使之一。“这个爱因斯坦，”据说马塞尔和阿尔伯特刚刚认识不久就对父母说过，“总有一天会成为一个了不起的大人物。”

阿尔伯特的大学生宿舍（他住过三处转租房和膳食公寓）全都位于霍廷根这个典型的中产阶级居住的区域，到“工学院”只需步行一段很短的距离。住在意大利的富裕亲戚每月给他 100 法郎用于生活方面的开销。父亲的公司又一次倒闭，父母在财务方面（短时期内）陷入了困境。虽然，“我可怜的父母的不幸当然让我感到苦恼，”他在写给妹妹玛雅的信里说，“对于亲人们我成了一个累赘……要是我根本没有来到这个世界上也许真的更好一些。”但是，“作为一只欢乐的燕雀”，他“还没有把胃吃坏或者发生类似的情况，也根本没有抒发忧郁情绪的才能”，他仍然能够按照收支计划继续过着无忧无虑的大学生活：演奏音乐（小提琴总是带在身边），游山玩水，成宿泡在烟雾腾腾的小酒馆里，大学生的恶作剧，哪样也少不了爱因斯坦——只是他从来不沾酒精。

每周他可以到亲戚生意上的伙伴弗莱施曼家里饱餐一顿，就像从前旁听生马科斯·塔尔穆特在他父母家里那样。通过他父母熟人的介绍，他受到阿尔弗雷德·斯特恩（Alfred Stern）一家的欢迎。这位名声远远超出苏黎世地区的历史学教授，给了他“慈父般的友谊和帮助”。后来，爱因斯坦怀着感激的心情回忆说：“我不止一次带着难过或者痛苦的心情到您那里去，而每次都会在您那里重新找回欢乐和内心的平衡。”

让他感到心情痛苦的有可能是大学的课程。“对于我这种喜欢冥思苦想的人，大学的课程并不一定都有益处，”他在去世之前这样写道，“于是我逐渐学会怀着某种负疚的心情平静地生活。”没过多久，他就已经甘心做一个“成绩中等的学生”。和在中学时代一样，因为教学质量等方面的原因他开始和老师发生摩擦。“这简直是一个奇迹，”他在回首往事的时候说，“这种现代教育方式竟然没有将研究问题的神圣好奇心完全扼杀掉。”

不过，这位执拗的大学生要做到这一点也并不那么容易。在数学方面，由于有赫尔曼·闵可夫斯基和阿道夫·胡尔维茨（Adolf Hurwitz）教授，他本可以获得在欧洲堪称一流的教育，但这样的机会基本上被他白白浪费掉了。“我看到数学分为许多专门的领域，而每一个领域都有可能耗去我们所能拥有的短暂的一生。”他在晚年这样写道。“因此，我觉得自己的处境就像布里丹的驴子——它无法决定究竟该吃哪一捆草。”他对数学的忽视使自己吃了亏。而且偏偏是对爱因斯坦在学习上的疲疲沓沓多次提出批评的闵可夫斯基，将作为天使之一在他的人生道路上现身。1908 年，他提供了一个狭义相对论的数学公式，为扫平通往广义相对论的道路起到了重要作用。

不过，作为第一个出场的天使，马塞尔·格罗斯曼却不得不向他的朋友阿尔伯特抛出一根“救命稻草”：数学考试即将来临，而爱因斯坦知道自己没有进行充分的准备；年长他一岁的格罗斯曼把自己记得工工整整的笔记借给他用来临阵磨枪。预考他也是和格罗斯曼一起准备的，结果不但通过了考试，而且还得了第一名，位列搭救他的朋友之前。正是这位朋友，将帮助他摆脱广义相对论研究中的困境。

由于“初学者物理实验入门”不合他的口味而且经常旷课，他得到了一次书面训斥，有一次甚至得到最差的分数。相反，物理学教授海因里希·弗里德里希·韦伯的课他却很喜欢听。他在给女友米列娃的信中称赞说，韦伯的课“讲得好极了”。当初，他在工学院的入学考试中考砸之后，正是这位韦伯先生不顾规定允许他来旁听自己的课程。

他听这些基础课程时所做的笔记，作为那个时期为数不多的资料被保存了下来。从边注我们也可以看出阿尔伯特对充斥于分子之间的力已经初步产生了兴趣。在韦伯设备一流的实验室里，他再度“凭借刻苦和勤奋”，获得了“与经验的直接触摸”，特别是在电气技术方面。他将自己最真切的认识同父亲和叔叔工厂里的实际完美地结合在一起。

然而，由于韦伯忽略了他最喜爱的专业领域中的一些最新发展，“于是我就经常‘逃课’，以极大的热忱在家里向理论物理学大师们学习”。重新退回到自学者的角色，他通过最容易记住的方式使自己理解现代物理。至少在这个理解探索的过程中，米列娃是全身心地参与的，所以物理学的宴席极其隆重。

爱因斯坦尤其关注詹姆斯·克拉克·麦克斯韦和海因里希·赫兹（Heinrich Hertz）的电磁理论，以及路德维希·玻尔兹曼（Ludwig Boltzmann ）和赫尔曼·冯·亥姆霍兹新发表的著作。玻尔兹曼通过力学的静态理论推导出了热学的基本定律，亥姆霍兹则用他的热力学定律将它们置于新的基石之上。其颠扑不破的能量守恒定律在爱因斯坦面前树起了一个榜样。他说："迄今为止所有被相互分开加以研究的自然力……有可能使用统一的单位，也就是能量单位进行度量；它在宇宙中的总量既不增加也不减少。"显然，这与爱因斯坦青少年时代所阅读的东西是相似的。

在 1900 年的毕业考试中，Ⅵ学部 A 系共有 5 个考生，阿尔伯特的成绩仅名列第四。成绩分为 1 到 6 分，6 分为满分，结果他的平均成绩为 4.91 分。考试规则非常严格，以致米列娃因为得了 4.0 分而未能通过。这成了他们职业生涯的分界线。阿尔伯特凭借一个意志坚强的孩子天真无邪的毫无顾忌继续走他的路，米列娃却必须补考，而且不可避免地就此落伍。

爱因斯坦在学习正式课程的时候，或多或少还得循规蹈矩，但自学起来就完全不同了。他用自己熟悉的方式，或是蜷缩在家中的扶手椅上，或是在咖啡馆里抽着烟斗，读完了一本又一本著作。他也读有关认识论的文章，尤其是奥地利人恩斯特·马赫（Ernst Mach）的书。而在恰当的时机介绍他读马赫著作的，则是他生命中的另一位天使，比他年长 6 岁的工程师米歇尔·贝索。

无论是聪明才智还是生活方式，贝索和马塞尔都属于两种截然不同的类型。贝索是一个办事没有计划，喜欢冲动，偶尔闪现出天才灵光的思想家，而后者则是一个遵守纪律，注意力高度集中，具有杰出才能的数学家。同窗格罗斯曼“不像我似的居无定所和性情乖僻”，阿尔伯特和他“每周都要郑重其事地到位于利马库埃大街的‘大都会’咖啡屋去一次”。好友贝索则相反，爱因斯坦认为他“华盖当头”，是一个介于倒霉蛋和窝囊废之间的家伙。“他虽然是一个性格非常懦弱、没有一点儿正常人情的人，一辈子都成不了气候，也无法在科学上有所创见，”阿尔伯特在给米列娃的信里倾诉道，“但他的头脑反应非常灵敏，不过他那些混乱的想法总是让我一览无余，往往给我带来极大的乐趣”。

格罗斯曼和贝索外表上的差别也非常明显。格罗斯曼颧骨高耸，鼻子很长，额头宽阔，一副北欧人的严厉面孔，而贝索则完全是地中海人的模样，有着黑色的卷发和浓密的胡子。爱因斯坦的长相介于两者之间。在大学的几年中，他从一个嘴唇周围布满细细绒毛、目光羞涩的尚未成熟的毛头小伙儿，变成了一个充满自信的青年，带着坚定的表情和新长出的成为他典型特征的胡髭，用挑衅的目光看着照相机的镜头。

爱因斯坦和贝索一起研讨的恩斯特·马赫的思想，恰恰在他通过自学研究科学基本概念的阶段培养了他的哲学思维。这位维也纳的物理学家和哲学家致力于“经济的”科学思维模式，在这种模式中，未被证明的假说和辅助体系是没有位置的。按照马赫的观点，诸如速度、力或者能量这类物理学上的概念，都是明确无误地和感性经验联系在一起的。从这一原则中推导出了爱因斯坦后来的认识论的教义："我不认为掩盖概念相对于感性经验在逻辑上的独立性是有道理的。"他说，"其关系不是那种汤和牛肉的关系，把它们比喻成存衣号与外套的关系更为恰当。"

对绝对空间和绝对时间的想象自牛顿以来几乎是无可争议的，但按照马赫的观点它只是一个命题而已，除此以外什么也不是。它缺乏任何经验。从未有人见过一个为宇宙事件规定节拍的时钟，也从来没有听到过它走动的滴答声，因为它根本就不存在。以太作为理解光的辅助体系非常可疑，因为它同样未被人观察或者测量到过。

但马赫也激烈地反对有关原子的思想，因为只能间接地推测它的存在，从来没有人给以直接的证明。在这一点上爱因斯坦并没有受到他的影响，而是着迷地关注着新射线的不断发现，尤其关注他从童年时代就十分熟悉的电学领域的新发现。如果在两个电极，也就是阴极和阳极之间通过施加电压造成电弧，便会产生阴极射线。

1895 年，法国人让-巴蒂提斯特·佩兰（Jean-Baptiste Perrin）成功地证明阴极射线是由微小的粒子组成的。1897 年，英国人约瑟夫·琼·汤姆逊（Joseph John Thomson）把这种微小的、带有负电荷的粒子取名为"电子"，从而将组成原子的第一种粒子从不可见性中拯救了出来——当然那个时候还没有这样来认识这个问题。

1895 年，德国人威廉·康拉德·伦琴（Wilhelm Conrad Rntgen）在用阴极射线进行试验时观察到了后来以他的名字命名的高能射线。这种射线甚至能够穿透坚固的物体。1901 年，伦琴获得了第一届诺贝尔奖。

在法国人安东尼-亨利·贝克勒尔（Antoine-Henri Becquerel）于 1896 年发现天然“铀射线”之后，他的同胞玛丽·居里和皮埃尔·居里又于两年后揭示了放射性的一般现象。1897 年，英国人欧内斯特·卢瑟福（Ernest Ruterford）证明，放射现象至少涉及两种射线，他把它们称为阿尔法射线和贝塔射线。三年之后，贝克勒尔又明确指出，阿尔法射线其实就是电子，而不是什么别的东西，从而使这种微小的载流子第一次作为原子放射出来的成分呈现在人们面前。众多的发现给爱因斯坦留下了深刻的印象，所以他很早就成了一个原子论者。在他的“奇迹年”——1905 年，他不仅提出了相对论，而且还以三篇虽然不那么著名但同样具有重要意义的论文为物质的原子理论奠定了基础。

但是一开始，通往成功的道路对于这个刚从大学毕业的年轻人却是那样崎岖坎坷。也许，正是在重重障碍之中隐藏着他成功的秘密之一。生活又一次给了他施展才华的空间和时间——尽管是在非常困难的物质条件下，再加上由于求职之路前景不明而造成的沉重负担。爱因斯坦没有立即踏上平步青云的阶梯，而是首先通过一条颇为偏远的道路曲折前行。

那段时间，受到他父母激烈反对的米列娃给了他最为重要的支持。贝索于 1900 年以一个技术专家的身份携同他的妻子安娜去了米兰的一家电工企业，格罗斯曼则在 1901 年到弗劳恩菲尔德的图尔高州立中学当了老师。

爱因斯坦原本希望能够留校担任助教，但当他从米兰探亲返回时却得知，作为他们系唯一的毕业生他未能获得这个职位。之所以如此，他估计应该归咎于他对学习的漫不经心和抗拒权威的逆反行为。与一个循规蹈矩的学生相比，对于一个藐视一切规则、总是直称他的大学老师为“韦伯先生”而不是“韦伯教授”的家伙，相关的人肯定觉得没有必要尽那么多责任。

他开始孜孜不倦地寻找另外一条通往科学殿堂的道路：在专业刊物上发表论文。从他发表的头两篇文章可以看出，这期间，他还在该领域中没什么把握地四处摸索。但另一方面，它们也证明了一种义无反顾的自信。不管怎样，他现在已经展示了某种东西——即便如他后来所承认的那样，这只是“我的两篇毫无价值的处女作”。

“你可以想象得出，我为我的宝贝多么自豪。”米列娃在给朋友海伦娜的信中写道（现在她的雄心壮志已经开始全部投入到阿尔伯特身上），“这可不是普普通通的文章，而是非常重要的论文，是关于流体理论的。我们还单独给玻尔兹曼寄去了一份。我们很想知道他对论文的看法，但愿他会写信告诉我们。”

对于路德维希·玻尔兹曼的回答我们一无所知。但是，一个新毕业的学生敢于和他的女朋友一起把自己的作品寄给一位最重要的物理学家，仅仅这一行动本身就足以证明一种健康的对自身价值的认同感。在这方面，更加有力的证据是，他出于几乎无法抑制的自负，竟然让吉森的著名物理学家保尔·德鲁德（Paul Drude）“注意他的错误”。

两个月后，他怒气冲冲地向米列娃报告了德鲁德的回信：“对写信者的卑劣可鄙，这倒是一份非常确凿的证据，以致我根本无须增补任何说明。从现在起，我再也不会去求这种家伙，而是要在杂志上对他进行不留情面的抨击，这是他罪有应得。”

在爱因斯坦看来，当事关真理和对错的时候，权威和等级根本不值一提。“正直的施瓦本人是不知道畏惧的。”他引用他的同乡、诗人路德维希·乌兰德（Ludwig Uhland）的诗句激励自己。

在显然因为博士论文的首次尝试而刚刚同韦伯教授闹翻之后，他又在韦伯的同事阿尔弗雷德·克莱纳（Alfred Kleiner）那里开始新的尝试。但因为与前面的问题相关，所以依然没有结果，只剩下爱因斯坦撤回论文之后留下的 230 多法郎的收据，成了他再次失败的证据。“这些庸人给一个不属于其同类的人所制造的一切麻烦，真是让人毛骨悚然。”这个被拒之门外的失败者在给女友的一封信里大发雷霆。“他们本能地把每一个头脑聪明的年轻人都看成是对他们腐朽尊严的威胁。”

他暂时放下与博士论文相关的计划，“因为这对我的帮助不大，而且这整出闹剧让我觉得十分无聊”，转而发出大量求职信，希望谋得一个助教的职位。

“很快我就会把我的标书寄给从博登湖到意大利最南端的所有物理学家!”他向米列娃报告说。但所有这些尝试都让他极其失望。除了偶尔收到寄信回执以外，他没有得到任何答复。

1901 年 12 月，他在写给米列娃的信里倔强地说："我们看来要一直当大学生当到死去的那一天（让人不寒而栗的宣言），这个世界关我们屁事！"当"又有几次求职行动没有获得进展时"，他终于猜到之所以屡屡受挫有可能是他的老教授在后面捣鬼。"如果不是韦伯要弄这种阴险的花招和我作对，我恐怕早就可以得到这样的职位了。"他在给格罗斯曼的一封信里猜测说。"尽管如此，我不会放弃任何努力，也不会丧失我的幽默感。"

出于对儿子未来前途的深深担忧，甚至连赫尔曼·爱因斯坦也卷了进来。"请慷慨地宽恕一位父亲为了他儿子的利益竟敢向您——尊敬的教授先生，乞求帮助。"他给莱比锡的著名物理学家威廉·奥斯瓦尔德（Willhelm Ostwald）写了一封感人至深的信，"我的儿子对他目前的失业状态深感不幸，认为他的前程已经没有希望，再也找不到联系渠道的想法天天扎在他的脑海中，而且越来越强烈。"

在他获得专科教师文凭之后，家境富裕的亲戚不再向他提供资助，父母也无力支付他的生活费用，这个年轻人的手头日见窘迫。由于米列娃的怀孕，他作出了一个"不容改变的决定"："我要立即找一个哪怕是极其差劲儿的职位。"他对她说："我一找到这样的职位，马上就和你结婚，把你给娶过来。"

经过人们所知道的至少一次不成功的尝试之后——"在此我们通知您：您未能入选。"——他被录用到温特图尔担任几个星期的临时代课老师。1901 年 9 月初，他终于在沙夫豪森找到一份私人教师的工作。在那里，他应在数学教师雅可布·尼埃施（Jakob Nüesch）的卵翼下帮助一个年轻的英国人准备中学毕业考试。他同这个学生倒是非常合得来，但和他的东家很快就闹僵了。本来他在雇主家里就餐并由雇主付费，当他因为饭桌上的谈话让他感到厌烦而要求到外面用餐时，争吵发生了。“好呀，随他们的便吧！”12 月 12 日阿尔伯特在写给米列娃的信里说，“眼下我不得不让步——我已经学会如何找到更加适合我的生存条件。（想想吧，这是何等厚颜无耻，在我这种处境下！）”

当他顽固地坚持自己的意见并认为“达到了我的目的”时，其实已经彻底惹恼了尼埃施。“人们现在全都对我怒目而视，而我现在恰恰像其他任何人一样自由。”反正事情一直就都不顺利。1902 年 2 月 4 日，他告诉在沙夫豪森结识的新朋友康拉德·哈比希特：“我以出人意料的方式离开尼埃施扬长而去。”

实际情况表明，他的扬长而去并不像乍看起来那样过于冒失。哈比希特收到上面这张寄自伯尔尼的明信片并非没有理由。马塞尔·格罗斯曼一直在背后为这位“老朋友和倒霉蛋”牵线，并且把他的境况向自己的父亲做了介绍。格罗斯曼的父亲与瑞士专利局局长弗里德里希·哈勒（Friedrich Haller）的关系非常密切，于是推荐这位年轻的专科教师应聘“联邦知识产权局”下一次的公开招聘。爱因斯坦坚信自己在即将到来的招聘中一定会胜出，于是搬到了首都，并找了一套房子。

1901 年 12 月，爱因斯坦提出了谋求这一职位的申请。申请这一职位需要有瑞士国籍，而他在经过长时间的反复之后已经于这一年的 2 月 21 日取得了瑞士国籍。苏黎世的市议会甚至为此专门雇用过一名私家侦探。这位侦探为他出具了带有附言的书面证明，说他“生活节制”，是一个“非常勤奋、刻苦努力、品行极其端正的人”。最后，阿尔伯特被传讯到市议会主管部门接受询问，并被爽快地接受为瑞士新公民。至于他的恋情和米列娃未婚先孕的事儿，当然不能让瑞士当局知道。原来担心在瑞士也必须服兵役，现在证实是没有根据的：由于静脉曲张、扁平足和汗脚，他可以免服兵役。

米列娃在 1901 年 7 月的毕业考试中还是没有通过，打从这年年底起一直暂住于塞尔维亚诺伊沙茨的父母家里。在那里，经过充满痛苦的妊娠，于 1902 年 1 月生下了他们的“莉泽尔”。

“她确实健康而且哭闹得很厉害吗?”年轻的爸爸急不可耐地询问，“我们两个里面她更像谁呢?”他像个孩子似的，以一种科学研究者的急切心情满心欢喜地写道：“我真想把自己也变成一个莉泽尔，那肯定太有意思了！她肯定会哭了，但学会笑还要晚得多。这其中蕴涵着深刻的哲理。”

他一到伯尔尼这个“古朴典雅、舒适安逸、完全可以像在苏黎世一样生活的城市”，“便考虑要在当地报纸上刊登一份广告”。第二天，这份将对他今后的人生造成影响的广告便登了出来：

“愿为大学生和中小学生提供最为全面透彻的数学和物理

钟点补习。阿尔伯特·爱因斯坦，持有联邦技术大学专业教师证书。正义胡同32号二楼。试讲课时免费。”

逼迫他刊登这份广告的困境给他引来了下一位天使。第一个前来报名的是出生于罗马尼亚的犹太人莫里斯·索罗文（Maurice Solovine）。索罗文身材高大，比爱因斯坦年长4岁，高高的额头下面长着一双小眼睛，看人的眼神有点儿让人捉摸不透。作为在伯尔尼大学注册的物理和哲学专业的学生，他在寻求一位有关这两种专业之间边缘学科基本问题的对话伙伴，比如真实世界是否存在，如果存在是否可知的问题，等等。

其后不久，康拉德·哈比希特也加入了这场二重奏。这个身材瘦小、思想敏锐的瑞士人比爱因斯坦大3岁，戴着一副窄边眼镜，留着从额际梳向脑后的大背头，在三个人中间给人一个青年知识分子的印象。但是，失业的专业教师爱因斯坦并没有给他们上课以保证获得一点儿微薄的收入，而是这三个留着同样髭须的年轻人结成了一个定期碰头的研讨小组，并且颇为自负地称之为“奥林匹亚科学院”。至于实际上这两个人仅仅是爱因斯坦小提琴上的“共鸣板”，还是积极贡献了重要的思想，从今天的角度已经再也无法说清。这三个人在晚间会议上“一边吃着粗香肠、瑞士奶酪、水果、少许蜂蜜，喝上一两杯茶”，或者喝着浓咖啡，吃着煮得很老的鸡蛋，一边在一起认真地阅读，时不时地“开怀大笑”；而下一次，经常是在一天之后，他们又会聚在玻尔威克咖啡馆里，在灯光昏暗、烟雾弥漫的屋子里进行深入的探讨。他们一起阅读和讨论过的东西，都嵌入了正在酝酿的爱因斯坦的世界观中。从1905年开始，爱因斯坦将用这种世界观推翻关于空间、时间和物质的传统观念。他在青少年时期读过那么多书，恐怕再也找不到比这更精彩的续篇了。

“阿尔伯特，冯·施太斯拜因骑士，奥林匹亚科学院院长”，这是哈比希特在一个锡盘上为爱因斯坦镌刻的一句玩笑话，从中可以看出这三个人的小小俱乐部充满了快乐。在这三驾马车给人留下鲜明印象的研讨计划中，除了恩斯特·马赫的书《感觉之分析》以及《在其发展中的力学》之外，还有其他一些站在19世纪末期实证主义的立场上满怀改革热情反对一切宗教或巫术的形而上学的绝对性的著作。他们把可靠的、确实存在的、实际的东西——经历和经验看成是“实证的”。

卡尔·皮尔逊（Karl Pearson）的《科学之语法》以及理查德·阿芬那留斯（Richard Avenarius）的《纯粹经验批判》使爱因斯坦对以客观事实为依据的、可经验的世界的理解更加敏锐。在英国人约翰·斯图亚特·密尔（John Stuart Mill）的《演绎和归纳逻辑体系》中，这几位奥林匹亚科学院院士读到了对科学工作方式——从测量、实验到一般自然规律之理论——也许是最为深入的探讨。

列入这个三人科学院的读书计划的，不仅有恩斯特·马赫的著作，令人印象最为深刻的还有大卫·休谟（David Hume）和亨利·庞加莱（Henri Poincaré）的书。苏格兰人休谟首先提出了因果关系的原理，并且据此对因果律的普遍有效性产生了怀疑。“明天太阳将不会升起这句话与它将升起这一说法相比，同样容易理解而且同样没有什么矛盾。”休谟认为，太阳将会升起的可靠性仅仅是建立在经验基础上的；它之所以还将升起，是因为它以前总是升起。但是，按照休谟的观点，因果律仅仅适用于已知的经验范围。超出已知的经验范围，事情看起来可能就是完全不同的另外一种样子了。

可靠性仅仅存在于数学所描述的那种关系中。3 乘 4 之所以等于 12，只不过是基于一种规定，而这种规定也有可能是另外一种样子。在这一规定之内，3 乘 4 和 2 乘 6 的得数相等，这一逻辑结果是不容更改的。因此，休谟把经验同在经验基础上发现的原因联系起来看成是人类认识的最高目标。而这恰恰隐藏在爱因斯坦相对论的核心之中。相对论没有说明空间和时间是什么，而只是对它们相互之间处于一种什么样的关系做出了描述。

最后，奥林匹亚科学院的三剑客在数学家和哲学家亨利·庞加莱的著作中，尤其是他的《科学和假说》一书中发现了有关这个问题的中心思想。1900 年，这个法国人在一次盛大的哲学会议上对他的思考进行了概括："没有绝对空间，我们所理解的只不过是相对运动而已。"他这样宣告，从而距离这个问题的突破只有一步之遥。他走得如此之远，甚至把空间和时间称为直观形象，也就是说，不再像康德那样把它们看作事物和事件的现成框架。"绝对时间是不存在的，"他宣布，"当人们说两个时间相同的时候，那么这只是一种说法……我们不仅没有两个相等的时间的直觉，而且我们对两个不同地点所发生的两事件的同时性也没有直觉。"爱因斯坦恐怕也不能表述得更明确了。

他和哈比希特以及索罗文已经一起逼近了他那个时代认识论的核心问题。在这期间，三个人还把世界文学的一些名著纳入了读书计划，其中包括索福克勒斯（Sophokles）的《安提戈涅》，塞万提斯（Miguel de Cervantes）的《堂·吉诃德》，这是爱因斯坦最喜爱的书籍之一；另外还有柏拉图的对话录以及巴卢赫·斯宾诺莎（Baruch de Spinoza）的伦理学，后来成为爱因斯坦《宇宙的宗教》中的一段中心文字。

在他那个时代，有哪一位物理学家曾在攀登顶峰之前将如此众多的必备前提集于一身？阿尔伯特年轻气盛，不受固有观点的束缚。他已经全面深入地掌握了物理学和哲学的概貌，他在自己父辈的工厂里，在中学和大学的实验室里获得了实际的认识。他具有那种由自我中心、本能和直觉混合而成的气质，肯定能让他找到自己的道路。

另外，还有一个有助于学习科学技术想象艺术的单位。1902 年 5 月末，爱因斯坦通过了专利局的面试谈话，6 月末开始以“三级技术专家”的身份工作，这都要归功于格罗斯曼。除了他以外，在专利局总共 29 名官员之中还有 12 名专业人员。他的年薪为 3500 瑞士法郎，每周工作时间 48 小时，也就是一周工作 6 天，每天 8 个小时，上班时间是早上 8 点钟。大多数情况下他都穿一身格子西装，这是他按照专利局负责人弗里德里希·哈勒的意思找裁缝定做的。

在审查专利申请时所形成的那种直观和批判分析式的思维，使这个在非常接近于真实的思想实验中希望进行理论探讨的人的思想更加敏锐。尽管爱因斯坦现在只能利用晚上和周末的业余时间进行科学研究，但获得这个职务以及因此而消除生活上的后顾之忧已经证明是他的福气，用他自己的话来说甚至是“一种生命的拯救”，将他在大学求职的失败变成了他成功的秘密。

除此之外，在工作之余他还继续给一个来自瑞士西部的、比他大 9 岁的、名叫卢奇恩 · 沙凡（Lucien Chavan）的学生进行私人授课。这个学生于 1942 年去世。在他去世以后，人们在他的笔记本里发现了一张照片以及对老师的详细描述：“爱因斯坦身高 1.76 米，肩膀宽厚，稍微有点儿向前弯。头短，额头显得特别宽。面孔为浅褐色，没有什么光泽。大而性感的嘴巴上面长着一道黑色的髭须。鼻子稍带点儿鹰钩，深褐色的眼睛闪射出深邃而柔和的目光。嗓音很有磁性，像是颤抖的大提琴声。”

而米列娃呢？她带着女儿继续在父母身边住了一段时间，总共和阿尔伯特分开了有一年多。在这段时间里，彻底毁掉的不只是她在业务上的锦绣前程，她与男朋友那种科学才智方面的伙伴关系同样已经破裂。当她于 1902 年与 1903 年之交回到瑞士时，她的世界已经从根本上发生了改变。她告别了孩子，孤身一人从远方赶来追随阿尔伯特，一切她都能忍受，可现在看来，她依然要被排除在恋人的精神生活之外。虽然她非常关注奥林匹亚科学院在家中斗室里举行的会议，但大多数情况下只能坐在那里一言不发。此时此刻，可能已经埋下了他们日益增长的、相互怨恨的种子。

1903 年 1 月 6 日，亦即米列娃回来之后不久，爱因斯坦真的兑现了自己的诺言——和她结了婚。证婚人是康拉德·哈比希特和莫里斯·索罗文。后来他谈到，是一种“责任感”让他“在充满内心冲突的情况下”迈出了这一步。但不管怎么说，迈出这一步总还是得到了父亲的允许。10 月份，他急急忙忙赶到米兰，以便同父亲进行最后的诀别。躺在临终前的卧榻上，赫尔曼·爱因斯坦宣布同意儿子的婚姻。

“当最后时刻来临的时候，赫尔曼请所有的人离开房间，以便让他一个人静静地死去。”海伦·杜卡斯曾对爱因斯坦的传记作者阿布拉姆·派斯（Abraham Pais）讲述，“每当回忆起这一时刻，做儿子的都会有一种愧疚感。”

随着婚姻的缔结，典型的劳动分工也就开始了，共同奋斗的梦想随之破灭。“我现在已是一个有了家室的丈夫，和我的妻子过着一种温馨舒适的生活。”结婚之后不几天，爱因斯坦写信给贝索说，“她十分称职地操持着一切，饭做得很好，而且总是那么轻松愉快。”不知米列娃是否有着同样的感受。

当她于 1903 年夏天为了照顾女儿再次返回塞尔维亚的家乡时，肚子里已经再次怀上了丈夫的骨肉。“你要仔细考虑怎么办才好，”阿尔伯特鼓励她说，并且询问，“莉泽尔的情况究竟怎样？我们必须多加操心，不要让这个孩子以后遇到越来越多的困难。”对于这个小东西不为人知的命运，这读起来好像是一种提示：她可能是被人领养了。1904 年 5 月 14 日，在伯尔尼的杂货铺胡同 49 号，经过又一次困难的妊娠，他们的儿子汉斯·阿尔伯特来到了人间。

这对夫妻是 1903 年 11 月搬到这里的。这套住房很小，位于伯尔尼老城区，距离著名的钟塔只有几步之遥。尽管爱因斯坦曾多次表示，在他死后不要建立任何纪念他的祭坛圣地，但人们仍然违背他的意愿，将这套住宅辟作了纪念馆。每天，来自世界各地的旅游者从购物街沿着狭窄的楼梯拾级而上，在来宾簿上签下自己的名字。他们像朝圣者那样排队走向他们渴望的目的地，一个接一个站在一张从伯尔尼专利局搬来的写字台前或者一张立式斜面桌原物前拍照留念。空间和时间可能也是相对的——在这绝对的四堵墙壁之间，在现实的 1905 年，这位天才将他的狭义相对论变成了文字落到了纸上。在这张立式斜面桌旁，爱因斯坦本人也曾穿着那身时髦的格林格纹呢西装照过一张相，以便把这张照片寄往所有可能需要它的地方。

当康拉德・哈比希特于 1904 年夏天获得博士学位并离开伯尔尼后，“我们值得颂扬的科学院的院士会议”这一美好传统很快就停止了。几乎与此同时，米歇尔・贝索回到了这座城市，并遵照爱因斯坦的建议，以二级技术专家的身份进入同一所专利局工作。这时，阿尔伯特已经在那里工作两年了。现在，人们每天早上都能看到这两个人并排穿过伯尔尼老城区两旁排列着拱廊的胡同去上班，晚上又一起下班回家，边走边专注地讨论。正是这些谈话，构筑起了相对论的最后部分，而贝索也将成为爱因斯坦在所发表的论文结尾对其帮助表示感谢的唯一一个人——尽管帮助过他的人很多。另外，让专业领域的同行们惊讶的是，这篇论文没有提到任何参考文献。

在此期间，他甚至考虑过要利用一些适用于杰出科研人员的特殊规定，在没有获得博士学位的情况下直接取得在伯尔尼大学授课的资格。但是，要想做到这一点，依靠迄今为止他在《物理学纪事》上所发表的两篇论文是绝对不够的。他试图进入大学开始他美好前程的努力又一次遭到了失败。不过，接下来他在杂志上发表的另外三篇论文却已清楚地证明他在科学方面日臻成熟。

至于米列娃是否曾以某种方式参与其中，现在已经无从得知。没有任何迹象能够说明这一点。她的贡献恐怕主要在于操持家务和照顾孩子，以便解除他的后顾之忧。1904 年 11 月，一条有可能给她造成另外一种伤痛（也许是最严重的伤痛）的消息传遍了世界：该年度的诺贝尔物理学奖被授予皮埃尔·居里和玛丽·居里，自然科学的最高奖项第一次被一位妇女获得。

1904 年年终之前，爱因斯坦已经被聘为《物理学纪事》副刊的自由撰稿人。该副刊主要登载对一些书籍和来自其他专业期刊的文章的评论。借此他可以进一步发展自己的写作风格，而且还可以阅读大量科学文献，掌握科学研究的最新动态。他在该副刊发表的 23 篇文章中，有 21 篇是在被称为他的“奇迹年”的 1905 年登载的。

不过，1905 年之所以被称为他的“奇迹年”，并不是因为他以一种几乎是史无前例的创造力捎带撰写的这些评论，而是因为他在《物理学纪事》主刊上连续发表的五篇文章。此后，物理学再也不是原来的物理学。1905 年 5 月末，他在一封信里将五篇论文中的四篇预先告知了康拉德·哈比希特，而这封信则作为一个无比伟大时刻的见证载入了科学史册：

“亲爱的哈比希特！

“我们之间充满一种庄严的缄默，以至于让我觉得，如果现在由于我稍微有点意义的絮叨将它打破的话，那几乎是一种罪恶的亵渎。但是，在这个世界上，对于庄严的事物不是一直如此吗？

“你究竟在干什么，你这条冰冻的鲸鱼，你这片经过熏制、已经干燥、被装进罐头盒里的灵魂？或者说，我还想把什么（带着百分之七十的愤怒和百分之三十的同情）扔到你的脑袋上！你应该感谢这后面的百分之三十，否则的话，由于你在复活节没有露面，我一定会把一只装满切碎的洋葱和大蒜的罐头盒寄给你。不过，你为什么到现在还没有把你的博士论文给我寄来？你不知道吧，我将是那满怀兴趣和愉快读完它的一个半人中的一个，你这个可怜的家伙！为此，我向你保证将有四篇论文作为回应。……

“第四篇论文还只是草稿，是一篇利用对空间和时间定律的修正论述运动物体的电动力学的文章；这篇论文的纯运动学部分您肯定感兴趣。”

这里所指不是别的，正是狭义相对论。

第八章　光的难题

——为什么是爱因斯坦发现了相对论?

爱因斯坦以最简单的运动学观察为基础改变了对于空间和时间的想象……他的某些同行说他打开了一只潘多拉盒子。

1905 年的这个夜晚也许是他一生中最为重要的一个夜晚。准确的日期和具体细节都不清楚，既没有证人也没有证据，只是一些关于此事的道听途说。1922 年年末，在日本的京都，一位听众做了一份记录。这时已经成为世界名人的爱因斯坦在那里用德语描述了他取得突破的那一刻。这是唯一一份原始资料。

回忆的时候，他首先提到“天气真是好极了”的那个日子。那一天，爱因斯坦和他的朋友、同时也是专利局的同事米歇尔·贝索待在一起。与平时一样，他们在讨论一个物理学方面的疑难问题。这可不是什么随便谈起的话题，而是一个非常重大的题目：如何克服近几年来已经从根本上动摇物理学中占据统治地位的宇宙观的那些矛盾？所有的权威都在这个问题上触礁了，现在爱因斯坦也准备认输："我打算放弃。"他告诉他的朋友。

然后就是那个夜晚。这个夜晚他是怎么度过的？肯定又抽了许多烟。烟斗，烟卷，反正很多。无数纸条上面涂写得密密麻麻，包括信纸、账单的背面，管他什么东西，最主要的是那些想法落在了纸上。他能睡得着觉吗？激动不安的心情能让他保持清醒吗？汉斯·阿尔伯特，刚刚 1 岁的小宝宝，有没有哭闹呢？他有没有同米列娃商量过？进行计算的时候她给他帮忙了吗？或许是他单独一个人工作，而她只是送过几次夜宵，把吃的东西放到他的门前？

在同贝索的谈话中肯定发生过什么事情。也许这位朋友给过他某种关键性的提示。或者只是在恰当的时间提了一个让他摆脱困惑的问题。"突然，我明白了，解决这个问题的关键在哪里。"整整 17 年以后，爱因斯坦在日本这样说。第二天早晨，他又碰到了贝索。"还没有向他问候"，爱因斯坦就大声喊着向他报告这个了不起的新消息："谢谢你，我的难题已经完全解决了！"难题的答案过了几年之后才获得它的名字：狭义相对论。这项发现与他的名字紧紧连在了一起——就像达尔文与进化论和弗洛伊德与精神分析。至于爱因斯坦是如何发现这一理论的，却没有一个人知道。他是怎么如梦初醒的，他大脑中的哪些突触被突然点燃，都进行过什么样的逻辑推理，都是些什么样的景象交汇在了一起，经历"我成功了"那一刻时他是怎样的心情，经过几年冥思苦想达到高潮之后他又有什么样的感受……一个谜团解开了，却又给我们留下一连串新的谜团。典型的爱因斯坦风格！

在此之前究竟发生了什么，他都知道了什么，他对什么作出了反应，是什么推动了他，为什么恰恰是爱因斯坦发现了相对论？对此我们尽可以进行一番遐想。幸运总是最忠实地站在天才一边——这并不是无稽之谈。按照今天的说法，这位专利局的职员，正是那个在正确的时间、正确的地点、被选中的正确的人。

革命的根基扎得相当深。回首往事，突然发现所有的一切都显得那么完美和谐：青少年读物，勤奋自学，女物理学家作为伴侣，奥林匹亚科学院，与贝索的交谈。进行发现的时机也已成熟。由于他的发现，空间和时间融合成为时空的四维图像。

还是一个中学生的时候，阿尔伯特很可能就已经在亚历山大·冯·洪堡的《宇宙》一书中读到过“我们用大型望远镜可以同时深入到空间和时间之中”。菲力克斯·埃伯尔蒂则说：“以这种方式，我们使时间的膨胀和与之同时发生的空间的膨胀同我们的感性认识如此接近，致使空间和时间根本不可能成为两个彼此不同的概念。”

洪堡和埃伯尔蒂所描述的是：作为第四维的时间，与空间的三个维度紧密联系在一起；这在爱因斯坦的青年时代是一个争论得十分激烈的题目。首先想到必须把空间和时间作为统一体加以解释的肯定不是他。

但正是这一思想，构成了理解相对论的一个基本要素——尽管它是由爱因斯坦根据所有已知的知识、通过另外一条途径构建的。首先他得穿过一个在理论上有着重重矛盾的迷宫。不像今天，我们可以从上方俯瞰这一错综复杂的景象，可以手执地图陪伴爱因斯坦摸索前行的步伐。如果说真有什么在他奥德赛式的历险中引领他前进的话，那就是他研究一辈子的课题——光。

当“我们用大型望远镜同时深入到空间和时间之中”的时候，我们到底看到了什么？我们看到了光，确切地说，是从遥远的光源传到我们这里的光线。从那里到我们这里需要一定的时间，光线需要一定的时间才能到达我们眼睛的视网膜，不管是从这本书的某一行还是从遥远的星球全都一样：从发射者到接收者，从发射源到目的地，光总是要走过一段空间距离，为此当然需要时间。

光的传播就像任何一个始终以同一速度前进的旅行者：走的路途越长，他在旅途中所花费的时间就越长，流逝的时间也就越多。虽然光的速度之快令人难以想象，但并不是无限大，而是有限的。光在 1 秒钟之内通过的距离大约为 30 万千米。故此，千米数可以用年来度量，而多少年也可以用千米度量。1 光年大约相当于 10 万亿千米，也就是在 1 的后面再加 13 个零。

空间、时间和光因此最紧密地联系在一起了。早在 18 世纪，丹麦人奥勒·罗默在观察木卫十时便已注意到了这一点。爱因斯坦在他的青少年读物中有可能读到过：当木星处于距离地球最远的位置时，这颗木星卫星的黑影便会出现得比较晚，而当木星距离地球最近的时候，其卫星的黑影则出现得比较早。不管近也好远也好，总归是相隔一段距离：由于光的图像传到我们这儿之前需要一段时间，当它到达我们这里时，一个事件毕竟已经发生过了。“从这个意义上，”阿隆·伯恩斯坦在他的《自然科学通俗丛书》中写道，“说‘我们看见’，永远只能是过去时，而绝不可能是现在时。”例如，太阳发出的光到达地球需要大约 8 分钟时间，也就是说，我们在地球上看到的太阳已经是 8 分钟以前的样子。如果它突然熄灭，要过 8 分钟以后地球才会陷入黑暗。在爱因斯坦的青年时代，这已经是不言而喻之事。

我们假设，天空中的太阳是一座带有数字表盘和指针的时钟；在晴朗的日子里，我们从地球上可以看得一清二楚。我们再进一步假设，这座太阳钟完全按着地球上观察者所在位置的一座时钟的节拍行进。对于地球上的一天，这座太阳钟同样需要走 24 个小时。只要抬头朝着天上看一眼，我们就会知道是几点几分。

可是，如果太阳展示给我们的是它的实时时间，那么我们所看到的又会是什么呢？由于光线，也就是太阳钟的表盘图像，从太阳到达地球的途中需要 8 分钟，那么我们所看到的，就不是天上的指针此刻所指示的时间，而是它在 8 分钟之前所处的位置。在我们看到天上的时钟正好敲响 12 点的那一瞬间，它的指针其实已经继续往前走了 8 分钟。这就是说，在太阳上此时此刻已经是 12 点过 8 分了。那么，太阳时钟要想给我们它的正确时间，从地球上看它必须向前拨快 8 分钟。在爱因斯坦之前早就已经出现了这种看似简单的考虑。

下面这一点对于从根本上理解相对论至关重要：在乘着光束旅行期间，时钟的图像和指针位置是不变的。给人的感觉好像是该瞬间在旅行，亦即时间似乎和光凝冻在了一起。换句话说，时间处于光的终极速度，而反过来光也处在时间的限度之内。时钟作为旅行着的图像如同定格在一张照片上。在那里，时间和空间发生了某种奇特的事情，而这显然和光有关；在某种程度上可以说是光与时间一起穿越空间狂奔。

光的速度是终极速度，与光速不可能超越时间是联系在一起的。如果它可以超越时间，那我们就可以看到未来，看到那些还没有发生的事件。这是违背常人的理解和健全的理智的（即便在量子的特殊世界里似乎会发生这样的情况）。由于任何东西都不可能超过乘着光旅行的时间，因而也就没有任何东西会比光的运动速度更快。光速是宇宙中最快的运动速度。爱因斯坦将把它解释为一种用于量度一切事物的绝对的、恒定的速度。

谁明白了这一点，他就已经理解了狭义相对论的基本思想。狭义相对论虽然不是通过这一思路形成的，却是在这一背景知识下产生的。其值得注意的观点之一是：时钟相对于观察者运动得越快，它的指针走得就越慢。它在运动中越接近光速，指针的走动就变得越缓慢，直至完全停止，就像太阳钟的图像那样。早在作为中学生的时候，估计是受到伯恩斯坦书中类似思想的启发，爱因斯坦就已经依照自己的说明进行了一次思想实验；后来他说，在通往相对论的道路上，这次思想实验是非常重要的：如果一个人能乘着光线飞驰，那么世界看起来会是什么样子？这后面隐藏着一个（按理是很荒唐的）问题：人是否能够追得上光？如果能够追得上将会看见什么？世界将会凝冻成一幅静止不动的图像吗？或者说，不管我们自身以多快的速度运动，世界看起来永远都是同一个样子？

在通往相对论的漫长道路上，爱因斯坦做出了两个对他而言极其重要的基本假设。这两条颠扑不破的原理如同支撑狭义相对论的两根柱子。其中之一是：光速（在真空中）恒定不变；光只要没有受到任何东西的阻滞，它的速度就不会改变。另外一条便是所谓的经典相对性原理，它可以一直追溯到伽利略及其后的牛顿。

当我们说一个东西相对于另外一个东西运动的时候，究竟是谁或者什么在运动呢？按照伽利略的说法，可以这样简短地回答：二者相互之间始终在进行“相对”运动。当一列火车驶过站台时，对于等在站台上的人来说是火车在运动。反之，对于坐在火车上的人来说，则是站台以及站台上的人从他们身边掠过。这一初看起来平平常常的说法具有很大的影响。它可以有另外一种解释：不存在拥有特权的观察者。每一方都有同等的权利宣布，他们自己是静止不动的，而另一方在相对于自己运动。伽利略相对性原理的第二点看起来也很一般。他强调的是速度的可相加性。“相加原则”符合人们的日常观念。一列时速 50 千米的火车与另外一列时速 100 千米的火车相对行驶，那么它们的速度应该合在一起计算，也就是说，两辆火车各自在以 150 千米的时速相对于另外一辆运动。如果在时速为 100 千米的火车上有一位乘务员沿着火车行驶的方向以每小时 5 千米的速度走动，那么从车厢外面看，他是在以每小时 105 千米的速度前进。这一浅显易懂的计算方法就是著名的伽利略变换。

凡是适用经典相对性原则的地方，每一物体在它自己的世界里都处于静止状态。从它的立场测度，总是其他的物体在运动。所以，对我们地球人来说，地球是一个极好的处于静止状态的参照系，尽管它实际上在不停地转动，并且以相当大的速度在宇宙中疾驰飞奔。同样，行驶的火车似乎也可以说是静止不动的。在这个意义上，按照伽利略的观点，所有的参照系都是平权的。

其中心观点是，在任何一辆以匀速运动着的机动车辆中，都无法通过机械实验来确定它的速度。在一辆匀速行驶的火车上，一只苹果同样会垂直地落到地板上，就跟在站台上一样。尽管地球本身在旋转，但地球上的东西仍然会垂直向下坠落。对我们来说这已经是不言而喻的事情，但在伽利略的时代却不是这样。在那个时代，至少在力学中，只要运动保持均匀不变，自然法则与运动状态便没有什么关系。所以，在涉及高速运动——如电子或者光的运动——的电动力学中，是否依然如此对于当时的科学还是一个巨大的谜团。

这是狭义相对论的一个核心问题。为了回答这个问题，爱因斯坦走过了漫长的道路。乍一开始，他并没有去做让他今天名扬天下的事情——重新确定时间和空间的概念并创造新的宇宙观。他首先需要突破既定思维模式的重重难关，穿过物理学中各种矛盾的荆棘丛林，跨越非科学之可靠性的辽阔旷野，直到接近最终引导他走向革命的这一旅行的终点时他才能做到这一点。这趟旅程留给他的唯一出路就是努力排除他那个时代在经典物理学中堆积如山的无稽之谈和谬论。

爱因斯坦把光速恒定不变和经典相对性原理作为其理论的两大支柱；当这两项原理相对时，一个最突出的矛盾变得非常清晰：两个各自以光速的75%运动的参照系从对方旁边掠过时，它们的相对速度究竟是多少？按照伽利略的相加规则，得出的数值应该是150%，亦即光速的1.5倍。但这是不可能的——如果任何东西都不可能快于光速的话。正如爱因斯坦所认识到的，相对性原理与光速恒定不变是不相容的。他天才地判断出，其他许多矛盾也都与此相关联，而且只有借助一种新的理论才能将这些矛盾统统解决。

据我们所知，一开始爱因斯坦的做法就像一个庞大司法当局的工作人员，犹如一个非常用心的见习生，以同等的热情去熟悉所有部门的工作，却对任何部门不置一言或者做点什么。这些部门都在对毒品、交通肇事、经济犯罪以及暴力案件进行调查，但他却是唯一一个看出他所有追寻真相的同事们所调查的案件其实是联系在一起、应该并案侦破的人。

在经典物理学中，这些部门叫作力学、热学和电磁学。每个部门，亦即学科，都试图用它们自己的方法和理论对真实性做出最佳描述。在长达二百多年的时间里，力学按照伊萨克·牛顿阐述的方式几乎毫无争议地统治着所发生的事件。他的有关力和运动的定律是唯一能够对长期乃至永远有效提出要求的定律。

但是到了 19 世纪，它的解释权开始动摇。一方面，机械论的世界观由于热学而受到了挑战。热力学的代表人物认为，所有一切都可以用诸如能量之类的概念加以解释。另一方面，电动力学也在要求越来越多的发言权，该学科想用电磁学的理论以及其中存在的场来阐释物理世界的事件。

值此世纪之交，在这个唯有见习生爱因斯坦通过他的差事得以对其做出全面了解的法院中，充斥着数据与解释的严重混乱。之所以造成这样的局面，与其说是因为缺乏数据，毋宁说是由于无法相洽的结果太多。在这个追寻真相的司法机关里，任何人都未能像这个年轻的听差，面对喧嚣繁芜的森林仍能看得清树木。爱因斯坦认识到，要想更好地处理这些案件，同仁们应当共同行动。正是这一点成就了他后来的凯旋：他没有向那些如同王侯领地般捍卫自己残缺不全的世界观的学科挑衅，而是选择不那么坚固的边缘地带展开进攻。

他在他的“奇迹年”——1905 年发表的所有论文，探讨的全部都是处于各个学科之间的边缘领域的难题。每篇论文都在导致物理学中各种理论的融合——这是他那些青少年读物的作者们所称颂的最高目标。还在 1901 年，爱因斯坦就向他的朋友格罗斯曼吐露过自己的心声：“认识到作为分散的事物呈现于直接感官知觉的各种现象的一种整体上的统一性，那真是一种非常美妙的感觉。”

他当然不是唯一一个发现物理学理论中这些明显矛盾的人——比如伽利略的相对性原理与光速恒定性之间的矛盾。但是，物理学的各路诸侯并没有向整个法院提起上诉，而只是在各自的部门里进行整理。爱因斯坦生前曾对这些殿下中的一位表示过崇高的敬意，他就是荷兰人亨德里克·洛伦兹。“我对其他任何人都不曾像对这个人这样由衷地敬佩，”他在 1909 年这样写道，“我想说的是：我爱他。”

从 1895 年起，洛伦兹扩展了詹姆斯·克拉克·麦克斯韦的电磁学理论，该理论对磁学、电学和光学现象做出了统一的解释。和麦克斯韦以及几乎所有的同时代人一样，洛伦兹对电磁学理论的扩展也是从那种奇怪的介质出发的。这种介质就是以太，它从勒内·德斯卡特的时代以来就像幽灵一般不时地在物理学理论中闪现。这种可疑的物质从未有人见过，更谈不上直接测量或者触摸。尽管如此，物理学家为了把光的运动以及其他电磁波的运动解释为机械过程，仍然把它作为辅助结构引进他们的理论中。他们把它想象成一种零质量的刚性物质，充满整个宇宙，而且所有的物体都能穿透它。光波在这种稳定介质中的传播有点儿像地震冲击波在地壳中的传播。

早在爱因斯坦的青年时代，这种不可思议的物质就已经引起了他的注意。1895 年夏天，他把自己写的第一篇题为《对磁场中以太状态之考察》的科学随笔作为礼物寄给了在布鲁塞尔的舅舅凯撒。1899 年 8 月，作为一个 20 岁的青年，他在给米列娃的信中写道：“我越来越确信，像现在所表述的这种运动物体的电动力学是不符合实际的，而是可以表述得更加简单。在电学理论中引入‘以太’这个名字导致想象一种人们可以谈论它的运动的介质，而无须像我这样，认为可以把一种物理意义同这种说法联系起来。”从这封信看出，他已经开始意识到与这种“光介质”的想象同时出现的难题。

爱因斯坦非常认真地看待这个问题。一开始他甚至计划同以前的老师康拉德·纬斯特（Konrad Wüest）一起进行一次实验。“在阿劳，”他于1899年9月写信给米列娃，“我想起了一个好主意来研究物体相对于光以太的运动对光在透明体中的传播速度会产生什么样的影响。”也就是说，那时他还相信这种神秘的物质。但情况很快就发生了变化。

与以太的存在联系在一起的有这样一个中心问题：作为完全静止的媒质，以太是不是在宇宙中静止不动，而所有的天体，包括地球在内，都在其中穿行？还是说，它也是可以动的，并且可以受到天体的拖曳，甚至在地球上有可能像无风天的空气那样静止不动？爱因斯坦大学期间读过的奥古斯特·弗普尔（August Fppl）的教科书把对这些问题的回答称作“也许是今天科学研究的最重要的任务”。

麦克斯韦—洛伦兹理论从一种完全静止的光介质出发，可以说任何东西都不能打破它的静止状态。像他那个时代其他许多杰出的英才一样，爱因斯坦现在受到一个关键问题的困扰：如果以太作为一种静止的媒质充满整个宇宙空间，那么为什么不能通过某种方法对地球穿过以太的运动做出证明呢？我们这个星球毕竟在以每秒钟30千米的速度围绕着太阳转动，也就是说，静止不动的以太理应在穿过它运动的地球上产生一股同样大小的“风”。即便它能在我们观测不到的情况下穿透所有的一切，包括我们自己，但对于光来说，不管是作为顺风还是逆风（要看光是顺着还是逆着地球的运动方向发出），总该察觉得到。也就是说，光的速度要么加大，要么减慢，就像一个游泳者，顺流而下速度就快，逆流而上速度就慢。至少经典相对性原理是这样要求的；按照这一原理，速度应该是合成的。

当同他老师一起进行实验没有任何结果时，爱因斯坦又开始做他最喜欢的事情：阅读大量有关证明以太效应的各种实验的论述。其中最重要的是美国人阿尔伯特·迈克尔逊（Albert Michelson）和爱德华·莫雷（Edward Morley）所进行的实验，为此他们还特意设计了一种新型测量装置——干涉仪。在这种直到今天仍然在应用的仪器中，一束光被一分为二，分别顺着以太的方向或者横切以太的方向在镜子之间来回传送；这样，在运动速度上即便是最细微的差别也能够测量得出来。

但让人们大为惊诧的是，迈克尔逊和莫雷未能测得任何效应。不管他们怎样转动他们的仪器或者将它翻转，光速始终保持不变。“就连这面最精密的以太风向旗，”爱因斯坦于1920年回顾说，“也未能感觉到以太。”根据这一结果，地球似乎并没有发生相对于以太的运动，但观察和光学实验却表明实际情况恰恰相反。这是一个让爱因斯坦无法接受的重大矛盾。

坚信以太存在的亨德里克·洛伦兹找到了一条巧妙的出路。尽管没有任何迹象表明能够通过实验加以证明，但他假设，物体在高速运动时由于以太风的作用会发生机械性收缩。运用这一“收缩假说”，他可以对所有实验结果做出完美无缺的解释，包括迈克尔逊和莫雷的实验。根据他的解释，干涉仪在顺着以太流动的方向上会发生收缩，收缩量正好等于光速通过速度合成法则而增加的量，所以仪器根本测量不到任何偏差。多亏这位荷兰人，以太说似乎获得了拯救。

但是这位年轻的瑞士冒失鬼却没有撒手：“如果上帝……真的将我们置于一种以太流中，”爱因斯坦问道，“那么，他会在这样做的同时又从另一方面精确地制定自然法则，让我们一点儿也觉察不到它吗?”他的回答非常明确：“实际上，发明以太（包括以太风）的就是我们自己。”

美国巴尔的摩市约翰·霍普金斯大学的罗伯特·吕纳希维茨（Robert Rynasiewicz）是一位哲学家和相对论专家，他指出还有另外一个让洛伦兹陷入泥潭的矛盾：通过静止的以太他设定了一个拥有特权的参照系，其他所有一切全都相对于它而运动。这位物理史学家认为，这和牛顿构成一切运动之框架的绝对空间的思想完全可以相提并论。按照这种想法，也正如智力健全的人日常所经历的，一切宇宙事件全都发生在一个处于静止状态的固定舞台上。

所有的运动，包括光的运动在内，全都相对于这个绝对空间进行。但这样一个处于静止状态的参照系是违背伽利略所描述的机械运动的相对性原理的。按照伽利略的相对性原理，不仅所有的运动都是相对的，即一切都相对于其他所有的一切进行运动，就连火车中的旅行者和站台上的等待者以同等权利宣称的静止状态也是相对的。任何参照系都没有优先权或者是绝对的，每个观察点都是平权的。

因此，经典相对性原理包含一个对称点，这一点对于爱因斯坦的发现以及整个现代物理学直至今天依然有着极大的重要性：不管站在哪个立场上观察，两个运动系之间的关系都是相等的。

这种对称性由于对一种静止以太的想象而遭到了破坏。按照洛伦兹的观点，在运动系统里，比如在地球上，在猜想的以太风中，长度和尺度会发生收缩，而在静止的系统中它们则保持相等。由于速度是以单位时间的长度表示的，例如千米/小时，那么两者从它们各自的角度出发，所测量的便不再是同一时间。面对非对称性的结果，洛伦兹只好求助于另外一根拐棍，他称之为“地方时”。但爱因斯坦仍然不能接受这种说法。

现在，这个追寻真相的司法机关里的见习生，已经掌握了一系列有关这个物理学案件的杂乱无章的线索。对他来说，现在最重要的问题是，力学相对性原理的这两种观点是否真的能应用于电动力学的世界。按照他对麦克斯韦—洛伦兹理论的理解，这一理论与相对性原理似乎是矛盾的。它不仅通过以太将一个虚构的参照系置于优越的地位，而且还包含一种对于对称的极大破坏，这在爱因斯坦看来是十分荒谬的。于是，这个雅可布-爱因斯坦电气工程公司创始人的后人，开始了他的有关相对论的传奇般的工作，并于1905年做出了清楚的阐述：

“大家知道，当麦克斯韦的电动力学——就像现在通常为人们所理解的那样——应用到运动的物体上时，会引起一些不对称，而这种不对称似乎不是现象所固有的。比如设想一个磁体和一个导体之间的电动力的相互作用。”譬如说，发电用的摩电机线圈的一根电线就是爱因斯坦所说的“一个导体”，通过导体相对于磁体的运动产生电流。

但是，是磁体连同它的磁场相对于没有电子流动因而也就不形成电场的导体运动，还是反过来，有电流通过的导体连同它的电场相对于磁体运动，在麦克斯韦的理论中是有所不同的。爱因斯坦问道，简单地说，磁体或者电导体究竟该从哪里“知道”，哪个是运动的，哪个是不动的？可是，究竟是摩电机中的哪个部分相对于哪个部分运动原本不是无所谓的吗？——就像在乘火车的旅行者和站台上的等待者之间那列飞驰的火车一样。

爱因斯坦对于这一认识的基本想法估计应该归功于奥古斯特·弗普尔。弗普尔在他的教科书中描述了一个可以与之相比的思想实验：如果一个磁体和一个导体以相同的速度一起穿过以太运动，是不会有电流产生的。也就是说，电流的产生并不取决于相对于以太的绝对运动，而是取决于磁体和导体这二者的相对运动。可是这样一来，弗普尔那时就已经指出，以太便显得多余了——和爱因斯坦最后所表述的完全一样。

1905 年初，爱因斯坦基本上已经掌握了全部证据。单单认识到所有的碎片全都属于同一幅拼图已经是一项伟大的成就。但现在他仍然缺少的一个关键是：如何将这些证据合理连接成一条天衣无缝的证据链。毕竟，他要整饬的不仅仅是一个部门，而是要逼迫整个法院系统宣誓效忠。他拼死拼活也要寻找一条道路，把许许多多不同的构件组合成一幅图画，但总是无法取得成功。发现矛盾是一回事，解决矛盾完全是另一回事。他觉得一筹莫展，智尽计穷，所以心灰意懒地对他的朋友贝索承认：“我打算放弃。”

这个时候，爱因斯坦很可能是陷入了一个“思想的怪圈”中——如哲学家吕纳希维茨所说。乍一看根本没有从中摆脱的出路。后来爱因斯坦自己说，从“多年的摸索”一直到1905年5月他已经准备放弃的那一天，他好像被关在一座暗无天日的地牢里。1932年，他在回顾往事时写道：“我很早就已获得这样的信念：这个问题在理论体系上的严重不完备肯定有它的原因。找出并消除这一原因的愿望给我造成了一种心理上的紧张状态。”只是，经过“七年毫无结果的探求”之后，这位26岁的年轻人怎样才能摆脱这种心理上的紧张？

这些年里，爱因斯坦学会了一点：那些有关未经证明的假说的理论，如关于一种无法测量的光以太的理论或者由于以太流而产生机械收缩的理论，都是非常脆弱的。所以，他现在要迈出变革的一步。尽管对洛伦兹非常崇敬，他还是决定放弃洛伦兹未经证明的假设，并且宣布以太假定是多余的。他相信经验，认为实验结果才是真实的。

由于“无论是力学还是电动力学”，正如爱因斯坦后来所回忆的，“都无法要求精确的有效性”，被逼无奈，他只能勇敢地踏入一片空旷之中。他确定，光速实际上与光源的运动或观察者的运动无关——这是他迈出的勇敢而又富有预见性的一步。就像麦克斯韦—洛伦兹理论所预言的那样，光速是恒定不变的。迈克尔逊、莫雷以及所有其他人进行的测量是正确的。但另一方面，又必须承认相对性原理。他坚信这一点，因为如若不然，便会出现不对称，而这种不对称将使物理学退回到伽利略之前的石器时代。

这时，他觉得自己卡在了一种终极矛盾之中：要么放弃经典相对性原理，要么否认光速恒定不变，是不是只能二者取一？在迄今为止所通行的物理学之内，这二者是不可兼得的。很可能，当他在贝索面前承认自己的失败时，总算得到解脱的感觉让他变得极其放松，以至使他突然之间大彻大悟，一下子看得比任何人都要清楚。使他得以完成这部伟大艺术作品的，是对空间、时间和光之间紧密联系的认识。

作为第一个人，爱因斯坦踏上了一片思维的新大陆。他没想迈出这一步，可是被逼无奈，因为只有这样才能消除所有的矛盾，把所有的证据拼合成一幅完美的画面，才能侦破这桩需要他找出真相的案件。

而他是怎么做到的呢？他很早就已经对以太产生了怀疑。这虽然很了不起，但绝非一个独特的大胆行动，因为其他人也曾想到过这一点。1922 年，他在日本京都所做的讲演中透露："我解决的其实是对时间这个概念的分析。"而这才是爱因斯坦所思考的真正独一无二的东西！这次讲演的记录也作为那些扣人心弦的日子的唯一直接证据被保留了下来。

爱因斯坦所探究的不仅是物理学意义上的时间，而且也是哲学意义上的时间。如果没有人去测度时间，那么这样的时间究竟是什么？而当人们测量时间的时候，他们到底是在做什么？我们说两个事件同时发生，那又意味着什么？当他突然发现自己捕捉到了正确的踪迹时，那该是多么令人振奋的时刻：仅在一瞬间他已看出，困难的问题实际上已经"完全解决了"。

爱因斯坦现在对所有的一切都产生了怀疑，包括像空间这类基本概念；按照人们通常的想象，正是这些实际上根本没有被真正探究过的概念构成了宇宙事件的框架。在启蒙运动之初，伊曼纽尔·康德剥夺了空间的全部实体性质，把它解释成我们用以感觉事物的形式。按照这种认识，空间是一种先验的存在，先于一切经验而存在，也可以空无一物而存在。而爱因斯坦则把空间归入可以感知的范围，是可以让人经历和体验的。

凭借他的远见卓识，爱因斯坦很早就已认识到，“只有找到一种普遍形式的原理才能将我们引向可靠的结果”。例如，不可能存在永动机就是这样一种不可推翻的原理；按照这一原理，能量是不可能凭空产生的。他突然明白了，为了给科学指出一条走出死胡同的道路，简直可以说必须把牛顿的宇宙整个颠倒过来：他将光速升格为自然常数，把光提高到绝对的地位——几乎像圣经似的。为此，他必须剥夺空间和时间的绝对性，而将它们“相对化”。这样一来，所有的矛盾一下子全都消失了，所有已知的匀速运动，从电子到遥远的星球，全都可以在同一种宇宙观内得到阐明。爱因斯坦通过他的认识将一个幻影变成了一种可以感知、可以从物理上加以客观化的现象。相对性即实在性。

他这种创建原理、用纯粹的论断描述其普遍基础的果敢是从哪里来的？其实，这种果敢和决断只不过来自于他对基本问题凭借直觉所做出的理解。只有他从中引出的、能够解释一切而又没有任何矛盾的理论，才使这些原理具备了坚实的基础。因为爱因斯坦既想坚持相对性原理，又坚决不肯放弃光速不变这一原理，所以才在他的研究中提出“怎样理解‘时间’”的问题，并且进一步指出：“我们必须考虑，我们所有那些时间在其中起作用的判断，始终是关于同时性事件的判断。比如我说：‘那趟火车 7 点钟到达这里’，那么这句话的意思就是：‘我的表的小针指着 7 和这趟火车的到达是同时性事件。’”

用如此简明的语句从这样的深度装点一篇著作可谓空前绝后。爱因斯坦将一件理所当然的事情变成了一桩轰动事件。他的理论不仅成为整个现代物理学的一个基础，而且极其深刻地影响着我们对自然和世界的理解。

同时，他的理论所阐释的关系又是那样质朴，以至依据站台上和火车上——火车是爱因斯坦那个时代运动速度最快的交通工具——的观察者这一思想实验就可以阐明。例如他设想，在站台上的观察者左右两侧距离相等的位置上，沿轨道各架设一台闪光灯；如果这位观察者看到两台闪光灯在同一时刻爆闪，那么对他来说，这两道闪光就是同时发生的。但对于坐在火车上的观察者就不一样了。在闪光到达他的眼睛之前的这段时间里火车又继续前进了一段距离。一方面，他离开一道闪光飞驰而去，而另一方面，他又在迎着一道闪光驶向前去，所以在他看来，迎面而来的那道闪光要早于他离之而去的那道闪光。站在他的角度，他有同样的权力宣称两道闪光并非同时发生。反过来也是一样：如果将两台闪光灯分别架设在火车的车头和车尾，对于位于火车中间的观察者来说，两道闪光是同时发生的，但从站台上观察，两道闪光则有时间上的先后。据此而论，两位观察者在时间问题上根本不可能达成一致：一个人测量的结果是两道闪光之间有一段时间间隔，而另外一个人则认定两道闪光同时发生。

多年以来冥思苦想的那些矛盾纠缠成一团。事实证明，爱因斯坦最终用以斩断戈尔迪之结的利剑乃是他“同时性是相对的”这一极具说服力的思想。对于整个宇宙而言，不存在任何可以称为“现在”的同一瞬间。正是这一思想，让他得以成功地把作为一个重大案件组成部分的所有证据连缀成一体。

但是，思想实验并没有就此结束。假设一位篮球运动员乘坐在火车上并拍打一只篮球，让篮球在他的手掌和车厢地板之间上下跳动。在车厢里的观察者看来，这只篮球的弹起和下落都是垂直的；可是，谁要是站在站台上，用目光追踪这只疾驰而过的火车里的篮球，那么，对其位置的描述只能是一条齿形线。这只篮球不只是上下跳动，而且还在随着火车发生侧向运动。从车外看去，与在车厢里面观察相比，这只篮球运动的距离要更长一些。这是第一个重要之点。

现在，我们和爱因斯坦一起想象一下，将一个装置安装在行驶的火车中代替拍球的运动员和篮球。在这个装置中，让一个光点在两面镜子之间上下移动，结果形成和上面一样的图景：对于火车上的观察者，这个光点在垂直地上下跳动；而从站台上看，如果火车的速度足够快的话，这个光点的轨迹也是一条锯齿形曲线。

由此而得出的结论是狭义相对论的关键思想之一：从内部观察，一切都非常简单，该光点以光的速度在两个镜子之间上下跳动。而从外部观察，该光点经过的距离要比从里面看长一些。所以，站台上的观察者由此可以得出结论，说火车上的光速也许要大一些。但爱因斯坦断然否认这一点。鉴于这一情况，出路只有一条：由于光在通过更长的距离时需要更多的时间，因而从站台上看，火车上的时钟必然要走得慢一些。在运动的系统中测量，时间慢得近乎停滞。这种现象被称为“时间膨胀”。

火车开得越快，从外面看起来这条锯齿形曲线便延展得越长，时钟走得就越慢。当达到光速的时候，这个光点便会完全停止蹦跳——从站台上看去车上的时钟变得静止不动。这和我们当成时钟来看的太阳的情况一模一样。太阳的图像以光的速度到达我们这里，而且保持静止不动。当然，所有这一切都是在思想实验中发生的。不可能有真的时钟和真的火车能够以光速运动。

这种怪诞的思想正是爱因斯坦在伽利略基础上进一步发展的相对性原理。从火车里的观察者的角度看并没有发生任何变化。对他而言，那道光线依然在上上下下垂直跳跃。在他眼里，他的时钟也在像以前那样正常走动。因为站在他的角度，他有充分的理由和权力把行驶的火车，亦即他的参照系设定为静止不动的。但是，如果他看到外面的站台上有一只篮球弹起落下或者一道光线在两面镜子之间上下跳动，那么就会得到完全相反的印象：火车上的观察者记录下来的是一条锯齿形曲线，而且由于光速恒定不变，站在他的角度会觉得站台上的时钟变慢了。

关键问题是，“时间膨胀”是双向适用的，从而保持了对称。对于火车上的观察者，随着火车速度的加快，站台上的时钟发生等量的减慢，就像反过来站台上的观察者会觉得火车上的时钟变慢一样。这种相对化是爱因斯坦的一大功绩：根据这一原理，依照观察者不同的运动状态，一段时间的长度有可能是不一样的；这并不是主观臆断，而是可以利用时钟加以客观测度的。

牛顿从一种绝对时间出发，将一种统一的时钟应用于整个世界。他认为，“就其本身和由于它的性质”，时间是“以均匀的形式在流逝”。一个人从降生到死亡所经历的不正是这样吗?而爱因斯坦似乎把光提高到了时间之统治者的地位，而且空间也同样处于光的统治之下。因为随着运动系统中时钟的变慢，空间距离也会发生变化。火车越接近于光速，空间距离也就变得越短。

这种被称为“长度收缩”的现象同样可以从运动学的角度加以解释。所谓运动就是单位时间所通过的距离，通用的度量单位为米/秒。如果从外部测量，在运动的火车中时钟变慢，也就是以秒度量的时间持续得更长，那么以米度量的长度也就会相应缩短。而在火车中的观察者眼里又是另外一种情况：对于他来说，1 米仍然是 1 米，反过来却看到在站台上发生了长度收缩。在即将达到光速之前，他测量到的 1 米也就剩下 1 厘米。

长度收缩只适用于运动方向，在垂直于运动的方向上并不发生收缩。在运动着的车辆上，从外部观察，一个正方体会随着速度的增加在高度保持不变的情况下逐渐收缩成一个越来越扁的长方体。当达到光速的时候，它就变成了一条静止的线，仿佛丢失了一个维，从三维变成了两维。我们也可以把这种收缩想象成为一种透视效应：比如，从一个处于静止状态的观察者的角度，在一个曲面镜里看到的运动物体会随着速度的增加逐渐变形为圆柱体。镜子里的所有物体都在越变越细，却不会变短。

可是，当亨德里克·洛伦兹提出他的“收缩假说”时，不是做出了同样的假设吗？直到今天，这一情况仍然让人困惑不解。洛伦兹认为，物体之所以变短，是因为在以太流中受到压缩。而爱因斯坦则说，“‘光以太’的引进”被证明是“多余的”。时间变短和长度收缩并不是由时钟和米尺的机械变化引起的，就像洛伦兹所假设的那样。确切地说，它们反映了时间和空间的真正性质。

在爱因斯坦的理论中，洛伦兹用于拯救以太假设的辅助结构转变为一种实际存在的现象：在每一个惯性系中都存在一个“自己的时间”。这就是说，自牛顿以来，物理学所认为的（一般人一直这样理解或者有着类似的理解）时间，作为统一的终极现象是不存在的。根据旧的想象，就像洪堡或者埃伯尔蒂所规定的图景，空间的所有部分同时拥有同一时间，不管它们以什么样的方式运动，全都一样。按照爱因斯坦新的解释，这种适用于整个世界的时钟是不存在的。就这点而言，对于从地球上可以读出的太阳钟的图像，只有在太阳和地球共同代表一个固定的参考系的假设之下才适用。

对于这些现象，爱因斯坦没有给出解释，谁也不知道，光或者时间到底是什么。我们根本不知道某些东西是什么。狭义相对论只不过为世界提供了一种新的测量规程—— 一个完美无缺的符合逻辑的体系，克服了迄今为止普遍存在的重重矛盾。

但是，即便我们对事物的本质毫无了解，对于它们相互之间的关系和作用也可以做出很好的说明。爱因斯坦的理论提供了一些公式，借助这些公式，我们可以精确计算“相对”系统中一些值得注意的现象。例如，如果已经知道一个运动物体的速度，那么就可以计算出它在静止状态时的长度。假如有一艘宇宙飞船以90%的光速从我们身边掠过，并且按照我们的尺度它的长度为5米，那么，对于飞船里的宇航员而言，它的长度则为11米左右。

为此所用的公式与“洛伦兹变换”是完全一致的。这并非偶然，哪怕说爱因斯坦利用了这位受人尊敬的荷兰人也没有关系，这是由该体系的数学结构所决定的。亨利·庞加莱与爱因斯坦之前的其他几位研究者也曾精确地得出过同样的公式，但是只有他迈出了决定性的一步。

在他论文的原文中是这样写的：“所要发展的理论——如同任何其他电动力学一样——是以刚体的运动学为基础的，因为任何一种理论的见解都涉及刚体（坐标系）、时钟和电磁过程之间的关系。对这种状况没有给予足够的考虑是目前运动物体的电动力学需要与之斗争的诸多困难的根源。”

在这里，爱因斯坦通过清楚的文字将四大要素巧妙地结合在了一起：运动学（亦即关于运动的学说）、刚体（指坐标系或者参照系）、时钟（用以表示时间）和电磁过程（像光的发射和接收)。这样一来，他便准确描述了经典物理学诸项难题汇集的交点，并将它们一一解决。

在一个“刚体”框架之内，比如说一列火车或者一艘宇宙飞船，用爱因斯坦的话说，存在的是“静止系统的时间”。不管这辆车从外部观察是否在运动全都一样——从内部看它就是静止的。在静止系统的范围之内存在同时性，所以，我们在地球这艘宇宙飞船上也可以定义一个“世界时”，并且所有的时钟都围绕着地球同步运行。但是，一旦两个刚体相对运动，每个刚体便会有它自己的时间，有它自己的“现在”。仅仅通过这一天才的诀窍，爱因斯坦就可以消除所有的矛盾。

但那个让人感兴趣的问题依然存在：他究竟是怎么产生这一想法的？为了理解他这种拯救性的、塑造世界观的思想的形成，只看他同朋友贝索的对话是远远不够的。爱因斯坦穿越一条用深刻的哲学和认识论、但同时又是实际的认识铺就的道路达到了他的目标。

柏林马科斯·普朗克科学史研究所的于尔根·雷恩(Jürgen Renn)谈到了爱因斯坦所运用的各个不同“知识层面”之间的关联。我们不能从爱因斯坦去理解科学，而是反过来，只能从科学发展中去理解爱因斯坦。在一个认知历史的框架内将这些问题弄清楚，是他这个柏林研究小组的目标。个人的思想与占据统治地位的学说以及流行的世界观是以什么样的方式共同发挥作用的？导致科学革命的过程是如何发展的？经验知识具有什么样的重要意义？文化环境又起着什么样的作用？雷恩认为，除了科学知识以外，“影响我们日常思维的直觉也应当考虑在内”。

他的同事，哈佛大学的彼德·加里森（Peter Galison）指出：19 世纪末和 20 世纪初，同时性属于占据主导地位的技术课题，它与当时人们的日常思维也可能存在内在的联系。从火车的正点，船舶交通的调度，一直到需要精确协调的军事行动，拥有相互之间调对得非常精准的钟表具有越来越重要的意义。

在专利局里，审核定期提交的新专利申请是一项需要同步进行的工作。所以，作为专利局的专家坐在那里，爱因斯坦肯定会感觉到时间的脉搏。到处都在投入高额的技术费用强制统一时钟，先是在城市，然后是农村，最后推行到全世界。大量的书籍、报纸和专业期刊不厌其烦地对这个题目进行探讨。加里森认为，所有这一切都对爱因斯坦的成功起到了重要作用。

“他的创新，”把爱因斯坦称为“永远的孩子”的心理学家霍华德·加德纳说，“来源于那种把空间图像、数学形式的表达、经验现象以及基本哲学问题放在一起加以考虑的能力。”

不过，对狭义相对论最终的优美描述并非出自爱因斯坦之手，而是通过他以前的老师赫尔曼·闵可夫斯基完成的。是他给了狭义相对论直至今天在原则上仍然具备的数学表达形式。“从现在起，空间和时间本身，它们各自注定要屈尊降格成为纯粹的幻影，而只有二者的某种联盟还将保持独立的实在性。”这位数学家于 1908 年 9 月这样宣布。通过进一步把相对性原理引为“绝对世界的公设”，他创造出了任何一位科幻作家都不可能发明的清晰概念：世界事件中的各个事件作为“世界点”位于各自的“世界线”上，“世界”就是由这些“世界线”共同构成的。只有在闵可夫斯基的数学表达中，爱因斯坦的理论才达到了那种连其看似荒唐的结果也能使人理解的清晰程度——比如双生子佯谬。

在这一思想实验中，我们假设有一对双胞胎——蒂姆和汤姆，以不同的方式穿越时空。蒂姆动身去旅行，并以接近光的速度离开地球。汤姆则留在地球上的家中。对他而言，蒂姆的时钟现在走得极其缓慢。这就意味着，蒂姆的衰老也明显减慢。一年之后蒂姆开始返回，又过了一年他重新降落到地球上。让他吃惊的是，他的兄弟汤姆并不是像他一样只老了两岁，而是老了 20 岁。但是，出于下面的原因这似乎是一种悖论：按照相对性原理，反过来蒂姆必然也会觉得汤姆的时钟变慢了，那么同样，汤姆也必定要比蒂姆年轻许多。两个人都比对方年轻得多，即便是爱因斯坦的相对论也是不允许的。这一奇特的矛盾又该如何解释呢?

爱因斯坦本人花费了很长时间试图解开这一悖论。直到 1919 年他还觉得，用闵可夫斯基的数学形式主义完全允许的优美形式进行尝试是一件困难的事情。这位数学家也很认真地用第四个维度进行了计算，而关于这一点爱因斯坦可能早在青年时代就已经从菲力克斯·埃伯尔蒂的书中读到过，“空间和时间根本不可能成为两个彼此不同的概念”。

闵可夫斯基的思想和双生子佯谬的解答最好是通过空间和时空之间，亦即三维世界和四维世界之间的类比去进行理解：假设让一个气球在房间里准确飞行 1 米的距离，并且可以沿着长、宽、高三个方向运动。它飞得越高，其向前或向后，向左或向右的位移就越小。如果它仅仅升高，那么它只是进行了一维的运动。由于它在垂直方向上“消耗”掉了全部路程，因而在平面的两个维度上没有移动任何距离。如果反过来这只气球只在平面上移动，也就是只在地板上滚动1米，那么它就无法向上移动任何距离，亦即在垂直方向上的位移为零。

把这种关系转换为时空的四个维度上的运动，超出了一般人的想象力，但还是值得了解一下：四个维有四根轴线，就像三维空间有三根轴线一样。时间作为第四维垂直于其他三个维，就像三维空间中的垂直线作为第三维从两维平面里伸出。穿越时空的距离是由四个维度组成的，犹如在空间中由三维组成一样。运动物体越偏向于某一维度，那么在其他维度上的位移就越小。

如果一个“刚体”处于静止状态，也就是说在三维空间的任何一个维度上都没有发生位移，那么它的整个运动全都发生在时间轴上，它除了变老之外其他方面没有任何变化。我们大家全都是这种情况，对于坐在沙发椅里的小阿尔伯特也是一样。一旦这个孩子站起身来并在房间里走动或者爬上楼梯，他的空间位置就发生了改变。他离开他的出发点的速度越快——与父母的房子或者大地，亦即他的参照系相比较——那么他在三维空间里经过的距离就越长，在穿越时空的整个运动中留给时间维的部分就越少，因为整个运动距离是由长、宽、高和时间共同组成的。空间部分占的越多，时间部分占的就越少；好比在一个三维的房间里，如果没有垂直方向的运动，那么整个运动距离便全部都在平面的两个维上。

对于爱因斯坦和所有其他处于运动状态的人们，也就是对于人们日常生活中所发生的所有事件，在这方面没有任何区别。与光走过的距离相比，我们在三维空间里所移动的距离可以说是微乎其微，即便乘坐飞机旅行也是一样，所以，我们实际上仅仅是在时间轴上进行了运动，于是我们不断地变老。只有当我们能够以极快的速度离开我们的参照系时，就像离开地球去旅行的双胞胎兄弟蒂姆一样，在旅行过程中流逝的时间才会发生收缩，在几乎等于光速的时候变为零。

光线本身的运动仿佛与时间并驾齐驱，它穿越时空所经过的整个距离仅仅是空间三维的距离——就像在房间地板上滚动的气球，只是沿着平面的两维运动。而在增加的另一个维上——对于气球是垂直的那条轴线，对于光是时间轴——则什么也没有留下。因为光粒子并不是在时间里面运动，而是驾着时间运动，所以说它们不会变老。对它们而言，“现在”就等于“永远”，它们永远“活在”自己的瞬间，所以太阳钟是静止不动的。

反过来，由于我们实际上没有在空间三维上进行运动，也就是说在空间上处于静止状态，因而只能是在时间轴上运动。这恰恰就是为什么我们每个人都会觉得时间在一点一点流逝的原因。它简直就像粘在我们的身上。

借助这一知识，双生子佯谬也就容易理解了，根据相对论它不再是一种悖论。与以超级快的速度旅行的蒂姆相比，地球上的汤姆实际上就是要老得快一些。这一效应是时空引起的。

汤姆就像蜷缩在沙发里一动不动的人，他只会经历时间上的变化，他的世界线只是沿着时间轴延伸。而蒂姆却在以极高的速度运动，他穿越时空的距离中，很大部分是在空间三维上的距离。他的世界线远远偏离开时间轴，他所“消耗”的时间相对也就要少一些。因此，以地球作为共同的参照系进行比较，蒂姆实际上要年轻一些。如果他以光速进行旅行，那么就会像太阳钟的图像一样，根本不会消耗任何时间，也会像太阳钟一样永远不会变老。“在时空中，”爱因斯坦后来的助手巴耐什·霍夫曼（Banesh Hoffmann）写道，“过去、现在和将来全都展现在我们面前，就像一本书里的文字一动不动。”

物体穿越时空运动这一事实，具有令人吃惊的结果：一艘在宇宙中穿行的飞船，面前的星体数量要多于身后的星体数量。这就好比手里拿着的雨伞：打伞的人走得越快，他的雨伞便越向水平方向倾斜。在速度很高的情况下，所有的雨点实际上全都是从前方打到雨伞上的，没有一滴会从后面打过来。由于地球的运动速度只相当于光速的很小一部分，因而我们所看到的天空中的星星在前后两个方向上一样多。如果宇宙飞船的速度已经接近于光速，那么所有星体的光线将全部来自于前方，宇航员在身后的天空中将看不到一颗星星，因为它们的光线同样“只能”以光速运动，所以几乎没有可能追得上飞船。这清楚地表明，爱因斯坦以最简单的运动学观察为基础改变了对于空间和时间的想象。因为时间在任何一种物理学理论中都起作用，所以，他的某些同行说他打开了一只潘多拉盒子。也就是说，所有这些理论都必须与相对论相洽。爱因斯坦借助时空开拓了一片新大陆，其他人跟随其后并在这片新大陆里做出了许多重大发现。爱因斯坦本人在 1905 年的论文中已经开了一个头，并根据相对论对光学和电动力学的定律进行了修正。例如，他对长期以来为人们所抱怨的一个磁体和一个导体之间运动的不对称成功地做出了解释。他把时空中的磁场和电场看作是一枚奖章的两面，并将它们统一在电磁场中。电磁场是磁体和导体在做相对运动时相互产生的。

在其后的这些年里，一大批物理学家对所有的物理定律进行了研究，并对它们进行改造，以使它们适应于狭义相对论。直到今天，狭义相对论在整个自然界中仍然具有普遍适用性——按照几乎所有物理学家的看法，它也同样适用于永远。自然科学这个追寻真理的机关里的所有部门，都在运用这位年轻的见习生于 1905 年赠送给他们的这条基本定律进行工作。好像爱因斯坦将一种新的光学给了自然界，以至所有的自然定律现在都必须透过相对论这副眼镜去进行解读。

不过，直到他的论文已经寄出几个星期之后，爱因斯坦才认识到由他的狭义相对论所推导出的一个十分重要的结果。这年 5 月，他又补交了一篇三页的论文，亦即 1905 年这个奇迹年的第五篇堪称奇迹的著作。他在给已经离去的奥林匹亚科学院成员康拉德·哈比希特的信里写道："我还想到了电动力学研究的一个结果，也就是相对性原理与麦克斯韦基本方程式的关系要求，物体的质量是其所含能量的直接量度；光传播质量。"在其背后所隐藏的，是那个意义极其重大的最著名的公式：$E = mc^2$——能量等于质量乘以速度的平方。而插在这个公式里的是地地道道的导火索——它描述了核裂变的无比巨大的潜能。奥托·哈恩（Otto Hahn）于1939年成功地实现了核裂变，并由丽泽·迈特纳（Lise Meitner）做出了解释。1945年，这一成果在日本广岛获得了它的第一次惨绝人寰的应用。爱因斯坦在他给哈比希特的信里又补充说："镭的质量必然会发生明显的减少。"在那个时代，镭还是一种不大为人所知的能够释放出高能射线的放射性物质。

爱因斯坦没有揭示出能量和物质的当量，因为他集中思考的是二者之间的联系。从狭义相对论可以推出二者之间存在一种纯粹的逻辑关系。为了加速一个质量，必须要消耗能量。质量的速度越快，使之继续运动的能量也就越大。为了使它达到光的速度，必然要耗费无限多的能量。所以，没有一个物体拥有以光速运动的"静质量"（或者惯性）。这只是在思想实验中发生的。而另一方面光子又不具有静质量。它们的全部质量蕴藏在它们的动能中。只有像它们这样的粒子才能以最高的速度运动，并与时间并驾齐驱。

通过公式 $E = mc^2$——如果人们愿意的话——狭义相对论将成为世界的最为复杂的简化。"难道只需要这么一点点东西就能动摇宇宙？"法国科学心理学家加司通·巴谢拉德（Gaston Bachelard）问道。"难道仅有一个伟大的思想，就足以推翻二三百年来那些合情合理的想法？"

通过能量和物质的统一，爱因斯坦成功地破解了像光这样的难题。它表明，质量中蕴含着多么巨大的能量。在此之前，没有一个人明确指出过这一点，这里面的原因很简单：物质中的能量隐藏得如此之深，以至没有办法进行测量。“这一点与一个极其吝啬的有钱人一模一样。”爱因斯坦说，“这种人富得难以想象，可是从来不花一分钱，一个大子儿也没见他花过；所以谁也不知道，他到底富到什么程度。”一盏功率为 100 瓦的白炽灯，100 年所消耗的质量还不到千分之三克。

反过来也可以猜测出，在少量的物质中蕴藏有无比巨大的能量。“这个想法既有趣又吸引人，”爱因斯坦在写给哈比希特的信中最后说，“但我不知道亲爱的上帝会不会笑它；或许他已经欺骗了我。”

太阳每天都在为我们提供令人印象深刻的质能转换的范例：在这个炽热的火球中，每一秒钟都有数百万吨的物质变为巨大的辐射能，这才使我们这个蓝色星球上的生命成为可能。

1905 年 7 月 20 日，爱因斯坦夫妇以一种不同寻常的方式庆祝所取得的成功。他们喝得酩酊大醉——这也是人们所知道的唯一一次爱因斯坦喝酒过量的情况。康拉德·哈比希特收到一张具有历史价值的明信片：“遗憾的是，两个醉得一塌糊涂的人全都钻到了桌子底下。您可怜的尾骨和太太。”

第九章　天空为什么是蓝色的？

——爱因斯坦的腾达之路

但在他的科学生涯中，这次会议却标志着一次决定性的突破：他以 32 岁的年纪登上了物理学的奥林匹斯山，跻身于科学界的众神之列。

"世界的亘古之谜就在于它的可理解性。"这是爱因斯坦 1936 年说的一句格言，也是他向康德表示敬意的一个令人惊讶的证据。我们面前的世界是一部打开的书——如果我们能够读它的话。只有很少人像他一样读懂了这么多行。那时，他作为科学研究者已经度过了 30 年的职业生涯。他从没想过要寻找一条最省力气的道路，而是相反。因为他不是在从事一种职业，而是在执行一项使命。可以说，爱因斯坦以及为数不多的人所代表的正是那种典型的科学领域的艺术大师。

比如，在此前一年，他和他的两位同事便向现代物理学之谜量子力学发起了挑战。所谓的"爱因斯坦—波多尔斯基—罗森悖论"（关于这个问题后面还要另谈）直到今天还让理论家们感到困惑。回过头来看，这虽然是他最后一篇具有永久意义的科学著作，却并不表示他的研究活动的终结。他一直孜孜不倦地工作，直到生命的最后一息；只是说到了 1935 年，他连续不断创造成就的阶段已告过去。

但是，他在此之前的 30 年中所完成的，却是任何人都无法比拟的。不仅 20 世纪物理学的两次伟大革命——相对论的全部和量子论的一半——全都镌刻着他的名字，而且除了现代物理学的基础部分之外，他还为化学做出了重大贡献，为激光的发展奠定了理论基础，并且还带着他永远无法满足的好奇心，回答了诸如为什么河流蜿蜒曲折或者为什么天空是蓝色的之类的问题。由于他“深信世界构造的理性”，在他面前几乎没有任何确切无疑的物理学难题。他事业上的发展道路始于一种非同时性。他职务上的升迁远远落后于他在科学上的前进步伐。好几年里，除了每周 48 小时要在专利局上班之外，他的科学研究工作都是利用业余时间完成的。1908 年初，在威尔茨堡的同行雅可布·劳伯（Jakob Laub）在给他的信中还写道：“我必须坦率地说，对您每天要在办公室里坐八个小时我感到非常吃惊。”

爱因斯坦的命运似乎应验了“好事多磨”这句谚语，但在同类人中像他这样的却没有几个。自打青年时代起，他就觉得自己身上有两种生物钟。在科学方面，他清楚地知道自己远胜他人，但在飞黄腾达的道路上他却明显地落于他人之后。他作为物理学家的生涯早在他的“奇迹年”1905 年之前就已开始，但直到 1909 年的秋天才获得教授的头衔。他在中学毕业考试时用法文写了一篇《我未来的计划》，在其中谈到自己的目标是“成为一个自然科学理论方面的教授”。整整 13 年之后，他的这一愿望才得以实现。此时他已经首次获得诺贝尔奖的提名，可是直到 1922 年他才荣获这一奖项。那时他作为科学领域的世界明星和政治人物正全速迈上青云之路的第三个台阶。

不管是好是坏，爱因斯坦总是保持自己的节奏。只能利用业余时间研究的物理学成了一门难以果腹的艺术，可他需要养活妻子和孩子。在专利局挣的薪水要比大学助教高出两倍还多。1904 年 9 月，专利局将他的短期工作合同转为固定职务，并将他的年薪从 3500 瑞士法郎提高到 3900 瑞士法郎。

爱因斯坦大学毕业之后由于失业而突然陷入贫穷。鉴于这段惨痛的经历，物质上的保障对于这位奋发向上的物理学家是一种重要的心理支撑。除了工作之外，显然还有充裕的时间用于自己感兴趣的事情。“你想想吧，”他在给奥林匹亚科学院的老朋友哈比希特的信中写道，“每天除了八个小时的工作之外，还有八个小时可以胡闹，另外还有一个星期天。”

在完成狭义相对论之前，他还于 1905 年 4 月 30 日发表了一篇题为《分子大小的新测定法》的论文。他在论文中指出，从液体和溶液可测量的性质，比如糖水的黏滞性，可以精确计算出溶于水中的糖分子的大小和数量。虽然眼睛看不到它们，但分子和原子却又一次变成了物理学上的实在性。这一时期，在最优秀的物理学家当中，对原子的存在与否仍在进行激烈的争论，所以这是一个重大的贡献，并且成为创造材料的所谓“胶体化学”不可替代的基础。

仅仅过了九天，爱因斯坦又完成了另一篇论文。这篇论文也是关于分子和原子的，论述的是它们在液体中的运动。早在1827年，英国植物学家罗伯特·布朗（Robert Brown）就已发现，在显微镜下可以清楚地观察到花粉这类细微颗粒（也包括烟尘在内）的不规则运动。爱因斯坦之前的许多先驱者试图解释这种“布朗运动”。有些人在其中观察到了单个流体分子与悬浮颗粒的直接撞击作用。但爱因斯坦认识到，这类撞击过于微弱和短暂，不足以引起花粉微粒发生可以观察得到的运动，这就好像打算用一个尘粒撞击一只台球一样。相反他却可以证明，比这大数十亿倍（纯粹从统计学的角度）的撞击引起了微粒的运动。这样，他找到了温度这类宏观性质和分子质量这类微观性质之间的联系，使之成为制药学研究的一个重要工具。他无须在显微镜下进行观察就做到了这一点。他只是列出公式并进行计算。理论就是他的显微镜。

其著作的基本模式是：他并不动手进行实验，但却对实验和观察做出预言；而它们的证实直到今天还让部分研究者们紧张不安。他提出的关于布朗运动的公式激发了一个关键的实验（experimentum crucis）。这个实验是由让-巴蒂提斯特·佩兰于1909年完成的。这项实验不仅扫除了对分子和原子实在性的其他怀疑，而且还给这位法国人带来了诺贝尔奖。爱因斯坦所预言的“真实原子大小的精确确定”在力所能及的范围内得到了实现。这是物理学的一个里程碑，竖立在量子理论和相对论的荫佑之下。这时，主要利用业余时间进行科学研究的爱因斯坦做出了一个重要决定。由于他希望在事业上继续得到发展，因而于1905年的7月20日，也就是在相对论的论文寄出几周之后，他又向苏黎世大学提交了他的17页的博士论文《论分子大小的测定》。他用关于相对论的论文恐怕永远无法获得博士头衔，那样做的话过于大胆，而且风险太大。担任这篇论文主审的仍然是那位克莱纳教授，几年之前爱因斯坦就曾试图在他那里申请博士，但是未能成功。不过这一次事情进行得很顺利。克莱纳为这位申请者写了评语，认为“以此成果证明，他具备研究、处理科学难题的能力”。

论文得到了承认。爱因斯坦按照规定将其付印，并在上面加了一句“献给我的朋友马塞尔·格罗斯曼”。这篇论文直到今天仍然属于物理学中经常被人们引用的出版物。在提交规定的份数之后，他现在作为“爱因斯坦博士先生”，开始期待科学界对他1905年初那批富有创造性的“怪胎”将会做出什么样的反应——其中也包括“光量子假设”，他以此奠定了量子理论的基础。对于这个问题后面还要谈到。

他的情况等于一个冲入物理学最深处的革命者，并在那里点燃了若干枚炸弹。他填充的炸药就是在当时最有影响的物理学期刊《编年史》上发表的4篇文章。但是，爱因斯坦最初看到的科学界，却像一台行动迟缓的蒸汽机车，仍然在沿着原来的轨道全速前进。他急不可耐地等待来自专业领域的反应。他估计受到的批评可能会多于赞许。但是，很长一段时间里他却没有听到任何反应。既没有赞成也没有反对，悄无声息。

这位年轻的博士暂时只能在专利局获得升职。1906年3月，他被提升为“二级专家”，随后他的年薪也增加到了4500瑞士法郎。他的年轻的家庭第一次在埃尔戈尔腾大街53号买了一套拥有自己的家具的住宅。不过，这套住宅距离贝索的住处比较远，所以爱因斯坦只能一个人孤零零地走在上班的路上。其他方面也让他感到非常孤独。1906 年 4 月 27 日，他在给朋友索罗文的信中写道："自从你离开以后，我不再和任何人进行私人交往。现在连回家路上和贝索的交谈也停止了，而且绝对听不到有关哈比希特的任何消息。"

但是，总还有一些正面的消息值得报告："我的论文得到了很多赞赏并且引起了进一步的探讨。柏林的普朗克教授在刚刚给我的信中谈及了这方面的情形。"普朗克的信对于爱因斯坦可以说是意义重大，直到将近 20 年后，他的妹妹玛雅还能清楚地回忆起这件事情："经过长时间的等待之后终于收到回信，这表明已经有人仔细读过了他的论文。年轻的学者高兴异常，因为对其论文的承认来自于当时最伟大的物理学家中的一位……那时，普朗克的关注在道义层面上对于这位年轻的物理学家具有无限的意义。"

这位著名的同行属于第一批懂得赏识相对论的人。直到多年之后它才成为物理学界人所共知的理论。早在 1907 年 7 月，普朗克在给爱因斯坦的信里就写道："一旦相对性原理的代表人物组成这样一个小团体，就像现在这种情况，那么他们彼此之间的协调便是非常重要的了。"

1907 年 9 月，格莱夫斯瓦尔德的教授约翰内斯·斯塔克邀请爱因斯坦为他创办的《放射性与电子学年鉴》写一篇关于相对论的综述。恰恰是这位斯塔克，在 1919 年之后变成了爱因斯坦和他的相对论的最激烈的反对者之一。

爱因斯坦同意了。但他立即就表示了歉意："非常遗憾，我没有能力介绍已经出版的所有有关资料，因为当我有空的时候图书馆总是关着的。"这就是一个依靠业余时间进行研究的科学家的命运。10 月 1 日他写信给斯塔克说："为您的年鉴所写的文章的第一部分现已完成；它的第二部分我正在利用我那算起来相当可怜的一点儿业余时间努力赶写。"

在他于 11 月末完成的第二部分里，准确说是在第五章，爱因斯坦在"相对性原理和万有引力"这一标题之下证明了，他在"那算起来相当可怜的一点儿业余时间"里都能干些什么。他已经凭借一种几乎无法超越的奇特构思动身向彼岸驶去。"迄今为止，我们只是将相对性原理，也就是参照系运动状态之自然规律的前提应用于没有加速度的参照系。是不是可以设想，相对性原理也适用于相对加速运动的系统呢？"

这种简洁的表述读起来也许过于呆板，但事实上却是一锤定音，直至今天在物理学的研究机构里仍然可以听到它的余响。在这里，爱因斯坦为他的主要著作，于八年之后完成的广义相对论打下了基础。我们不知道他在狭义相对论普遍适用性的问题上究竟考虑了多长时间。但他的论述表明，他对这个问题已经思考得很深。他已经预言，重力（像运动一样）会使时钟变慢。他事先就把那种效应说了出来："由此可以得知，光线……在通过引力场时会发生弯曲"，并于 1919 年通过一次日食观测得到了证明。这件事情让他在全世界一举成名。

当爱因斯坦的思想已经在围绕着广义相对论盘旋的时候，狭义相对论还远远没有站稳脚跟。原因在于，一方面，物理学家们才刚刚开始逐步地理解这一理论，另一方面，还有很多人依然痴迷于业经证明的亨德里克·洛伦兹的电磁理论，不想放弃有关以太的设想。

比如法国的亨利·庞加莱，他本人距离狭义相对论只差那么小小的但却是决定性的一步，一直到他1912年去世，他对这位来自伯尔尼的不知名小人物的著作也没有给予足够的重视。两人于1911年在布鲁塞尔第一次见面，之后爱因斯坦在给臧格尔的信中说：“（对相对论）庞加莱持完全否定的态度，这表明他虽然思想十分敏锐，但对它的情形了解得很少。”

另一方面也必须指出，关于庞加莱的著作在相对论的发展中所起的作用，爱因斯坦从来没有说过一句称许的话。只有一次，他在1952年写给朋友米歇尔·贝索的信中，除了恩斯特·马赫和大卫·休谟之外，也提到了这个法国人，说他曾经是一个“相当有影响的人”。对于一位有可能对其思想发生过重大影响的人物，只提这么一句确实不够。

爱因斯坦对两个美国人迈克尔逊和莫雷于1887年用他们的“干涉仪”所进行的实验的态度同样让人觉得奇怪——这一实验证实了光速的恒定性，不管怎么说都是狭义相对论的两大支柱之一。然而，他不但在1905年的论文中没有一句话提及这一实验，就是后来也从未就这一点做出过说明。他本人的说法有些自相矛盾：有一次他说，他对这一实验“一无所知”；而另一次又说，即便他知道实验的结果，“也不清楚它对我产生过什么直接的影响。”不过可以肯定，他是知道这一实验的，至少在1899年自学期间他读过相关的文章。

就这样，相对论在人们的犹疑之中逐渐得到了承认，而爱因斯坦也渐渐开始对自己这种夹在专利局和业余研究之间的奇特的双重状态产生了不满。1908 年初，他写信给自己的朋友马塞尔·格罗斯曼征求意见，说：“不怕你笑话……我非常希望能在温特图尔技术学校谋得一个教师的职务。”“不要以为我是被一种自大狂或者说一种令人担忧的激情推上了这条追名逐利的道路；其实，我之所以心血来潮，只是因为实在是渴望能够在稍微好一点儿的条件下继续开展我个人的科学研究工作。”

这位在专业圈子里越来越出名的物理学家想成为一位教师？1908 年 1 月，在为约翰内斯·斯塔克的《年鉴》所撰写的文章完成之后不久，他已经向苏黎世大学的预科学校提出了应聘数学教师职位的申请，并且说：“另外补充一句，我也可以教授物理课程。”竞聘这一职位的一共有 21 个人，结果他连第二轮也未能进入。

在这次“心血来潮”之前，为了踏上大学的锦绣前程，他已经有过一次尝试。1907 年 6 月，和 1903 年那次一样，爱因斯坦再次试图直接取得在伯尔尼大学授课的资格，不同的是，这一次他有“17 篇理论物理方面的论文”作为后盾。但是，由于他没有提交在大学任教的资格论文，在 10 月底系里举行的会议上，教授们仍然决定“拒绝这一申请，直至爱因斯坦先生提交一篇资格论文”。

不过，除了要求这位被拒绝的人遵守规则和撰写所要求的论文以外，他们倒没有任何别的意思。1908 年 2 月 24 日，系里决定“接受爱因斯坦先生的资格论文并邀请他进行试讲”。4

天之后，爱因斯坦应邀前去进行了试讲和学术研讨，一天之后便获得教书的资格（venia docendi），成了一位无薪的编外讲师。

但是，他进入大学所要经过的那条单调乏味的道路至此还远远没有结束。1908 年夏季学期，他第一次在伯尔尼开课，周二和周六各一次，安排在早上 7 点钟，以便他 8 点能够准时上班工作。听课的学生只有三个：两个是他专利局的朋友——米歇尔·贝索和海因里希·申克（Heinrich Schenk），另外一个是他在此期间的学生，已有职业的卢奇恩·沙凡。当他冬季学期利用晚上开课的时候，作为唯一一个真正的大学生，马科斯·斯特恩（Max Stern）也加入了这个听课的小圈子。但是，到了 1909 年的夏季学期，当原来的三个老熟人离去而只剩下斯特恩一个学生时，爱因斯坦拒绝继续上课。

1908 年 9 月，在科隆举行的德国自然科学家大会上第一次出现了对其相对论的公开赞扬，可惜这位年轻的无薪讲师错过了这次机会。原本他是打算参加这次会议的，可是后来却做出了相反的决定，因为他觉得，“我迫切需要利用我短暂的假期休养一下。”其实他应该去的，他在“工学院”时的数学老师赫尔曼·闵可夫斯基教授此时已经在哥廷根担任教授，在科隆大会上介绍了相对论的数学表达，并且说出了那句名言：“从现在起，空间和时间本身，它们各自注定要屈尊降格成为纯粹的幻影。”

而激励他发出这番强有力的声音的人却在继续苦熬他作为“专利奴仆”的日子，并暂时放弃了获得大学聘任的希望。“教授的事儿吹了，不过对我来说反正是一样，”他在给雅可布·劳伯的信中写道，“没有我，大学里也不缺老师。”谁知，后来发生的一切却是另外一个样子。

故事的背景是这样的：苏黎世大学新设了一个物理学教授的职位，因为此前唯一的一位物理学教授，爱因斯坦的老熟人阿尔弗雷德·克莱纳已被选为这所大学的校长。这时，克莱纳已经把爱因斯坦作为候选人加以考虑，并于1908年初夏专程来到伯尔尼听他讲课，就像爱因斯坦后来在信中对劳伯说的，“以便考察一下这个小子”。

可以想象，这次听课的结果并不好。“那天我的课讲得确实不怎么好，一方面是因为我没有很好地准备，另一方面，将会产生的结果也让我的神经有些紧张。”这件事情在物理学家的圈子里传了开来，而爱因斯坦像以往一样无所畏惧，写信将克莱纳狠狠地责备了一通，说“他散布对我不利的谣言，想通过这种伎俩让我一直待在这个辛辛苦苦的岗位上。因为这种谣言会使转为教师的全部希望化为乌有”。

克莱纳决定再给爱因斯坦一次机会，让这位候选人到苏黎世做一次报告。这件事情是在1909年2月中旬进行的。这一次“我很走运，一反我以往的习惯，所以讲得很好”。这一次，克莱纳在评审意见中对他的评价是：“在思想的把握和追踪上异常敏锐，并具有迫近根本的深度。”在评审过程中，最热心支持他的是医学系的主任，他的朋友海因里希·臧格尔。不过，爱因斯坦最终能获得这一职位，主要还因为原来排在前面的竞争对手患了难以治愈的肺结核。5月初，他对劳伯说：

“现在我也成了这个婊子行会的一名正式成员了。”

在商讨薪水问题时他的态度很强硬。学校给他的工资要比专利局少很多，“如果是这样的话我就拒绝”。最后，他得到了他要求的每年 4500 法郎的薪酬，外加听课费和考试费。他正式就职的时间是 10 月 15 日。在爱因斯坦教授第一次站到讲台上之前，日内瓦大学还于 7 月 8 日授予了他荣誉博士头衔。就在两天之前，他向专利局提出于 10 月中旬辞职的请求。这一年他正好 30 岁。

9 月 21 日，这位刚刚被选上的教授作为贵宾参加了在萨尔斯堡举行的自然科学家大会，有机会结识了德国一流的科学家。他在会上所做的有关光的本质的精彩演讲，数十年后被看作是理论物理学的一个转折点。

每周八节课的新职业所占用的时间比专利局的工作还要多。他首先需要编写讲义，并按照课时准备每一单元的课。让他的学生们感到高兴的是，他在讲课时采用了一种全新的风格。他和学生们形成一种友好的关系，而这种师生关系从 20 世纪 70 年代起才开始推行和时兴。“课间休息的时候，”他的一个学生回忆说，“想问问题的学生围在他的周围，他总是想方设法亲切耐心地解答。”晚上下课以后，他常常和这些年轻人一起到咖啡馆去，在那里继续进行讨论，直至打烊。

1910 年夏天，爱因斯坦开始研究天空为什么是蓝色的——当然是纯理论上的。这个问题涉及的是不久前所发现的“乳光”，一种由于密度涨落而造成的光在液体和蒸汽中的强烈散射现象。本来他的目的是把这个题目作为 1905 年的两篇关于分子和原子的论文的续篇，再次利用一种全新的方式确定分子的大小。他仿佛是运用他的公式顺带解释了白天的天空为什么是蓝色的，而在晨昏时分却闪烁出红色：太阳光是由色谱的全部颜色组成的，所以呈现出的是白色。当它遇到地球的大气层时，在那里散布到微小的颗粒上，而蓝色光是短波，其效应要比长波的红色光强烈得多。当我们遥望天空的时候，我们看到的是蓝色的散射光。但我们看到的太阳呈现橘红色，而不是白色，因为它的色谱中缺少了一部分蓝色。太阳落得越低，它的光线在大气层中经过的路线就越长，失掉的蓝色就越多，所以显得越红。1910 年 3 月，接踵而来的是爱因斯坦职业生涯的又一个台阶：布拉格大学以正教授的职位和“显然更加优厚的薪酬”吸引他前往任教。现在，他开始迈开大步在他职业生涯同时也是他科学生涯的光辉道路上迅速攀登。布拉格人很清楚，他们想要吸引的是一个什么样的人才。正当此时，马科斯·普朗克刚刚出版了一本新书，他在书中从历史的维度对相对论做了高度评价：“通过（相对论）原理在物理学世界观领域内引起的变革，无论就其广度还是深度，恐怕只有由于引入哥白尼的宇宙体系而导致的变革可以与之相比。”

苏黎世的学生希望留住他们喜爱的教授，根据学生的请愿，苏黎世大学将爱因斯坦的工资提高到一年 5500 法郎。但是这年的 9 月，他还是去了维也纳，当时奥匈帝国的首都，布拉格也在它的疆域之内。帝国官员提供给他的年薪大约相当于 9000 多法郎，他接受了。1911 年 1 月 6 日，皇帝签署了对他的任命。三个月以后，爱因斯坦举家（这时他的第二个儿子爱德华也已降生，家庭成员增加到了四口人）迁到了这个位于摩尔达瓦河畔的城市，搬进了一套距离帕拉基大桥不远的新建的宽敞住宅。还有一位女佣范尼负责照料家务。从现在起这个家庭的生活日渐殷实。

爱因斯坦对他的工作条件显得十分满意。“我在这里有个极好的研究所，”他在写给格罗斯曼的信里说，而且还写信告诉他在瑞士的（一生唯一的）博士生汉斯·坦纳（Hans Tanner），“尽管布拉格不是苏黎世，但也有相当好的图书馆，而且本职工作也比较少。”唯一让他不习惯的是那里的官僚气息。“机关里文牍之类的屁事没完没了。”布拉格的卫生条件让他觉得像是中东居民的前院。水管里的自来水是褐色的，对健康十分不利。

但城市给他带来的问题远不如人给他造成的麻烦多。“顺便说一句，布拉格美极了，单单是它的美丽就值得来好好旅游一趟。”他试图说服贝索。“只是这里的人让我觉得如此陌生。他们好像是一些根本没有自然感觉的人；冷酷无情，炫耀地位和奴颜婢膝的奇特混合，看不出对人的任何友善和同情。部分人的奢华与大街上日渐严重的贫穷形成鲜明的对照。没有信仰，思想空虚。”

他觉得自己和朋友以及同事们隔绝开了。从一开始，多多少少就已经看出，布拉格只是一段小小的插曲。但在他的职业经历中这是重要的一步：他终于找到了合适的工作条件，并获得了理应得到的薪酬。

但是，爱因斯坦布拉格时期的高潮（也可以说是他在那里处于一种隔绝状态的结果），却不是在布拉格，而是在布鲁塞尔达到的。比利时工业家恩内斯特·索尔维（Ernest Solvay）邀请18位最重要的物理学家举行一次高端会议，探讨一些最迫切的科学问题。第一次会议是1911年10月末举行的，从那以后就形成了举办“索尔维会议”的传统。爱因斯坦与同行中一些最伟大的人物聚在了一起。会议安排在布鲁塞尔的首都大饭店（Grand Hotel Metropole）举行，由被爱因斯坦称为“一件活着的艺术品”的荷兰人洛伦兹担任主席。除了爱因斯坦，在会上发言和参加讨论的还有马科斯·普朗克、玛丽·居里、欧内斯特·卢瑟福和亨利·庞加莱。

这次会议在科学方面没有取得什么值得称道的进展。“没有出现任何积极的东西。”爱因斯坦概括说。但在他的科学生涯中，这次会议却标志着一次决定性的突破：他以32岁的年纪登上了物理学的奥林匹斯山，跻身于科学界的众神之列。这里没有国界。全世界可能再也找不出这样一群科学家，能够在最高水平上相互进行探讨和交谈。

还在参加这次会议之前，他已经在做离开布拉格的准备。1911年8月23日他进行了就职宣誓，仅仅过了一天，他就同荷兰乌特勒支大学就聘任一事进行了商洽。9月，海因里希·臧格尔从苏黎世来到布拉格，与他商量返回苏黎世的可能性。这时的“工学院”已经升格为联邦技术大学（ETH），并拥有大学的全部特权。

面对瑞士的同事，臧格尔想方设法打消他们对爱因斯坦任课能力的怀疑。“对于那些懒得开动脑筋，只想把笔记本写得满满的，然后背下来以应付考试的学生，他的确不是一个好老师；他讲起话来不怎么动听。但是，谁要是想真正深入地从内部构建他的物理学思想，仔细审视全部前提，发现陷阱和问题，并能够认识到其思考之可靠性的界限，那么他就会认为爱因斯坦是第一流的老师；因为所有这一切在他的讲课中都会变成循循善诱的表达，迫使学生与他一起思考，将问题展开加以探讨。”

圣诞节之前这位布拉格的教授就来到了瑞士。没过多久，他就口头应允接受聘任。1912 年 1 月 22 日，教育局就这项任命向联邦委员会提出了推荐，2 月初爱因斯坦已经可以为此而庆贺了：“两天之前，我（哈利路亚!）得到了苏黎世工学院的聘任。”他应当在夏天就职。他的课程安排得很少，年薪为 10000 瑞士法郎，另外还享受联邦政府 1000 瑞士法郎的特殊津贴。

为了“讨论专业问题”，也是为了会见他在布拉格时所惦念的伙伴，爱因斯坦于 1912 年复活节后不久来到德意志帝国的首都柏林。在那里，他除了参加索尔维会议之外，还会见了马科斯·普朗克、瓦尔特·能斯特（Walther Nernst），还有世界闻名的化学家弗里茨·哈伯，以及波茨坦附近贝贝尔斯堡天文台年轻的天文学家埃尔文·弗洛因德里希（Erwin Freundlich）。除了普朗克，哈伯也是极力主张将爱因斯坦延揽到柏林的主要人物。而弗洛因德里希则已经在着手验证爱因斯坦所提出的光线由于引力的作用在太阳附近会发生偏转的预言——不过当时还不是那么精确。1920 年之后，通过他的倡议，在波茨坦建造了由建筑师埃里希·门德尔松（Erich Mendelsohn）主持设计的“爱因斯坦塔”。他想以后由他亲自主持这座太阳观测台的工作，并借助这座天文台证实广义相对论。在访问柏林期间，爱因斯坦极有可能会见了他的旧情人，他堂叔鲁道夫（Rudolph）的女儿，已经离异的表姐（也是他的堂姐）爱尔莎·列文塔尔（娘家姓爱因斯坦）。这件事极大地改变了他的生活。

正如布拉格符合他平生的逻辑，第三个苏黎世时期同样符合他的发展节律。现在，他作为拥有正教授头衔、领取丰厚薪酬的著名物理学家回到了他度过大学时代的母校。在踏上通往柏林的锦绣大道并最终登上其事业的顶峰之前，他在苏黎世还有些事情需要完成：他的主要著作，亦即有关广义相对论的研究工作已经进入关键阶段。事实证明，他熟悉的环境，他的朋友们，尤其是马塞尔·格罗斯曼，在这方面有着不可替代的作用。

虽然爱因斯坦在苏黎世感到很愉快，但是很快，我们熟悉的一幕第三次上演了：他又开始商洽一个更好的职位。1913 年 7 月 12 日，普朗克和能斯特专程从柏林前来拜访，并开出了让他无法拒绝的条件。尽管爱因斯坦知道，柏林人迟早会向他伸出手来，但两位密使的开价仍然让他感到惊讶。7 月 3 日，备受敬畏的普鲁士科学院曾经秘密探讨了委任爱因斯坦为院士的建议。“可以概括地说，”建议书中写道，“在现代物理学诸多重大难题之中，几乎对所有的问题爱因斯坦都以值得注意的方式提出了他的见解。”

按照古老的传统，“物理与数学分部”的院士们用黑白两种颜色的小球对此事进行表决。结果以压倒性的多数通过。投给这位候选人的白球为 21 个，表示反对的黑球只有 1 个，是谁投的不得而知。他的薪金为每年 12000 马克，一半由科学院支付，另一半由一个工业基金会“莱奥波德 · 科佩尔”（Leopold Koppel）支付。这还不够，如果他接受，还可以获得弗里德里希 · 威廉大学正教授的职位，但可以不上课，是否上课、什么时候上课或者举行讲座完全由他自己决定。最后还有，请他担任即将建立的理论物理研究所的所长。这个研究所由普朗克协会的前身、刚刚成立不久的威廉皇帝协会给予资助。

虽然这可以说是一种只拿钱不干事的“闲差”（等于一块食邑封地，原则上没有什么必须履行的责任），而且能斯特还把柏林描述成一个“12 个理解他的相对论的人里面，有 8 个在那里工作”的地方，但爱因斯坦还是请求给他一点儿“考虑的时间”，他想第二天再把自己的决定告诉他们。等他们到利吉山郊游一趟返回的时候，他将到火车站迎候他们。如果他同意去柏林，便挥动一条白色的手帕。在他经过一夜的考虑并做出决定的过程中，谁也不知道他的头脑中到底想了些什么。但希望离他的表姐爱尔莎近一点儿肯定在里面起了相当大的作用。第二天，他手里挥动着白手帕，站在火车站迎接他科学院的新同事。

一开始，他只能让那些和他关系最密切的人知道这件事。在所收集到的文字资料中，这一消息第一个出现在他写给爱尔莎的一封信中：“最迟明年年初我就会到柏林长期住下去。”几天以后他又对她说：“和你经常来往是我在那里所期待的最美好的事情！”他也把这件事情透露给了当时在阿根廷担任物理学教授的同事雅可布·劳伯：“复活节我将作为科学院院士到柏林任职，而且不用上课，某种程度上就像一具活着的木乃伊。我非常高兴地期待着这个职务！”

当普鲁士科学院于1913年11月22日正式宣布选举他为院士时，他在感谢信中已经学会了谦虚：“当我一想到，每天的工作都显示出我思想上的弱点，我只能怀着某种惴惴不安的心情接受给予我的这一崇高褒奖。”在告别苏黎世时，他对昔日的同学路易斯·科尔罗斯吐露心声说：“柏林的先生们在拿我冒险，就像在拿一只受到奖励的下蛋母鸡冒险一样；但我不知道，我是否还能下蛋。”

不必履行什么责任的允诺可以让他集中精力继续研究广义相对论，这一点让他放心地做出了同意的决定。但也正因为此，柏林人没有从他身上得到自己指望的东西。新同事们期待着爱因斯坦为原子理论做出重要贡献。他们在这一时期就已经聪明地预见到，这方面的理论不但在科学上，而且在技术上，在工业和新型产品方面都具有无比巨大的潜力。他们企盼着爱因斯坦创建一个跨学科的研究项目，并为化学理论体系的创立做出贡献。但这一跨专业的合作一直没能付诸实施。1914年7月2日，爱因斯坦在刚刚竣工的位于菩提树下大街的科学院新楼发表了就职演说。与柏林方面的期望相反，他就职以后立刻把广义相对论的研究当作了中心，而马科斯·普朗克无法抗拒“将我的申诉呈报上去的诱惑”。

当爱因斯坦于1914年4月进入柏林的时候，他肯定发现，他已经以某种方式超越了自我：在科学院里，刚满35岁的他看到，周围全是一帮比较老的先生；对于他们，礼仪和整洁的服装似乎比其他任何事情都要重要。5月4日，他写信给他原来的数学教授阿道夫·胡尔维茨说：“科学院按其实际而言不由让人想起大学里的一个系；我觉得，大多数院士只是满足于通过书面形式显示一种孔雀般的庄严优美的风度。”但是，“出乎意料，我相当顺利地适应了这里的生活。只是在遇到某些苛求时我内心的平静才会遭到破坏，例如衣着之类的小事儿。遵照一些大叔的指示，在这些问题上我只能服从，以免被本地人视为渣滓”。

现在，他终于达到了一个近乎顶峰的地位，在这个位置上他将变得举世闻名，直到19年之后才又被迫离开。从这里他几乎再也无法继续往上攀爬。10月1日，他按照约定就任威廉皇帝物理研究所所长。这个研究所没有单独的办公地点，总部就设在他的住宅里，类似于一家皮包公司。不管怎样，他每年至少可以得到5000马克的补贴费，并配备有一个秘书的职位。直到他离开柏林之前，这种状况一直没有任何变化；“他的”研究所始终只有他一个人，成立这个机构主要是为了发放研究经费。

来自其他方面的聘任，如1918年瑞士联邦技术大学和苏黎世大学联合向他提出极其慷慨的条件，都被他谢绝了。作为补偿，他和瑞士方面达成了一项教学合同，每年到苏黎世进行四到六周的讲学。除此之外，他只是于1920年应邀担任了莱顿的特别访问教授，1930 年在牛津克莱斯特彻奇学院担任了类似的职务。

现在他开始了第三次腾飞——成为科学界活跃的政治明星，而且根本没有费什么力气。从不惑之年开始的这次腾飞给爱因斯坦带来了什么样的后果，他在 1929 年写的一首双行押韵诗里做了描绘：

不论我走到哪里，站在什么地方，
到处都会看到我的肖像：
摆在书桌上，挂在墙壁上，
用根带子吊在脖子上。

男人们，女人们，
争着抢着索要签名；
这位老兄学问高深，
他潦草的字迹人人都想得到一份。

每当神志清醒时分，
我这个幸运儿不由自问：
是我自己精神失常，
还是其他人发了神经？

这是他收获奖赏和荣誉的季节。1920 年 12 月 31 日，他被选为最年轻的“名贤”（Ordre Pour le Mérite）。1922 年 11 月 9

日，他获得 1921 年度诺贝尔物理学奖。1923 年 7 月，他在哥德堡北欧自然科学家大会上发表了迟到的诺贝尔获奖演说，基本上是他在柏林所做就职演说模式的重复。爱因斯坦没有谈让他赢得诺贝尔奖的量子理论，而是讲的“相对论的基本思想和问题”。

最后一次职业抉择是 1932 年 8 月做出的。爱因斯坦接受了在美国普林斯顿新成立的“高等研究院”的聘任，按原来的打算每年在那里和柏林各进行半年的研究。当他再也无法返回德国时，他选择了普林斯顿作为自己长期的居留地，也是他职业生涯的最后一站。其他一些国家，如英国和法国，也向他发出了聘请，但都被他谢绝了。

现在，美国人真的得到了“某种程度上就像一具活着的木乃伊”的著名教授——除了对“爱因斯坦—波多尔斯基—罗森悖论”所做的贡献之外，他再也没有创造出任何成绩。他用了三十多年的时间体验到了“我们感觉经验的世界能被理解”，并认为“它能被理解是一个奇迹”。

那么，他飞黄腾达的代价呢？应该说是由别人付出的。他把最可悲的牺牲品——他的两个儿子汉斯·阿尔伯特和爱德华以及他们的母亲米列娃留在了欧洲。他们的世界永远不会被他感觉和理解。

第十章 “亲爱的孩子们……你们的爸爸”

——天才父亲的悲剧

爱因斯坦怒气冲冲地同他们三个人全都闹翻了。他看到，全世界都对他崇敬有加，只有他的孩子们反对他，他没办法同他们打交道。

柏林，安哈尔特火车站。1914 年 7 月 29 日，星期三，晚上 9 点左右，一个让人很不舒服的夏季白昼行将结束。阴霾的天空像是要下雨，中午时分气温才刚刚达到 16 度。凉风从西北方吹来，站前广场售报亭旁夹得紧紧的报纸头版犹如扑打的翅膀。

“战争一触即发!”报童在站里站外大声喊叫着头条新闻，“为塞尔维亚开战!”在经历了连续四十多年的和平之后，欧洲现在正处于一场有史以来最残酷的大战的边缘。而 35 岁的阿尔伯特·爱因斯坦，此时正站在站台上，站在开往南方的列车旁边，经历他一生中最痛苦的一次失败。

在他的逼迫下与之离别的家人站在他的面前，米歇尔·贝索站在他们旁边，他是专程从瑞士来接米列娃和孩子们的。天还很亮，他看了一眼妻子——“我们怀着怨恨各奔东西”——然后这位父亲朝孩子们俯下身子，给每人一个“最后的亲吻”。先是汉斯·阿尔伯特，也叫阿杜，今年 10 岁；然后是小儿子爱德华，昵称泰特或者泰迪，几天之前刚满 4 岁。

黑色的火车头吼叫着开动了。刚刚来到帝国首都四个月的德国物理学界年轻的超级明星留在站台上，直至火车载着朋友和亲人消失在远方。陪在他身边的是他的新同事、化学家弗里茨·哈伯。就在几天之前，哈伯还想方设法在这对夫妻之间进行说合，只不过一切努力都徒劳无功。当两位科学家离开车站宏伟的迎宾大楼，走到阿斯坎尼施广场上的风中时，爱因斯坦的眼泪夺眶而出。“我昨天大哭了一场。”一天之后他写信告诉他的情人，表姐爱尔莎。她和她的两个女儿正在阿尔卑斯山中度假，正是因为她，爱因斯坦抛弃了自己的家庭。“昨天下午和昨天晚上，在他们离开之后，我像个小孩子一样号啕大哭。”

四天以前他向她报告了“在哈伯那里谈判”的情况：“谈判持续了三个小时。离婚的道路也已经铺平。我现在已经向你证明：为了你我是可以做出牺牲的。”似乎要为他在两个女人之间所做出的选择提供进一步的证据，“最后一次谈判”一结束他就来到了爱尔莎的寓所：“今天夜里我睡在你的床上！真奇怪，竟然觉得有些晕晕乎乎。其实它不过就是一张床，如果你从来没有在这张床上睡过，它和别的床没什么两样。但我觉得，我能够睡在这张床上是一种享受，感觉是那样亲切和温柔。”

爱因斯坦为他的“孩子们”而痛哭流涕，也为自己而伤心落泪，流淌着失落和愧疚的泪水。“在某种程度上，这样的事情无异于一次谋杀。”在安哈尔特火车站与家人分别之前三天，他带着悔恨在给爱尔莎的信里写道。米列娃“觉得我的行为方式是对她和孩子们的犯罪”。但是，“你，亲爱的小爱尔莎，现在将成为我的夫人，而且你将亲眼看到，和我一起生活一点儿也不困难”。

一个男人抛弃了自己的妻子和孩子，投入了另外一个女人的怀抱。一个再平常不过的故事，唯一的过错应该由被抛弃者承担。爱因斯坦想让他“身边的人们”知道这一点，他向所有的朋友散布同样的说法：和米列娃一起生活实在让人无法忍受，所以他不得不离开。“对我个人来说，没有我妻子的生活是一次真正的重生，”他在 1915 年初写给苏黎世的朋友海因里希·臧格尔的信中这样写道，“我好像坐了 10 年的监牢，这需要多么大的勇气。”

分别之前两周，当他从他们共同居住的房子里搬出去之后，他通知米列娃：“在发生了所有的事情之后，已经再也谈不上我们之间的一种同窗之谊。”他向她保证：“我会采取一种恰当的态度，就像面对一位陌生的夫人所做的那样。”至于究竟发生了什么事情，我们无从知晓。他没有对朋友们讲述过细节，就连米列娃也缄口不言——作为原始资料提供给我们的只有她于 1914 年初和 1918 年末写给他的两封信。

在收集到的文件中，爱尔莎写给阿尔伯特的信可不只一封。根据他的答复她不得不给他回一大堆信。她究竟在多大程度上积极参与了对他婚姻的破坏？她的表弟究竟在多大程度上受到她和她的家庭的影响，被她催逼着采取行动？这就好像在偷听两个人的一场对话，却只能听到一个人的声音，其余部分只好靠自己去想象。所以，在阿尔伯特和米列娃分手之后，他们和他们的儿子的故事，就只能根据他的信件以及其他有关他们关系的报道的零星片断去揣度了。

他在写给爱尔莎的信里说，同事哈伯“也完全理解我和米列娃是无法在一起生活的。倒不是因为她的卑劣，而是她的固执，缺乏适应性和灵活性，缺少温柔，使我们不可能融合为一体。他并不认为我是一个冥顽不化、不通情理的人，而是像以前一样地爱我”。他为了替自己的立场辩解，甚至写信给米列娃的女友海伦娜·萨维奇：“对我来说，与米列娃分手是一个涉及活下去的问题。我们已经不可能在一起生活。”他在1916年9月的一封信里写道：“对于我，她现在是，而且始终是一段截掉的肢体。”

这是什么意思呢？难道他产生了幻肢痛的感觉？每一行都充斥着对于米列娃的感受，却没有一句自我批评，反而将他们从开始到最后的整个关系说得那样不堪。从前的甜言蜜语现在成了“生生的折磨”，“从我青年时代起就把我的生活弄得如此艰难”。不过，关于最初那些年代他们之间的关系，由负责爱因斯坦文档项目的罗伯特·舒尔曼于80年代所发现的那批情书，却给我们讲述了另外一个故事。

其实，不管是经常不断“发生的事情”，还是与他一起生活实在“困难”，都不是决定性的。爱尔莎对此应该心知肚明。

但是一开始，她“必须表现出惊人的通情达理和克制，以免别人把你看作一个杀人凶手；这种名声会让我们的处境非常艰难”。在同一天的信里他又写道：“现在，当我苦思冥想和工作之后，在家里将看到一个心爱的女人，她带着幸福和心满意足的笑容迎着我走来。”为了他的科学事业，他希望免除后顾之忧，拥有这种无忧无虑、不被挑剔的悠闲自在的生活。而他儿子们的母亲，尤其是因为母亲身份而在事业上一无所成的这位伴侣，是无法给予他这种生活的。

但是，仅仅四天之后，爱因斯坦就收回了当初对爱尔莎的承诺，收回了与她结婚的诺言。“并不是缺少真心的爱慕，让我始终对重新结婚心怀恐惧。是不是因为害怕一种舒服的生活，害怕精美的家具，害怕我给自己招来的敌意，或者说，干脆就是害怕成为一种沉溺于舒适生活之中的小市民?”这是年轻的叛逆者面对无法规避的事情所做的最后一次自我抗争。作为附言，他“向继女们致以最美好的问候”。

爱因斯坦第一次生活在一个大都市里，他试图把它在战争期间的喧嚣尽可能排除在自己的生活之外。1915 年 5 月，他对臧格尔坦言：“我在这里的日子过得好极了，除了那些和我毫不相干的事情之外。”一年之后他依然写道：“在不会出现任何报纸的安静的斗室之中，我过着平静而又满足的生活。”谢天谢地，他那些最重要的朋友都离得很远。所以，一连串有关他在这几年里的私生活的消息全都来自于报纸的报道，而且基本上都是一些猜测。在他的信件中，他继续通过书面形式进行独白：“我安安静静地进行着我的思考，沉浸在冥思苦想之中。”

他告诉他的朋友保罗·埃伦费斯特。

他没有研究所，几乎不用担负什么责任，无需承担任何婚姻方面的义务，也很少与外界发生来往。他把自己藏在了掩体之中，过着俭朴的生活，罐头成为主要的营养品，埋头于科学研究，经常彻夜不眠地工作。任何打搅都让他不胜其烦，因为他眼看就要用广义相对论再次颠覆物理学的世界。最近几周，在他最终完成广义相对论之前，亦即 1915 年的 9 月末与 11 月初之间，他经历了一生中最紧张的研究阶段。谁要是妨碍了他，恐怕就会见识到他的粗暴无情。许多瓷器都是在这期间打碎的。与他儿子们的关系，特别是与已经能够独立思考的汉斯·阿尔伯特的关系，则产生了长期的裂痕。他文集的出版人认为，“爱因斯坦为他独特的与世隔绝在感情上所付出的代价，实际上相当高”。

1914 年年底，他从米列娃为这个家庭租用的、位于城郊达勒姆的住宅中搬了出来，搬到市中心西边的维特尔斯巴赫大街。从这里只需要走几分钟就可以到达爱尔莎那里，到达她的女儿以及她的父母（他的舅父和舅母）那里。大约三年之后，哈伯兰特大街 5 号便成了他的家庭住址。在他完成他的大作之前，这位暂时的单身汉给了自己一个宽限期，允许自己成为舒适安逸的资产阶级生活的俘虏，而本人又不至变成一个庸俗的小市民。

1914 年 8 月 18 日，米列娃通知他：“我不打算和你离婚，而只要求你留在瑞士和孩子们在一起。”爱尔莎对此当然不会善罢甘休，她想完全占有这个男人。为了让阿尔伯特成为自己的丈夫，她斗争了五年之久，在离婚安排、结婚承诺和收回诺言之间来来回回争了五年。

但不管怎么说，爱因斯坦知道，他的妻子和儿子们现在处于安全之中。1914 年 8 月 2 日，随着德国对俄国宣战，造成灾难性后果的第一次世界大战正式开战。几乎与此同时，爱因斯坦也进入了他的那场家庭战争，就像无数男人在抛弃他们的家庭之后都要进行一场战争一样：为争夺钱财和孩子而战。“我只要求保留很少一点儿东西，”他在给米列娃的信里提出，“比如那张蓝色的沙发，那张乡村风格的桌子，两张床（原来都是我母亲的家私），那张写字台，我祖父母留下的那个五斗柜；遗憾的是还有那盏你希望得到的电灯，我真的不知道你对它是那样珍爱。”如果说这是发誓，在大人物那里，小事情也得弄出点儿名堂。

赡养费用几乎把收入颇丰的爱因斯坦逼到了破产的边缘。“也许我还能给你更多的钱，那我自己可就分文不剩了，不依靠救助根本过不下去。”像许多同病相怜的男人一样，他肯定已经发现，一桩破裂的婚姻要比结合在一起昂贵得多，而且通过离婚来赎身，就像他在 1919 年终于办成的那样，很可能导致经济上的崩溃。

不过，与围绕孩子的争夺相比，钱财之争实在算不了什么。从 1914 年 7 月 29 日那个泪水滔滔的日子开始，爱因斯坦和他儿子相互之间的感情便处于一种时冷时热的状态，在内心的眷恋和尖锐的对立之间起伏不定。而做父亲的，则把这方面的罪责完全归咎于他的前妻。“你把孩子们从我身边夺走，一心想着毒害他们对于父亲的看法。”难道他是罪有应得？

“不管是白天还是夜晚，我无数次地抱着这些孩子走来走去，用婴儿车推着他们到处转悠，和他们一起玩耍，爬上爬下，逗他们开心。”他眉飞色舞地对爱尔莎讲述。“从前，一见到我他们就欢呼雀跃。”而现在呢？“转达我对孩子们的问候好像都做不到了。”他在 1914 年 12 月 12 日的信里责备米列娃，“不然的话，在这么长的时间里他们也应该问候我一次”。和许多抛弃自己家庭的父亲一样，他也品尝到了那种由于相互指责和害怕、无可奈何而又固执己见所造成的心乱如麻的感觉。

“给你们的赡养费已经安排得绰绰有余，”米列娃肯定读到了这些话，“但我发现，你依然没完没了，试图把我现有的一切全都夺到你的手中，毫不顾及我的脸面。对于你我当然要尽我的义务，但如果 12 年以前我能像今天这样了解你，那么我对我的义务的看法恐怕会和那个时候全然不同。”

孩子和钱财，钱财和孩子——永远没完没了。在同一封信里他要求米列娃：“不要对孩子施加影响，试图让我以一种扭曲的形象出现在孩子们面前。”在信的最后，他又写道：“但如果让我看到，阿尔伯特的信受到了暗示，那么出于为孩子们考虑，我将停止（与你的）定期通信。”他没有看到，用这种威胁的口吻只能使所有的事情变得更糟。像许多父亲一样，对失去儿子的潜在恐惧，转化成了对不受控制的、被迫独自教育孩子的母亲的强烈憎恨。而另一方面，在父子关系中，这种灾难性的纠葛既使父亲显得多余，又存在一种儿子对父爱的无休止的渴求。

1915 年夏天，爱因斯坦带着爱尔莎和她的两个女儿在吕根岛上度了八周的假。这位“流浪汉”第一次看到大海。“这个地方太美了!”他写信告诉朋友臧格尔。“自从我长大成人以来，还从来没有像这次这样美美地休息一回。”他的情绪如此之好，以至决定 9 月初到苏黎世去一趟，第一次去看望被他遗弃的家人。之前曾发生过一次危机，不过现在这种事情还会更加经常地发生。

“我的儿子给我写了一张可以说是相当粗暴的明信片，在里面坚决地拒绝和我一起出去郊游。”7 月他还在向臧格尔愤怒地抱怨。人们恐怕都希望看到这张明信片，就像希望看到爱因斯坦所收到来自他儿子们的其他信件一样。在这方面，围绕着爱因斯坦私人生活的捉迷藏游戏又一次显示出让人费解的特征：我们最多只能从他写给“亲爱的阿杜”“亲爱的泰迪”“亲爱的孩子们”或者“亲爱的儿子们”的单方面信件中去推断他和儿子那种直到他去世始终觉得难处而又充满愧疚的关系。至于“你们的爸爸”所读到的内容，只能根据他的复信进行某种程度的推想了。爱因斯坦于 1915 年 4 月写给汉斯·阿尔伯特的信我们还能看得到，在这封信里他告诉儿子要“只和你一个人单独进行 14 天或者 3 周的旅行”。在旅行期间“我将给你讲许多有关科学以及其他方面的奇妙和有趣的事情”。但很显然，这次旅行进行得根本不那么和谐。“我有两次和孩子们待在一起。”他写信告诉爱尔莎，“但后来就不行了。原因在于，他们的母亲害怕孩子们会过于依恋我。”而两天之后他又说：“我只见到孩子两次，看来她起了疑心。”

无论如何，有一点爱因斯坦是清楚的，就是臧格尔将“照顾我的孩子们”。10 月，他感到很高兴，“我的儿子到您那里去了。您千万问他一下，我写给他的那封详尽的信他是不是没有收到”。无论是这封信还是可能的复信人们都没有见过。“要是让我知道，这个女人破坏我同儿子保持联系的各种努力，我将通过法律手段迫使她让我的儿子每年在我身边度一个月的假。”不过他也明白，部分问题究竟何在：“我清楚地发现，我到了苏黎世但不在他们那里住，这让阿尔伯特和她母亲在别人面前觉得很尴尬。我理解这一点。”

11 月初情况有了缓和：儿子和他恢复了联系。“我非常害怕你再也不想给我写信了。”他向汉斯·阿尔伯特承认。坚冰的打破应该感谢他的朋友米歇尔·贝索和安娜夫妇从中说和，他们温柔体贴地维护着米列娃和孩子们。“我们承认，”他们在 10 月 30 号给他的信里写道，“你希望与你的孩子们在不受干扰的情况下进行来往这一愿望是合理合法的；但你的夫人对此抱有疑虑，反对在柏林你的亲戚近旁进行这种来往同样是合理合法的。”在离婚协议中米列娃是得到了保证的：“爱因斯坦夫人任何时候都无须把孩子们交给爱因斯坦的亲戚。”

贝索夫妇认为理在米列娃一边，并得出结论说：“由此而产生的分歧只会给孩子们心灵的和谐造成危害。如果你非要坚持，根据我们两个人的看法，因此而带来的痛苦肯定会大大超过目前这种平静无争。毫无疑问，对于孩子们而言，没有任何联系也比在柏林来往强。”

这两位朋友还进一步要求“以书面形式确认”，保证“决不得为了达到任何规定以外的目的在财务方面采取行动作为施加压力的手段”。这些爱因斯坦都答应了，像个小孩子一样乖乖地听了大人的话。他服软认输，从气势汹汹转为低声下气。“你的来信让我感到由衷的高兴，”他在 1915 年 11 月 15 日的信里对米列娃说，“因为我从信中看出，你并不想破坏我和孩子们的关系。”像许多希望孩子按照自己的榜样成长的父亲一样，她对“他的”儿子们的影响成了他最大的心病。

大概因为某些情况的变化，米列娃的一封信引得爱因斯坦做出了比较愤怒的反应。这封信是 1914 年与 1918 年之间爱因斯坦所收到的米列娃的两封信之一，从中可以看出，她在以何等的机智和耐心力图挽回与她“亲爱的阿尔伯特”的关系。她请求他，不要同孩子们做出什么约定，“凡是涉及孩子们的事情都要先同我商量”。因为“请相信我，倘若阿尔伯特感觉到，要求他做的事情是父母两个人协商好的，他会非常乐于去做，也会高高兴兴和你在一起，远比让他觉得，你像个敌人一样和我在这里为孩子们建立的、他们在其中生活并且热爱的这个小小世界作对好得多”。

爱因斯坦对汉斯·阿尔伯特做出的回应是：“我打算在新年前后到瑞士去。”但这种局面保持了不到三周，因为他们的关系又变得晴转阴了。这位父亲对待儿子的态度像是对待一个成年人。他对他进行威胁、责备、惩罚，做出敏感的反应，动不动发脾气，自己还觉得委屈——就像一个小孩子，但孩子们却无法理解。“我从你长时间的等待和你来信的恶劣情绪中看出，我的探望大概让你不怎么高兴。所以，我认为我做了件错事：为看你我来回坐了 40 个小时的火车，结果惹得谁都不高兴。从今往后，只有当你亲自发出请求的时候我才会再次去看你。”

贝索只好再次插手干预，并为米列娃进行辩解：“她越发难以理解你了，就像你难以理解她一样；而且越来越难以理解，更何况作为一个天才男人的妻子这种角色从来都不容易——所有这一切都只不过是为了对抗由于感情用事而做出的决定。”一天之后，一封给米列娃的信发了出去。“一连串的误解起了支配作用。”爱因斯坦满口甜言蜜语，以争取她能够将汉斯·阿尔伯特“逐渐放心地交给我来照管”。“我的影响只限于知识和美学方面。我主要是想教会他思考判断和客观地欣赏。”——好像做母亲的没有能力将所有这些传授给儿子或者不想让儿子成才似的。

“刚刚收到你的信，”他在 1915 年 12 月 10 号的信中写道，“让我感到有必要现在就到瑞士去一趟。因为存在着一线可能：由于我的到来能让阿尔伯特快乐。请把这件事告诉他，并关照他在我面前要稍微高兴一点儿。”如果这真能让儿子高兴的话，那么当他在圣诞节前读到这些话的时候，肯定要大失所望：“越过边界太困难了……所以我现在不能到你那里去了。但复活节我一定会去看你。”

1916 年 2 月，还没等到复活节前去探望，爱因斯坦又得为他远方家庭那个“小小世界”里的激愤而操心了：“在此我向你提议，我们已经尝试着分居了这么长时间，现在还是离婚吧。”一个月后他又提出：“对于你，离婚只是一个手续问题，可对于我，却是一项难以推卸的责任。请你设身处地想想我的处境吧：爱尔莎有两个女儿，大的已经18岁，也就是说已经到了谈婚论嫁的年龄；这个孩子……现在感到非常痛苦，因为关于我和她母亲的关系有很多流言蜚语。这给我造成了沉重的负担，理应通过一桩正式的婚姻加以补偿。”

在他看来，不是米列娃的境况，反而是他的“处境”变成了负担，因为他情妇的女儿“感到痛苦”。至于作为一个被抛弃的妻子和独自教育孩子的母亲，米列娃是否感到痛苦，对他来说根本就无所谓。似乎为了安慰被欺骗者，他又厚着脸皮补充了一句：“我将永远不放弃独居状态，因为这种生活的舒适惬意是难以描述的。”

米列娃是如何答复的不得而知，但从爱因斯坦的下一封信可以推知，她的抗拒被逐步粉碎，并遵从理性做出了的决定。“我现在鼓起了劲儿，”他在信中写道，“按照你的原则的允诺同一名律师商谈了离婚事宜。”但关于很快就要进行的探望，他又用威胁的口吻补充道：“我满怀信心地希望，这次你不要再把孩子们藏起来不让我见。如果你再这么干，就像上次一样，我将立刻下决心不再到苏黎世去。”

当一周之后，他被允许将两个儿子搂在怀里的时候，他写信向她表示：“鉴于我们的孩子们的良好状态，特向你致以我的敬意。”同时，他还感谢她对孩子们的“正确教育”以及“没有让孩子们和我疏远”。我们从他写给爱尔莎的明信片中得知，这实际上说的是他同汉斯·阿尔伯特的一次徒步旅行，在这次旅行中他们“之间没有任何分歧”。“小伙子给我带来许多快乐，尤其是他问的那些聪明的问题，而且没有提出任何苛求。”

他在看待孩子方面，对成绩的考虑并不是主要的，而首先在于他们要“成为完全的人”。所谓“完全的人”，他认为主要是指精神上的完善，而不是心理上的成熟。“你的书写还有这么多错误。”他提醒汉斯·阿尔伯特。后来有一次，他嘱咐当哥哥的要关心泰特：“在厚木板上钻洞洞恐怕不是他的癖好，但这肯定会让小家伙们喜欢上帝的创造——也许这才是后者本来的目的。”

由于他已经到了苏黎世，米列娃希望与他亲自商谈一下离婚的形式。但他拒绝了，并将相关事宜委托给双方的律师去谈。汉斯·阿尔伯特试图助母亲一臂之力。就在那次和谐的徒步旅行之后没几天，爱因斯坦就对他的表姐愤怒地表示：“他一个劲儿地逼迫我去探望他的母亲。当我坚决地拒绝这一要求时，他变得十分固执，并拒绝下午再到我这里来。现在仍然僵持着。从那以后两个孩子我谁也见不到，而且觉得以后再也见不着了。恐怕只有当他们不再同时处于他们母亲的影响之下的时候，我才能看到他们。”

在持续不断的压力之下，米列娃的精神严重崩溃。“根据复活节糟糕的经验”，爱因斯坦断然决定不再去看她——“部分是出于不可改变的决心，部分是为了避免刺激她”。他对她不但没有丝毫担心，反而硬说她在一些事情上欺骗朋友。“根据你的来信，我的妻子好像病得非常严重，”他在写给贝索的信里说，“但根据我的判断，我怀疑这个女人在愚弄两位好心的男人。”——另一位是指臧格尔。他深怕朋友们没有发现这一点，又进一步强调：“你根本想象不出这种女人天生的阴险狡猾。”

贝索在回信中向他这位朋友保证，根据他的了解，米列娃根本没有假装和欺骗：“很长时间以来，从她的外表一眼就可以看出她在遭受病痛的折磨。但她丝毫没有放任自己，反而承担起太多的工作。”不出所料，爱因斯坦迅速回信说：“至于我的妻子，我请你考虑以下情况：她过着无忧无虑的生活，有两个出色的儿子在自己身边，住在一个极美的地方，拥有充裕的时间，笼罩在无辜被抛弃者的神圣光环中。”

很显然，与他对待女人的态度相比，他还是相信男性朋友的团结的。贝索和臧格尔站在米列娃一边并呼唤他理性行事，多少让他有些惊慌。“亲爱的米歇尔，20 年来我们一直相互理解。但我现在发现，为了一个女人你对我的怨恨正在增长。其实这与你没有任何关系。你尽可以反驳！但你不值得这么做，哪怕千万条理都在她的一边！”

1916 年 7 月 25 日，他在给汉斯·阿尔伯特的信里说：“眼下我正好走不开，因为我有太多的工作要做。”但就在同一天，他却对臧格尔说出了真实的原因：“我非常害怕我的妻子表示出让我去拜访她的愿望……在这种场合下，我有可能被迫做出涉及孩子们的承诺，由于这种承诺，即使在这个女人死去的情况下我也无法拥有我的孩子们。”可以看出朋友们的劝诫起到了作用：“这个女人让我非常难受。当然我也相信，她严重的疾病是跟我在一起造成的，至少一部分应该怪我。”

而他真实的想法是何等阴暗，从他于 8 月底透露给贝索的估计中可以窥见一斑："如果是——这是很可能的——脑结核的话，那么尽快完结总比长期遭受折磨要好。"他恐怕不会为她而悲伤。他的苦衷压根儿就在别的地方："我的阿尔伯特不给我写信。我觉得，他对我的看法已经降到冰点以下。"然后，他又混杂着深深的沮丧和一位父亲由衷的自豪之情写道："我要是在他这样的年龄，站在他的立场上，在目前这种情况下，恐怕也会做出这样的反应。"

9 月 6 日，他终于让步了："从现在开始，我再也不会用离婚来烦扰她了。"他对贝索说。"与我亲人的这场大战宣告失败，我已经学会不在乎眼泪。"在与爱尔莎的较量中，米列娃赢得了暂时的胜利。但爱因斯坦的主要难题并没有因此得到解决。"我现在第三次给你写信，你却一直没有回信，"12 岁的汉斯·阿尔伯特读道，"难道你不再想你的父亲了吗？难道我们连面也不见了吗？"

14 天以后，坚冰再一次打破，祈求得到了满足，汉斯·阿尔伯特与他恢复了联系。"尽管我坐在这里，"爱因斯坦在当天的回信中对他的儿子发出恳求："但你们还是有一个爱你们胜过一切的父亲，他时刻想念着你们，为你们担心。"10 月底，他的心情又变得愉快起来："一个真正的男子汉不是在安乐和淫逸中成长的，"他用一种老式的严厉教训大儿子，"而是在磨难和不公平中成长起来的。你父亲的道路也并非总是像现在这样洒满玫瑰，更多的是充满了荆棘！"

由于爱因斯坦写给其他人的信收集得非常不完全，我们只能通过1916年12月初贝索关于米列娃健康状况的紧急报告加以猜测了：“她又变得只能躺着不能动弹了；经过五周的休息之后重新发病，她失去勇气是可以理解的。从时间上看，这次病情的再度恶化似乎与小阿尔伯特收到的却不想让她看到的一封信（是不是你来的?）有关。”

从1917年1月爱因斯坦给汉斯·阿尔伯特的信中可以看出，贝索说的是正确的：“我很高兴，你妈妈的身体现在好了起来。我写给你的东西你都可以拿给她看。”但此时又出现了令人担心的新情况：自这一年的年初开始，6岁的爱德华由于严重的肺炎和高烧一直卧床不起。做父亲的反应是这样的：“忍受意味着口号和不加抱怨，关心生病的人，在健康人那里得到安慰。”

爱因斯坦很为大儿子着想。“我有一个很强烈的想法：把阿尔伯特从学校接出来，由我亲自教他；如果在我这儿学的东西还不够，再请家庭教师给他补课。”1917年3月9日他嘱托贝索：“我相信，我能给这个儿子很多东西，而且不仅是知识方面的。”

但关于爱德华，他却给予了全盘否定的评价：“我小儿子的状况让我非常抑郁。他根本没有可能成为一个完全的人。”就像此前孩子的母亲所考虑过的一样，他现在也准备接受泰特的死亡。“谁知道呢，在他真正认识生活之前就能够告别这个世界，是不是会更好一点儿！我对他负有罪责并因此而责怪自己，这在一生中还是第一次。”

他凭借相当荒唐的外行诊断，竟然把泰特的疾病同他的

“妻子当时”——也就是生小儿子的时候——“出现的腺体肿大”联系在了一起。他在那个时候恐怕还不知道这种“瘰疬病”，一种由于结核菌侵入淋巴结引起的肿块，“有遗传给孩子的危险”。“我们孩子的遗传型本来就不是那么完美无缺的。”他对米列娃解释说。在以后数十年的时间里，他一直因泰特“悲惨的处境”而自责。直到1948年8月4日，当他听到瑞士传来米列娃去世的消息，他才向汉斯·阿尔伯特吐露真情：“如果我见多识广的话，他也许就不会来到这个世界上了。”

和许多同时代的人一样，爱因斯坦对遗传学简直有点儿走火入魔。除了精神分析以外，遗传学属于他那个时代非常流行的题目。1900年，三位科学家同时重新发现了奥古斯廷的修道士格雷戈尔·孟德尔的遗传定律；1901年第一次描述了“突变”现象，1906年创造出了“遗传学”这个词，1909年提出了“基因”的概念。

爱因斯坦一而再、再而三地提到这个尴尬的题目。他不仅不断地在他儿子身上，首先是在长子汉斯·阿尔伯特身上寻找与自己的相似之处，而且想把米列娃的精神状态与她患有精神病的妹妹左尔卡和儿子爱德华的疾病在遗传方面联系起来。“很遗憾，所有的一切都表明，沉重的家庭负担在他身上起着决定性的作用。”他在1932年给贝索的信里写道。“我在泰特的少年时期就已经看出，这种情况终归要慢慢地并不可阻挡地到来。在这种情况下，与分泌方面的原因相比，外界的诱因和影响仅仅起着很小的作用，对此任何人也没有办法。”

按照今天的观点，遗传方面的缺陷尽管起到一定的作用，但他的小儿子还在襁褓中的时候，不是就不得不和他不幸的母亲一起搬迁到布拉格去吗？而且，父母之间的婚姻大战对他心理障碍的形成难道没有影响吗？安哈尔特火车站满含泪水的离别，作为创伤性的经历大概也会牢牢扎在他的心中。

对于泰特，自从父亲离他而去，他辗转于医院、疗养院和精神病院之间的“奥德赛”之旅就开始了：他的病情时好时坏，出院入院，漂泊一生。这是一位天才富有天赋的后代令人伤心的故事。看到儿子的境况，愧疚之情将终生撕扯着这位天才的心，不仅是因为遗传基因，也应该因为他本人的行为。

遵从朋友们的劝告，身体虚弱的泰特到山区疗养。“不用说，我当然同意他在山里待一年。人么，只能这样！”爱因斯坦在给臧格尔的信里写道，“但内心里我却坚信，应用斯巴达人的方法可能更符合公众的利益。”一年以后他就受够了：“我希望能够果断一些，在新的一年里把泰德从山里接出来。我反对让这样一个孩子在一种消毒设施中度过他的青年时代。”

1917 年年初，爱因斯坦自己那具“破碎的尸体”开始对他的品行进行报复。1913 年 8 月，他还在爱尔莎面前大肆吹嘘：“我已经下定决心，当我的大限来临的时候，借助最少量的药物结束我的生命。但在那之前，我要按着我那罪恶灵魂的指引尽情地作孽：像烟囱一样抽烟，像牛马一样地工作，不加考虑和选择地饕餮，只在真正适意的环境中散步，遗憾的是这种情况非常罕见，没有规律地睡觉等等。”

现在他得到了回报。他的医生诊断出他患有胆结石，并建议他去瑞士塔拉斯普的矿泉浴场去疗养。一开始，“矿泉疗法和严格的饮食”还是有效的，包括“我们的臧格尔”为他设法搞到的“合适的饲料，我的健康状况明显好转，不再疼痛，气色也好了许多”。在1917年这一年里，情况看起来甚至已经让人大可放心。“经常在户外活动以及良好的照料，再加上舒适宁静的生活条件，已经起到了效果。”他从瑞士来信说。在那里他同13岁的汉斯·阿尔伯特见了面，不过他们之间并不完全像他希望的那样：“他发育得很好，只是对待我的态度还是老样子，经常有些粗暴。”和贝索一起为这个男孩子的健康幸福而操心的朋友臧格尔提醒他：“您一定不能再让阿尔伯特第三次失望了；他期盼着您，但您却不来。”

到了下半年，爱因斯坦的病情日渐严重。“我的胃，”他于12月初告诉汉斯·阿尔伯特，“非常容易疼痛，而且变得越来越弱，以至不得不像一个小孩子一样进食。如果总是这样，咱们旅行的事情恐怕就完了，因为每天得有人专门为我做饭。”圣诞前夜他又写信说：“我因为胃溃疡需要卧床四到六周。”除了消化系统的折磨以外，显然他还患了黄疸。到他重新复原并不只用了四周，而是拖了四年。但他并没有因此而影响工作，依然像一台发动机一样不停地运转。

1918年1月，他知道了准确的诊断结果。“我的病痛是由胃的幽门处顽固溃疡造成的。这种病只能慢慢地治疗。”汉斯·阿尔伯特获悉——经过母亲多次严重发病之后，他现在成了家里面唯一一个健康的人。“毫无疑问，我的这个病已经得了很长时间，可能比你来到这个世界上的时间还要长……要想完全康复大概是不可能的；在我的余生中，恐怕一直得吃婴儿食品了。”那么，这样的饭食谁来给他做呢？在这封信的同一段里儿子看到了答案：“我的表姐为我准备的‘鸟食’可口极了。”

1918 年 9 月，爱因斯坦由于受到病痛的沉重打击，终于彻底顺从了他的命运，结束了光棍的独居生活，从自己的住宅搬进了哈伯兰特大街去接受爱尔莎的照料。情人成了护理员，充满爱心地尽心尽力照料他。这期间他的体重还不到 130 磅，正常情况下应该比这重 50 磅。爱尔莎给他“虚弱的内脏”准备的病号饭是香甜的牛奶大米粥。其实，米列娃和母亲保莉妮也知道，经过肠胃是通往她们阿尔伯特隐秘内心的最便捷的道路，也就是说要想留住男人的心，首先要留住他的胃，但最终却是爱尔莎通过胃而留住了他的心。

并不一定出于爱情，更主要的是因为认识到受到家庭照顾的必要性，他在爱尔莎的催逼下让了步，背弃了独居的决心，表示同意和她结婚。在这件事情上爱尔莎的家人当然不会置身事外。“逼迫我结婚的要求，”他在给臧格尔的信里说，“是我表姐的父母提出来的，而且主要是出于一种虚荣心。”

在刚刚消停了两年之后，他现在——可以说是从病床到病床——又向米列娃提出了离婚要求：“让我私人关系中的秩序彻底归于正常的愿望，促使我第二次向你提出离婚的建议。”这一次他希望通过赎买获得自由，并谈到他将“造成巨大的牺牲”。诺贝尔奖金（大约折合 18 万瑞士法郎，他坚信自己一定会获得这一奖项）将全部归她——当然又一次加上威胁：“如果你不同意离婚，从现在开始，每年寄到瑞士的钱绝不会超过

6000 马克，一分钱也不多寄。”

米列娃的答复，也就是从她那里收到的第二封信表明，她的反应是何等冷静和审慎：“你应该理解，目前我还在生病，所以很难做出决定。我不看发展——为了孩子我也必须先适应这种想法。我理解，你想得到一个自由的未来；这对你和你的著作是否真的必要我不知道，但我不想挡你的路和妨碍你的幸福。”

不过现在米列娃也提出了她的条件。她认为阿尔伯特慷慨大度的报价只是在离婚时她有权得到的最低数目——在安排恰当的情况下，用这笔钱足以过着无忧无虑的生活。但有一点她和他的想法是一致的：两个人都希望孩子们能够被照料得很好。爱因斯坦的战线拉得这么长，钱当然是很重要的。由于境况窘迫，他同瑞士的朋友们发生了争执。

“我不容许别人像利用一个小学生一样持续不断地利用我。”当朋友们显然因为他给家里汇的钱数不够对他提出批评之后，他在 1 月初的信中对贝索大加指责。“如果我不采取有力措施，就会没完没了地给我施加压力。”此后不久，他对刚满 14 岁的汉斯・阿尔伯特吐露说：“整个不幸要怪我在瑞士的那些朋友，在这件事情上他们根本就不讲良心。”

让他大为光火的主要是泰特在阿洛萨居住期间高得离谱的费用。他不仅对小儿子的哥哥重复他的想法，他“确信，把他放在山里那么长时间，让他变得越发娇气是错误的”。其实，他主要是抱怨“不幸的是这要花费惊人的巨款，以致我的全部存款全得花在这上面”。

他对臧格尔也是一肚子“怨恨”，因为他批评他的离婚威胁是“在没有任何准备的情况下就把刀架在了人家的脖子上”。3月初，他对贝索的夫人安娜抱怨说：“所有的人都联合起来，毫无必要地把我的生活搞得如此艰难。”像当初争取米列娃的理解一样，他以同样幼稚的方式争取对方的同情：“您也替两个年轻的姑娘想一想吧，她们还指望着嫁人呢，但在目前这种情况下却由于我的过错而深受影响。”

爱因斯坦真实的建议是，由于米列娃身体有病，应该让大儿子离开她的身边，交由妹妹玛雅抚养他长大。当他又把看护人兼情人的新居扯进来的时候——“请想想我无处不在的困难吧，因为我身患疾病，所以不得不和爱尔莎住在同一所房子里”——安娜·贝索·温特勒的怒气再也忍不住了。“如果爱尔莎不想丢人现眼的话，”她在回信里写道，“那么她就不应该四处招摇地跟在您的身后。一个带着孩子的母亲应该知道她干的这叫什么事儿……您有病是一回事，但把它当成结婚的理由实在让我无法理解……爱尔莎这样做是非常错误的，您这样做也是错误的——尽管这些人”——她指的是她的丈夫和臧格尔——“想理解您，我认为这两个人（虽然性格不同）心灵都非常高尚。我不会把我睁开的双眼蒙起来。”

几个月之后，爱因斯坦还在对米列娃——除此之外他也不好向其他任何人提起——抱怨他妹妹的这位小姑子：“她给我写了一封如此放肆的信，所以我再也不能容忍其他这类信件，而且再也不和她打交道。”这位不懂外交辞令的先生在贝索本人面前同样大诉其苦，竟然毫无抱歉之心：“还从来没有人如此放肆地对待过我，我希望从今往后再也不要有人这样对我！”

面对他开出的条件，米列娃发出了信号：如果他马上把每年支付的钱数从6000瑞士法郎提高到8000瑞士法郎的话，她可以同意离婚。“我乐于按照你的愿望去做。”她很快收到了回信，对方毫不迟疑地答应了她的要求。接下来便是围绕细节所进行的谈判，并且一直延续到1918年年底。要是能够看到米列娃有关这件事情的那封信该多好呵！但我们只能看到阿尔伯特于1918年5月对这封信的回信：“只有死亡是最保险的，但它根本不属于财产。这一点什么也改变不了……不管怎么样，我能留给孩子们的最好的东西，也就是他们从我这里所能继承的，不是金钱，而是聪明的头脑，一种满足感和全世界凡是有热爱科学的人所居住的地方的人都知晓的……无可指责的名声。”

此后不久，爱因斯坦试图把这件事情做一个彻底的了结，把双方的条件最终确定下来：“4万马克的有价证券在这几天内即寄到苏黎世瑞士联合银行你的名下。我现在请你把协议寄来并提交离婚诉状。”单从表面看，他对这些事情似乎是漫不经心。“亲爱的米歇尔，”他于1918年7月写信给这位重新和好的朋友，“你的信以及对于离婚的独特建议我已收到——蒂尔·厄伦施皮格尔[①]。”可在他的心里，沉重的经济负担显然让他非常难过。就像用剃须刀切断自己的喉咙，他在他那不太符合传统的梦境中品味着酸甜苦辣。

---

① 蒂尔·厄伦施皮格尔，德国14世纪农民出身的讽刺家。此处表示简直滑稽、作弄人的意思。

6 月份，爱因斯坦终于有了一点儿小小的值得高兴的私人理由。虽然他感到痛苦，因为正如他在给贝索的信里说的，“非常遗憾，我不能见到我的儿子们”，但他第一次收到了爱德华写来的信。“我亲爱的泰特!”他立即回信，“我非常自豪，我的二儿子现在也能够写信了!”

他在夏季度假期间，又从位于波罗的海岸边的艺术家休养胜地阿伦绍普发了一封信：“我躺在海滩上，像一条鳄鱼，长时间地享受日光浴。从来不看报纸，根本不理睬这个所谓的世界。”他给 14 岁的汉斯·阿尔伯特上演了一出荒唐的书信体戏剧：“对于你来说，你到我这里来事情要简单得多——如果你愿意的话……你看，你在因为我的错误而责怪我；也许将来你会想，在这段时间里你要是能多为我操点儿心可能会更好。”

尽管如此，他仍然“感到非常幸福”，因为孩子们写给他的信“亲切而友好”。他在给贝索的同一封信里还说：“你对我再婚的劝诫是出于好心。”很显然，这位朋友在提醒他同样的错误不要犯两次。“但我不能听从；因为，如果我接受你的劝告，连第二个女人也遗弃的话，恐怕什么事情都无法让我坚持了。”

也是在这次度假期间，在给臧格尔的信里，他以一种并不那么适合父亲的自负口吻，谈到他对长子心中职业选择的看法：“这个阿尔伯特已经开始有一些有趣的想法，尤其值得注意的是对于技术的看法。但不管怎么说，他的每一个活跃的想法都会让我感到高兴，即便它们沾有小市民的气息。也许有朝一日他会认识到，很多有用的东西其实是多余的。”曾经同汉斯·阿尔伯特本人交谈过的传记作者彼德·麦克摩尔，描述了在苏黎世所发生的戏剧性的一幕：“汉斯·阿尔伯特抱着敌意对待他的父亲。他现在已经长成一个结实、有主见、独立意识很强的15岁的小伙子。他对父亲说，他已经最终下定决心要当一名工程师……‘我认为这是一个令人厌恶的想法。’爱因斯坦说。‘但我就是要当工程师！’小伙子反驳说。爱因斯坦干脆不再理他，并说再也不想见到大儿子。”

汉斯·阿尔伯特如同一个老于世故的成年人，根本不理会父亲希望他作为一个自然科学家步其后尘的愿望，而是选择了技术道路。直到若干年以后，他的父亲才表示歉意：“我真的很高兴，你们没有一个人投身于科学之中，因为这是一项艰苦的事业，需要做很多毫无结果的工作。”相反，爱德华则把父亲看成一个偶像，自己永远无法企及的样板。“你的二儿子是一个极为可爱的小家伙，”臧格尔向在柏林的朋友报告说，“动作像个害羞的小姑娘，一点儿也不像爱因斯坦家的人。”这个男孩子喜爱音乐，喜欢读书和写诗。

他后来写了一些相当有才气的诗作，而且试图写一些医学—心理学方面的文章，想以此来展示他的天才特质——好像非得要扮演一个天才，但他又不可能是一个天才。由于他的疾病，做父亲的经常忐忑不安，有时甚至抱着拒斥的态度；而现在又感到骄傲和自豪，心中充满了希望。根据今天心理学方面的认识，爱因斯坦的做法，可以说是一个孩子所能遭遇的最糟糕的状况之一：时而被踢开，时而受宠爱，二者之间的不断变换到任何时候都不可能产生一种可靠的联系。所造成的可能后果是：一辈子都不具备建立一种适当关系的能力。反过来，泰特感情的天平之所以大幅度地倾向父亲一边，其原因可能就在于情感上的起伏不定。一个极端是热烈的赞赏，另一个极端是粗暴的疏远，其间则是完全的无所谓，这种反差反映了他极度的分裂。

从 1918 年 11 月 9 日的信中看出，双方在离婚问题上终于达成了一致：“我完全同意你所建议的形式。”爱因斯坦向米列娃宣布。“注意，你要快点儿离婚，为此有 4 万马克划归你所有。”

圣诞前夜的一天，在柏林舍内贝格区科尼西地方法院里，文书将被传讯的教授的以下辩诉记入 1286/1918 号《爱因斯坦诉爱因斯坦》案卷：“说因为我的过错导致婚姻破裂是正确的。这四年半，我一直和表姐、离婚寡居的爱尔莎·爱因斯坦·列文塔尔住在一起，并与她一直保持不正当的男女关系。我的妻子，亦即原告，自从……1914 年夏天就已知道我和我表姐有这种不正当关系，并向我表明了她对此事的愤怒。”1919 年 2 月 14 日，法院在双方均未到场的情况下对离婚做出了缺席宣判。

在这段时间里，疾病和痛苦越来越成为这位天才父亲的悲剧的中心。而现在，他作为儿子又将面临严峻的考验：“遗憾的是我的母亲躺在鲁赛恩，病得要死。”1919 年 6 月他写信告诉汉斯·阿尔伯特，“她肯定会在一年之内死去，而且还要遭受可怕的痛苦。”1919 年夏天，他前往瑞士探望住在疗养院的母亲。离开疗养院之后，依照他对母亲的保证，“在苏黎世停留了三天，这三天与阿尔伯特在一起过得相当愉快”。可是随后他就躲到住在沙夫豪森的朋友康拉德·哈比希特那里去了。“但时间也非常紧迫，因为星期四晚上母狮子就回窝了。”

最后，他向生病的“母狮子”提出了一个很过分的建议：“因此说你们有必要搬到德国去住，而且越快越好。”爱因斯坦尽管拥有那样的地位而且收入不菲，但由于通货膨胀和兑换率越来越不利——“我们的钱一天天变成废纸”——用他德国的薪水来维持瑞士家人的生活确实是令他难以承受。他甚至催促她：“巴登州有一家人希望搬到瑞士去，通过与他们交换住房可以获得栖身之处。”

这件事情成了后来许多年里持续不断的话题。当汉斯·阿尔伯特到了上大学的年龄，他建议米列娃和孩子们搬到达姆施达特去。“那里有一所很好的工学院，你们在那里不仅会比在苏黎世生活得好，而且还可以节省一大笔钱；而现在，为了维持你们在苏黎世的贫困日子，几乎用去了我的全部收入。”直到 1938 年夏天，他还在让米列娃“请认真考虑一下，我每月给泰特的钱完全够你们两个在南斯拉夫过上舒适的生活”。

由于通货膨胀，爱因斯坦的钱花得精光，以致只能依靠他姨夫兼岳父鲁道夫的慷慨大度渡过难关。但是米列娃拒绝搬家，并坚持住在选定的第二故乡苏黎世。最后他只好让步：“看来我们注定要过一种吉卜赛人的生活。在目前情况下，我还是能很好地理解你的。所以，我们暂且把迁居的问题往后推半年。”

1919 年 11 月 16 日，正当对爱因斯坦的炒作开始之际，他写信给米列娃：“我非常渴望阿尔伯特和泰特能给我写上几行。请告诉他们！”1920 年 2 月末，联系得以恢复。汉斯 · 阿尔伯特在写给父亲的一封信里亲切地称呼他为“大人物”。

“我也非常想念你。”爱因斯坦回信道，并于此后不久请求两个儿子，“请赶快给我来信说说你们两个的学习情况，以及除此之外你们还都干些什么。”

在写给儿子们的信里，他也一再提到自己在财务方面的窘迫。“谁知道，我是不是有那么一天被迫要在国外给自己找一个地方。”他在 1920 年 4 月 5 日写给汉斯 · 阿尔伯特的信里这样考虑，并希望放秋假的时候能够相见。“你真的应当到我这里来，如果可能的话与泰特一起来。去瑞士一趟对我来说太贵了。”7 月，他向儿子们提出了一个切合实际的旅游建议：“你到德国领事馆去打听一下，亲爱的阿尔伯特，为了取得你们的旅行许可都需要些什么。你也可以告诉他们，你是住在柏林的爱因斯坦教授的儿子。”

但是米列娃对此非常敏感，所以，当她坚决拒绝将她的孩子们交给他的亲戚时，他表现得非常愤怒：“以后你真的应该放弃这种做法，至少不要禁止阿尔伯特到柏林来。想对一个可以说是成年的人进行这样的监护简直是可笑。夫人在阿尔伯特面前会保持克制，如果他愿意，我可以和他单独吃饭。但这是非常可笑的。没有必要因为一个老女人而制造这么多故事。”

8 月 1 日，他给 9 岁的泰特写信说：“我也经常觉得痛苦，和你们在一起的时间这么少。但我是一个非常忙的人，很少有时间离开这里……我们俩团聚的机会如此之少，以致我对你的了解还非常不够。尽管如此，我还是你的父亲。可以肯定，你对我的想象也是相当模糊的。”

1921 年夏天，他结束第一次到美国的长途旅行返回之后，终于有了与两个儿子一起在北德度假的机会。“阿尔伯特是一个优秀的孩子，”他给在苏黎世的米列娃写信说，“泰特很聪明，当然还有一些幼稚。”在一张从度假地寄出的明信片上，这个小诗人向他的母亲表示了歉意：“亲爱的妈妈！我没有像每次那样给你寄一首诗；这里的天气热得让人难以相信，炎热对我的精神有着非常不利的影响。”

休假之后，爱因斯坦在给米列娃的信中谈到“我们可爱的孩子们”：“我感谢你教育他们以一种亲切友好的心态对待我。”同时也不忘“顺便说一下，那个年轻的女儿”——也就是伊尔莎，他大概最希望娶她而不是爱尔莎——“是一个非常规矩、谦逊的女孩，老人们怎么做是老人们的事情，不能把责任推到这样的姑娘身上”。

但这样美好的安宁没有保持多长时间。很显然，汉斯·阿尔伯特拒绝担任离异父母之间的调解人的角色。他始终忠实于自己的母亲，所以难免发生一些“不愉快的争吵和尴尬”。而爱因斯坦又偏偏愿意向 12 岁的泰特透露心里话：“你可以想一想，和阿尔伯特的事情让我多么恼火；但没有一位父亲允许（孩子）这样对待自己，就像阿尔伯特上一封信里的态度那样。这封信里流露出对我的不信任，缺乏尊重，态度粗暴。我真的不该受到这样的对待，而且我也不能容忍。如果我和阿尔伯特之间变得疏远，我会非常非常难过。”

虽然老阿尔伯特和小阿尔伯特之间偶尔也会天气晴和，但根据这些信件，在后来的许多年里，他们的关系一直都是冷冰冰的。不过，“除此之外，”他总的认为大儿子还是一个相当“优秀的小伙子”，但对小儿子，他却凭借外行对心理学的理解做出了心怀叵测的诊断：“泰特的情况更不好了。”他在1925年写信给米列娃，“他智力方面的禀赋也许更强了，但似乎缺少平衡，也缺少责任感（过于强烈的利己主义）。与其他人的内心交流太少，而虚荣心又太强。由此而产生孤独感和一种恐惧心理，以及其他类型的障碍。其实他有很多我的特点，但在他身上更加明显。他是一个很有意思的小家伙，但他的生活将很不容易”。

在妹妹玛雅面前他把两个儿子刻画成一对截然相反的典型：“泰特高挑瘦弱，几乎比我和阿尔伯特还高，是一个书呆子，充满才智，不修边幅，不怎么牢靠……阿尔伯特有点儿粗野，喜欢独断专行，非常干练和聪明，乐于负责，可靠，脾气不怎么好，并且不知道体谅他人……但是，由于我的家庭所发生的一切，两个孩子的心中却牢牢扎进了一根刺。”

柏林和苏黎世之间的腔调越来越激烈。我们至少可以从保留下来的爱因斯坦的信中，也就是双方通信的那一半中看出端倪：“我非常难过，泰特的病情恶化得这样厉害。尽管如此，我仍然不能前往苏黎世，因为我确实感觉到，你们不会诚心实意地对待我。”事情又涉及财物的问题。米列娃用诺贝尔奖金买了若干套出租公寓，依靠出租这些房屋她理应过得不错。爱因斯坦硬说她——也许并非完全没有道理——不会合理安排钱财。

“反过来，你们试图利用每一次机会，一遍又一遍从我这里弄钱。”米列娃继续往下读，“能否重新建立起信任，完全掌握在你们手中。可以这样：你们三个人一起给我寄一份具有法律效力的声明，在其中要么规定把诺贝尔奖金算作孩子们遗产继承的份额，要么你们不承认我的遗嘱……我知道，你根本没有告诉孩子，我的诺贝尔奖金全部给了你们。相反，你在苏黎世一直要造成一种我在亏待你和孩子们的印象”。估计那时他已经打算把他的一部分财产留给自己的继女。他去世以后，玛戈特得到的遗产比他的两个儿子加在一起的还多。她总共继承了 2 万美元外加房子和家产，而爱德华只得到 15000 美元，汉斯·阿尔伯特得到 1 万美元。爱因斯坦单边的、基本变成独白的对话告诉了我们许多情况，但这只是双方通信的一半，所以还远远不够。可是突然之间，在加利福尼亚帕萨迪纳爱因斯坦研究中心的地下室里，在浩如烟海的一排排吊架式文档里面，除了他那种稍微有些倾斜、摇摇欲坠的字体之外，又出现了一个女人的丰满而圆浑的字迹：一封米列娃写给阿尔伯特和爱尔莎的信，从而使爱因斯坦的形象有了一个新的维度。她的这封信没有标注日期，信的抬头用的是缩写：

“亲爱的阿：

我感谢你的来信，并且同样感谢爱尔莎所写的详细的内容。你不肯到这里来稍微待上一会儿，这让我非常不愉快。最近几天我一直在考虑这个问题，如果我就这件事情再啰嗦几句，你肯定不会生我的气。我希望，你不要完全忘记你这里还有一个身患重病的可爱的孩子。如果你能想象一下，他在长达一年半的痛苦不堪的日子里，如何经常望眼欲穿地思念你，你一定会丢下一切，来到他身边待上片刻。他经常向我提出这个让我害怕的问题：你相信吗，他也许会来的。当时间一天天地过去而你又没有来，他就更加沉闷了。”

如果这还不足以让人肝肠寸断，她还会在字里行间流露出孩子的轻声抱怨。“大约在六周之前”小家伙说了一番关于爸爸的话：“唉，有我这样一个儿子他还能指望什么呢，可我是个病人呐!”如果这一击还不够狠，爱因斯坦还将受到另外一种惩罚：“自打这个时候起，他再也没有提到你，也不参与关于你的任何谈话。我知道，由于他认为你不愿意见他，他那颗可怜的渴望关爱的心已经受到严重伤害，而且这对他的病也造成了非常糟糕的影响。”

她为他架设了一座桥梁：“也许任何人都不需要知道你在这里，你可以傍晚时分到达这里，然后乘坐一辆封闭的汽车到泰迪那里去。”这封信的结尾写道：“你会帮助每一个向你求助的人，为什么不帮帮自己的孩子呢?”

处于下风的米列娃甚至向总是“充满同情和关切”提及她的爱尔莎发出了绝望的呼吁：“亲爱的爱：……作为一个女人和母亲，你也许能更深切地理解，泰迪这段时间一直怀着想见他父亲的热切愿望，却根本不能实现，我的心中该是多么痛苦。”爱因斯坦对这封信做出了什么样的反应我们不清楚，但从后来的信里可以看出，他与泰特（从字面上看）更亲近，而与汉斯·阿尔伯特进一步疏远。虽然大儿子已经过了 20 岁，但同他的争吵却像在与一个处于青春期的少年闹矛盾。

1925 年，当做父亲的打算插手 21 岁儿子的爱情方面的事情时，矛盾进一步升级了。按照爱因斯坦的估计，正如他向米列娃透露的，“面对异姓他显然严重地缩手缩脚……我要想方设法不动声色地对他稍加指导，能做到什么程度就做到什么程度。”但这位年轻的小伙子却不会容忍，再说也根本谈不到什么“不动声色”。在同自己儿子的私人战争中，爱因斯坦对儿子的女友和后来的妻子弗丽达·克奈希特采用了正规的拦阻射击战法——好像一定要丝毫不差地重复当年他母亲阻挠他和米列娃结合的模式。很显然，由于米列娃对这种关系看得非常透彻，他觉得不得不抚慰她一下：“我并不打算将你和阿尔伯特的女人相提并论。”

但对汉斯·阿尔伯特，他却试图给他解释明白：“所有这一切之所以发生，首先是因为她抓住了你，而你现在又把她看成是所有女性气质的体现……任何时候都不要让或者领着克奈希特小姐到我这里来，因为情况已然是这样，而我根本无法忍受。不过，如果有朝一日你感到有和她分手的必要，请不要在我面前坚持你的自尊，而是应当相信我会帮助你，因为早晚会有这么一天。”

在若干年的时间里，他的信里一直充斥着对弗丽达的激烈抨击。他认为她的年龄太大，与他的儿子不般配（她比他大 9 岁）；尤其是她太矮（仅仅 150 厘米多一点儿），所以说遗传质量低劣。爱因斯坦这时正沉溺于他的遗传妄想，并求教于柏林—新科尔恩医院的院长和苏黎世附近的布尔格霍尔茨利精神病院的专家，正如他在给汉斯·阿尔伯特的信里写的，为的是有助于“防止这种不幸”，亦即防止他的终身伴侣生孩子。“就个人而言，克奈希特小姐没有任何让我反对的地方，也不能要求一个女人有那么多的责任感和自我克制的精神。但是对你则必须这么要求。”

他也要让刚刚16岁的泰特知道这一点：“品种的退化肯定是某种灾难，是最糟糕的事情之一，所以我不能忘记阿尔伯特的罪孽。我凭着本能防止这样的事情发生在他身上，因为我的脸上没有一点儿快乐的表情。”然后，患有抑郁症的小儿子也遭到了惩罚：“你是不是认为，你的父亲犯下了罪过？也许是的。那么因为你的存在就宽恕我吧！……万物需要它的奢华，如果它们不想让上帝后悔的话。”

因为你的存在就宽恕我吧！由于失去了汉斯·阿尔伯特这个谈话对象，病急乱投医，爱因斯坦越来越需要在他健康状况时好时坏的小儿子身上寻找一个实实在在的知心朋友。“我在他身上看到了真正内在的与我相似的地方。”他在写给米列娃的信里说。还在15岁的时候泰特就已收到过这样的信：“由于人是由猴子变来的两条腿的动物，一段延续不长时间的意识总是带有出自返祖性本能的负担。”但这并非是在泛泛地谈论人生哲理，同时也是在具体地谈论家庭中那些不愉快的私事。爱因斯坦陷入了心灵的真空之中，只能无助地利用一个儿子对付另一个儿子。

“阿尔伯特是一个敦厚、心理上没有发生分化的人。”他给逐渐长大的泰特写信说。“那个女人是一个狡猾、自私、不良之人，她把他给控制住了。她在心理方面的分化比他厉害，他的才智全都用在了考虑空间和动力学的业务上。也许他的感觉过于迟钝，没有发觉心灵的翅膀已被切断。”

1927 年的圣诞节，爱德华收到父亲的一封长信。在这封信里，这位父亲显然谈到一封同样详细的信，并激动地进行了好一番心理分析：“如果我以类似于动物的心理要求你，我便会认为，自然的感觉和行为不应该在精神之外过快地发生。我所说的动物不是指老虎，因为老虎作为非社会性动物没有我们那种最美妙的欲望和感情。”不难想象，面对声名赫赫的父亲的这封信，这位年轻人读起来会有怎样一种紧张不安的心情。难道爱因斯坦不知道，自己是在一座什么样的感情火山口上跳舞？难道他对自己的行为缺乏审视的能力？或者说，他只是想告诉这个儿子，他对他就像对待每一个成年人一样严肃认真？

“你的公理：‘生活本身没有任何生活之外的终极目标。’对此我完全赞同……有利于一种思想的生活可能是好的，如果这种思想能使万物生长并将个人从‘我’的桎梏中解脱出来，而且不会陷入另外一种受奴役的地位。科学和艺术可能起到这样的作用，但也有可能导致奴役或者病态的娇养和过分的讲究。我怀疑，这类追求必定会造成生活上的无能。毕竟，对于沉入水中的人，水本身就是夺命的毒药。”

水是溺水者的毒药。爱因斯坦劝告儿子不要把写作当作主要职业。“将文学创作活动当作主要职业很荒唐，有些像一只动物只吃百合花。”他还把这与他对大学的批判联系在一起（爱德华刚开始上一所医科大学）：“我上大学的时候也是这样，感觉自己就像一只填鸭一样被动。”他对儿子意欲改学精神病学专业提出了警告：“只有非常坚强的人才能做到在没有发生沉船和内部损伤的情况下离开预定的职业轨道。”他批评儿子的“格言”——“谁让你有一位非常严厉的父亲”，因为“按照我的口味”，它们“有点儿过于睿智，缺少自然和淳朴”。他也学着接受儿子的兴趣：“如果有一天你到我这里来，你必须给我讲一讲心理分析；我向你保证，我一定会专心致志，首先要做出严肃认真的表情。”他高兴地发现，“我们之间在内心深处有一种相似之处”。他极力插手泰特不幸的爱情生活，就像干涉他哥哥的爱情一样：“看来你与那个‘永恒的女性’已经牢牢地纠缠在一起了，只是一定不要眷恋年龄比你大的女友；对于你，这种女人过于诡诈。你宁肯找一个心地善良的女友，哪怕她更多地意味着一场友好的游戏。”

现在，他甚至试图表明自己与儿子有着同样的痛苦：“我知道自己感觉到了什么——如果我觉得烦躁不安的话。每当我知道自己的行动和愿望‘被粉碎’的时候，总是会出现这样的情况：想要很多相互排斥的东西，但没有任何愿望强烈到那种程度，足以让你不受干扰地采取行动。这种状态也可能由外部引起，例如当我收到太多应当回复的信件时……结果，剩下的只是郁郁寡欢，多少清楚它的原因，但又不能采取一致的、切实的行动。”

他的用意肯定是好的：爱德华了解了双方的精神状况，可以让他感觉到两个人的心灵是相通的——他也是个精神上有病的人呵！希望产生的共鸣并没有自动带来同病相怜之感，爱因斯坦根据他做出的“明显损伤性精神分裂”这一心理诊断写给泰特的信泄露了这一点：“一个人在处于软弱无能的状态时必然会走向宿命论，以免一次又一次地拿着脑袋往墙上撞……我从你的信里发现，你不像以前那样沉着冷静了……只是你不应当陷入许多遭受某种痛苦的人常犯的错误，认为自己很重要，以为对你来说一切都是不言而喻的事情。”

难道他真的相信，这样的劝诫对于一个有心理疾患的病人有帮助？他的信毕竟是写给一个对精神病学有着火一般兴趣的人：“从某方面讲，你也许真的应该为你的病态现象感到高兴：任何事情也不能比你的亲身经历让你认识得更深。”接着他又说：“虽然我也发疯，但只是以我的方式。”

现在，他之所以用这种危险而又笨拙的方式努力与小儿子进行探讨，主要是与大儿子的斗争造成的。在感到绝望的情况下，他甚至试图与米列娃联合：“渐渐地你会发现，几乎没有一个比我更讨人喜欢的离婚男人了。也就是说，尽管我的忠诚不同于一个少女所梦想的那种忠诚，但我依然是忠诚的。”这些话读起来和他这段时间写给妹妹玛雅的一封信里的腔调完全不同。在那封信里，他把米列娃称作“一头大猪”。

但是“阿尔伯特的情况看起来是最糟糕的，有时候我都怀疑他是否正常”。接着他又写道：“最近，他在女权思想的影响下给我写了一封厚颜无耻的信。”哪怕只能起到细菌的作用他也不想放过：“他要给你造成一种感觉：我在和他搞阴谋活动。但不管怎么说根本就不是这种情况……我从来没有对他说过他不应该关心你，根本没有做任何有可能教唆他的事情，妨碍他对一位真正优秀和富有牺牲精神的母亲的天然感激之情……那个姑娘的影响实在是太坏。”

时间一长他的话说得更直白：“你只要看一看，在这么短的时间里阿尔伯特衰弱得何等厉害，就会知道她有多么卑鄙下流……这小子一定会一失足而成千古恨。”让他寝食难安的首先是后代问题：“如果他不生一个令人担忧的孩子，我就已经心满意足了。”即使已经和未来的儿媳妇见过之后，他也没有完全松口：“配其他人也许没有我想象得那么糟，可能比嫁给他略好一点儿。尽管她有些自私和以自我为中心，也不是很懂礼貌，但更糟糕的还多着呢……简单点儿说吧：只要她能一直不要孩子，那我就感谢命运的眷顾了。”

最后他向儿子提出了一项休战条件：“如果你告诉我你有坚定的决心，不打算与克奈希特小姐生孩子，我将真心诚意地接受你与之结婚的决定——尽管我对你们两人深表同情。”但爱因斯坦却阻挡不了这一“不幸”的发生。1927 年，汉斯·阿尔伯特与他的弗丽达结为眷属，并于 1930 年生下了爱因斯坦的孙子贝伦哈特·凯撒。爱因斯坦觉得自己“在相当丢脸的情况下被推到了祖父的位置上”。

不过，这位爷爷还是像疼爱自己的孩子一样疼爱这个小“汉督”，最后甚至把自己心爱的小提琴“丽娜”遗赠给了这个延续他血脉的孙子。现在，这件乐器保存在贝伦哈特·凯撒的一个儿子，阿尔伯特·爱因斯坦的重孙，小提琴家保尔·爱因斯坦（Paul Einstein）的手里。

让他忧心的不幸不只是生物学方面的，还有物质遗产的继承问题，它所涉及的事情可要比一把小提琴多得多。在遗传基因方面未能实现的控制，爱因斯坦现在要通过金钱来实现。背后的原因有可能是他自己的病史，“现在查明我有严重的心脏病（心脏扩大、血压偏高和脉搏过慢），是否能有明显好转，”汉斯·阿尔伯特读到，“现在还不知道，无论怎样，我必须躺倒好几个月”。

1928 年 3 月在瑞士访问期间，当他背着旅行袋踏着厚厚的积雪爬了几百米的山路时，因为循环系统的问题发生了虚脱。由于摔得很重他只好返回柏林，在床上一躺就是几个月，并被严格限制饮食。经他的新任大夫，著名医生雅诺思·普雷什确诊为心包炎。刚刚 49 岁身体就这样糟糕，爱因斯坦不由得为自己的生命担忧起来。“我已经离死不远了。”他在 1929 年年初写给贝索的信里说，“这种事情也不应当过分地拖延。”从这个时期开始，他对身后事宜的安排考虑得越来越多。至于谈到物质遗产的分配，他显然有自己的想法，而且没有同他的第一个家庭商量。

爱因斯坦怒气冲冲地同他们三个人全都闹翻了。他看到，全世界都对他崇敬有加，只有他的孩子们反对他，他没办法同他们打交道。1932 年的秋天，他写信给作为这个残破家庭代言人的汉斯·阿尔伯特说：“你要懂得，我的信任已经逐渐耗尽，以至没有兴趣答应你们的请求到苏黎世去。鉴于泰特的状态我也无法再面对他。现在，等你同你的母亲（可能的话也同泰特）商量之后再做你认为正确的事情……我已经向你重复了一切，却毫无结果，好像还有时间为未来的不幸采取预防措施似的。这也就是说，要接受已经无法改变的事情。”对于一个一向鼓吹人道主义并宣称“只有为其他人而生的生命才有价值”的人，这是相当残酷的。

8月底，他以类似的粗鲁方式向生病的爱德华吹响了进攻的号角：“亲爱的泰特！你的两封信足以说明问题，而且对于我的询问没有给予任何回答。我认为，你已经和妈妈以及阿尔伯特商量过这些事情。所以，我稍许的疑惑已经变成了合理的怀疑。这让我很遗憾，但我也学会了睁大眼睛去看事实，看看问题——真叫人痛苦！——有可能出在什么地方。在这种情况下，即便相见又有何益，只能给我们双方造成伤害。每个人应该赶快去做他可以做，或者——更确切地说——他必须做的事情。这就是命运。打心底里向你问候！你的爸爸。”

字字句句都显示出在写这封信时的那种令人惊讶的不耐烦。究竟什么事情搅得他如此得心烦意乱，这个家庭的一位密友的描述给了我们答案：“在他同父亲的关系中，这个男孩怀有一种热诚的、深深的钦佩，但有时候突然又不理不睬，似乎暗地里对他心怀怨恨。这也许是由于理想无法实现而产生的一种无力的反抗。”爱尔莎的女友安东妮娜·瓦伦廷回忆说：“突然从瑞士来了几封毫无关联的信，信中以慷慨激昂的方式显示出一个弱者对维护自我的需求，用以表明自己已转为一种彻底的绝望。这些撕心裂肺的信深深震撼了爱因斯坦。他一点儿也不理解这种过度幻想的迷乱。小爱因斯坦对父亲的极度热爱突然之间变成了在尖刻指责中流露出来的怨恨，一个高烧病人在忏悔呓语中发出的恶毒诅咒。”

尽管爱因斯坦拒绝去看望儿子，但他还是恳求他在这个家庭中唯一可信任的爱德华："对我来说，不要在你身上感受到如此深重的失望特别重要。至于其他人，不管怎样我应付起来都要容易得多。"接着，他还是想让他知道："你在信里说，我离你很远；但彼此远离原本就是我的命运，而且这样也挺好。"

一份机器打印的、显然是汉斯·阿尔伯特于 1932 年写给他父亲的信件的副本，有助于我们弄明白，究竟是什么原因让爱因斯坦性急地进行言语上如此激烈的争论：

"你必将承认，"这封信里面写道，"在那些与你关系密切或者起码是曾经关系密切的人中，我是麻烦你最少的人，至少在经济方面是这样。我逐渐看明白了，我根本就是一个大傻瓜，我要想尽办法尽快挣出我的生活费。所有那些孱弱和有病的人都得到宠爱和呵护，但你似乎很少想到，我一直是自己照顾自己；虽然你让我在生活中失去了你，但起码在你死后应该给我留下些许的怀念，而你显然认为连这也不值得。如果你对我的父子之情真的已经降到了最低点，那么最好是通知我一声。"

你让我在生活中失去了你！1932 年 11 月，汉斯·阿尔伯特收到了相应的回答："你指责我不是一个好父亲。确实，我一直把心灵上的亲近看得比肉体上的亲近更重要。当我读到你刻薄无情和粗暴无礼的来信时，再次强烈地感受到这一点；你的信犹如随便一个黑人部族的战争舞蹈，距离我的心灵是那样的遥远。"1933 年的 4 月末，他在写给米列娃的信里又说："我再也不会原谅阿尔伯特对待我的态度，尽管我也考虑到了，他之所以如此大部分应归咎于那个女人的影响。”所有这一切全都发生在那些动荡不宁的日子里，也就是正当希特勒攫取政权之后，爱因斯坦放弃他的德国国籍并永远失去他在德国的家园的时候。

对于接下来发生的事情尚缺乏原始资料。尽管发生了种种不快，他还是于 1933 年 5 月到苏黎世去看望了米列娃和爱德华。是米列娃趁这次探访之机让他发生了醒悟？朋友们是否又一次介入了此事？汉斯·阿尔伯特是否又给他写了一封信并让他睁开了眼睛？或者说，爱因斯坦自己心里认识到，自己已然不能（也不想）再回德国，在失去故乡之后不能再失去自己的家庭？反正不管怎么说，由于某种使其清醒的震撼他的态度发生了转变。1933 年 5 月 30 日（三周之前在柏林市中心的贝贝尔广场上，他和其他许多人的书籍被付之一炬），他在从牛津发出的信里写道：

“亲爱的阿尔伯特！我已经认识到，事实上我对你是不公平的。我对你对我的态度的变化（固然是很恶劣的）做出了错误的和不利于你的判断。主要原因是觉得自己不该受到这样的对待，某个时候总要为此而报复一下。”两个星期之后他又向玛雅表示了忏悔：“我的固执让我认识不到，由于同你们争吵，我遭受了多么严重的煎熬。”

自从流亡之后，爱因斯坦的生活便笼罩在疾病和死亡的阴影之下。1934 年 5 月，爱尔莎前往巴黎看望即将去世、由玛戈特照顾着的女儿伊尔莎。虽然她苦苦哀求，但她丈夫却拒绝一同前往。伊尔莎患的是肺结核。和那个时代的许多人一样，她也对心理分析的力量深信不疑，以至拒绝接受任何药物治疗而不幸身亡。伤心欲绝的爱尔莎在玛戈特和丈夫的陪伴下回到普林斯顿。在搬到爱因斯坦最后的住处梅瑟街 112 号之后不久，她就病倒了，病得非常严重。

1937 年 1 月 4 日，爱因斯坦通知汉斯·阿尔伯特："大约 14 天之前，我的夫人由于长期身患重病而去世。这可真是什么事儿都凑到一起了。"同一年，大儿子连同他的家人也移居到了美国。现在，爱因斯坦经常考虑自己的后事。1938 年，他在写给臧格尔的信里说："到了我们这个年纪，魔鬼便会硬性地下发休假通知。"可是就在这一年，还没等到他"终于能够看到小孙孙们本人和听听他们尖细的说话声"，这个家庭便遭受了下一次打击：1933 年出生的第二个孙子克劳斯·马丁（Klaus Martin）因患白喉而夭折。"亲爱的孩子们！"爱因斯坦于 1939 年 1 月写信给汉斯·阿尔伯特和弗丽达，"你们年纪轻轻就遭受了关心儿女的父母所能遇到的最严重灾难。"

在随后的一年中，终于有了一个令人高兴的新消息："我很高兴，在这个不怎么稳定的时期，你们还能有勇气收养一个孩子。我认为你们做的是正确的。"儿子和儿媳领养了一个婴儿，亦即那个而今身患重病、生活在伯克利的艾芙琳·爱因斯坦，有可能是阿尔伯特·爱因斯坦在与一个纽约舞蹈家的风流韵事后生下的女儿。"艾芙琳也在发育成长，"汉斯·阿尔伯特于 1942 年 7 月写信给他的母亲说，"现在她已经 16 个月了，两条小腿结结实实，胃口和男孩子们一样健旺。"

但爱因斯坦的健康状况却越来越令人担忧："我已经确诊

为肠溃疡。”他于1947年6月告知汉斯·阿尔伯特。此后不久他又告诉他：“如果我到什么地方吃饭，总得进行特殊的准备，尽管如此我还是会生病。我也得了一次流感，觉得非常虚弱，勇气比往常少了许多。”9月份他写信给米列娃：“我实在不愿意体验那种在任何事情上都不中用了的感觉。可是既然发生了，每个人都得面对。”然而，濒临死亡的却不是他，而是重病在身的米列娃。

1948年6月，当做儿子的想去瑞士照顾他的母亲时，他的父亲却提出了异议：“不过你要考虑一下，与其把积蓄白白用在这种毫无希望的事情上，不如用来改善那些留在世上的、仍然活着的人的命运。”结果汉斯·阿尔伯特没有去。甚至对儿媳妇准备前往瑞士，爱因斯坦也提出了怀疑：“我觉得，弗丽达应当前往苏黎世的想法不是一个好主意，主要是出于心理上的原因。她是夺走米列娃的男人世界的女人之一（在她的想象中）。”

米列娃·爱因斯坦死的时候孤孤单单，在一家瑞士医院里被弄得乱七八糟。当她的前夫通过泰特的监护人的一封电报得知她去世的消息以后，想必是受到了汉斯·阿尔伯特的严厉责备，所以爱因斯坦回信说：“这是一件让人万分悲痛的事情，我完全理解你凭借感情所做出的反应。但我还是认为，你没有去是比较好的。最亲的人去世会撕开青年时代留下的已经结疤的伤口。在这种事情上我没有办法直接帮助你；老天就是这么安排的，最终每个人都必须独自完成他的那一部分。”

母亲才刚刚入土，新的不幸就露出了征兆。1948年的圣诞节刚过不久，汉斯·阿尔伯特就收到他父亲一封令人不安的信：“今天我给你去信，是因为我即将动一次较大的手术……即便我出不了手术室，也不算是死得太早了。如果你只是从报纸上得知这一消息，恐怕就不太好了，所以我把这件事情告诉你。”1949 年 3 月 2 日，爱因斯坦满意地报告说：“肠子的畸形已经解决，其功能有了显著的改善。”在他于几天之后年满七十之际，他经历了一次“生日的冰雹天气，有点儿像给活人举行的一次葬礼”。

爱因斯坦和三个女人共同住在他的房子里：继女玛戈特、妹妹玛雅以及秘书海伦·杜卡斯。继女是 1934 年到达的，之后不久就同她的丈夫分开了。妹妹于 1939 年来到美国，把她的丈夫保罗留在了欧洲。直到 1944 年年底她还认为终有一天能够回到故乡。“这可太美了，”她在给泰特的信里说，“我又可以燃起希望，重新见到我曾经细心照料过的一切。”

可是她的愿望并没有实现。在此期间，已经一头白发的玛雅与她那赫赫有名的哥哥非常像，简直就像一对孪生兄妹。由于得了脑中风，她从 1946 年起就一直躺在床上。玛戈特体贴入微地照顾着她。每天晚上，阿尔伯特都坐在她的床边，给她朗读诗歌和哲学著作。“我每天都期盼着这几个小时，”她写信给一位女友，“而且我也满意地看到，他同样期盼着这样的时刻。”

她于 1951 年年初夏去世，这对爱因斯坦的打击非常沉重。现在，他很快就要孤零零的一个人了。他开始为自己的死亡预做准备。“星期一下午 4 点，我的妹妹得到了解脱……星期二上午11点，我们陪同她前往特伦顿火葬场，没有其他朋友在场……我决定，我死的时候也应当这么做。”1954年12月，他的生命即将走到尽头。“我患有严重的贫血，而且久治不愈，把我困在家里无法动弹。”他通知汉斯·阿尔伯特说。这时距离他去世还有三个月。至少从私人关系的角度，他现在可以平静地离开这个世界了：经过几十年的争吵，他终于看到了与自己的后代和长子的和解——这个必然生活在桎梏之下、已成为“阿尔伯特·爱因斯坦教授”的大儿子，将在伯克利经常不断地回忆起父亲。

为祝贺儿子的50岁生日，他于1954年5月给汉斯·阿尔伯特写了一封信：“我真高兴，有一个儿子在主要方面继承了我的特征：长年累月将全部力量贡献给一个非个人的目标，从而超越了单纯的存在。是的，这确实是最美好的，也是我们赖以超脱个人命运和独立于他人的唯一手段。”

相反，儿子爱德华——“我亲爱的小淘气！”——却苟活在阴暗的生活中。早在1932年，还在爱因斯坦被迫移居国外之前，他就对这个“反正很容易患上抑郁症”的儿子彻底失去了希望，因为他“必将永远是一个让人担心的孩子”。1932年9月，他又一次恳求贝索：“你进行长途旅行时，带这个孩子去一次吧！如果你把你六个月里的业余时间用在他的身上……那么你们就会永远地知道，你们相互拥有了什么。”

实际上，爱因斯坦在1932年10月就已经给这个在母亲身边和精神病医院里轮流居住的儿子提出了条件：“你不要为非得进行修道院式的治疗而发愁……首先不要再为遗嘱的事情烦恼……我希望，明年能够带你去美国。”但这件事从来未曾实现。1933 年 5 月，爱因斯坦在访问苏黎世期间（对这次访问的详情人们一无所知）最后一次看望了米列娃和爱德华。这次看望之后，他向妹妹玛雅描述了她侄子的状况：“他非常抑郁，以一种特别的方式丧失了谈话的思路。”

1934 年，当泰特在一位男护士的陪同下到意大利去看望爱因斯坦的妹妹和妹夫时，玛雅对他的变化表现得极其惊讶。他显得“臃肿，总也忘不掉某些让他感兴趣的理论，而且一种沉重如铅的忧郁笼罩着他，使他瞬间浮现而又迅速消失的那种阳光般灿烂的微笑更显忧伤……他经受着可怕的折磨，可怜的孩子”。

一开始父亲和他的小儿子还保持着时断时续的通信，但对儿子的复信人们一无所知。1937 年他写信给泰特：“我现在作为一个孤单的老人活着，渐渐地准备告别人世。”那时他还有 18 年的生命历程。同一年的 6 月，贝索向他描述了与他儿子的一次碰面：“昨天晚上……爱德华·爱因斯坦精彩而又轻柔地演奏了……圣歌序曲。他的身体还是很成问题：体重超重；不敢出门，一年以来未曾离开过住处——来访的朋友不是每次都能见到他。可是最近这段时间他竟然做了三次条理清晰、具有高度独创性的心理学方面的演讲。他费力的演讲犹如演奏那种老式的管风琴——必须用拳头在上面砸。一个个音节连续不断，近乎于从羞怯的大幕中钻出来，但具有那种你在聆听老式管风琴演奏时所能想象的受到克制的冲击力。”

由于患有精神分裂症，“医科大学生”现在越来越经常地生活在布尔格霍尔茨利精神病院，一开始作为临时病人，后来变成了长期住户。在这中间他住在母亲家里，在她于 1948 年去世以后也曾接受过几年家庭式的照料——先是在一个牧师家里，后来在一位律师的遗孀家里。弗莱米勒（Freimller）牧师和他的夫人甚至成功地使他暂时性地融入了他们的村社，而且还为他弄到了一份书写贺信之类的差事。新闻记者和爱因斯坦的传记作家卡尔·泽利希（Carl Seelig）细心地照顾着这个病人，他当时正好在照看被送到布尔格霍尔茨利的诗人罗伯特·瓦尔泽（Robert Walser）。“您儿子的脸上，”泽利希在给爱因斯坦的信里写道，“流露出某种痛苦和沉闷的神情，但有时也能见到开朗的笑容和一下子就让人着迷的亲切。”

由于泰特十分精通当时流行的治疗形式，即便几天以后他停止了对自己的心理分析，但他持续不断的、经常是自以为是的干预，使得对他的治疗愈加困难。在布尔格霍尔茨利医疗档案 1933 年 1 月 10 日的第 27445 号卷宗的入院记录中记载着以下内容：“早在他作为临时病人在我院短期逗留的时候（1932 年秋天）……他就没完没了地讲述心理分析理论。”

在病人案卷里，也可以看到一封布尔格霍尔茨利医院的院长汉斯·W. 迈尔（Hans W. Maier）所写的信，爱因斯坦应该看过这封信。由于他对遗传学深信不疑，估计这封信会给他带来很大的满足：“可以肯定，这是一种精神病的遗传”——一种遗传！——“来自于母亲方面，她的妹妹就是因为紧张症而被隔离的。”而爱因斯坦不也是说：“他母亲是一种精神分裂的性格。”

据瑞士人托马斯·洪克尔（Thomas Hounker）报道，爱德华于 1944 年接受了一种“电击治疗”，经过六次休克之后就停止了。第二年，他第一次试图自杀。在此之前，他不得不忍受若干次毫无效果的胰岛素休克治疗，甚至还曾考虑过对他采取更让人恼火的办法。“你难道从来没有考虑过脑部的手术或者那种强迫休眠治疗？”爱因斯坦问米列娃，“我说：把手拿开！”

“这孩子真够可惜的，毫无希望过正常的生活，不得不白白地耗费他的生命。”爱因斯坦在 1940 年的一封信里向贝索抱怨。“自从胰岛素治疗彻底失败以后，我认为任何药物治疗都已经无济于事。我对这一行的评价压根儿就不高，所以从总体来说，还不如顺其自然不加打扰为好。”

1946 年前后的某段时间，他终于彻底明白，他的儿子已经不可能再独立生活。因此他写信给米列娃说，他认为“剥夺泰特的行为能力并予以监护是绝对必要的”。这个家庭的一位熟人，海因里希·麦利（Heinrich Meili）大夫被指定为爱德华余生的监护人。在一份 1953 年的关于这位病人的鉴定中写道，目前“他正在研究如何能在科学基础上建造一个极乐世界。他认为肯定能够找到一种办法，通过某些植物杂交培植出结满面包的树”。

爱因斯坦中断了与这个儿子的一切联系。“原因在于存在一种我没有能力予以透彻分析的障碍。”在他去世的前一年，他写信给卡尔·泽利希解释自己这样做的理由。“但还有一个原因，就是我认为，应该通过我以某种方式出现的办法来唤起他的各种痛苦的感觉。”

父亲死后，身体臃肿、一根接一根吸烟的泰迪显然是无人照管了。1957 年 3 月的病历中写着，他“围着房子转来转去，由于他流浪汉的外表能够吓跑来访的人”。

在他死前两年，报纸上一篇以《遗忘在苏黎世》为标题的报道，描述了这个留着小胡子、与他父亲非常相似的“三班休养员”在布尔格霍尔茨利精神病院里的生活：“他穿着一件蓝色的外套和一双木鞋，因为他在田里干活来着……他大概很喜欢练习弹奏钢琴，但琴声会打扰其他休养员，而他是明白这一点的。他不喜欢在田里劳动，但另一方面他又懂得，这对他有好处。他很想一个人睡觉，但他知道这是不行的……他已经习惯了这里的生活，因为反正就是这个样子。”

在他 1965 年 10 月的逝世讣告里，他的名字下面写着：“已故教授阿尔伯特·爱因斯坦之子”，但对于米列娃只字未提。他的病案中包括一本诗歌集，内容非常丰富。其中有一首《孤独的结束》：

想想看，我死的时候是多么孤寂，
无声无息地消失，
没有一块树皮会刻下我的身世。
我播撒的东西
被风儿吹得一干二净，
我筑起堤坝围住的东西
被湍急的溪水冲得了无痕迹。

想想看，我死的时候是多么孤寂，
而羞愧如何
把我的立足之地
把我所有的一切夺去。

第十一章　对一项发明的解剖
——爱因斯坦是如何发现广义相对论的

“爸爸，为什么你这么有名？”做父亲的沉思了片刻，然后回答9岁的儿子说：“当一只闭着眼的小甲虫沿着一根弯曲的树枝爬行的时候，它觉察不到树枝是弯曲的，而我却有幸发现了小甲虫没有注意到的事情。”

“爸爸，为什么你这么有名？”做父亲的沉思了片刻，然后回答9岁的儿子说：“当一只闭着眼的小甲虫沿着一根弯曲的树枝爬行的时候，它觉察不到树枝是弯曲的，而我却有幸发现了小甲虫没有注意到的事情。”爱因斯坦给他的小儿子所讲解的，其实就是广义相对论的本质。树枝对于小甲虫，犹如这位物理学家眼中的时空：它是弯曲的，但觉察不出来。

可是爸爸的实验室又在哪里呢？爱因斯坦用手指头敲了敲自己的太阳穴说：“在这里。”他的实验都是在头脑里面构筑的。他骑着想象的光线疾驰，驾驶着超快的列车飞奔，乘着电梯在宇宙中嗖嗖地穿行，让瞎眼的甲虫爬来爬去，并用符号和数字创建了一种新的秩序。他借助于在他头脑中剪辑成电影的一幅幅图像做到了这一点。“没有一个科学家是用公式思考的。”爱因斯坦断然指出。

要是能够看到这个大脑的思维过程该有多好！多亏病理学家托马斯·哈维所犯的罪行，这个器官依然留存于世。但是，试图在凝固的组织切片中寻找记忆，犹如请求爱因斯坦的小提琴再次奏响由他的手演奏的莫扎特奏鸣曲。不过，还是有一些研究者在尝试类似的事情，他们仿佛要看看爱因斯坦如何思考。他们在一本写满隐秘符号和公式的笔记里找到了它的痕迹。这本笔记是爱因斯坦于 1912 年到 1913 年之间在苏黎世的时候写下的。在一般人眼里它只是一本难以读懂的书，但在那些已经将这本 84 页的手稿连同它的每一个逗号和句号翻来覆去研究了无数遍的内行人看来，它却能揭开爱因斯坦在发现广义相对论的过程中所走过的那条曲折迂回道路的重要一段。

在明尼阿波利斯，两个男人正在专心致志地研究这些富有魔力的公式。每个人的面前都摆着一摞这本笔记的复印件。原件由遗产的守护者妥善保存在耶路撒冷的爱因斯坦档案馆。宽大的玻璃窗外面花木扶疏，绿树掩映，但美丽如画的校园景色却让这两个人毫不动心，他们甚至无暇看上一眼。屋子里面充满科学保温箱那种舒适静谧的气氛，而在两位合作伙伴的想象中却讨论得热火朝天——爱因斯坦的实验室正在运行。在那里，讨论的都是一些莫名其妙的事情，什么“度规张量”和“广义协变性”，“二阶导数”和“伽马（γ）卡帕（κ）1，dx卡帕 dx1”，后面隐藏着的却是无尽的歧途和困惑、虚荣心、失望以及胜利的喜悦。

每当于尔根·雷恩和米歇尔·扬森（Michel Janssen）在他们的研究会议上碰面——有时在明尼阿波利斯，有时在柏林——爱因斯坦便会复活。这位超级物理学家仿佛和他们一起坐在房间里，仿佛在和他的学生们闲聊，而他的学生们则想方设法去理解他——既把他作为一个科学家，也把他作为一个人来加以理解。他们用他的思想去思考，用他的词语来说话，尽量弄懂他的阐述，试着使用他的手法，洞穿他的诡计；每当他的世界观的赤裸框架以其朴实无华的优美重新矗立在他们想象中的眼前，他们有时候也会干脆让自己陶醉在那些他细心写在格子纸上的一行行字句之中。

在全世界的字体中，他们一眼就能认出他那纤细优美、几乎成一条直线、稍微向右倾斜的字迹。即使没有这些手稿，他们恐怕也能对付。经过 15 年的研究，就是在睡梦里他们也能够背得出这些公式中的任何一个。对于思考的模拟思考比思考本身耗费的时间还要多。雷恩，这位柏林马科斯·普朗克科学史研究所的所长，与明尼苏达大学的扬森作为一个核心小组（研究苏黎世笔记的专业人员有时多达八个人），同样怀疑那些由于天才崇拜而创造出来并言之凿凿的逸闻。

他们将自己的研究归功于幸运：随着约翰·斯塔切尔担任爱因斯坦研究中心的第一任主任，一位地地道道的相对论专家参与到这位物理学家遗产的整理工作中来。凭借他那训练有素的眼光，他在成千上万记有手写科学札记的纸页和本册中发现了这本笔记，并且立即认识到了这本表面看来未曾完成的著作的巨大价值。他手中持有的是一本实验室日志——爱因斯坦头脑中的实验记录。

爱因斯坦有一次曾说，与广义相对论相比，在狭义相对论上所进行的工作只不过是一场“儿戏”。但没有狭义相对论恐怕也不可能发展到广义相对论。通过 1905 年的论文他剥夺了空间和时间的绝对性，通过把光速提升到所有（运动）物体之度量尺度的地位而将空间和时间相对化，得以让它们在数学家闵可夫斯基的手下融合为四维的时空。他让爱因斯坦号列车在自己的头脑中奔驰，并赋予事件的同时性以新的意义。他认识到电场和磁场乃是同一枚奖章的两面，他宣称把以太作为光和所有其他电磁波承载媒质的想法是多余的。他还发现了质量和能量本质上的一致，并概括为公式 $E = mc^2$。

对于一个人的一生这些已经足够。凭借这一成就他也在科学的奥林匹斯山顶为自己赢得了首席之尊位。但爱因斯坦很快就认识到，他的路刚刚走了一半。

如果说，20 世纪之初狭义相对论已经处于即将诞生之际，或早或晚也会被另外一个物理学家发现，那么，通往广义相对论的漫长道路却是爱因斯坦一个人独自走过来的。就连马科斯·普朗克对这一新的思想探险的评价也不高：“作为老朋友，我必须劝您不要做这件事情，因为一方面您是达不到目的的；即使您达到了目的，也不会有人相信您。”而爱因斯坦对此做出的反应是：现在我更要这么做。

迄今为止只是表明，他的相对论只适用于匀速运动。对于匀速行驶的火车里的旅行者和站台上的观察者，所适用的物理学定律是一样的。时钟会变慢，彼此眼中的距离会相对缩短。

现在，他想将他的工程继续下去，把相对性原理扩展到非匀速运动——亦即当火车司机加大马力或者刹车制动的时候——从而将相对论普遍化。所以才有了“广义相对论”这个名字。但确切地说，正是因为这个名字，他将遭到一次又一次失败——这是扬森、雷恩和同事们令人惊讶的发现之一。

除了动力引起的速度增长之外，比如汽车或者火车，还有由于离心力而产生的加速度。游艺场上的每一个孩子都熟悉这种现象：当将一个圆盘旋转的时候，除了位于圆盘中心的东西，它上面的任何物体都被压向边缘，并像一个炮弹一样加速。凡是从跳台上往游泳池里跳水的人，都会体验到最常见的非匀速运动形式——由于重力引起的下落。新的理论必须把这些由于力的作用和引力所产生的加速运动形式包括在内。

爱因斯坦现在必须弄清楚一系列的问题。首先涉及的是运动系之间的对称：只要两辆汽车以恒定的速度进行相对运动，其关系便可以通过数学方法互相描摹。借助于“洛伦兹变换”，其中一辆可以计算出另一辆汽车上的时钟是如何走动的，或者它的米尺是如何缩短的——反过来亦然。如果两辆汽车相互加速驶来或者加速离去，那么这样的计算还能实现吗？换句话说：彼此做非匀速运动的坐标系也是这样联系的吗？也可以用同样的公式由此及彼并且反之亦然？它们——用物理学的语言——是“普遍协变”的吗？即便它们是普遍协变的，那么爱因斯坦根据伽利略的草案扩展的相对性原理也能应用于由于旋转而产生的离心力吗？它与在狭义相对论中不起什么作用的重力又有什么关系？这种名为引力的惯性力（加速力）的实质究竟是什么？按照牛顿的理论，引力不仅能让苹果落到地上，而且还能让天体保持在各自的轨道上。那么它和时空之间存在着什么样的联系？它在穿透时空时会造成物质之间的吸引吗？质量——按照公式 $E = mc^2$ 也就是能量——与时空是如何联系起来的？

每一个答案都会产生新的问题，每一次突破都意味着新的起点。科学就是这样发展的。大多数情况下，前任的著作中冒出来的新问题总是要由下一代的年轻学者来解决。哥白尼之后是开普勒，伽利略之后是牛顿，法拉第之后是麦克斯韦。而在相对论的创建中，爱因斯坦既是自己的前任又是自己的后继者。他就像一个马拉松运动员，到达目的地之后决定再跑一次。

牛顿的惯性定律说，一个物体在没有外力的作用下以及在没有外力迫使它做其他运动的情况下，将保持匀速运动状态。对于汽车而言这个力就是发动机的力量。这个力量必须强大到什么程度，显然取决于物体的质量。要想获得同样的加速度，与较小的汽车相比，较大的汽车需要更强大的发动机，或者说需要更多的能量。这恰恰隐含在牛顿定律之中：一个物体的“惯性质量”，也就是它的惯量越大，所需要的使之发生位移以及加速到一定程度的力也就越大。

但是重力，正如伽利略通过令人印象深刻的自由落体实验所演示的，却显示出一种值得注意的效应：所有的物体，不管其重量如何，下落的速度是相同的。伽利略的试验很容易理解：让两块大小不同的石头从一座桥上向河里落下，它们会同时到达水面。如果排除空气的阻力，也就是在没有空气的真空里，一片羽毛甚至会与一块石头以同样的加速度下落——与它们的重量完全无关。这怎么可能呢？一个力，而且是同一个力，怎么会给两个质量不同的物体同等程度的加速呢？汽车越重，加速所需要的力量就越大，这与汽车的情况有什么不同呢？在爱因斯坦出场之前，这一直是大自然隐藏最深的秘密之一。

牛顿虽然没有找到对这一现象的解释，但用他的引力定律做了补救。虽然它完全符合引力定律，就像牛顿所描述的那样：一个物体越重，正如它的名字所透露的，作用于它的引力就越强，但恐怕谁也说不清楚，这种神秘的力究竟是什么。牛顿说，它会随着一个物体用以对抗外力的惯性质量而增长。而且还不只如此：它还和惯性质量完全相等。重力百分之百精确地反作用于惯性，以至所有的物体，不管其重量如何，在真空中都会以相同的加速度落向地面。

奇怪的是，自牛顿死后将近200年的时间里，谁也未能解释惯性质量和引力质量的这种精确的一致。由于牛顿的定律如此神奇，既适用于（按照他的信仰为上帝的）天体力学，又适用于人类的机械机器，这种重合便作为自然界的偶然而被接受。

但是，终于有一个人对这种偶然提出了怀疑——阿尔伯特·爱因斯坦。他不仅彻底怀疑——应该说这是一切科学的最高艺术——所有未经检验的假设，同时还追求不仅描述而且解释自然现象的理论。地球究竟怎样对宇宙施加作用，如何将所有具有自身重量值的东西以相等的力吸引到自己身上，又如何使月亮保持在它的轨道上？如果这些物体彼此不发生接触，又该如何得到这些（机械）力？在这种关系中力究竟意味着什么？

另外一个奇特的现象加重了爱因斯坦的怀疑。牛顿的引力定律包含着一种与狭义相对论不一致的效应：两个物体彼此直接吸引而不发生时间的迟滞（亦即引力的传递不需要时间）。但按照爱因斯坦的理论是不允许这种形式的遥控的。任何东西的传播速度都不可能比光更快，引力也不可能，更不可能无限的快。

当爱因斯坦看到面前所有这些尚未解决的问题时，他便隐退到想象世界的实验室中。在 1905 年的爱因斯坦列车中，通过任何实验都无法确定它是否在行驶。就像在停止不动的火车中一样，在匀速行驶的火车中苹果同样垂直落向地面，乘客也感觉不到速度。但在司机加大油门让火车加速的时候，便会直接感知运动的变化：苹果朝着与行驶相反的方向斜着下落，乘客也会明显感觉到加速时有一种力量作用在自己身上，将他们压向座椅。这种司空见惯的情况——在运动中我们感觉到什么？——构成了广义相对论的出发点之一。

早在 1907 年他就已想到了一个感觉不到加速的思想实验。这一想法使他建立了加速度和重力之间的联系，后来被他称为“我一生中最幸运的思想”。爱因斯坦选择了一幅特别明晰的重力作用图。他想象“一个观察者从屋顶自由下落”。那么，一个下落的人在下落期间能感觉到重力吗？后来，爱因斯坦在他的思想实验中把这位观察者关闭在一个急速落向地面、没有窗户的电梯里。坐在里面的人既感觉不到迎面有风吹来，又感觉不到自己在下落。即便没有电梯这个牢笼他也观测不到的东西，正是他在其中经历下落的重力场（引力场），对于爱因斯坦这正是关键所在。而且下落的人也感觉不到加速，因为他在他的参照系——电梯中漂浮。

“由于这个想法，引力场中所有物体以相同的加速度下落这一极不寻常的实验定律，立即获得了深刻的物理意义。”爱因斯坦后来这样说。“如果观察者将他身上的几个物体放开，那么这几个物体将与观察者处于相对静止或者说匀速运动状态。”

他在这里所描述的不是什么别的，恰恰是自载人航天开始以来已为人们熟知的人在失重状态下的景象。宇航员将手中拿着的一管牙膏松开，如果不给这管牙膏施加某一方向的外力，它就会一直停在宇航员将其松开的空间位置上。如果有宇航员轻轻碰它一下，它就会漂浮着穿过飞船的船舱，直到某个让它停下来的地方。在爱因斯坦那个时代，人们还不知道失重漂浮，但他却正确地想象出了这种景象。在自由下落的电梯里你也可以将一些东西松开，而它们也会漂浮在那里——在原理上同羽毛和石头在真空中以相同的速度下落是一样的。从下落者和漂浮者的立场看，引力场消失了，等于零。

爱因斯坦的观察者以及所有与其一起漂浮的物体仿佛和引力处于等价的地位——类似于（解释狭义相对论用的）太阳钟的图像，也就是与时间一起旅行的那个瞬间：光子是不会变老的。在引力的情况下则是：下落者感觉不到让他急速落向地面的“力”。爱因斯坦说：“他有权认为自己处于静止状态，处于无引力场的环境中。”必然存在某种东西，在不依赖于质量的情况下对所有物体起着相同作用，而不像牛顿所认为的，会随着质量的增加而变大。但这种东西有可能是什么呢？

爱因斯坦寻找原理作为其理论的基础。在狭义相对论中他把从伽利略那里吸收过来并加以扩大的相对性原理以及光速不变性作为基础。通过他“最幸运的思想”他撞到了广义相对论的第一条原理，亦即所谓的等效原理。这一原理表明，引力和加速的作用是相等的，也就是说他们是等效的；而牛顿却认为，引力在等号的这一端，加速度在等号的另一端。上帝连接在一起的东西，现在爱因斯坦向牛顿大声喊道，不应当由人来将它们分开。引力质量和惯性质量是一致的，而不是数值偶然相等的两个不同的东西。这样一来，看似偶然的现象便获得了晋封，从而成为原理。一个解围的想法又一次给爱因斯坦指出了道路——只是有一点区别：到最后，等效原理不会让自己保持这种形式。

在这个地方，爱因斯坦的模拟思考者雷恩和扬森通过后门偷偷溜进了他的头脑之中。扬森说，新原理带来的小错误有着巨大的后果。“爱因斯坦认为，他可以发展出一种新的引力理论，同时也可以借此将相对性原理普遍化。”但恰恰在这一尝试中他将遭到失败，因为事情要复杂得多。

“可是，由于他凭借本能抓住了依靠感觉提出的原本错误的原理，现在爱因斯坦只能踏上他漫长的征途了。”雷恩说，

“即使到最后他不得不对此进行修正，但对于开端而言却具有高度的认识价值。”爱因斯坦虽然戴上了错误的眼镜，但这副眼镜却让他睁开眼睛，使他后来得以用正确的眼镜加以取代。很早的时候他就已经想到，惯性和重力之间的紧密联系必然具有更大的意义。本能和感觉的结合成了他的一个核心，并作为爱因斯坦的特殊才能为人们所称道。

但为他指出道路的不仅是等效性。约翰·斯塔切尔早就指出，在这位天才的实验室中曾经进行过一次经常被人们忽视的思想实验。爱因斯坦着手研究作为“埃伦费斯特佯谬”而为人们熟知的现象，并将他的观察者置于旋转圆盘的中心。由于圆盘的边缘相对于中心运动，按照狭义相对论，位于边缘的时钟会比位于中心的时钟走得慢。实际上，赤道上的时钟要比北极的时钟稍微慢那么一点儿。但两个时钟是处于同一个地球上，而位于圆盘边缘的时钟（每个人都知道旋转木马的效应）同时还获得一个加速度。如果按照等效原理，爱因斯坦也许这样考虑，加速度相当于引力，那么引力必然会使时钟变慢。通过这个实验，他在通往广义相对论的道路上做出了他的第一个发现：引力会影响时间。

于是从中导出一个重要结论：时钟距离质量的中心越远，那么它走得就会越快，引力对它的作用就越小。据此，他可以做出一个能够通过实验加以检验的预言：从重量较轻的地球上，人类必然能够测量重得多的太阳上的效应。但太阳上并没有时钟，地球时钟的节拍该如何同太阳时钟的节拍进行比较？科学家们利用原子内部的振动作为替代，这种振动使原子钟具有高度的精确性。光发射原子，而光的频率取决于振动节拍。光的频率又决定光在光谱中的颜色。振动（亦即“时钟”）越慢，频率越低，光也就越多地向红色一端偏移。这种频率的差别可以通过光谱仪精确测出。在质量和引力大得多的太阳上，时钟必然走得比较慢，光线也比在地球上更多地向红色偏移。

在最终完成广义相对论之前很久，爱因斯坦就已经用它说出了另外一个重要的效应：由于引力而造成的红移。不过，前面说到的地球和太阳之间的差值是如此之微小，只有五十万分之一，所以这种效应在爱因斯坦预言许多年之后才得到证实——但并不是在太阳上，而是在天狼星附近一个质量更大的天体上。

此外，爱因斯坦很早就已经认识到，引力必然还有另外一种效应。这种效应也是在他的头脑实验室里苦思冥想出来的。在这个思想实验中，他让一道光线通过一个小孔横着穿过一台自由下落的电梯。因为电梯继续向下运动，这道光线落到对面墙上时不仅会高一点儿，而且由于是加速运动，这道光线还会越来越快地被电梯甩开。于是，在下降的电梯里的观察者看来，光线变成了弯曲的。既然加速度和引力是等效的，那么引力必然对光产生相同的作用。这样一来，广义相对论在其完成最终表述之前很久，便已经认可了另一个预测：巨大的质量会使光线发生偏折。在找到正确的公式之前，爱因斯坦还无法给出光线弯曲的精确数值，但它是 1919 年那次倾杯畅饮的缘由。爱因斯坦还从关于圆盘的埃伦费斯特佯谬、离心力和外缘变慢的时钟获得了另外一个特别重要的认识。根据狭义相对论，在匀速运动系中不仅时钟会变慢，量尺的长度也会缩短。既然量尺的长度会由于运动而缩短，那么必然意味着，在圆盘的外边缘上也适用于更多的度量工具。

根据每个中学生早已熟悉的欧几里得几何学定律，圆的周长和半径之比为2π。由于长度只是在运动方向上发生收缩，在其横向上并不收缩，因而圆盘中心与其外缘之间的距离、也就是圆的半径保持不变。圆盘的周长发生了变化而半径却保持不变，那么欧几里得几何在这里就不适用了，而且是由于加速度，或者按照等效原理，是由于引力而失效的。这是在通往广义相对论道路上的又一个重要发现：引力不仅影响时间，而且改变了几何学。恰恰是将要让他尝尽辛酸的旋转，扬森说，将爱因斯坦引向了关键的思想。

现在他从引力改变了时空的结构出发，准备通过数学形式对这种改变进行描述，但传统的欧几里得几何学却帮不上他的忙。但他也知道，他的新理论不能与已经经过千百次实验证明了的牛顿物理学原理相矛盾，而是必须将其纳入其中。

但是，怎样才能保证既保留老的原理，同时又能让新的原理适用呢?

“这时爱因斯坦做出了令人惊叹的事情，”于尔根·雷恩说，“他退回到了最传统的立场上。”他没有像牛顿当年那样用他的微分方程想出一个全新的体系，而是相信现有物理学知识的丰富宝藏。他在建立自己的理论的时候，原则上试图采用与麦克斯韦类型相同的场方程，这种用于电磁学的场方程是詹姆斯·克拉克·麦克斯韦50年前发展出来的。也就是说，他不必去发明一堆新公式，而是从其他人预先确定的坚实基础起步。他的直觉，还有他的运气，又一次表现出了对他的忠诚。

已被证明的理论的可靠框架将给予爱因斯坦全方位的支持和扶助。凭借直觉他相信，引力也可以通过场方程，也就是借助在电磁学中已经为人们所熟知的场来加以描述。这类场并不直接施加作用力，更确切地说它们使空间的性质发生了改变，致使物体遵循它们的规律——有点像铁屑沿着一个磁体的“场线”排布那样。最终将会证明，爱因斯坦的假设是正确的。但是，问题并不像他一开始所想象的那样，能够如此简单地加以掌握。

在很长的时间里，他试着以麦克斯韦的方式建立满足他全部条件的场方程，但所有的尝试都遭到了失败。看来是某种基本的东西不对劲儿。他焦灼万分，想方设法找出隐含在他的思路中的症结，但总是徒劳无功。直到 1912 年，他才通过重新审视狭义相对论想出摆脱困境的办法。他问自己，究竟什么才是引力之源？按照牛顿的解答，引力来自于质量。而按照爱因斯坦的公式 $E = mc^2$，质量是束集起来的能量。那么结果就是：一个吸引质量离开其轨道的引力场，本身必然包含能量——因此也包含着质量。爱因斯坦认识到，他要解决的问题，是物理学中尚未描述过的事件：场即是它本身的能量之源。重力产生重力，引力依赖于自身。

“场以某种方式拽着它自己的头发。”扬森解释说。重力场和质量紧密相连，作为重力的阴阳两面纠缠为一体。质量决定引力场的形式，同时引力场的形式又决定着质量如何运动。爱因斯坦逐渐认识到，对于如此错综复杂的动力学，简单的场方程已不能满足。如果所有运动着的物质都在不间断地对所有的运动施加影响，那么事情就更加棘手了。与此相比，伊萨克·牛顿所涉及的数学，包括狭义相对论所用到的数学，看起来就等同于儿戏了。但这位中学时代的神童，现在不得不承认一件可怕的事情：他缺乏必要的数学能力。他在大学没有认真地对待高等数学，现在遭到了报复。他站在那里束手无策，好像一个从前不肯花钱添置工具的汽车钳工，现在遇到重大的故障却无法动手修理。

但是，爱因斯坦又一次在正确的时间来到了正确的地方。他的母校苏黎世联邦技术大学，亦即原来的工学院，聘请他去担任正教授。他的第三次苏黎世时代开始于 1912 年，苏黎世笔记即产生于这段时间。就像是命中注定，他的新同事中有一个人叫格罗斯曼，数学系的教授。而此人正是那位马塞尔·格罗斯曼，当年爱因斯坦曾利用他记得工工整整的笔记恶补落下的数学课，而且他还曾让自己的父亲帮助爱因斯坦获得专利局的工作。爱因斯坦回想起大学时被自己冷落的那些讲课材料：那里面不是讲到过伟大的数学家卡尔·弗里德里希·高斯（Carl Friedrich Gauß）吗？他抛弃了欧几里得的平行线原理并发明了曲面几何。看一眼地球仪就可以清楚地明白其中的区别：在一个平面上，正方形的四个角都是直角，两个点之间的最短连线是一条直线，边线相互平行。而在一个像地球这样的球体上，这些关系看起来就是另外一回事了：经度和纬度之间的边不再平行，它们的角也不再是直角。由于曲率它们形成了大小不一的角，这种效应在赤道处显现得最小，在两极表现得最明显。

在曲面上，两点之间的最短距离被称为“短程线”。由曲率所决定，这条线比两点之间最直接的连线要长，而成直线的那条最短线则从球体内部横穿而过。但这不属于球面的范围，高斯几何也没有对它进行描述。短程线作为弯曲的最短连线在广义相对论中有着重要作用。

爱因斯坦想起来，高斯的新几何学正是为这种曲率创建的。但是高斯的体系，就像一般人正常理解的那样，只适用于三个维度：长、宽、高，而爱因斯坦却想将他用于四维的时空。在智拙技穷的情况下，爱因斯坦只好写信给他的朋友：“格罗斯曼，你一定得帮帮我，否则的话我会发疯的。”你瞧吧，这位伙伴会有办法的。数学家们早已了解一开始只在他们计算艺术的宇宙中存在的一片片大陆。他们追随于高斯之后，玩弄着任何人都无法据以绘制成一幅图像的维度。现在，这对于爱因斯坦反而成了一个重大的机遇：多亏格罗斯曼，他终于找到了所需要的数学工具。

19 世纪中叶，德国数学家格奥尔格·黎曼（Georg Riemann）出于纯数学的考虑对高斯的系统进行了扩展，发展出了也可以用于三维以上非欧几何的复杂计算工具。黎曼几何与欧几里得几何相比，犹如地球上一片高低起伏的山地相对于一马平川的平原。它的“度规张量”正是爱因斯坦现在所需要的。

他要用它解决什么问题，我们看一眼地图册就可以知道。

世界地图把地球的曲面展现为一个平面。每个人都知道，在这样的地图上比例关系失真到什么程度：非洲大陆看起来相对小了许多，而格陵兰却大得不成比例。两点之间的正确距离只能通过换算系数求得，南北方向为 2，东西方向另外加 2。这些成组的数字整个被称为“度规张量的分量”。“度规场”所描述的就是地图上的距离向实际距离的转化。

但爱因斯坦所涉及的问题显然更加错综复杂。地图只不过是把地球的二维表面连同它的河流和海岸线强行展现在平面的纸上，而爱因斯坦则必须想方设法对一个弯曲的四维物体——时空进行描摹。他的朋友马塞尔将工具交到了他的手中，而爱因斯坦在苏黎世笔记的第 14L 页上准确注明了取得突破的根源：“格罗斯曼”。现在，他开始反复尝试，着手寻找场方程。不过，“黎曼-张量”的计算表明，其复杂的程度实在是可怕。

在这里，雷恩 · 扬森和他们的同事有一个十分重要的发现。从根本上看，爱因斯坦所对付的，不同于他后来试图让自己相信的那个世界。直到今天，作为他科学神话的一部分，仍然在坚持一种说法：他的理论可以说是他在睡梦中想出来的，而且仅仅是因为其数学形式的优美才被认为是正确的。“实际上，他采取的是一种完全不同的态度，跟一个优秀的物理学家一模一样。”扬森说。这就是说，他熟悉数据和定律并面向物理事实。“奇怪的是，到了后来爱因斯坦对这些东西不再感兴趣了。”雷恩补充道。

两个人在进行他们的科学史探秘期间，与各自的性格相应，往往采取不同的方式。来自柏林的这位学者擅长概览全局，而他明尼阿波利斯的荷兰伙伴则长于观察入微。雷恩从高空向下俯瞰之际，扬森则埋头于方程式中。只有通过这样的合作，他们才不会一叶障目不见泰山，面对一大堆符号失去全貌，才能够按照爱因斯坦各个工作步骤的节律看清他的行事方式。

“从总的方面可以看出，”雷恩说，“爱因斯坦的尝试是在两条道路上进行的，一个是通过数学战略，一个是物理学的战略。”这就是说，他并不只是从纯粹的数学公式开始的，而是尽量通过数学公式同实际的结合来加以尝试。他也是从物理学的基本假设出发，然后寻找与之相适应的数学工具。“而从细处则可以看出，”扬森说，“他是如何一次又一次地被这一战略或是那一战略绊住的。”但到最后，还是他的物理学拯救了他。“数学是让自己发生迷惑的唯一巧妙方法。”爱因斯坦有一次说。另一次他说：“但有一点是肯定的，在我的一生中几乎没有经受过如此折磨，这引起我对数学的高度尊重；在此之前，由于天真我一直把它比较精妙的部分看作是一种奢侈。”从他笔记本里给人留下深刻印象的批注可以看出，他是何等地努力奋战：“应当消失”，14L 页的末尾写着；“过于烦琐”，17L 页的下面批道。

扬森指出在计算过程中所取得的一个重要进步：“爱因斯坦的数字现在达到了双重目的，”他说，“它们不仅把引力的性质，而且也把时空的性质包括了进去。”这样一来，另外一个难关也攻克了（尽管还不是最后一个）。如果想要运用几何的方式描述重力这类物理性质，所需要的方程应该是：等号的一边是物理，另一边是数学，可测度的真实性与几何项相等。

扬森不仅能够看懂出自爱因斯坦之手的潦草字迹，就像一个从谱纸上读出乐谱的音乐家，而且还能通过每一个步骤猜透作者的动机。他还敢于说出自己对于他的伟大榜样的看法。他谈到爱因斯坦煽动的“胡闹”，谈到他的“偏见”以及“自欺欺人”。因为他在寻找那个隐藏在创造奇迹的聪明人背后的真实的爱因斯坦；那个聪明人不管三七二十一，独自一人把一个孤单单的科学家的伟大工程画在了纸上。

扬森丝毫也不反对揭露他的偶像的弱点。他说：“爱因斯坦把数学和物理学搞混了。”

爱因斯坦不仅想发展一种新的引力理论，同时还想将他的相对论普遍化。为此，在彼此做加速运动的坐标系里的观察者，必须能够通过相同的公式测度与另一个坐标系的关系。“但这就像拿苹果与梨子相比较。”扬森说。

于尔根·雷恩翻到笔记的19L页。那里有一句爱因斯坦亲笔所写的“再一次计算平面张量”，这是用明白易懂的语言写下的为数不多的几行字之一。“伽马卡帕1，dx卡帕dx1，此处为一个涉及y的二阶导数，”扬森说，“然后这里又是涉及y、z以及t的二阶导数。他必须摆脱它们——如果张量作为极端情况应当减小到牛顿的引力理论的话。”雷恩用手指头抚摸着这些方程式。“在这个问题上看来他非常走运。在计算结束时他写道：‘结果准确无误，适用于满足δψ等于零的方程的坐标。’”两位模拟思考者感到得心应手。

“他的门路也可能来自于数学文献，”扬森说，“在20L页上我们找到了最让人激动的内容之一。在这里已经找到了决定性的部分——1915 年完成广义相对论时所采用的正确张量。”但在 1913 年，爱因斯坦并没有看出宝贝就在他的手中。“从今天的研究角度看，这是一个让人震惊的结果。”雷恩说。直至爱因斯坦再次回到这个地方，已经又度过了艰苦的两年。“为什么他会屏弃正确的方程式呢?”扬森感到非常惊讶。“这就是推动我们的研究历经 15 年的问题。”

在 22L 页上重新出现了格罗斯曼的名字。这就是说，爱因斯坦仍旧在遵循他的数学战略。“正因为此，他才一次又一次地陷入困境。”雷恩说。但爱因斯坦并没有放弃。在 24R 页的下方出现了转折——他转向了物理战略。不过，他现在面对的完全是另外一种难题。物理学上是正确的，但这些方程式是否满足数学上的协变条件，他就说不出来了。尽管如此，他还是与格罗斯曼联名发表了一篇《广义相对论纲要》。难道他真的不知道他已经走偏了吗?或者说，他根本就不想承认自己的错误?

在这里，还应当提到扬森多年以来一直在研究的另外一份文件，亦即人们所说的《爱因斯坦—贝索手稿》。其中显然包括爱因斯坦和他的朋友于 1913 年共同进行的计算。在文稿上可以看出两个人的笔迹。这 52 张散页为我们提供了缺失的环节——人们长期寻找的、可以让我们彻底理解爱因斯坦的工作方式的那种联系。一方面，两个人对于通过他 1912 年的方程是否能确定水星近日点的进动进行了计算，也就是说，看看能否消除那个可恨的、在牛顿天体力学的观念中固执地保持不变的小小顽疥。一页接着一页，满篇都是复杂的计算。但是，爱因斯坦的理论却不灵光。两个朋友计算的结果只是天文学家核对过无数遍的数值的一半。

但是，雷恩和扬森认为，此时此刻这并没有给爱因斯坦造成更多的干扰。他对自己工作的正确性深信不疑，以至再也不可能放弃。另一方面，爱因斯坦和贝索也研究了这一理论（当时还是错误的）是否适用于诸如转动圆盘上的那种旋转运动的问题。在这份手稿中，有一处计算很马虎，爱因斯坦干脆把几个负号给丢掉了。但他坚信自己是正确的，所以这些错误并没有让他烦心。在半页之后他满意地写了一句："没错！"

在很长时间里，爱因斯坦研究都是从这一看法出发的：实际上他没有注意到这一错误，或者说他不相信自己有错误。但是，罗伯特·舒尔曼于 1998 年又在瑞士发现了另外 14 页手稿，证明情况恰恰相反。从这份笔记中可以清楚地看出，1913 年末爱因斯坦就已知道他的计算是错误的。贝索对他说过这个问题。到底他是根本没有往心里去，还是说他没有耐心一劳永逸地完成他的工程？

他对其理论的科学验证工作的投入，反映出他对自己的工作具有何等的信心。1914 年夏天，第一次世界大战爆发前几天，在他的推动下，一个由波茨坦的天文学家埃尔文·弗洛因德里希率领的科学考察队动身前往俄国。他们要在克里木半岛上做一件与五年之后将由爱丁顿爵士成功完成的观察完全相同的事情：趁日食之机测量遥远星体的光线所发生的偏折。为此，普鲁士科学院给他们的新院士爱因斯坦提供了 2000 马克的经费，这也是它唯一一次为他的研究项目拨款。但是，这次考察却陷入了战争的动荡之中，弗洛因德里希和他的同事作为敌国人员被扣留。这对于爱因斯坦反而是幸运，因为他的理论给出的数值还是错误的；正确的观测值很可能使他倒退，而且也会让他非常难堪。

1914 年 10 月，他发表了一篇内容广泛的综述性文章。这篇文章的题目表明，他仍然坚信他的突破是正确的。现在他不再将它称为“纲要”，而是有些虚夸地叫作《广义相对论的正式基础》。他在文章的引言中宣称，该理论使所有的运动相对化，既包括匀速运动和加速运动，也包括旋转运动。扬森说：“他只要通过简单的验算就能够发现，这是不正确的。”

1915 年他终于受到了打击。一开始，所有的一切似乎都在平稳地运行。这年夏天，爱因斯坦在哥廷根介绍了他的新理论。当时在世的数学家中的顶级大师达维德·希尔伯特（David Hilbert）也坐在听众当中。爱因斯坦告诉他的朋友海因里希·臧格尔：“我在哥廷根作了六场报告，通过这些报告我可以让希尔伯特相信广义相对论。希尔伯特也让我着迷，这是一个具有神奇的力量、在所有事情上独立性都很强的人。”他还不知道，在随后的几个月里，他将面对一个最厉害的敌手。极其仔细地聆听了他的报告的希尔伯特，将为争夺正确的广义相对论的奖杯和他展开一场实力相当的竞赛。因为正如希尔伯特正确认识到的，爱因斯坦的理论当时还是错误的——尽管他自认为正确。“爱因斯坦对自己依然信心十足。”扬森说。

估计直到 1915 年夏末爱因斯坦才得知让他震惊的消息。

自打分开以后他第一次去看望住在苏黎世的妻子和儿子，在那里他也和贝索见了面。这位从伯尔尼时期就十分信赖的老同学重新提醒他注意有关旋转的难题，他在两年之前就对爱因斯坦指出过这个问题，并通过这一方式给了他摆脱困境的提示。“我们估计，”雷恩说，“爱因斯坦现在终于重复了含有错误的计算。他震惊地发现，他的方程式确实不适用。”9 月 30 日，他写信告诉幸运地从俄国返回家乡的天文学家弗洛因德里希，在他的理论中有一个“明显的矛盾”。“要么这些方程式的数值不对，”他自己承认，“要么我使用这些方程根本就是错误的。我不认为凭借我自己的能力能够发现这个错误……还不如让一个大脑没有毛病的旁观者把这个错误找出来。”难道一切都是白费劲儿？难道让整整八年艰辛的劳动全都付之东流？更糟糕的是，正如爱因斯坦这时已经知道的，哥廷根的这位“旁观者”要在最后的时刻从他手中夺走他的理论。这位数学家有一次开玩笑说，对于物理学家来说，物理学过于复杂了。现在一语成谶，真的成为苦涩的现实了。

接下来便是近乎发疯一般工作的几周，着了魔似的日日夜夜，陷入冥思苦想狂热的一个个小时，充满绝望的每一分钟，默默欢呼万岁的那些瞬间。这是巨人之间的争斗，而且是在第一次世界大战期间。守方——爱因斯坦，攻方——希尔伯特；数学中心哥廷根对物理学的世界之都柏林。在此期间双方保持着通信联系——友好的，试探性的，等待时机，直至迫不及待的一击。爱因斯坦和和气气地对希尔伯特说，他知道这个人“在我的汤里找到了一根头发”。希尔伯特则写信告诉爱因斯坦，他不久就会给出“一个针对您主要难题的公理化答案以助兴”。爱因斯坦依然谦虚有加：“您明信片上的提示让我产生了极大的期待。”

在9月底和11月初之间的这段时间里究竟发生了什么？更何况在此期间他还作为特约演讲人在荷兰的莱顿度过了两周。爱因斯坦是如何找到他的解决方案的？他通过什么样的途径穿过了自己理论的丛林，从而最终到达数学和物理学相互交汇的那片林中空地？按照流行的说法，爱因斯坦觉得在物理学上已经束手无策，于是只好去求助数学。这种说法看起来也很可信，因为他本人就一再坚持这种看问题的方式。但于尔根·雷恩和米歇尔·杨森认为，他不但让他的公众产生了错觉，而且把自己也搞糊涂了。也许是掌声和赞许让他变得盲目起来，因而看不到真相。麻烦多多的物理学要同很多实际的东西打交道，他可能觉得，通过纯数学的途径不是要比通过物理学方便得多吗？这个仅仅使用诸学科之王的工具便已听到来自宇宙尽头的敲击信号的人，拥有更多的天才是确定无疑的。

可是为什么突然之间，爱因斯坦居然要以一个数学家形象出现呢？难道是对从前忽视数学的一种无意识的补偿？他关于数学的优美和宇宙的和谐相互交合的新信条还要给他制造大量的麻烦。“另外，”杨森说，“这还给现代物理学造成了不良影响。直到今天人们还认为，既然爱因斯坦通过这种方式发现了他的理论，那么这很可能是一种不坏的战略。”

其实，爱因斯坦应该只管自己的物理学本行。他不应该再偏离他的道路了，他知道那条道路满足物理学的要求。可以说，通过这条道路他从后面重新发现了 1913 年被他抛弃的那些老的、他所熟悉的、用数学方法建立的方程式。现在他能够估计出它们的价值了。在相反的道路上，雷恩认为，恐怕他是没有机会的。

在给物理学家阿诺尔德·索末菲（Arnold Sommerfeld）的一封信中，爱因斯坦对他谈到自己的一个“后果严重的偏见”，致使他在引力场的定义中犯了一个错误。扬森能够证明，如何仅仅通过这一倒霉事情的更正，几乎可以毫不费力地引出正确的方程。“但他不能简单地斩断这个结，他必须把它解开。”

1915 年 11 月 4 日，星期四，爱因斯坦在普鲁士科学院的全体会议上，以非同寻常的坦诚向他的同事们宣布，他对“自己建立的场方程完全失去了信心”。“于是我又回到一种普遍的协变性要求上来；三年前，在同我的朋友格罗斯曼合作的时候，我怀着沉重的心情舍弃了它。”

他向那些头发斑白的先生们介绍他的新的场方程。这样一来，极少数人就可以干些什么了。唉，这个爱因斯坦，同样的东西他不是已经给我们讲过一次了吗？他们普遍用小声的嘟囔来回应他的报告。大概他们谁也不了解，发言者在最近几周里都经历了些什么。也几乎没有人明白，他虽然取得了重大的进步，但仍然没有完全达到自己的目标。他之所以如此急急忙忙地跑到他们面前来，是因为他嗅到了那个跟踪者的气息。

但爱因斯坦明白，所以立即重新投入工作。一个星期之后，他又在科学院全体同仁面前重复了这一幕。他又有了新的场方程，但仍然没有达到最终的正确形式。在接下来的星期四，也就是 11 月 18 日，他再一次站到集合起来的教授们面前，这次他可以给他们一个惊喜了。他对他的理论进行了一次重要的检验，运用他的新方程计算了水星的近日点。

当他第一次看到面前的结果时，他的心脏开始急剧地跳动。这不恰恰说明，天体确实是在按着他的公式运行吗？他算出来的数值完全符合一百多年以来从天文学家们越来越精确的测量中得出的偏差。他赶紧写信告诉贝索："对近日点运动做出了定量解释，引力在物质的结构中的作用，你将对此感到惊讶。"

"几天以来我激动得不知如何是好。"他在写给朋友保罗·埃伦费斯特的信中坦率地承认。只是，在他拥有最终的场方程之前，有几个地方还必须加以改正。但就在他介绍近日点计算的当天，他收到希尔伯特的一封信，让他感到十分震惊。这位数学家推出的方程与他的方程令人惊愕地相似。星期六，也就是 11 月 20 日，希尔伯特将他的论文提交给了哥廷根的自然科学协会，论文的题目为有些狂妄的《物理学的基础》。爱因斯坦重新着手对他的方程进行润色。1915 年 11 月 25 日，又一个星期四，他在一个月里第四次向科学院的同事们介绍自己经过修改的理论——只是有一点不同：这些先生现在所听到的，是直到今天依然通用的广义相对论的场方程。

爱因斯坦因此而达到了他创造的顶峰，并且第二次战胜了牛顿。只要一涉及高速运动和强大的引力场，他的数学框架所引出的结果便会比这个英国人的结果更好地符合物理事实。而且实际上，这是他在无须掌握测量和实验信息的情况下推导出来的——在许多同事看来简直是闻所未闻。与经典物理学的精神相矛盾，他的理论不是建立在经验基础上的。所以，对于大多数物理学家来说，这一理论更像一场数学思辨游戏。

但是，正是通过这条道路，爱因斯坦成功地占领了巨人的王国。在这个王国里，数学和物理学尽情地欢庆它们的联姻。引力即是几何学，它和空间与时间一样，构成了发生种种事件的世界舞台的一部分——但不是牛顿所想象的那种舞台，那种与它上面演出的剧目无关的舞台。后来，应一位记者对他的理论作一番简要描述的请求，爱因斯坦说："以前人们认为，当所有物质的东西从宇宙中消失时，空间和时间还会留在那里；但是根据相对论，时间和空间将同物质一同消失。"

空间不是上帝可以把各种东西随意安置于其中的空无一物的集装箱。发生的事件决定于舞台，反过来舞台又决定于发生的事件。物质及其能量通过它们的作用和运动撑开时空，没有物质也就没有空间和时间。那么世界是不是也就不存在了呢？

所以，就像宇宙由它的各种运动组成一样，这是唯一的形式，不存在其他可能性。这样一来，爱因斯坦便轻而易举地取缔了宇宙中所有现象里面最神秘的现象之一——重力。不存在任何让两个物体通过它们的质量相互发生作用的"力"，就像自打牛顿以来人们所想象的那样。除了由时空中所包含的、规定引力场之形式的质量所确定的时空曲率之外，引力不会产生任何其他作用；与此同时，引力场的形式又告诉质量应当如何运动。

质量亦即能量的聚集改变着时空几何。所有的物体全都沿着测地线（短程线）穿过时空运动。它们在最短的道路上遵循各自的曲率和螺旋线行进，除非有外力作用于它们，比如火箭发动机使之加速或者在自由落体状态下被地球表面所阻挡。唯有时空结构预先规定运动方向，除此之外再没有别的什么。

四维时空中的短程线是广义相对论魔法般的途径。为了便于理解，我们最好先减去一维。我们假设，有几个孩子在一栋住宅的后院里弹玻璃球，我们从第四层楼上往下看。院子的地面很不平整，有的地方高，有的地方低，但从我们所在的位置却看不出来。从上方看下去，只见玻璃球一会儿向前，一会儿向后——似乎被莫名其妙的力量推着拉着似的。

大概牛顿就是这样看世界的。他就像爱因斯坦在解答儿子爱德华的问题时所说的闭着眼的甲虫，没有注意到还有另外一个维度。多亏爱因斯坦，闭着眼的甲虫苏醒过来，睁开眼睛观看一番。他从楼上下来，走到院子里，这才发现事实真相：原来是因为地面不平影响了玻璃球的运动；决定玻璃球运行轨道的只能是弯曲表面的几何形状。

没有任何人们所熟悉的意义上的力在那里工作——即便直到今天我们依然在按照牛顿的想法谈论引力。也不存在任何让我们待在地上的力；恰恰相反，倒是时空结构在持续不断地将我们逼向一条指向地球中心的轨道，只不过坚硬的地面把我们挡住罢了。这也解释了，为什么在自由落体状态下物体的质量不起作用，为什么它们会像伽利略所发现的那样，以相同的速度落向地面。因为曲率对所有的东西都是一致的。

这种关系在失重的情况下表现得非常清楚。如果一位宇航员离开在围绕地球的运行轨道上嗖嗖飞行的空间站，尽管他的重量相对来说要小得多得多，但他也会在飞船旁边，在对于二者均起着支配作用的短程线上与飞船比翼齐飞。如果真的有一种力作用于物体，比如一个推进装置，情况就完全不同了。推进装置的能量便会产生一个加速度，致使物体离开它们的飞行轨道——因而也就离开了它们的短程线。只要这个力作用于物体，物体便会沿着非短程线横穿时空运动。直到推进器重新关闭，物体才会回到它们的只服从时空之规定的飞行轨道上。

我们随时都可以察觉到这种强制性的偏离，因为通过推进装置产生的加速度是可以感觉到的。但在自由落体状态下的加速度我们却感觉不到，在这一点上恰恰暴露出了最初的等效原理的软肋。与坐在写字台旁边椅子上的爱因斯坦相反，从房顶下落的人沿着一条短程线运动。坐着的人偏离了短程线，而且也能感觉得到这种偏离——通过他的臀部。

这又一次解释了涉及时间之本质的戏剧性后果：一个物体偏离它的短程线越厉害，它在它的时空中所移动的空间部分就越小——这就像在双生子佯谬中去太空旅行的蒂姆相对于留在家中的兄弟汤姆一样。由于蒂姆以接近光的速度飞驰，他剩下的时间就会更多。这就是说，在重力场中时钟走得比较慢——与爱因斯坦所估计的完全一样。

一个非凡的思想所达到的结果远比狭义相对论深远得多：物质可以影响时间，在极限情况下可以使之停滞。世界的演化一下子成为可能了，从而为 1947 年首次具体表述的初始大爆炸理论 —— 一种有关宇宙之起始的理论奠定了基础。空间和时间与宇宙一同产生于大爆炸中。

而希尔伯特呢？这种对于自然规律的思考对他而言肯定更加陌生。尽管如此，他的《物理学的基础》还是于 1916 年 3 月发表了，其中的方程式与爱因斯坦 11 月 25 日所介绍的完全相同。由于这位数学家提交论文的日期比爱因斯坦向科学院提交的报告早了 5 天，赢得胜利者桂冠的，按理应该是希尔伯特。后来，有些研究者真的认为，有可能是爱因斯坦剽窃了希尔伯特的成果。被指责者当然持有不同的看法。他向他的朋友臧格尔讲述了有关这一理论以及这年夏天他在哥廷根做报告的情况："只有一位同事真正理解（我的理论），但他却在以巧妙的方式寻求'承认'。"意思是说，这位同事，也就是希尔伯特把这一理论拿了过去并稍加改动，以至看起来是他自己的作品。爱因斯坦说的没错。

因为希尔伯特可不是他的天使。1997 年，于尔根·雷恩和约翰·斯塔切尔与他们的同事利奥·科瑞（Leo Corry）一起，终于把情况弄清楚了。他们找到了希尔伯特的文章的校样。从校样中可以确凿无疑地看出，正确的方程式是希尔伯特于 1915 年 12 月后补进去的。爱因斯坦没有剽窃，而是他的竞争对手对自己的文章进行了修补。但不管怎么说，总归是希尔伯特向爱因斯坦做出了道歉，尽管理由有些牵强，说他忘记了爱因斯坦在哥廷根所做的报告。

但受到伤害的一方表现得非常大度。"客观地说，"他在回信中写道，"如果两个努力从这个卑鄙尘世中摆脱出来的正派人不能愉快相处，那就太遗憾了。"

不过，故事到这里并没有结束。1916 年 3 月，爱因斯坦发表了一篇综述性的长篇文章，用以取代 1914 年发表的带有错误方程的论文。“爱因斯坦仍然没有醒悟过来，”扬森说，“依旧认为广义协变与广义相对性可能是同一个东西。”

爱因斯坦创建了一套宏伟壮丽的引力理论，这一点是毫无疑问的。从 1917 年开始，他将以此为基础奠定现代宇宙学的基石。因此，他攀登上了最初连做梦也未曾想到过的高峰。实际上，他已经找到了广义协变性方程，却没有达到 10 年前他出发时所奔向的目标。他没有能够将所有的运动相对化。他无法解决的是有关旋转的问题。

牛顿为了演示绝对空间（而这是违背广义相对论的），以水桶为例——任何一个人在自己的厨房里就可以再现的实验——进行了论证。当水和水桶静止不动时，二者同时处于静止状态。如果把水桶吊在一根绳子上并使之旋转，刚开始的时候桶里的水仍然静止不动，而且水的表面保持平面状态。如果水桶继续旋转，那么桶里的水也会随之动起来，直至与水桶处于完全相同的旋转状态，它的表面变成曲面，并沿着桶壁向上抬升。将水桶停下来的时候，刚一开始桶里的水不但继续旋转，而且依然保持弯曲的、沿着桶壁抬升的形状。

牛顿论证中的精彩之处在于：在第二和第四种状态下，也就是水桶刚刚开始旋转和刚刚停止旋转的情况下，水桶和水彼此处于相对运动的状态。从外部观察，一种状态是水桶相对于水在运动，一种状态是水相对于水桶运动。但是，在一种情况下水面是平的，而在另一种情况下水面却是弯曲的。这种现象证明，牛顿说，水面在两种情况下所呈现出的不同形状不可能是相对旋转造成的；否则的话，每次的形状应该完全一样。毋宁说，水面的不同形状来自于绝对旋转，亦即一种相对于绝对空间的旋转——在这个例子中，所谓绝对空间也就是围绕地球四周的空间。

一个看似简单而又平常的实验，对于它的解释却让好几代物理学家感到棘手。维也纳的物理学家恩斯特·马赫于 19 世纪末提出了一种特殊的解决办法：这里所涉及的不是水对于水桶的相对旋转，而是二者相对于宇宙其余部分的旋转。爱因斯坦的场方程似乎也反映了这一点。但是他仍然犯了同样的错误：他将协变的数学特性与相对性的物理学特性混淆了，前者满足要求，而后者却不适用。

1915 年之后，爱因斯坦也尝试了一切可能，希望解决旋转问题。“最后他还是放弃了。”扬森说。桶壁和桶里的水不可能像引力所规定的那样自由运动。它们受到两种力的禁锢——将桶箍在一起的力和让水保持在桶里的力。所以桶壁和水无法遵循它们的飞行轨道，也就是说，它们偏离了它们的短程线。

假设一个人由房顶跳下，从爱因斯坦在伯尔尼专利局办公室的窗户旁边疾速下落。他也可以说他处于静止状态，爱因斯坦和整个地球在一个重力场中迎着他呼啸而来。但这却不同于在匀速运动的火车上，两位观察者在彼此的加速系中是不相等的，他们的处境是不对称的。简单地说，一个在那里坐着，而另一个是在下落。

“从这一意义上讲，水在牛顿桶里的运动是绝对的。”扬森说。对于这位不列颠人，这是一场迟到的按点数计算的胜利——即便仍有保留：绝对空间并非如他所想象的那样是静止的，而是一个不断变化的、动态形成的统一体。不过，对于扬森来说，据此却可以肯定："广义相对论这个名字是不正确的。"这句话很值得注意——尤其是考虑到事后的一系列误解和麻烦正是由这个名字引起的。"后来，在对爱因斯坦的相对论进行抨击的反对者中，有些人在物理学上的论证是完全正确的。"这位荷兰人说，"爱因斯坦的朋友们也清楚这一点。但他们却默不做声，因为这些论据来自德意志民族的反犹太主义者。"

1920 年，爱因斯坦为英国《自然》杂志撰写了一篇文章，不过从来没有发表过。在这篇文章中他解释说，情况可能与狭义相对论的情况相似，当时他曾把磁场和电场统一为一体。按照麦克斯韦和法拉第的理论，一个磁体赋予其周围的空间一种特定的性质，而天体也是像这样决定着空间的几何性质。同样，惯性和引力也不相同，而是同一枚奖章——"重力—惯性场"的两面。至于这两个组成部分中的哪一个决定物体的运动，则取决于观察者的运动状态。

值得注意的是，在这篇文章中爱因斯坦承认："因此，我在 1905 年曾经认为，在物理学中根本不允许再谈论以太。但是，这一判断过于偏激了。"在文章的最后，他说，"因而可以说，在广义相对论中以太又重新复活了"，因为"'空间'和'以太'这两个概念毕竟是融合在一起的"。

当年，作为一个不知名的小人物，面对富有经验的物理学家们的顽强抵抗，他轻而易举地就把以太给废黜掉了。而今，偏偏是这个以太，穿上新的衣装以后又重新获得了尊重。既然时空可以弯曲，也就是说呈现出一种物质的特性，那么它和以太又有什么重大的区别呢？对于他的反对者来说，这是一个极好的口实。这些人根本就没有参与过诸如时空几何之类的研究，却于 1919 年之后纠合在一起，以最卑劣的方式与爱因斯坦进行斗争。并不是每一只盲目的甲虫都愿意学着睁开眼睛看世界。

第十二章　拉姆达依然活着

——爱因斯坦，“宇宙的总工程师”

对于一件“最大的蠢事”来说这也不坏：爱因斯坦凭借直觉做出的发现几乎描述了宇宙的四分之三。

像是前往星空的途中，坐在一个男人的身边，奔向云端。在那里，他所熟悉的，是那些我们人类永远无法到达的地方。尽管如此，他说，我们在那里就像在家里一样，借助我们的眼睛和望远镜，还有天线和卫星。当然，也借助我们的思想。像爱因斯坦，他甚至不需要抬头望一眼，就可以洞悉宇宙——包括它的最后一个角落。

通向高处的道路又陡又斜，在一处转弯的后面，显露出一片隐隐约约的立方体和穹顶。“把灯关上。”那个男人吩咐，“任何人工照明都会干扰我们的工作。”瞬息之间整个世界便隐入了黑暗之中。近处的星星伸手可及，远处的目力难以穷尽。在数千亿个银河系中的每一个里又有数千亿颗星体——这就是宇宙，对于虚空的最有力的否定。在这些斑斑点点中某一个被称为银河的地方，在一颗围绕着无数太阳中的一个旋转着的行星上，天文学教授约翰·贝克曼（John Beckman）追随他的榜样阿尔伯特·爱因斯坦，正在探寻世界的终结和时间的初始点。阿尔法（α）和奥美伽（ω），组合在时空和引力的场方程中。

当这位教授到达他的工作地点时嘴里说道："我们向宇宙中遥望得越远，我们对过去看得就越深。"他的工作地点在泰德天文台，位于加纳利群岛的特内利费岛上，是欧洲最高的观测台。白天看去，穹顶、房屋和集装箱一片雪白。到了夜里则显现出丝绸一般柔滑的银灰色。在暗淡的光线下，这片火山熔岩中间的建筑群像是人类在月球或是火星上的先锋营地。泰德火山锥的朦胧身影从地平线上高高耸起，它海拔 3770 米，是西班牙的最高峰。

贝克曼张口就是光年。在他嘴里，让人眩晕的几十亿光年就像其他人在说"两磅鸡蛋"或"7 米布料"。在一个开着暖气的集装箱里，这个五十多岁、任职于西班牙的英国人，刚一落座就开始滔滔不绝地讲起来。他从现代宇宙学的开端讲到爱因斯坦的遗愿，从预言讲到它们的证实，从直觉讲到迷误，一直讲到他和他的同事们今天所从事的天文学。而爱因斯坦这位"宇宙的总工程师"——有人在信中曾经这样称呼他——则被他们视作这个行业的先知。

约翰孩童时代最先学会的词语之一就是"望远镜"。他从 4 岁便开始观察那些看得见的星星。10 岁的时候他对星空已经相当熟悉。15 岁时，他仰望天空就像在"读"一幅银河系的城市地图。当他在大学里学习物理学时，他渴望成为像哥白尼、开普勒、爱丁顿和弗洛因德里希那样的天文学家，但怀有他这种职业理想的人只是凤毛麟角。

“第二次世界大战之后几乎再也没有人愿意观测天空了。”贝克曼说。整个一代物理学家都疏远了天文学，同时也疏远了广义相对论。这一巨人的国度不再属于他们首选的目标，大家都想转入侏儒国，在亚原子领域中研究物质的结构。他们利用越来越巨大、越来越昂贵的加速器捕捉夸克和量子，测量裂变产物，观察粒子的轨道，却将它们所在的星体放在了一边。

结果，爱因斯坦再也没能品尝到他在理论方面播下的种子所结出的美味果实。今天那些对于宇宙最深处的激动人心的设想以及约翰·贝克曼通过自己的日常工作所确定的东西，比如黑洞和褐矮星，暗能量和暗物质，直到爱因斯坦去世之后很久人们才在其真正的意义上认识它们。而所有这一切，都是以他的认知为基础的。

1916 年，欧洲正陷于第一次世界大战之中，柏林遭受严重的供应短缺。科学研究工作也只好尽量俭省，很多科研人员上了前线。但有一个人却在家里全力以赴地工作。阐述广义相对论的论文文稿墨迹未干，爱因斯坦便已开始进行今天我们称之为宇宙学的研究，而且几乎是单独一个人在那里埋头苦干，摆弄他的场方程。约翰·贝克曼认为这些方程“非常难”，一般是解不开的。有一则轶闻说，一位物理学家问爱丁顿爵士，是不是真的只有三个人懂得这一理论，而爱丁顿却反问道：“那第三个人会是谁呢?”不过，运用这些场方程却可以解决一些在爱因斯坦之前无法解决的问题，比如确定整个宇宙的几何形状。

让爱因斯坦十分惊奇的是，它们的首次具有轰动性的应用不是由他自己，而是由另外一个人，一位身在战争前线的军人实现的。作为军官和志愿兵的波茨坦天文台台长、天文学家卡尔·施瓦尔茨席尔德（Karl Schwarzschild，大多译为“施瓦西”），自打战争开始以来便在俄国前线计算炮弹的飞行轨道。1915 年 11 月，当他看到有关爱因斯坦在普鲁士科学院介绍广义相对论的报道后，便立刻坐了下来，作为活动手指的一种练习，将这些新的公式用于解答一道小小的天文题：在其他部分均为真空的空间中，唯一一个质点周围的引力场看起来应该是什么样子的？换句话说：假如宇宙中只有一个天体，在没有其他质量的共同作用下，它会如何影响时空？

按照爱因斯坦的理论，根本不允许存在这样的情况。在相当长的时间里，他一直赞同奥地利物理学家和哲学家恩斯特·马赫的观点。按照马赫的观点，引力并非像磁力存在于磁体中那样存在于一个物体内部。更确切点儿说，它是从一个物体与其他物体的相互作用中产生的，或者更宽泛地说，它是在与宇宙中存在的所有物质的相互作用中产生的。后来，爱因斯坦把这种关系称为“马赫原理”。但现在，这个名字的主人却再也看不到随之而来的宇宙观中的颠覆了。1916 年 2 月，马赫刚刚度过他的 78 岁生日，一天之后便与世长辞了。

同一年里，战场上的卡尔·施瓦尔茨席尔德也因为染上无法治愈的皮肤病去世了，但在科学殿堂中同样获得了一个永远的位置。他几乎像做游戏一样，把爱因斯坦的场方程应用于假设的问题，例如在一个天体的内部（而不是在它的周围），引力看起来应该是什么样子的，而且，通过计算他得出了非同寻常的结果：在距离该天体中心某个假定的距离上，这些公式会碰到它们的极端情况；如果这些质量和能量聚集到一定的密集程度，时空便会收缩弯曲，直至达到最小的体积，以至于连光线也无法逃逸。今天，人们把这个距离称为“施瓦尔茨席尔德半径”。该半径处的球面叫作“视界”。在视界内里那一边，一切都消失得无影无踪，甚至包括时间。这位天文学家所描述的，便是数十年后我们所知道的“黑洞”，而且已经间接地观察到它的存在。

早在 18 世纪末，法国数学家和哲学家皮惹西蒙·德·拉普拉斯（Pierre Simon de Laplace）就已提出了类似的想法：一个物体要想从一个天体的重力场中逃离，其速度必须大于逃逸速度。但是，如果一个天体在一个极其狭窄的空间里聚集极大的质量，以至于逃逸速度本身超过了光速，那又会发生什么情况呢？“宇宙中最大的星体对于我们来说可能是看不见的。”拉普拉斯推断。所以，首次想到黑洞的功绩应该归于他。根据施瓦尔茨席尔德的计算，如果太阳的全部质量聚集成一个直径为 3 千米的球体，那么就会变成这种情况；或者，如果地球的全部质量聚缩成直径不超过 1 厘米的球体，那么也会变成这种情况。这并不是纯粹的数学推想，而是反映了可以测度的真实，但无论是施瓦尔茨席尔德还是爱因斯坦都未能亲身经历。

当爱因斯坦得知这位天文学家的计算结果时，他觉得非常惊讶：对于一个其余部分完全虚空的宇宙中的单个天体，他的公式有了完全的精确解。“按照我的理论，归根到底，惯性其实就是质量的相互作用。”他有些惊愕地给东部前线的这位同事写信说，“开句玩笑的话可以这样表达：如果我让所有的东西全部从宇宙中消失，那么按照牛顿的理论还会剩下伽利略的惯性空间，而按照我的观点则什么都没有了。”

但是，他不得不看到，按照他的公式，恰恰有可能存在下面的情况：一个天体完全处于它独自造成的自己的时空之中并以此构成它自己的真实。但怎么会是这样呢？难道宇宙中还有一个宇宙？他刚刚诱使上帝的造物说出它巨大的秘密之一，难道魔鬼又要让他安分守己？

当时爱因斯坦仍然坚持马赫原理，并把一个静态的、保持均匀的宇宙作为前提。为了让他的宇宙模型保持稳定，他采取了一个冒险的步骤。他这样做初看起来似乎有些蹩脚，但从今天的观点看这恰恰表现出了他那种依靠直觉的独创性。“在引力论上我又犯了一些错误，”他在 1917 年 2 月 4 日写给朋友和同行保罗・埃伦费斯特的信里说，“它们差点儿让我陷入被关进疯人院的危险。”

四天之后，这个不知疲倦的人在科学院阐述了他的《根据广义相对论对宇宙学所作的考察》，第一次以数学—几何的形式将宇宙作为一个整体加以描述，并引入了那个后来被他称为他干的“最大的蠢事”的步骤：引入了一个名为拉姆达的宇宙项。作为对万有引力的抗衡，这个“宇宙常数”大概相当于一种普适的反作用力，用以防止宇宙的坍塌。这样一来，拉姆达便成为以某种方式使宇宙——按照歌德（Goethe）的看法是虚空的——最大限度地彼此保持分开的东西。

爱因斯坦当然清楚，为了让他的理论大厦保持稳定，他在这里引入了一种极其罕见的现象，这一现象不符合迄今为止已经确定的物理学上的任何事实。同事们纷纷发出抱怨。“如果我一切都该相信的话，”荷兰莱顿天文台的台长魏勒姆·德·西特（Willem de Sitter）写信给他说，“那么对我而言，您的理论已经在很大程度上丧失了其经典的优美。”但爱因斯坦容忍了这一弱点，以便能够创建他广泛的宇宙理论。为了抵达新大陆，他一次次地架设在他平静的目光横越之后又倒塌掉的桥梁。在通向更高真理的道路上，他像每一个出色的理论家一样，和投机的幽灵结成了同盟，如果运气好，在科学认识的光明之中，这个幽灵便会消散得无影无踪。他在物理学上的考虑对于我们认识宇宙具有明显的影响：借助这个拉姆达，爱因斯坦在广义相对论的基础上建立起了一个处于四维时空中的有限同时又无边的宇宙模型，而且直到今天原则上依然适用。像爱因斯坦或者约翰·贝克曼这样的物理学家，他们可以通过数学公式设想这种“处于封闭的，准球形的，需要用非欧几何判定的空间里的宇宙结构”，就像音乐家通过乐谱编排各种各样的乐曲。可以说，谁要是不具备这种技能，就必须再退回到一个较低的层次，首先观察一下我们比较熟悉的平面和立体之间以及两维世界和三维世界之间的关系。

爱因斯坦选择了一个圆球作为有限而无边的几何形状的例子。一只甲虫在这个圆球上面悠闲地爬行。虽然它所在的圆球表面只是一块有限的面积，可是不管它爬行多长时间，永远也碰不到圆球的边界。如果这个圆球足够大，那么甲虫自然而然就会把它看作是平直的——就像我们人类，在相当长的时间里也把地球看成是一块平板。在人们的经验范围内，它曾经是平直的。但因为甲虫只知道两个维度，而且它自己就像剪切下来的漫画人物一样扁平，所以无论如何也觉察不到它的圆球世界向其中收缩弯曲的第三维，而且可能也想象不到。至于我们人类这种三维生物，虽然能够理解我们的世界是一个可以环绕其旅行的球体，但要想象时空的四维性质就比较困难了。

对于爱因斯坦的思考甚为重要的是：两维的球体表面——这一想法继续延伸则是宇宙中的三维空间——是没有中心的；每一点在原则上都是等权的，不管以什么方式，任何一点都不可能优先于其他点。一个球体虽然有一个中心点，但在甲虫的宇宙中是不会把它作为中心来考虑的。这个中心点不在球体的表面，而是处于两维世界之外。从一极到另一极的最短距离不是轴心线，而是在两极之间划出一个半圆的短程线。现在，爱因斯坦按照严格规定的途径将这一想象转用于一个既没有中心也没有边界的三维空间。

如果在这个世界里发射一束光线上路旅行，它绝不会在没有边沿的空间里圆寂，而会在某个时候在它穿越时空的道路上重新回到它的出发点——好比那只在圆球表面爬行的甲虫，总会在某个时候与它先前经过的道路相交。哪怕是来自可以想象的最遥远的距离，或者说来自最遥远的过去和早已熄灭的星系，光线也会到达地球上的观察者的望远镜。今天，天文学家们，像约翰·贝克曼，用他们的探测仪器几乎可以看到宇宙的尽头，并因此而探查到大爆炸之后不久的原始初刻。爱因斯坦通过他的惊人之举解决了宇宙空间无边无际这一难题。这又是一项伟大的成就。所以也就不难理解，为什么贝克曼这些人把爱因斯坦称为今天之宇宙学的“播种人”。

爱因斯坦以此点燃了他的相对性火箭的第三级。1905 年，在点燃这枚火箭的第一级时，他将空间和时间融合为时空。1915 年，在点燃第二级时，他把时空塑造为由质量决定的几何图形，而时空的几何形状反过来又决定质量的运动轨道。现在，1917 年，他又赋予整个时空和物质一种结构，从而为后来的迅猛发展铺平了道路。

来自荷兰的一声喊叫让人一听就明白，魏勒姆·德·西特又有话要说。他指出，爱因斯坦的模型所描述的并非唯一的可能。但更严重的是，这位荷兰人的宇宙是一片虚空，因此与马赫原理相矛盾；按照马赫原理，时空和物质相互结合在一起，二者是不可分的。根据德·西特的计算，单单一个拉姆达就足以说明时空的弯曲。“拉姆达（λ）项也有‘我的’四维宇宙。”他用一种无声的嘲笑解释说，“但没有‘宇宙物质’。”

这位天文学家主要是“坚决”反对“宇宙在动力学上是拟稳态的”这一“前提”，也就是在宇宙度规中把它看成是静止不动的。“对于宇宙我们只能拥有一帧瞬时照片；在这帧照片上我们看不到什么大的变化，但却不能而且也不允许从中得出这样的结论：所有一切将永远停留在拍摄这帧照片的那一瞬间。”这番话表达了他的一个中心思想：宇宙是不断变化的；它有自己的历史，估计也有一个开端，甚至也许有一天会寿终正寝。这一思想为今天许多天文学家的工作奠定了基础。所以，用越来越高级的望远镜探索宇宙的历史已成为天文学研究的中心。

爱因斯坦对这位同事进行了激烈的反驳，并告诫他说："信念是一个良好的动因，但却是一个糟糕的法官。"德·西特毫不迟疑地回复道："我们'信念上的差别'关键在于，您拥有确定的信念，而我却是一个怀疑论者。"到了1918年，爱因斯坦不得不承认，德·西特根据他的方程得出的结果确实证明了一个与马赫原理相对的例子：宇宙不一定非得是静态的；在宇宙中没有任何质量的影响下，引力也是可以测度的。但爱因斯坦从来没有公开发表他对这一结果的承认。

另外一个悲剧性人物也对宇宙学在20年代的重大进步做出了贡献。1922年，和施瓦尔茨席尔德以及德·西特一样，俄国数学家亚历山大·弗里德曼（Alexander Friedmann）同样怀着对马赫原理的不恭踏上了爱因斯坦的宇宙方程这片大陆，并计算出了一个非静态的宇宙。1925年9月，这位天分极高的学者由于传染上斑疹伤寒而英年早逝，年仅37岁。但他依据纯理论计算为我们留下了一个宇宙模型，直至今天还让许多像约翰·贝克曼这样的天文学家无法喘息，一直不断地进行研究。运用爱因斯坦的公式，弗里德曼可以描绘一个持续膨胀着的宇宙。1929年，他的预言得到轰动性的证实：在五年之前首次发现河外星系之后，美国天文学家埃德温·P. 哈勃（Edwin P. Hubble）发现，所有的星系都在离开银河系，而且距离越远的星系离去的速度越快。这说明宇宙确实是在膨胀。

1930年，仍然拒绝接受弗里德曼结论的爱因斯坦在美国的加利福尼亚拜访了哈勃，相关数据让他觉得信服。1932 年，他同昔日的对手德·西特共同发表了一篇文章。在文章中他们宣布放弃拉姆达项，并提出了一个直到今天基本上仍然适用的宇宙模型。爱因斯坦很高兴：终于摆脱了他“最大的蠢事”，并且看到他的方程带着旧有的优美和新的内容熠熠生辉。

已经得到证明的是，宇宙的膨胀并不是爆炸，爆炸的后果是，一块块碎片在一个已有的空间里围绕着爆心四处散开，确切点儿说，它相当于宇宙的一种延展，也就是宇宙自身随着时间所发生的延伸和扩展。空间随着扩散着的物质而扩大。与爆炸时的情况不同，这种膨胀也不存在中心。相反，不管站在哪个立场进行观察，这个膨胀着的宇宙看起来都是一样的：所有其他星系都在离开你所在的星系而去，而且离去的速度随着与观察者距离的增加而增大。而观察者所在的星系也在以同样的方式远离其他星系而去。

为了便于想象，我们还是减少一个维度，先来看一个上面粘有很多小点点的气球。当把气球吹胀的时候，它的表面增大，所有小点点便会以相同的尺度相互离开，一个点和其他各点之间的距离不断增大；两点之间的距离越远，距离的增长就越快。但各个小点本身的尺寸却保持不变，也就是说各个星系本身并不发生膨胀。

自 1942 年某个名叫乔治·迦莫夫（George Gamov）的人在美国提出宇宙诞生于一次“大爆炸”的思想以来，爱因斯坦已经在那里生活了多年。迦莫夫是一位俄国侨民，曾是悲剧性人物亚历山大·弗里德曼的学生。就像我们所了解的那样，按照他的理论，宇宙并不是永恒存在的。更确切地说，宇宙也有一个年龄；按照我们今天的认识，宇宙的年龄大约为 140 亿年左右。这一思想并不完全是新的。早在 1931 年，比利时数学家和神学家乔治·勒梅特（Georges Lematre）就在《自然》杂志上提出了这样一个建议："我们可以把宇宙的肇端想象成唯一一个原始原子的形式，它的原子量等于宇宙的全部质量。"按照迦莫夫的理论，空间和时间是随着大爆炸才产生的，并且是产生于一个奇点。而爱因斯坦在很长时间里认为，从物理学的角度这是不可能的。所以，在宇宙的生命线中，规定了一个类似于牛顿的绝对时间的东西：宇宙时间，从大爆炸开始以光年度量。

到了 20 世纪 50 年代末，广义相对论几乎已经被人遗忘，因为实际上已经没有任何可能继续对它进行验证。它在将近半个世纪的时间里沉入了睡眠状态，只有一些有闲暇的物理学家才去认真地研究它。其中有一个大人物，他就是爱因斯坦在普林斯顿高等研究院的同事，后来制造第一颗原子弹的"曼哈顿工程"的领导人 J. 罗伯特·奥本海默（J. Robert Oppenheimer）；早在 1939 年他就提出了一个关键的模型。根据他的计算，在真实情况下，黑洞（1967 年才这样称呼）应该是可能的。当一个质量极大的星体燃烧尽了之后，在它自身重力的作用下会发生坍塌，从而形成黑洞。

1960 年，年轻的英国数学家罗杰·彭洛斯（Roger Penrose）找到了一种新的、非常简单的用于爱因斯坦方程的计算方法。对超级困难的奇异天象的系统研究因此而成为可能，这首先让一个人出尽了风头，他就是斯蒂芬·霍金（Stephen Hawking）。由于患有神经系统的疾病，霍金现在生活在一张高科技的轮椅上，依靠一台语言计算机讲话。此外，这位物理学家还计算了当两个黑洞彼此接近时，它们是如何相互融合的。他的《时间简史》一跃而成为最热门的科学畅销书，他在书中描述了异乎寻常的宇宙理论，并延续着爱因斯坦的梦想。

但是，促成进步的主要力量并不是这些坐在写字台旁边的天文学家。“自50年代以来，”约翰·贝克曼说，“不是理论而是技术在推动天文学前进。”不断涌现的新方法，如射电望远镜、X-射线望远镜或者红外望远镜，可以让我们越来越深入地观察宇宙，并以此来观察时间。“从前我们在钢琴上只能弹奏一个音符，而现在我们几乎掌握了整个键盘。”一幅深入宇宙最远处的照片展示了130多亿年前的宇宙，这幅照片就是不久前用哈勃天文望远镜拍摄到的。

尽管有这些来自宇宙的引起轰动的成果，贝克曼说，但天文学更多的还是依赖于从地球上进行的观察。在泰德天文台一座圆顶建筑物中，矗立着他的红外反射望远镜。一按电钮，在由钢梁、撑杆、电缆和软管组成的成吨重的机器以及测量装置的上方，高高的球形壳顶便朝着夜晚的星空张开，全自动的望远镜开始转动，直到停在事先编入程序的位置上。

借助这台仪器，贝克曼不仅能够观察到星体的诞生——“这个过程差不多跟一个人的诞生同样复杂”——而且还能观测大爆炸的痕迹。而今，作为昂贵的加速器的替代物，天空已经成为“普通人的实验室”。大爆炸发生之后不久，在一个

“原始火球”中形成了第一批化学元素，此外还有全部的氢和大部分氦以及第一批锂的痕迹。根据氢的数量与氦的比例，贝克曼和他的同事们可以推断出宇宙中一般物质的密度。在进行这类计算时，他们得出了令人惊奇的数值：目前我们所知的物质还不到宇宙总物质的百分之五。而按照爱因斯坦的意思，这个总物质对于一个封闭的宇宙是必不可少的。那么，剩下的百分之九十五以上的物质都隐藏在什么地方呢？

接下来，这位教授讲述了爱因斯坦的拉姆达是如何萌发出新生命的。大约从 60 年代中期开始，这个宇宙项一再出现在理论研究中，直至 1995 年，两个美国物理学家发表了一篇题为《回归宇宙常数》的文章，明确宣告了它的重生。原本为了使广义相对论与马赫原理相一致、在爱因斯坦失败的尝试中所引入的宇宙项拉姆达，如今又欢天喜地、大张旗鼓地卷土重来。

根据对“宇宙背景辐射”、一种直到今天在天空的各个方向上都能测到的大爆炸的微弱余响的测量，天体物理学家们可以推算出一部分缺失的物质；它们是一些不可见的“暗物质”，大约占百分之二十三。他们把其余的百分之七十三归于一个猜测的力场，并将它们取名为“暗能”。至于这是什么意思，亦属于猜测的范围。此外，“第五种基本物质”也在讨论之中，它就像一种以太充斥于宇宙之中。不管它是什么，它的作用都会像拉姆达一样，使各个星系保持距离，或者，甚至推动它们彼此分离。对于一件“最大的蠢事”来说这也不坏：爱因斯坦凭借直觉做出的发现几乎描述了宇宙的四分之三。

1998 年，对于爆发中的星体—— 一种特定类型的超新星的观测，使得另一项轰动性的发现成为可能：宇宙不仅在膨胀，就像埃德温·哈勃于 1929 年发现的那样，而且这种膨胀还在加速。也就是说，我们生活在一个“加速的宇宙”中，而且这一想象如今已经得到广泛的承认。当一本以此为标题的书于 2000 年出版的时候，它的索引极其鲜明地反映出爱因斯坦直到今天仍然具有的重要性：在他的名字的后面赫然列有 20 项发现。排在第二位的是某个叫作亚历山大·维兰金（Alexander Vilenkin）的人，提到的发现有 10 项，哈勃则以 8 项发现列于其后。

然而，由于膨胀的加速，也就是膨胀速度的增大，人们不禁要问，宇宙常数是否真的恒定不变，就像爱因斯坦因为他的静态宇宙而需要的那样，或者说，是否它本身是恒定不变的。这件事情还没有决定。不过，让许多专家吃惊的是，对总共 42 颗超新星的观测数据表明，它们更加符合一个稳定不变的常数。

为了能够获得这样的数据，宇宙学家需要依靠天文学家的帮助。“距离的测量，”约翰·贝克曼说，“是其他一切天体物理推演的关键。”为了这一目的，像他这样的天文学家正在寻找“标准蜡烛”。借助它的帮助，根据已然确定的至某一星体的距离，通过所谓的间距标度可以求出其他所有的距离。从原理上讲，天文学家的这种做法犹如地球上的土地丈量。直到现在，他们主要还是利用仙王变星群（die Cepheiden），亦即在宇宙中到处可以找到的脉动变星（造父变星）作为天体测量的尺度。

“但是，为了更深入地观测宇宙，我们需要亮度更强的标准蜡烛。”贝克曼说。恐怕只有以 Ia-型超新星作为“蜡烛”，才真正可能在极大距离上测度间距和速度之间的比例关系，并以此对加速中的宇宙做出推论。所以，他的小组目前可能要开发一支新的“标准蜡烛”，而且“由于星际气体离子化地带的集群性质，新诞生的一簇会被极其明亮的星体所包围……”

仪器的机柜发出轻微的嗡嗡声，氖光灯闪闪跳动。外面，闪烁的群星沿着各自的轨道运行。约翰·贝克曼的思绪正在黑暗天穹的某个地方漫游。古代的某个时候，自然科学就是以这种方式开始的。人们仰望苍穹，解读大自然的规律。宇宙学分为了两个时代：爱因斯坦之前的时代和爱因斯坦以来的时代。

“相对论仍然活着。”当约翰·贝克曼重新坐进汽车，沿着狭窄的道路从泰德天文台向山谷开去的时候这样说道。这是个没有月亮的夜晚，夜色中，幽灵鬼怪般的熔岩阴影叠压交错。“不过，它是否真的反映了实际，与其说是证实的问题，不如说是信念的问题。”

第十三章　时空在震颤

——实验台上的相对论

也许到最后，爱因斯坦的理论也有可能像牛顿的理论一样被人超越。

爱因斯坦在控制室里等待着。他头戴礼帽，身穿大衣，一只手插在口袋里，另一只手紧紧握着一本书。这是一幅人们相当熟悉的照片，1920 年左右摄于柏林，经过剪裁贴在硬纸板上。当那个伟大的时刻到来的时候，这位大师应当在场：随着引力波有可能被证实，广义相对论或许面临着最大的考验。

早在 1916 年，爱因斯坦就曾断言过难以置信的事情：仅仅根据他的场方程他就可以证明，引力也可以产生波。质量的极度变化以及因此而引起的重力场的变化，比如当一个星球坍塌时，必然使时空发生颤动。不过他又补充说，估计这种效应非常小，恐怕永远也观察不到。自那以来，科学家们一直梦想着捕捉到这种宇宙的震颤。

在汉诺威以南大约 20 公里、邻近小镇卢特的地方，这一梦想即将变成现实。引力波探测仪“GEO600”矗立在大门的旁边。每当马科斯·普朗克协会阿尔伯特·爱因斯坦研究院的彼德·奥弗姆特（Peter Aufmuth）经过夹在果树和庄稼之间的笔直小路走向他的实验站时，他都会把步幅放到最轻，以至你都觉察不到他的到来。因为在过去的10年里，这位物理学家和他的同事们根据一个英德合作项目的框架在这里建造起来的东西，属于这个地球上确定震动用的最灵敏的设备。

实验物理战线几乎到处都是一样：控制室里笼罩着一种常见的建筑集装箱的浪漫气息。大约有10个摆着纯平显示屏的工作台，到处是数列、图形、写满公式的草稿纸；公用台子上摆放着饮料罐、外卖式快餐的空盒、拆成散页的昨天的报纸，墙上挂着科学题材的宣传画。

“广义相对论可以用一句话表述，”奥弗姆特一边解释一边说出了这句话，“引力不是力，而是空间的一种性质。”从这一意义上讲，引力波不是任何别的东西，而是“时空中以终极速度发生的干扰”——像压力波一样，一种以光速传播的微小振动。这种效应如此微小，以至于单单打算对它进行测量，就已经需要相当程度的胆略和勇气。

作为原型样机的第一批测量仪器至今已经整整使用了30年（在慕尼黑附近的加尔兴和苏格兰的格拉斯哥）。由于研究者们想证实爱因斯坦有关引力波的预言，并以此消除他对引力波有可能测量不到的担心，结果每前进一步，便会更深地陷入一种窘境：测量仪器的灵敏度越高，它便越容易受到干扰，记录的干扰信号也就越多。

“所有一切都会对我们造成干扰。”奥弗姆特说，“不只是从道路拐角处驶过的汽车，就连天上飘过的云彩也会造成影响。一切都会干扰我们。”对于一项研究计划来说，这真是让人着迷的箴言。

他对引力波探测仪的解释，清楚地表明了他这话的意思。谈到探测仪，他就像一位父亲谈论自己过于敏感、一声最轻微的咳嗽也会让他吓一跳的孩子。“我们刚刚把它接通，它就一个劲儿地乱蹦乱跳。”参与工作的研究人员总共有 70 人，大家立刻就明白了：这并不是他们所期待的宇宙信号，而是一次地震。

“我们测得一次强度为 7.2 级的地震。”奥弗姆特回忆说，“但不是在这里，而是在瓦努阿图。”瓦努阿图位于地球的另一边，是南太平洋的一个岛国。他从很久以前的事情讲起，并且解释说，乍一看广义相对论的核心方程似乎非常简单：$G = K \times T$。但是，如果更仔细地看一下就会发现，“其中隐藏着 10 个相连的二次非线性微分方程，这些方程可不是一咬就碎、轻易就能解开的，而是必须运用许多技巧”。然后“你才能看到，时空是何等的刚硬”。在时空中，地球引起的凹陷可谓微不足道，相对于其他结构所形成的偏差也就是十亿分之一。“所以，我需要大的质量和快速事件，借助它们我才能进行某些测量。”

物理学家通过赤裸裸的数字，将上面这些话的意思解释得一清二楚：即使只把巨大的超新星或者相互碰撞的超等重量的黑洞之类最高级天体的宇宙事件作为可测量的引力波的源来考虑，它对时空的影响也简直是小得可笑。地球和太阳之间的距离大约为 1.5 亿公里，当引力波穿过时，所引起的震颤大小还不到一个氢原子的直径。如果把这转用到地球上，1000 米的测量距离也就相当于一个原子核厚度的千分之一。然而，这些汉诺威人连这样的“1000 米”也没有。

GEO600，代表着地球上两段600 米的长度。从外表看，这台测量仪由两根悬吊着的600 米长的不锈钢波纹管组成；两根钢管抽成极度真空，不会发生摆动，并成直角相交。根据取向的不同，时空的震颤会使测量仪的两条臂杆发生膨胀或者收缩；尽管这一膨胀或收缩量极其微小，只要干扰源发出的“响动”产生足够的压力，从二者之间长度上的差别也应该能够测得引力波的存在。这台仪器甚至连遥远的北海的轻微波动也能记录得到。“我们在这里几乎听得到波浪的拍击声。”奥弗姆特说。

这台仪器的工作原理与“干涉仪”基本相同；美国人迈克尔逊和莫雷正是借助干涉仪那富有创造性的基本原理于 1887 年证明了光速的恒定，并因此而由爱因斯坦宣告了以太的终结。说得简单一点儿，就是科学家们让光线通过一面半透光的镜子分散到两根臂杆上，再由位于臂杆端部的镜子将其反射回到它们的起始点上。在那里，来自两根臂杆的光波发生叠加。汉诺威人通过“破坏性的干涉”对这个“信号”进行极其精确的调节，使光波相互变成绝对黑暗的状态。在这种状态下，两根臂杆之间只要发生哪怕是极其微小的偏移，也能够通过亮度的变化反映出来。干涉图像可以在一台黑白监视器上直接看到。作为实验过程中的神奇眼睛，置身于一堆现代的彩色显示屏中间，这台黑白监视器就像一台来自 50 年代的电视机，显得格外惹眼。

信号在“中央室”里产生。所谓“中央室”是一个外形简单的、用混凝土浇筑在地下的立方体，干涉仪的两根臂杆即在这里相交。每当彼德·奥弗姆特戴上护光眼镜、穿上干净的套鞋踏入他的“圣殿”时，便难以抑制心中的激动。“我们刚刚把这台设备组装完毕，它便立刻开始工作。这真是一个了不起的奇迹！”它的周围摆放着螺丝刀和电线，还有电烙铁和装着电子元件的小箱子。

“我们到处都需要改进，在现有技术上再提高一步。”他一边说，一边蹑手蹑脚穿过已经完成调试验收的检波仪的狭窄通道，因为任何细微的尘粒都会给这台灵敏的仪器造成损害。由于对精确度有着近乎荒唐的要求，在这里工作的科学家们使用的是世界上最好的专用激光器。这台激光器的发射管是用一种特殊的、新近专门研制的人造石英玻璃制成的；通过发射管，激光器向南北向和东西向的不锈钢管发射一种一定长度的、高度稳定的光波。装在不锈钢管中的“端部反射镜”和激光器的发射管一样，作为一种三联悬摆悬挂在那里。仅仅通过这种方式，便可以使所有的干扰性震动衰减到百万分之一。还有许多特殊装置以及自己制作的仪器，比如振动阻尼、光学谐振器、功率放大器、信号增强、噪声抑制，等等，所有这一切都会使相应的干扰或者需要的信号再次得到抑制、双倍增强、专门的阻滞以及最为精细的甄别。

这个地方需要像彼德·奥弗姆特这样的人，他们既拥有物理学的知识和科学经验，又有动手能力和熟练技巧。当然，如果科学研究部突然决定要紧缩编制和预算的话，也得有为必要的份额而奋起抗争的决心。他们坚持自己的梦想，把全部力量都投入到了自己的研究工作中，一下子就投入了整整 700 万欧元的设备。不过，与美国两个名为“Ligo”的投资 3 亿美元的相同项目相比，这点儿投入实在显得可怜。在美国，天线的臂杆有 4000 米长，它对引力波的敏感度几乎提高到了系数 10。“这简直像是侏儒对巨人。”奥弗姆特说，“我们通过更加敏感的技术赢得领先。”

难道仅仅为了证实某种理论，就需要这么大的耗费吗？“不是某种理论，而是那个关于我们宇宙的理论。如果我们在这个地球上真的能够感觉到时空的震颤，那么，这将是对爱因斯坦方程的最直接的论证。”1919 年，当对日食观测的数据公布之后，仅仅通过对他所预言的光偏折现象的证实，爱因斯坦便已经能够史无前例地安享凯旋的尊荣。所以有一次，当有人问他，如果爱丁顿爵士在那次日食观察中未能证实他所预言的光线弯曲，那么将会是怎样一种情况时，他回答说：“我可能会为亲爱的上帝感到遗憾，但这一理论依然是正确的。”

但是，这一理论是否真的永远有效，或者有一天也会遭到像牛顿引力理论那样的命运，现在谈论根本没有什么意义。那位英国人的构想已经十分接近可以获知的真实，以至像非常容易改变的水星近日点之类的最微小的偏差，与支持其理论的千百倍的证据相比，可以说几乎没有什么影响。也许到最后，爱因斯坦的理论也有可能像牛顿的理论一样被人超越？

爱因斯坦本人对这个问题的回答非常肯定。如果他能听到，在他去世50年之后的物理学家大会上，报告的中心题目竟然是《爱因斯坦说得对吗?》，想必也不会感到吃惊。他今天的同行中的大多数都是实验物理学家，其中有些人就把证实或者反驳广义相对论作为自己的研究课题。相对论几乎涉及物理学的每一个方面。所以，相当多的专家认为，或早或晚，爱因斯坦的理论总是要被放弃的。但到目前为止，这一理论依旧巍然屹立。在那些从事高速运动研究的人们手中，不言而喻，他的狭义相对论属于不可或缺的工具，就像法律条文对于律师和法官一般。自打20世纪50年代以来，许多粒子物理学方面的专家一次又一次地证实了这一理论所预言的事情——这似乎成了其研究工作的副产品。在一些专门进行的实验中，甚至连那个古怪的双生子佯谬也作为一种真实的现象得到了演示：70年代，人们曾携带一只时钟在飞机上连续飞行了60个小时，结果这只时钟真的变慢了，变慢的时间量与预言的一样——与位于地面的地球时钟相比，在时空中减慢的量正好等于它穿过宇宙空间的那段距离所“需要”的时间。在这类实验中，广义相对论也得到了证实。由于重力对于时钟的快慢同样会产生影响，它会随着引力的增大而变慢（当达到黑洞的程度时时间会完全停滞）；反之，当它远离地球的重力场时便会变快。飞机飞得越高，这一效应便越明显。

在宇航开始之前，广义相对论几乎已经被人们遗忘。只是从60年代起，将论证其预言作为课题才又重新流行起来。针对红移和时钟变慢以及由于引力而造成的原子振动所做的实验显示出了越来越精确的结果。根据今天的测量结果，在时间问题上，爱因斯坦至少百分之九十九点九九五是正确的。光线在经过太阳时所发生的偏折在最近的日食观测中所测得的结果也越来越精确。在使用射电望远镜对银河系和类星体进行更加精确的观测时，最新的测量值精度已经达到小数点后面 4 位。2003 年，这一理论进一步获得成功的证实并引起了轰动：宇宙探测器卡西尼，在飞往土星的途中向地球发回了无线电信号。它所发射的无线电信号在经过太阳附近时发生了偏折，其偏折值与广义相对论所预言的精确吻合。

目前，这两个相对论在一个系统中有可能在技术上的最广泛的应用——这也是对于其方程式的一种证明——在工业化国家中几乎已经成了日常的标准：这就是自 1995 年以来开始投入使用的“全球（卫星）定位系统”（GPS）。借助于这一系统每个人都可以随时测定他的时间和在空间上的方位。没有爱因斯坦的方程式根本不可能做到这一点。这一系统的工作需要将 24 颗卫星搭载的时钟调至同步，而在调节的时候既要考虑到由于卫星与地球表面进行相对运动而引起的变慢，又要考虑到由于引力较小而造成的时钟走动的加快。在运行轨道上的原子钟每天的走动精确到毫微秒，也就是 1 秒的十亿分之一。通过（与地球的）相对运动它每天要减慢 7200 毫微秒，而由于重力的减小它每天又要快 45900 毫微秒。只有考虑到这些相对效应，才能以希望的精度指引目标。如果对此忽略不计，那么整个 GPS 系统在一分半钟之内就无法使用了。导航系统在现代汽车上的应用也应当感谢爱因斯坦。当然，GPS 系统原本的军用目的也得到了满足。轰炸伊拉克巴格达的远程控制导弹打击目标的精确性，和导航员发出的亲切友好的声音一样，全都依赖于爱因斯坦理论成果的实际应用。

在由于大的质量而引起光线弯曲这一点上，爱因斯坦同样预言了所谓引力透镜的存在。如果在地球和一个遥远的天体之间有一团较大的物质，那么，对于地球上的观察者来说，由于光线在这一巨大物质重力场中发生偏折，就会发生真正的透镜效应，甚至有可能形成多个图像。在他的遗物中重新发现的一本笔记可以证明，爱因斯坦早在 1912 年就已揭示了这一效应。但直到 1936 年，他才在捷克的一位业余科学家鲁迪·曼德尔（Rudi Mandl）的催逼下将他的公式发表在《科学》杂志上。之后，他写信给杂志的总编说："我十分感谢您在发表这篇小文章方面所给予的支持，这篇文章是让曼德尔先生硬给逼出来的。它的价值并不大，但这个可怜的家伙竟然为此高兴得要命。"这是他对自己的成果轻描淡写的又一个例子。20 世纪末，他的这一预言以一种激动人心的方式得到了证实。天文学家们观察到了通过宇宙透镜形成的发光体的多个图像，他们将其命名为爱因斯坦十字、爱因斯坦圆环或者爱因斯坦圆弧。如果说因之而产生透镜效应的物质本身是不可见的，那么，根据爱因斯坦圆环或者爱因斯坦十字图像则可以得出宇宙中存在暗物质的结论；这种暗物质如同某种类星体，处于观察者和被观察的目标之间。

如果谁要是认为，爱因斯坦的追随者们会因为有了如此多的证据而就此罢手，那可就大错特错了。经过一段僵固重又苏醒过来之后，人们才开始对广义相对论进行严格的验证。引力质量和惯性质量一致的“等效原理”受到越来越苛刻的检验，而且都无可非议地经受住了这些考验。很显然，表面上被看作重力的东西实际上归根于时空的弯曲；正是由于时空的弯曲，所有物体都沿着大地线（短程线）运动。

2004 年 4 月，美国宇航局 NASA 从加利福尼亚的范登堡空军基地将一个名为“引力实验 B”（Gravity Probe B）的实验站送入了地球轨道。为了进行这项实验，完成了将近 100 篇博士论文，投入了 7 亿美元，经过 45 年的准备之后，这颗卫星的任务是要检验一种罕见的效应：地球通过围绕其自身轴线的旋转，也就是其质量本身的旋转，会不会带动围绕在它周围的时空的微小旋转呢？这一实验背后的思考源于爱因斯坦同马赫原理的分歧。两位奥地利的物理学家根据他的场方程曾于 1918 年预言，与恒星星空相比，一个失重的、围绕着地球飘动的物体应该很容易被带入旋转状态。

这颗现在已经启动的卫星上搭载的用石英球装备起来的四个陀螺仪所要求的超级冷却以及纯净的空间条件在技术上的花费极其巨大，但和探测引力波一样，却只是为了验证一种极其微小的效应：在一年之中，能够观察到的变化只是一度角的万分之一——这就相当于将 500 米的距离缩小为人的一根头发丝那么细。至于这项实验是否以及什么时候能够提供人们所希望的数据，那就没有人知道了。这些以宇宙为基础的实验同样寄托着彼德·奥弗姆特和他的同事们的梦想。“由于引力波的问题，我们正处在一个新的天体学时代的开端。”只有在没有任何障碍的情况下，那些在今天的天文学中常见的诸如可见光、红外线、无线电波以及 X 光波之类的电磁射线才能够到达地球。但是，宇宙空间的大部分都被黑云遮盖着。直到大爆炸发生 38 万年之后（按照宇宙的尺度只不过一眨眼的工夫），世界才成为光线之类电磁波能够穿透的东西。由于整个宇宙对于引力波而言是透明的，因而才有可能让我们观察迄今为止依然看不见的区域，从而也能够观察时间。

借助引力波我们有可能一直回溯到大爆炸的原始初刻。根据宇宙学家的计算，它们可能是在零时初刻之后 10—24 秒发出来的，也就是十亿分之一秒的十亿分之一的百万分之一（一亿亿亿分之一秒）。而且由于星体爆炸的时候时空的震颤要比可见光的爆闪早几个小时发生，那么像彼德·奥弗姆特这些科学家将能够及早地向同行们，例如特内利费（Teneliffa）岛上的约翰·贝克曼发出预警，好让他们将天文望远镜对准一个往往被忽略的超新星。

“引力波天文学家”这一新的职业分支已经表明了研究的走向。对爱因斯坦预言的坚定信念可以扫除前进道路上由于怀疑而产生的各种障碍。科学家们还没等到在地球上的实验取得成功，就已经在计划迈入宇宙的步骤。从 2013 年起，欧洲宇航局 ESA 和美国宇航局 NASA 打算根据“丽莎”（Lisa）合作项目的框架将三颗卫星送入宇宙，作为巨大的干涉仪对引力波进行探测；它们的分辨率更高，这在地球上是无法达到的。第一台试验样机计划于 2008 年开始实验。

“这真是历史上最美好的事情，”奥弗姆特说，“通过竞争促进了工作。”世界各国的科学家们相互支持。除了 GEO600

和两个 Ligo 探测仪之外，在意大利和日本还有分别被命名为“Virgo”和“Tama”的两个观测站。只有若干套天线同时接受到能够相互比较的信号，并以这种方式计算出由于地球的震动而造成的干扰，才能够明确无误地确定引力波。

花费这么大的力气去证实爱因斯坦理论的预言到底值得不值得，两位美国科学家 A. 罗素·赫尔斯（A. Russell Hulse）和约瑟夫·H. 泰勒（Joseph H. Taylor）在 1993 年已经得到了亲身体验：由于他们证实了引力波的存在——尽管“只是”间接的——而荣获了诺贝尔物理学奖。1974 年，他们发现了脉冲双星“PSK1913 + 16”——一对在银河系内相互绕行的星体。在这颗脉冲双星上他们有一个激动人心的发现：该星体旋转时间（轨道周期）的缩短完全等于（广义相对论）根据引力波的发射会造成能量损失而预言的数值。

但是，直到 21 世纪初，亦即爱因斯坦做出预言 90 年之后，物理学家才看到对这种可疑的波直接进行测量的时代的到来。谁要是能够成功地做到这一点，那么一个自然科学家所能够收到的最美好的邮件——一封来自斯德哥尔摩的电报便会向他招手致意。为第一个发现引力波而颁发的诺贝尔奖也许会被三个国家的科学家分享，他们今天正在进行着最密切的合作。

在德国方面，一旦成功的话，奥弗姆特的领导卡斯腾·丹茨曼（Karsten Danzmann）很有可能荣获这一奖项。在公布的第一批有关引力波研究的名单中，他的名字与另外 300 名科学家赫然并列。然而，只能有 3 名科学家作为所有同仁的代表获得这顶桂冠；这表明，从爱因斯坦单打独斗的那些日子算起，诺贝尔奖有时候也会变得不合潮流。不过，对于彼德·奥弗姆特这样的人来说这倒不是什么问题。既然参与了这项研究，如果爱因斯坦的理论得到证实的话，那将是他职业生涯的辉煌顶点。当然他也知道，他的梦想也可能实现不了。

第十四章　他最大的敌人
——爱因斯坦，德国以及政治

尽管他拥有世界性的影响力，但他在作为具有政治觉悟的、积极活跃的科学家象征的同时，也成为科学家软弱无力的象征；或者更明确一点儿说，他成了少数科学家在政治面前束手无策的象征。

1915 年 5 月 15 日，阿尔伯特·爱因斯坦将一个令人震惊的消息告知他在苏黎世的夫人："哈伯夫人于两周前自杀身亡。"未加一句评论，未做任何说明。在这之前的一年里，当他的家庭陷于破裂之际，他的同事弗里茨·哈伯的妻子还在体贴入微地照料米列娃。而米列娃也把克拉拉当作同病相怜的密友，因为她的婚姻状况同样不妙，她和她一样，都感到被生活欺骗了。"在这八年之中，弗里茨所赢得的东西正是我所失去的——而且不止于此。"

但她的自杀，并不仅仅是因为婚姻的破裂和事业上的挫折。与米列娃有所不同，克拉拉（Clara Haber）获得了化学博士的学位，在成为母亲并为了家庭而被迫舍弃她的职业生涯之前，一直在从事科研工作。她之所以自杀还有另外一个原因：在西部战场的阵地战中，德军使用了毒气，而弗里茨·哈伯在其中起了重要的作用，反对战争的克拉拉对此是坚决不能接受的。

这一罪恶事件有一个名字：伊泊伦（Ypern）。这座比利时小城对于化学的意义类似于日本广岛之于物理。在这个地方，“材料科学”最终失去了它的贞洁。这一罪恶还有一个日子：1915 年 4 月 22 日。下午 4 点，不幸的是风向非常有利，命令下达之后，在 6 公里宽的阵地上毒气罐的阀门全部被打开，5 分钟之内施放出 150 吨氯气，以“快马般的速度”冲向敌方阵地。据估计，仅仅这一次攻击就造成了 5000 人死亡和 15000 人受伤。历史学家弗里茨·斯特恩把这次事件说成是“为撒旦服务的科学提早降临”。毒气战和原子战相隔了 30 年。

哈伯是一位杰出的化学家。他精力充沛，热衷名望，而且忠实于祖国，在柏林为毒气的使用进行了缜密的准备；按斯特恩的说法，这是“一项提前了的曼哈顿工程”。现在他亲自到了前线，对毒气战进行监督。毒气使用的“成功”为这个身材矮小、体态丰腴、戴着夹鼻眼镜的秃顶男人带来了他渴望的晋升，他从一名助理军士一下子被擢升为上尉。据说，在 5 月 1 日的庆祝会上克拉拉再次试图规劝哈伯放弃他的做法，他却责备她从背后攻击他。凌晨十分，她拿起他的军用手枪，走到花园里朝着自己的心脏开了一枪。

而成了鳏夫的哈伯却于当天就赶去进行新的毒气实验，这次是东部前线。此外，依据海牙 1907 年的战争法应被判为战争罪的毒气使用还为他赢得了一枚铁十字勋章。很少有人像哈伯那样将科学的两面性集于一身。一方面他的发明在毁灭人的生命，另一方面却又在挽救人的生命。通过他的技术固氮方法可以制造化肥，这种“来自空气中的面包”使千百万人得以免除饥饿的威胁。第一次世界大战之后，他由于在氨的合成方面取得的成绩而荣获诺贝尔化学奖。他在柏林的研究所直到今天仍然冠以他的名字。

爱因斯坦对待毒气战的立场我们一无所知。他反对战争和一切军事行动的态度是如此激烈，但对军事武器及其在科学中的起源却极少表态。“只要我在科研的道路上活动，”有一次他说，“它的实践，亦即随之而来或者将来有可能与之联系在一起的每一项实际结果，对我来说都是完全一样的。”他在基础研究（就像他在理论物理中所从事的）和以“纯粹”认识为基础、有目的地制造某些东西和系统——也包括毒气弹和原子弹——的应用科学之间并没有划什么界限。

到了 1930 年左右，他将把哈伯称为一个其爱国主义的信念被滥用的“悲剧性人物”。哈伯将德国的化学界动员起来参与战争，就像 1914 年马科斯·普朗克欢送他的学生去服兵役，或者瓦尔特·能斯特对在他别墅前面的碎石路上齐步行进并向他致以军礼的部队的热情，同样没有损害爱因斯坦与同事们的友谊。通过参与回转罗盘以及飞机支撑面结构方面的合作，爱因斯坦本人也对军事做出了至关重要的贡献。他在柏林的薪酬有一半是从一位同样支持军事研究的工业家那里领取的。

对于哈伯，他首先把他看作是朋友和学者，只是过分的自私和皈依基督教的被同化的犹太人那种忠于祖国的工作热情不合他的心意。“遗憾的是到处都得看哈伯的相片。”他在1913年年底写给情人爱尔莎的一封信里就已经流露出了不满，“可惜，我不得不接受这种情况：其他方面一个如此杰出的人物竟然沉溺于个人的虚荣，甚至不止一次以一种极其欣赏的方式。”

刚刚到达柏林半年之后，大概爱因斯坦就已经有了与哈伯以及其他德国同事不一致的理由。战争爆发两个月之后，93位著名的德国人签署了一份向全世界发布的《告文明世界宣言》，煽动性地反驳在德国入侵中立的比利时和在那里犯下可怕的罪行之后所遭到的谴责。参加签名的除了画家马科斯·利波曼（Max Liebermann）和诗人格哈德·豪普特曼（Gerhart Hauptmann）之外，还有爱因斯坦的同事哈伯、能斯特和普朗克。在德国之外，“93人宣言”引起了无比的愤怒。几年之后爱因斯坦评论说：“如果一群人害上了集体神经错乱，那么就应该把他们变成无害的。”

在德国，基本上没有出现对宣言的抗议。爱因斯坦也没有采取主动的行动，只是当另外一个人行动起来之后，他才参与他的倡议。柏林人，心脏专家格奥尔克·弗里德里希·尼科莱，是爱尔莎的一位熟人，也是她女儿伊尔莎后来的恋人，正是他将一份反驳《告文明世界宣言》的《告欧洲人书》摆在了爱因斯坦的面前。“今天正在蔓延的战火几乎不会留下任何一个胜利者，只会留下失败者。”这份文件里面说，“所以我们请求您，如果您和我们的观点一致并下定决心，让欧洲的意志发出影响尽可能深远的回声，请把您的签名寄给我们。”除了爱因斯坦之外，这份文件的起草人只找到另外两个签名者。虽然这一号召几乎没有被人们听到，但是抗议战争的尼科莱教授还是受到了惩罚，被派往东部战场担任军医。1918 年，他乘一架飞机逃往哥本哈根。

与广泛流传的看法相反，当爱因斯坦于 1914 年迁往柏林的时候，他还根本不是一个政治上的活跃人物，尽管在他 1914 年 8 月 19 日写给在莱顿的朋友保罗・埃伦费斯特的短讯中也有一则政治评论：“现在，发了疯的欧洲开始干一些让人难以置信的事情。在这样的时候人们发现，自己竟然属于一个坏透了的动物物种。”但是，他从青年时代便萌发的反军国主义思想还远远没有转化为那种用言语明确表达的、后来几乎使他比在物理学方面还要出名的和平主义。“我悄悄地在一边打盹，沉浸于宁静的苦思冥想，心头混杂着同情和憎恶的感觉。”

一开始，爱因斯坦退隐在科学研究的蜗牛壳里。“把自己隔绝起来的决定给我带来了运气。”他在 1914 年 12 月初给埃伦费斯特的信里写道。广义相对论需要他全力以赴。1915 年 4 月，他对苏黎世的朋友海因里希・臧格尔吐露了心声：“我现在开始，在当前这种丧失理智的纷乱中让自己有意脱离疯狂的群众所干的一切事情并感到愉快。作为这个疯人院的侍者，为什么不能让自己生活得轻松快乐一些呢？毕竟我们还得尊重所有这些疯子，正是为了他们我们所居住的这个疯人院才会存在。”

滑稽帽、瑞士护照和理论研究为他创造了某种程度的、他的德国同事只能梦想的独立性。一个月之后，他告诉臧格尔说：“我在这里的生活美妙极了，除了那些和我毫不相干的事情之外。”战争这个“可悲的国际性混乱”给他带来的负担，最主要的是对他那些没有国界的同类——科学事业上的世界公民所造成的威胁。“国际性的灾难给我这个国际人造成了沉重的负担。”

在这里，除了“犹太问题”之外，可以看出他后来之所以政治化的另外一个动机：最主要的是他心中的全球化观念，就像在他唯一的祖国——科学中一样，属于合作和进步的基础。正是出于这一立场，他于1914年11月成为“新祖国同盟”的共同发起人，女友爱尔莎同样参加了这个组织。这个值得尊重、但没有什么影响的组织于1916年9月被禁。

1915年秋天，正当爱因斯坦的理论研究处于最紧张的阶段，他还能够成功地从隐居状态中抬起头来，为柏林哥德联盟写了一篇题为《我对战争的看法》的文章，第一次让人们见识到他那激进的、同时也是完全现代的政治立场。作为解决问题的办法，他几乎像先知似的提议，成立一个堪与今天的欧共体相比的“欧洲国家组织”，“它同样能够防止战争，就像今天德意志帝国能够防止巴伐利亚和符腾堡之间的战争一样。”

在他的信中，他一再发泄对现代精神的毁灭所抱的厌恶。“我们整个技术的进步，尤其是整个文明的进步，完全可以与病态的犯罪分子手中的利斧相比。”他在给臧格尔的信中写道——但没有从中引出进一步的结论。在同法国作家、和平主义者罗曼·罗兰（Romain Rolland）的交往中，清晰地显示了他向政治人物的嬗变。“这个国家通过 1870 年的军事胜利，通过它在贸易和工业领域的成功，已经形成了一种强权宗教。”他在 1917 年 8 月说，“这种宗教几乎统治了所有受过教育的人；他们彻底抛弃了哥德–席勒时代的理想……我坚信，这种误入歧途只有通过严酷的事实才能得到纠正。”更明确地说：只有失败才能帮助他们悔过自新。

这一阶段，爱因斯坦只是偶尔参与政治，还没有从科学界和知识分子这个群体中脱颖而出，但通过战争无疑强化了他的政治化倾向。1914 年末，尽管德国物理学会持爱国主义的立场，他还是同意他们将自己选入学会的理事会，甚至在 1915 年被选为主席。在普鲁士科学院开会期间，有时会就政治问题发生激烈的争论，即使在这种场合他也不发表意见（直到 1918 年末他总共参加了 135 次会议）。根据军队总司令部的一份报告，他只是订阅了一份自由主义的《柏林日报》和接近和平主义组织——除此之外则被看成是不怎么惹人注目的。他在 1918 年之前，还不曾与民主改革运动，尤其是德国社会民主党所代表的民主改革运动建立正式的联系。

爱因斯坦在谈时空，德国在讲生存空间；爱因斯坦演奏的是莫扎特，德国演奏的是军队进行曲。他是为了安宁和独立来到柏林的，在这种安宁和独立中他才会经历从1918年末开始的蜕变，却仿佛已经从事了半生的政治。这年年初，在柏林警察局的眼中，他已经进入31位主要和平主义者和社会民主主义者的名单，而且至少名列第九，但属于这方面的事例并不多。11月9日，他只是在他的讲课笔记上干巴巴地注了一句："因为革命而取消。"

君主制度崩溃之后不久，他与同事、物理学家马科斯·玻恩和心理学家马科斯·维特海默（Max Wertheimer）一起第一次成为政治上的活跃分子。一个学生委员会按照工人和士兵委员会的榜样接管了柏林大学。作为"行使权力"的第一批行动之一，这个委员会罢免了校长和其他主要领导，并将他们关押起来。为了让他们获释，三位教授在帝国议会大厦的一间会议室里找到这些大学生。这些年轻人宣称他们没有这样的权力，但给他们颁发了一张前往新政府的通行证。多亏爱因斯坦，他们在附近威廉大街的总理府真的找到了新任命的总统弗里德里希·艾伯特。他给一位主管部长写了几句话，过后不久被拘押的大学领导人便获得了释放。

1918年德国十一月革命四天之后，在临近战争结束之前重新组建的"新祖国同盟"的一次公开集会上，爱因斯坦发表了演讲，这是他在政治上的首次重要的亮相。"同志们!"他在柏林施皮谢恩大厅的二层面对一千多名听众发出了号召，"作为一位老资格的而不是新近皈依的民主主义者，请允许我稍微讲几句话。"他说，不要让"左派的阶级专制代替右派的旧阶级专制。不要让复仇的情绪把我们引诱到这样一种灾难性的观点，认为暴力必须通过暴力制服……"

通过这样的告诫，他批评了希望按照苏联的榜样建立一个苏维埃共和国的极端左派。尽管如此，他还是于 1920 年 1 月对马科斯·玻恩承认："另外我必须向你坦白，布尔什维克并非完全不合我意，他们的理论也不是那么奇怪。要是有机会仔细考察一下这项事业，一定非常有意思！"虽然他有这样的想法，但从来没有踏上过苏联的土地。

但他的左派立场这时并没有发生任何的改变："谁要是将他的脑袋从窗户伸出去，却看不见社会主义的时机已经成熟，那这个人就会像个瞎子一样跑过这个世纪。"战争期间，当他晚上在位于库尔符斯腾达姆大街的"布里斯托尔"阅读在知情者的圈子里流传的私人出版物——海因里希·曼（Heinrich Mann）的《臣仆》时，他通过文学的滋养培育了自己的社会批判良知。"社会阶级的差别，"他说，"是不公平的，而且说到底是以暴力为基础的。"新祖国同盟（从 1923 年起更名为"德国人权同盟"）的纲领即使是今天来读，也几乎像《共产党宣言》一样激进。在这份纲领上签名的除了爱因斯坦，还有海因里希·曼、凯特·科尔威茨（Käthe Kollwitz）、马科斯·维特海默和马格努斯·希尔施菲尔德（Magnus Hirschfeld）。他在给朋友贝索的信中写道："我享有一个无可指责的'索契'的声誉。"所谓"索契"，今天翻译成'社会民主党人'恐怕是最为确切的。

爱因斯坦对于未来的、实行民主宪法的德意志共和国的热情，表现出近乎天真无邪的理想主义："某种伟大的事情真的实现了。”1918 年 12 月初他告诉贝索、“军国主义宗教消失了。我相信，它再不会回来了。”两天之后，他向慕尼黑的阿诺尔德·索末菲谈到了他对新形势的估计：“如果英国和美国经过充分的深思熟虑达成一致，一些重大的战争完全可以避免。”

现在，甚至爱因斯坦的德国心也发出了充满希望的声音：“但我坚信，热爱文化的德国人很快将有比 1914 年以前更多的理由为他们的祖国而自豪。我不相信目前的混乱会留下长期的损害。”1919 年 6 月，同事马科斯·玻恩还从他的手中读到：“我深信，今后几年的情况将远远比不上最近几年所经历的日子那么艰难。”可惜这是极其不幸的误解。纳粹标志虽然还没有对他的印象造成影响，但作为极权的象征已经蹿出了正在崛起的法西斯分子的后室。

“对于许多人而言，爱因斯坦成了那个时代的智者和先知——尽管他自己并没有要求别人把他当作权威。”后来有一位哲学家卡尔·雅斯贝尔斯（Karl Jaspers）评价说，“他对人类生存基本现象的认识是真诚、中肯的，但非常有限。”

对于像哈伯、普朗克以及他的大多数思想传统的同事来说，随着德国的投降和帝国的结束，一个世界倾覆了，而爱因斯坦则欢庆新的开始。十一月革命发生之后两天，他在给瑞士卢塞恩的妹妹玛雅和她的丈夫的信里对“可以想象出来的最伟大的外部事件”进行了描述：“我竟然有幸经历这一事件！没有任何失败如此伟大，以致人们难以容忍这样一桩精彩的补偿。在我们这里，军国主义和浑浑噩噩的枢密大臣全都被清除了。”

爱因斯坦沉浸在和平的狂喜之中。大约一个月后，他在给贝索的信中对科学院里那些头发花白的实权派大加嘲讽：“现在连科学院的会议也变得那样可笑；那些老先生们绝大部分都大惑不解，晕头转向。他们觉得新时代犹如令人悲痛的狂欢。对于我们这样的人，旧秩序的消失意味着解放，而他们却极其悲伤。”1919 年的圣诞节他写信给他的朋友臧格尔说：“对于这些人来说，不幸远比成功适宜得多。”

尽管他在柏林早已不再是默默无闻的人，但直到 1919 年 11 月那个值得纪念的日子，亦即当他突如其来地获得世界性声誉之后，他的声音才真正引起人们的重视。经过多年的教学和漂泊不定的生活并上升为物理学界首屈一指的人物之后，他现在又成了科学界活跃的政治明星，从而开始他的第三次腾飞——一种在敬重与敌视、建设性贡献与破坏性出轨之间所进行的持续不断的撕裂实验。

作为一个犹太人、左派、和平主义者和想法怪异的人，他具有让他的敌人所憎恨的一切。通过自己的外表他已然明确表示了对于统治制度的拒绝，将自己变成一个孤僻的异类。虽然他缺少像马科斯·普朗克那种大人物的威严，但他那富有魅力的对于自由的渴望却使之脱离了平庸。他也未曾与他所说的统治这个世界的三种庞大权力——愚蠢、敬畏和贪婪有任何瓜葛，尽管他在 1919 年圣诞节写给海因里希·臧格尔的信中也承认：“出名以后，我变得越来越愚蠢，这是一种极其常见的现象。”另一方面，由于其理论的神秘感，虽然搞不懂但人人都在谈论，他也引起了人们的恐惧和忐忑不安。

“对于相对论这个名字，”爱因斯坦曾于1921年说过，“我承认，这个名字是不太走运，并且在哲学上引起了误解。”而这种误解还不仅是哲学方面的。正是由于它的名字，再加上错误的解释使之极易受到攻击。最糟糕的首先是将它和（非常容易联想到的）相对主义的世界观混淆在一起。后者强调的是所有认识的相对性，否定普遍适用的道德准则，认为伦理实际上仅仅是个人或者一群人的感觉——这为20世纪极端的民族主义提供了温床。而爱因斯坦的信念恰恰与之截然相反。如果一切都是相对的（爱因斯坦从来没有这么说过），把相对性当成一种“广义的”普遍适用的原则，那么就没有任何可靠和确定无疑的事情了。一种柔软如蜡的理论，尽管它在一次日食期间得到了证实，但在正常思维的人眼里却是无法检验的。人们可以相信也可以不相信。虽然可以把它当作谈资，但它始终属于一种陌生的东西，于是为反对者们敞开了大门，尤其是那些能够通过含糊其辞的方式从科学方面加以论证的人。另外，人们还把它看作一种革命的理论，并因此把它的创立者与颠覆活动和社会的动荡联系在一起。更何况，这个人还真的开始参与政治，而且他的方向与大多数人所能做的迥然不同。

1919年12月中旬，爱因斯坦公开向比利时的和平主义者保尔·柯林（Paul Colin）表达敬意。鉴于对昔日的敌国依然存在着强烈的仇视情绪，这样做还真需要极大的勇气。但他从来没有从这种大无畏的精神跨向甘地式的不合作。爱因斯坦实行绝食——实在难以想象；站在游行示威队伍的最前列——从来不曾见过；与其说他勇敢，不如说他无所畏惧。尽管如此，作为德国新的社会和政治制度的举足轻重的代言人，他还是招致了抨击甚至赤裸裸的敌视。但反过来这又进一步提高了他的知名度——招来多少敌人，赢得多少光荣。

在其命运之年的前一天，他在一篇引起很多人注意的文章中表达了自己对“来自东方的移民”的看法。在这篇文章中，除了他对科学之国际性的关注之外，还首次反映出了使他趋向政治化的最重要的动机——“犹太人的问题”。这个孤僻的人和孤僻的人们团结在了一起，并且因此找到了“他的”政治课题。而这个课题也找到了他。最主要的是，作为一个左派和犹太人（而这两点又都和导致德国溃败的罪过挂在一起），随着他投身于为“同胞们”的利益而展开的斗争——这一点还要谈到——从而为守旧势力和明日的杀人犯们提供了理想的口实。在卑劣的反犹土壤中，他发现他的理论最终被一股脑儿地烙上了“犹太物理学”的印记。“爱因斯坦的欺世学说”之歌将成为他在德国生活的伴奏曲。不过，按照他早期传记作者亚历山大·莫斯科夫斯基的话说，爱因斯坦面对这类抨击“不仅不恼不怒，而且某种程度上还有点儿喜欢。因为实际上，持续不断的鼓掌喝彩让他觉得很不舒服，所以在他的心底里产生了一定的逆反情绪，就好像反感对一位女演员狂热崇拜似的。”另一方面，他也引起了某些同事的嫉妒，这些人专门盯着每一个拔尖的人，尤其是当一个佼佼者由于自己的角色经常引起媒体关注的时候。所以，不管是谁取得成就都不会受到他们的赞美。

也许他低估了他的敌人的危险性；这些人披着严肃科学的外衣进行反对他的勾当，特别是一个名叫恩斯特·革尔克

(Ernst Gehrcke) 的人所发表的文章。还没有一个人像他那样对爱因斯坦及其相对论进行了如此深入、彻底的否定，而又不让人注意到他的反犹情绪。这位实验物理学家在柏林帝国物理技术研究院担任部门负责人，也就是说处于一个有权威的地位，早在 1911 年就在他的两篇文章中对爱因斯坦的理论发起了第一次攻击。到 1913 年，他已经撰写了七篇题目相同的文章——《对相对论提出的异议》。同时，革尔克还紧紧咬住他的对手不放，搜集与对手有关的一切材料，一摞又一摞，一箱又一箱，装满了精心挑选出来的各种资料，有用不同颜色标示的报纸文章，仔细剪裁的照片，还有漫画和摘记。后来他和一些臭味相投的人一起编织了一张以爱因斯坦为敌的国际罗网，其流毒甚至一直深入到美国。

其实，刚刚到达柏林不久，爱因斯坦就已经认识了这位刻毒的敌手。当时，海因里希·鲁本斯（Heinrich Rubens）教授每个星期三都在柏林大学举办物理学研讨会。1914 年 5 月 20 日和 27 日的两次研讨会是关于相对论的。革尔克利用这个机会以双生子佯谬为依据对爱因斯坦进行攻击：因为按照相对论，兄弟两人中的任何一个都可以坚称，另外一个人在相对于自己运动，所以另外一个人的时钟必然要走得更慢一些，但这从逻辑上讲是不可能的。爱因斯坦回击（可以说相当温和）说，其中一个人相对于另外一个人的加速度是造成时钟延缓的原因。听到这样的答复之后，革尔克得意（但并不聪明）地在笔记里记录道："加速运动在相对论中是绝对的。"直到 1919 年，爱因斯坦仍然以此为依据进行论证，而不是利用时空几何、大地线（短程线）和非大地线之间的区别加以解释——好像他对自己的理论还不是完全有把握似的。1916 年，在相当有影响的《物理学年鉴》上，革尔克对等效原理进行了攻击，甚至指控爱因斯坦是个剽窃者：说爱因斯坦于 1915 年用来计算水星近日点进动的公式，某个叫保尔·格柏（Paul Gerber）的人早在 1899 年就已经得出来了，而且一模一样。而受到攻击的爱因斯坦只是简单地通知《物理学年鉴》，他“对革尔克无聊而又肤浅的攻击将不予回答”。当革尔克不依不饶地继续进行攻击时，爱因斯坦在一家报纸上发表了一篇评论，只是为了“指出，那种理论是站不住脚的，因为它是建立在相互矛盾的前提条件下的”。

不过，革尔克此时已经不再是单打独斗了，他知道一个有名望的“战友”站在他这一边。这个人就是诺贝尔奖获得者菲利普·勒纳（Philipp Lenard）。爱因斯坦在 1905 年之后还和他保持着友好的交流，但他于 1918 年发表了一篇后来被多次印刷发行的文章《关于相对论、以太和引力》，激烈地反对相对论并坚决支持一种有关重力的以太理论。

1918 年 11 月末，爱因斯坦第一次被迫在一篇文章中做出回应，仿照伽利略《对话》的风格，以假设的“批判者”和“相对论者”对话的形式反驳对其相对论的攻击。最后，虽然批评者不得不“承认，驳倒你们的观点并非像我先前想象得那么简单”，但这位虚拟的对手仍然再一次问道：“现在到底该如何对待这位理论物理学的病人、以太以及一些已经被你们认为是毫无价值的东西呢?”

“他经历过变化多端的命运，”相对论者（也就是爱因斯坦）回答说，“所以我们根本不能说，他现在已经完蛋了。”最后他这位（相对论的）辩护人以下面的警告作为总结：“只是人们必须提防，（有人）还会给这种‘以太’……加上类似物质的性质”。早在1905年，他作为一位年轻的不知名者已经将以太从宇宙中彻底驱除；而随着以太的复活，他却无缘无故地暴露出自己的两肋。1919年11月15日，他后悔地写信给亨德里克·洛伦兹说：“在我以前发表的文章中，如果能限定一下，强调以太速度的非实在性，来代替不存在以太的说法，恐怕会更加正确。”

不过，反对爱因斯坦的国内战争在他突然出名之后才算真正展开。“报纸上有关我的无稽之谈让人肝肠寸断。”1919年12月他在写给海因里希·臧格尔的信中说，“另外一件滑稽可笑的事情就是在哪儿我都被人看成是一个布尔什维克分子，天知道为了什么，也许是因为我没有认真关注柏林日报上所有那些关于牛奶和蜂蜜的废话。”1920年2月12日，发生了一次小规模的冲突：“爱因斯坦举办讲座时爆发骚乱”——《8点钟晚报》报道说。爱因斯坦在大学里举办的讲座不只是面向大学生的，同时也吸引了许多其他的人。尤其是在旅游者中间，去听一次爱因斯坦的讲座已经成了心照不宣之事。对于爱因斯坦来说这没有什么不正常，因为“我所作的有关相对论的大量报告”，本来的目的就是要让更多的公众了解他的思想。大学生们却提出了抗议（而且也有一定的道理），反对接纳这些未经申请随意参加的旁听生。当爱因斯坦试图让学生们挪动位置让一让时，结果发生了“很不愉快的争吵”，正如报纸所报道的，在这一过程中“也表现出了反对犹太人的特征”。

爱因斯坦在这篇文章之后发表的一篇本人声明中宣布：“我感到有必要放弃我其他的讲座。”与他的同事们不同，他可以自行做出决定。至于这样做是否聪明，在另外一份报纸也有所反映。他的朋友们又一次感到震惊，而他则奋起抗争：“刚刚收到您的来信，在信中您骂我是一个可悲的政治家；难道您宁肯相信报纸上的胡说八道而不愿意相信我？”他责问臧格尔，“我对那些学生和学校的态度仅仅是一种外交策略，并没有任何其他用意。”几周之后，又发生了极右派的卡普暴动[①]，再一次让全德国和柏林人感到了政治局势的动荡。只是由于总罢工的发动才迫使暴动的人停下了脚步。爱因斯坦评论说：“这个国家就像一个彻底吃坏了胃的人，但还没有把胃里的东西全部呕吐出来。”

物理学家革尔克和勒纳多少还有点儿科学论争味道的批评像是开场锣鼓，然后善于投机而且十分反动的临时记者、反犹太的煽动者保尔·魏兰德（Paul Weyland）开始登台。他建立了一个“德国自然科学家保卫纯科学研究小组”。这个名字听起来很能唬人，而实际上只是魏兰德一个人开办的，或者说是只有一个成员的公司。这个股份公司的出版社出版发行的第一

① 卡普暴动（Kapp-Putsch）是德国右派政治家卡普（Wolfgang Kapp，1858—1922）于1920年3月13日发动的旨在反对当时的革命政权、恢复君主政体的政变。由于政变不久，德国社会主义各党发动了总罢工，卡普的暴动失败。1922年，他在等待审判时死去。

部作品便是出自恩斯特·革尔克之手的《相对论——一种以通俗易懂的形式表达的有关质量的科学猜想》。

自认为是“反爱因斯坦派文章总管”的魏兰德掀起了一场真正的运动。在报纸上登载了一系列挑动性的文章之后，他又策划了一连串反对相对论的大型集会。第一场集会于1920年8月24日在柏林音乐厅举行。爱因斯坦坚持出席，于是在他的继女兼秘书伊尔莎以及瓦尔特·能斯特和马克斯·冯·劳厄（Max von Laue）等同事的陪同下来到了会场。

如果只是那个指责他“寻求广告效应”和“科学上的达达主义”[①]、咒骂他是“剽窃者”的魏兰德单独一个人在台上表演，那么这样的集会除了引起爱因斯坦发笑和因为觉得好玩而鼓掌之外，恐怕不会有什么别的结果。但包含反犹宣传的核心文章以及在大门口兜售的纳粹标志却暴露了煽动者的真实目的。尤其是当革尔克紧随魏兰德之后也登上讲台发言时，爱因斯坦立即意识到了事态的严重性：他的科学上的反对者——尽管他们的批评同样站不住脚——在和极右分子做着相同的事情。作为享有无可非议的声誉的物理学家，革尔克发言时避开了所有的政治争论，倒是显得客观公允。

多家报纸详细报道了这件事情并发表了评论，而且一般都站在爱因斯坦这一边。8月27日，*Morus* 报刊登了一篇模仿诗文，题为《对爱因斯坦的诽谤》，以嘲讽的方式揭露了那些反

---

① 达达主义，现代资产阶级文艺的一个流派，一种无政府主义的艺术运动，对文化传统和现实生活持极端否定的态度，反对一切艺术规律，扰乱和破坏了艺术的传统美学原则。

对爱因斯坦的人的动机。诗文中上场表演的有“带有色彩的大学生们的合唱”以及三位“煽动性教授”。仅凭第一位的报幕就可以清楚地看出矛头所向：

> 注意，日耳曼人，有人竟敢向我们兜售
> 犹太人的理论。
> 你瞧，那张犹太嘴咧得那么大，
> 让空间里的时间消失得无踪无影，
> 对于“伟大的时代”就是否定，
> 他所缺的是对国家的感情。

同一天的《柏林日报》刊登了爱因斯坦的一篇文章，题为《我的答复》。可以说这是他所做的比较愚蠢的事情之一：在《我对反对相对论公开的答复》的标题下，他颇为自负地挑起了同其对手的争吵。一上来他就把革尔克和魏兰德煮到一个锅里，并且强调说：“这两个发言者不值得我用笔做出回答，而且我有理由相信，主使这个企业的动机并不是基于对真理的追求。（如果我是一个德国国民，不管带不带纳粹标志，而不是一个有自由主义和国际主义思想的犹太人，那么……）”他把结论留给了读者自己去想。

恩斯特·革尔克可能是反对爱因斯坦的人里面最激烈的一个，尽管他在音乐厅登台进行了表演，但他从来不是右翼党派的追随者。而魏兰德和勒纳则不同，前者不久之后便加入了冲锋队，后者很快也参加了纳粹组织。对于革尔克在《柏林日报》上的答复爱因斯坦没有回答，尽管这位对手非常明确地要求他“拿出证据，证明多年以来我对相对论的实事求是的批驳与政治和人身之间存在联系”。

带着一种叛逆者的毫无顾忌，爱因斯坦对于一些合理的疑虑全然不予理会。二百多年以来，人们完全相信宇宙如同一个按照牛顿定律运转的时钟机构，可是突然之间，这个爱因斯坦竟然宣称这种景象是建立在错觉基础上的。爱因斯坦同那些试图捍卫一些业经证明的东西并对其理论心存疑虑的人是否有过充满理解的交往，人们一无所知。之所以如此，恐怕还是出于他革命者的本性。

指斥革尔克之后，爱因斯坦又对并未参加音乐厅会议的勒纳进行了抨击：“我敬佩作为实验物理学大师的勒纳，但在理论物理学中，他还未曾做出任何成绩；而且他反对广义相对论的意见如此肤浅，以致到目前为止我依然认为没有必要予以详细的回答。”

人们就是这样为自己树立终生的敌人的。而且偏偏是勒纳，他曾经对爱因斯坦现在领导的研究所寄予厚望，却又和许多同事一样，认为是爱因斯坦来到柏林之后的声望而使得自己相形见绌、黯然无光；偏偏拿这么一个相对论的最著名的敌人来公开加以揭露，说明爱因斯坦在战术上的反应能力很差。爱因斯坦内心深处有一个声音促使他发表政治言论和文章，却没有另外一个声音提醒他一定要冷静理智、谨慎小心。

他的朋友们非常恼火，责骂他像一个孩子，一没有人照看就会闹出点儿事来。保罗·埃伦费斯特责怪他说：“至少有些变化我们实在无法相信，你竟会用自己的手写下这个东西。”马科斯·玻恩的夫人海蒂埋怨他：“遗憾的是（您）报纸上的回答实在是笨拙”，并且补充说，“不了解您的人会对您产生非常不好的印象”。爱因斯坦在当天的回信里说：“亲爱的玻恩先生和夫人，你们对我不要那么严格。为了让神和人们快乐，任何人偶尔都会为愚蠢之祭坛奉献他的牺牲。通过我的文章我真的做到了这一点。我所有亲爱的朋友们的来信以及在这个意义上的非同一般的承认便是明证。”在这里，这个孩子气的男人所透露出来的，难道不是他的理解力所达到的程度，要比表面现象让人所猜测的深刻得多吗?

他请埃伦费斯特给予理解：“在柏林，任何一个孩子都能凭借照片认出我；如果我想在这里待下去的话，就必须这么做。”但是，当担任德国物理学会主席的阿诺尔德·索末菲恳请他“就像公开发表它们那样，公开收回”他对勒纳的抨击时，爱因斯坦却固执地坚持不肯。事后证明他是正确的。当时他和他的朋友们都还不知道：勒纳确实在和反对相对论的右派们做着相同的事情。在魏兰德于8月初在海德堡拜访过勒纳之后，他便通过这个反动的记者宣称，他是“我们改革的支持者，尤其是要同爱因斯坦已然超越界限的阴谋诡计以及他整个的、非德意志的行为方式进行系统的斗争”。

当爱因斯坦在魏兰德的音乐厅大会上受到贬损之后，物理学家能斯特、冯·劳厄和鲁本斯紧接着便在《每日评论》上发表了一份对他表示支持的声明。他们证明爱因斯坦“不仅对于柏林的科学生活、而且对于整个德国科学生活的影响恐怕都没有被过高地估计”。几天之后，《柏林日报》刊登了另外一些知名人士支持爱因斯坦的声明。在这份声明上签字的还有剧院经理马克斯·莱因哈特（Max Reihardt）和作家斯特凡·茨威格（Stefan Zweig）。他们表示，“对煽动全德国反对您高尚的人格极其愤慨”，并向他保证，“您堪称科学界的领军人物之一”，大家为此而“感到自豪”。

这种声援的背景显然是所有报纸所援引的爱因斯坦因一时冲动而说出的打算离开德国的话。就连德国驻伦敦的代办也从当地的媒体上得知了爱因斯坦的打算。在一份写给外交部的报告中，这位代办把他称为“第一流的文化要素”，并警告说：“我们不应把这样一个可以利用他来做有效的文化宣传的人驱除出德国。”问题是，爱因斯坦是否真的认真考虑过要继续这么走下去——即便他抱怨说：“在我们这里，受过高等教育的人们的政治信念沾染上了盲目坚定的形式。”1920 年 9 月 20 日，也就是在音乐厅那个值得纪念的晚上两个星期之后，爱因斯坦对海蒂和马科斯·玻恩承认：“在我受到攻击的最初时刻，我可能想到过逃走，但很快便恢复了清醒的认识和旧有的冷漠。”

到了 9 月 23 日，爱因斯坦又有了与他的敌人重新交手的机会。在巴德瑙海姆举行的德国自然科学家和医生协会全体大会上，他与菲利普·勒纳进行了面对面的交锋。不过，正像《德国泛众报》所指出的，这次交锋“简直可以说是以一种堪为典范的实事求是和心平气和的态度”进行的。次日，《柏林日报》对这次争论做了简要的报道：

勒纳："我感兴趣的不是方程式，而是空间里的实际过程。这是爱因斯坦和我之间的区别所在。对于他的狭义相对论我没有任何反对意见。但是他的引力理论呢？当一辆行驶的火车刹车时，其效应只是发生在火车的里面，而不是外面，外面所有的教堂塔楼依然屹立不动。"——在这一点上他基本上正确。

爱因斯坦："火车中的现象是一种通过近处和远处物质的总和所感应的引力场的效应。"——他在捍卫马赫原理。

勒纳："那么这种引力场必然也会引起其他方面的效应，如果我想看到它明显存在的话。"

爱因斯坦："人们所观察到的所谓明显的事物，是那些经历了巨大变化的事物，是一种时间函数。伽利略的同时代人也许会认为他的力学（效应）是不'明显'的。这些'明显'的概念存在缺陷，正如人们经常引用的'常识'一样。"（大笑）

即使在这种场合，爱因斯坦同样流露出某种程度的自负。此前已经反对爱因斯坦的人，更加觉得得到了证实。其实，勒纳的论辩根本说不上愚蠢，而爱因斯坦却再一次放过了利用其引力理论的核心——时空几何做出对自己有利的论辩的机会：刹车的火车离开了它的大地线（短程线），而教堂塔楼却没有。

保尔·魏兰德在《德意志报》上发出了尖刻的嗥叫。他叫嚣说："在勒纳的领导下，通过数学教条对物理学实行的强奸被阻止了。反观另一边，爱因斯坦一伙却坚持他们的立场，并匆匆忙忙地试图借助他们毫无用处的公式登上帕纳赛斯山巅[1]。”对于德国物理学会，他也毫不隐讳地提出了他的观点：“现在正是时候，给这个科学腐败的老鼠窝里吹一通新鲜的空气。”

主持巴德瑙海姆会议的马科斯·普朗克和一位同事一起试图调解爱因斯坦与勒纳之间的关系。《柏林日报》报道了调解的结果，说爱因斯坦“希望表示他深深的遗憾，因为在他的文章中所包含的谴责……指向了他十分尊重的勒纳先生”。但勒纳的怒气却无法平息，这次会议之后他退出了物理学会，并让人在他海德堡的学院里挂出从此之后禁止物理学会会员进入的告示牌。

而后，勒纳又与约翰内斯·斯塔克（1907 年爱因斯坦曾为这个人的《年鉴》写过有关相对论的综述性文章）一起开创了“雅利安物理学”运动。尽管这两个人都是诺贝尔奖获得者，但这一运动本身在第三帝国却几乎没有得到什么呼应。与不想再把自己捆绑在反动战车上的革尔克一样，现在勒纳也甩开了魏兰德。反正这个煽动者在此期间已经失去了对爱因斯坦及其理论的兴趣，他计划中的一系列大型集会在举办了两次之后也就终止了。

但爱因斯坦“科学方面的”敌手并没有就此而停止制造反对他的事端。1922 年 4 月，当一部 90 分钟的有关相对论的影片（这是当时最长的一部带有详细的连续特技镜头的教学片，但现在已经找不到了）在法兰克福博览会上首映时，针锋相对

---

① 帕纳赛斯，希腊山名，古时作为太阳神和艺术女神们的灵地。

的争论再一次让我们看到了爱因斯坦的支持者与他的反对者之间的紧张气氛。一方对一知半解的理论做出极其热烈的反应，而另一方则号召人们警惕“将其推广普及”以及试图“将世界奇观灌输到脑袋里的危险”。在公众看来，那些爱因斯坦的“认真的”对手正在共同建造温床，以培植他的反对者中更加危险的一类人——企图谋害他的生命的极权的反犹德国人。

当与爱因斯坦交情很好的德国外交部长瓦尔特·拉特瑙（Walther Rathenau）于1922年6月24日被刺杀以后，一时间传言四起，说爱因斯坦列于遭到同样威胁的知名犹太人的名单之首。受到威胁的人早就知道，为什么会流传这样的谣言。毫不掩饰的死亡恐吓不断出现。早在1921年1月9日的反动的《国民报》上，人们就已经读到过这样的文字，说爱因斯坦及其志同道合者的情况“明摆着就是对人民的彻底背叛。任何一个德国人，只要能将这些坏蛋消灭掉，我们都会认为他为德国人民做了一件大好事”。

爱因斯坦暂时从柏林和公共生活中隐退，同时也拒绝参加在莱比锡举行的下一届自然科学家全体大会。“因为我恐怕属于国家主义一方准备谋杀的一伙。”他向普朗克请假，“目前除了忍耐和出门旅行以外没有任何办法。”普朗克灰心丧气地回信说：“这么说，根据我们有幸得到的情况，一个谋杀匪帮……正在将他们的计划强加给一个纯科学的协会。”

在莱比锡，勒纳和他的同伙采取了比在巴德瑙海姆更加强硬的做法。他的学生们散发传单，反对已列入计划的有关相对论的全体大会，造谣说“许多非常有名望的学者……不仅把相对论看作一种未经证明的假说，甚至从根本上把它当成一种错误的、在逻辑上根本站不住脚的假设而加以拒绝”，而其代表却蓄意对公众隐瞒这一真相。而诸如勒纳和斯塔克之流为这一反爱因斯坦联盟所涂抹的科学严肃性的色彩，对于那些具有政治动机的爱因斯坦的反对者来说无异于火上浇油。即便魏兰德已经退场，这些人同样懂得，对于他们“净化”德国文化和科学的运动来说，由科学界人士给他们装填弹药是最好不过了。

而且他的敌人又找到了进一步诬蔑爱因斯坦的借口。在一些反动分子以及复仇主义者眼中，他前往国外的旅行就是“叛国”。他陷入了复仇与和解之间的尴尬境地，以致这成了他一生中最为难堪的一段时间：一方面，他作为“第一流的文化要素”为他寄居的祖国赢得了荣誉，另一方面，来自祖国的却是以怨报德的煽动和充满敌意的诽谤。

对爱因斯坦来说，去国外旅行可谓正当其时。通过缺席和躲避潜在的对其生命的威胁，他避开了德国公众的视线。1920年中至1925年中这段时期，大约有一半时间他是在德国以外度过的。柏林的一位历史学家希格弗里德·格伦德曼（Siegfried Grundmann）把爱因斯坦的出游明确地称为“流亡国外的一种形式”。

爱因斯坦本人则欢迎这种能够“较长时间离开的机会”，并且谈到“有必要……离开一段时间，以摆脱我们家乡那种紧张的氛围，这种氛围经常将我置于困难的处境”。

另一方面，爱因斯坦之所以出国旅行还有两个中心目的：

推广他的理论并重建国际科学联盟。他的反对者如魏兰德之流咒骂他的相对论是典型的犹太人在市场上的叫卖；但这样的“广告”恰恰是爱因斯坦的心愿，因为不仅在德国，而且在其他国家同样有人反对他的理论。所以，爱因斯坦要以一个宗教创始人的面目到世界各地云游，在挤得满满的大厅里和门票销售一空的讲堂里举行报告和演讲，以宣传他的学说和召集他的信徒。他的“布道”如何，来自德国驻世界各国大使馆的无数报道可以证明；外交部为此专门编制了一本题为《爱因斯坦教授在国外的报告》的文集。

爱因斯坦有利于政府的利益，有利于新建立的共和国的利益，有利于年轻的民主制度的利益。这正如德国驻日本大使威廉·索尔夫（Wilhelm Solf）所表达的，这是“超然于各种沙文主义之外的有利于德国的好事情”。不过，在这里处于中心地位的还是爱因斯坦真正的故乡——世界科学联盟。他把他的良好声誉，他的名望，他丝毫没有受到外交辞令束缚的坦荡胸怀，全部投入到努力结束德国科学家受到的隔绝状态之中。与此同时，作为德国外交政策的民间使者，这位暂时流亡国外的人也融化了自第一次世界大战以来包围着狂妄成性的德国的坚冰。

相对而言，他前往中立国家荷兰和挪威的旅行，包括前往布拉格和维也纳的旅行，可以说是比较轻松的游戏。因为即便在努力谋求与德国建立一种良好关系，甚至试图与被打败的敌手单独缔结和约的美国，他也曾遭遇小小的拒绝。当爱因斯坦从美国返回，于 1921 年初访问英国的时候，以及在差不多整整一年之后踏上法国的时候，刚开始他仍然遭到了有所克制的冷遇，甚至是公开的反对。在伦敦国王学院，一开始他并没有受到热烈掌声的欢迎。而且，他的演讲还是用令人憎恶的德语进行的。但是，他以他的勇气，以他的真诚和坦率，以及他一定要战胜鸿沟的坚定意志，再加上他的理论的魔力，依然成功地打动了听众。而且不止于此。伦敦思想文化界的精英给了他极其热情的喝彩。就连恩斯特·革尔克在 1924 年写的一篇有关爱因斯坦的回顾文章中，也不得不引用对德国抱着敌视态度的《每日邮报》（*Dayli Mail*）的话说：“他是一个犹太人……他是一个革命者。但他仍然受到了人们不仅是友好而且简直可以说是极其热烈的欢迎……不管人们听得懂还是听不懂他的语言都是一样。人们知道，他们被一种具有征服力的人格，一种强大的精神力量吸引住了。”

在这次旅行期间，爱因斯坦还到威斯敏斯特教堂他伟大的先驱者和榜样伊萨克·牛顿的长眠之处敬献了鲜花。这一举动深受（对德国人）满怀敌意、不一定能采取公正态度的英国人的好评。战争的火药味才刚刚消散，他们就对来自敌国的科学家表示出了真诚的赞赏。在两位巨人的竞赛中，正是英国人中的一员，担任裁判的天文学家阿瑟·爱丁顿爵士，在率队进行日食观测的远征之后，证实了爱因斯坦所预言的光的偏折，并宣告他为胜利者。（很久以后才知道，爱丁顿的观测所提供的结果并不像所宣称的那样确切，他甚至将与之不符合的观测值作为不合时宜的捣乱分子给排除掉了。）

爱因斯坦为重建学者之间的关系而斗争，同时，他还促进了敌对国家之间的缓和。他作为瑞士人的特殊身份也对他大有帮助，尤其是他反对战争，不肯在“93 人宣言”上签名。他在政治交往方面的天真烂漫与他政治上的敌人（不管在国内还是旅途中）的怀疑形成了鲜明的对照。如果说，由英国人完成相对论的证实已经让德国人足够难堪的话，那么现在，在他们看来，对于敌人的巴结则让他们更加难堪。

特别是他从 1922 年 3 月末开始的为期 14 天的法国之行，更是受到了前所未有的抨击和敌视。法国的民族主义分子坚决拒绝爱因斯坦的来访，右翼的新闻界则煽动人民反对这个来自敌国的人。由于担心法国大学生可能举行暴力抗议示威，他到达巴黎后从一个支线月台悄悄离开了火车站。事后证明，这一担心是不必要的。大学生们原本想给这位著名的物理学家准备一个友好的欢迎仪式。这个拎着一个黄颜色的小箱子，“穿着那件永远是灰颜色的大衣，戴着边檐超宽的礼帽”的男人征服了这些年轻人的心。

与所有的访问一样，除了为实现科学交流的正常化而努力以外，爱因斯坦还利用这一机会介绍他的理论，甚至使用法语演讲。在坐得满满的大厅里，当他演讲完毕之后，针对他的思想展开了辩论。让他十分满意的是，柏林的《福斯报》可以向它的读者宣告，“整个讨论发生了绝对有利于爱因斯坦的理论的转折”。

《柏林日报》则对这次访问进行了热烈而又夸张的报道，说“这个德国人征服了巴黎。所有报纸都刊登了爱因斯坦的照片，出现了一种完全以爱因斯坦为中心的文化……爱因斯坦成了各种人士追赶的时髦人物。科学家、政治家、艺术家、市侩、警察、马车夫、饭店招待乃至扒手，都知道爱因斯坦什么时间作报告……巴黎咖啡馆里的娼妓纷纷向她们的情郎打听，爱因斯坦戴不戴眼镜或者是否是一个赶时髦的人。整个巴黎都知道有关爱因斯坦的一切，而且所讲的比知道的还要多”。

当他的访问将近结束时，主人一方满足了他的一个愿望：他想参观第一次世界大战的战场。与他关系密切的物理学家保罗·朗之万（Paul Langevin）以及他的老朋友莫里斯·索罗文陪同他进行了参观。这次短暂的参观访问进一步加深了爱因斯坦最重要的政治信念：反对一切战争。他成了为宣传和平主义而寻找讲台和公众的活跃分子。

一位法国记者描述了那个激动人心的时刻：“在这里，在这个麦苗生长的地方，仍然遗留着应该填平的战壕的痕迹。这里是第一座并非按照军阶，而是法国人用他们的白十字架、德国人用他们的黑十字架一行挨着一行排列的公墓。爱因斯坦脱下了帽子。他神情激动，用轻微的声音，带着一丝悲伤和温厚谈起了他所厌恶以及始终憎恨的战争和军国主义……‘我认为有必要，’爱因斯坦说，‘把德国的所有大学生，全世界的所有大学生都叫到这个地方来，以便让他们看一看，战争是如何残酷无情。’”

没过多久，在德国便出现了对这些反应的反应。这一次，爱因斯坦必定被骂成是“投敌分子”了。除了勒纳以外，诺贝尔奖获得者斯塔克现在也成了他最凶恶的敌人，不但不承认爱因斯坦捍卫了科学的尊严，反而在报纸上公然批评他“巴结法国人”。以怨报德乃世间之常事。德国的政治倒是可以再一次对他们的这位民间外交部长表示满意。“不容置疑的是，”德国驻巴黎大使馆在给柏林的电报里说，“毕竟人们是把爱因斯坦先生当作一个德国人来看待的，他努力设法让这里的听众们了解德国的精神与德国的科学，并赢得了新的声望。”

把爱因斯坦看作德国的代表，而且是一个“好”的德国的代表，即使以今天的眼光看，也是一个令人惊讶的评价。他的角色之所以具有说服力，唯一的原因是深深植根于其内心的对于自由的渴望，而在魏玛共和国的春天里它感觉到了一丝微弱的希望的气息。是的，甚至连克服市侩们对于身份地位的偏见这样一种心愿似乎都能实现。如果没有散发着霉味的德意志狂、反犹主义者、复仇主义者、反动的报复魔鬼，爱因斯坦也许真的会把出生之地作为自己的家乡。

但赫马尼亚[①]的红颜祸水依然存在。如果他和她过于亲近，便会伤及自己的皮肉，但他却又避不开她。这位金发的野蛮女郎造就了他；她说他的语言，赞美他的勤奋，影响他的思想，讲述他的笑话，理解他的言论，做他最喜欢吃的饭菜，认知他的哲学。她既恨他又爱他，而他也把她当作内心永远无法驱除的恶魔而对她爱恨交加。有时候他甚至比他觉得友善的德意志更加德意志。另一方面，他又缺少诸如自我仇视、通过妄自尊大而获得平衡的自卑感以及幸灾乐祸之类的德意志性格。

在他最终搬到柏林之前，他曾造访过这个城市一次。在那

① 赫马尼亚，位于莱茵河以西的罗马帝国的一部分，相当于今天法国东北和比利时及荷兰的部分地区。

次访问之后，他就对德国人做出了相当不良的评价："他们是那么野蛮和蒙昧。爱慕虚荣，缺少真正的自尊心，文明（刷得洁白的牙齿，时髦的领带，精心修剪的胡须，无可挑剔的西装）却没有个人修养（在言谈、动作、声音以及情感方面表现粗鲁）。"

而他偏偏又在军国主义甚嚣尘上的时期回到了这个他因为军事方面的原因、准确地说由于逃避兵役而离开的国家。爱因斯坦厌恶军训和听任摆布、对命令和权威的盲目服从以及穿着皮靴和制服的步伐一致的成堆男人。所有军人般严格的事情都违背他的天性：他追求自由的理想，不懂得追求强权，激烈抨击通过军阶和肩章进行强制和控制的滑稽景象。

还没等过上四个月，战争的灾祸即已降临。为了世界的福祉，爱因斯坦希望这个作为他的出生地、嗣后又放弃了其国籍的国家失败。当失败真的来临的时候，人们似乎看到一个自由和平的德国乌托邦就在眼前。这场失败构成了他努力在头号敌对国家里为他自己、他的理论以及患病的祖国赢得人心的基础。

1922 年末，应一家出版社的邀请，爱尔莎和阿尔伯特·爱因斯坦在日本停留了六周多的时间。"他在日本的访问旅行犹如一次凯旋。"驻日大使索尔夫向柏林报告说。按这份报告的说法，"全体日本人民，从最上层的高官显贵到拉黄包车的苦力，既没有任何准备也没有丝毫的做作，全都自发地参加了进来！"他的报告长达五个小时，他们竟然听得十分耐心，而且表现得非常热情。而作为回应，爱因斯坦也将日本理想化了，以致到 1945 年，在向广岛和长崎投掷了原子弹之后，他十分不安。

与天皇一家在一起欢度菊花节，是爱因斯坦夫妇这次旅行的高潮。“每个人都希望至少能与当今这位最有名的人物握一下手。”驻日大使报告说，“报刊上满篇都是有关爱因斯坦的故事，有真也有假……也有关于爱因斯坦的漫画。在这些漫画中，他的短烟斗和浓密的、难以梳理妥帖的头发成了他的主要特征，而且他那并非总有把握适合各种场合的服装是很容易勾画的。”难以梳理妥帖的头发，并非总是合适的服装——这些外交辞令恰如其分地描绘了爱因斯坦的形象。但是，他的魅力和天真的外表弥补了礼仪上的欠缺。

爱因斯坦出国旅行用的是瑞士护照，这使很多事情明显变得容易了。有人说他的出访除了投身“德国事务”之外，某种程度上还有为选择瑞士作为第二故乡进行宣传的意思；但这种说法并没有流传开来。难道他不也是一个德国人吗？难道他没有通过进入普鲁士科学院而自动成为普鲁士的国民吗？可偏偏在他以瑞士公民的身份进行旅行游览期间，这个悬而未决的问题成了一次爆炸性的事件：当 1922 年他被授予诺贝尔奖的时候，他正好在远东进行访问旅行，所以不能亲自参加在斯德哥尔摩举行的颁奖典礼。于是，到底应当由德国大使还是瑞士大使代表他参加庆祝活动，便成了一个问题。

“爱因斯坦是德国人。”柏林科学院给瑞典发去了电报。同样，德国大使纳多尔尼面对他的瑞士同行态度也非常坚决，于是，瑞士大使便客客气气地将优先权让给了他。事后，德国大使肯定认识到了自己的估计是错误的，但他在写给柏林的报告里却要求“关于爱因斯坦的瑞士国籍问题尽可能不要多费口舌”。

对于所谓的“入籍”有没有征得爱因斯坦同意的问题，人们写了很多文章，他本人曾于 1938 年 6 月写信答复他已经离婚的夫人米列娃对这一问题的询问：“先是 1919 年科学院催逼我，除了瑞士的公民权之外，还应该接受德国的公民权。当时我竟然屈从了，真是愚蠢至极。”根据档案资料，他“进行了公职人员宣誓；1920 年 7 月 1 日宣誓忠于帝国宪法，1921 年 3 月 15 日宣誓忠于普鲁士宪法”。所以，“科学院得出结论，通过这一方式爱因斯坦先生已毫无疑问地获得了帝国国籍”。

直到 1924 年 2 月，爱因斯坦本人才正式声明，他除了瑞士国籍之外还拥有普鲁士国籍——尽管小心谨慎，但“对这一看法我没有异议”。1925 年，他甚至为自己前往南美洲进行暂定的最后一次大型出国之旅申请了一本德国护照。他的申请材料得到了外交部长古斯塔夫·施特赖斯曼（Gustav Stresemann）的明确支持和批准。和拉特瑙一样，施特赖斯曼不仅把他看作一位顾问，而且把他当作一位特殊的大使，乐于让他前往那些即便对最出色的职业外交家也依然紧闭大门的国家和地区。

从远东回来之后，爱因斯坦又一次无可奈何地看到，先知在自己的国家不是那么灵光，来自褐色泥潭的更加恶毒的仇视又一次朝他迎面扑来。他再次感到自己的生命受到了威胁，并在希特勒于 1923 年 11 月 9 日在慕尼黑发动“向统帅大厅进军”（即“啤酒馆政变”）之前两天躲到了荷兰。由于他似乎已经下决心离开德国，马科斯·普朗克向他发出恳求：“目前不要采取任何导致您永远无法返回柏林的步骤。”普朗克非常清楚：“外国早就嫉妒我们拥有你这个无价之宝。但请你也要为这里那些热爱并尊敬你的人们想一想，不要让他们因为一伙刻毒的暴徒的卑鄙行为而受到过分的惩罚。对这群暴徒我们必须加以控制。”

也许普朗克根本用不着这样乞求，还在圣诞节之前爱因斯坦就已经回到了柏林，柏林的形势显然已经明显缓和。到了年初，爱因斯坦心情轻松地告诉他的朋友贝索：“政治局势已经缓和了许多。谢天谢地，太多的人已经不用再为我过于担心，所以我的生活也变得更加宁静，也不再受到那么多的干扰了。”希特勒坐在（相当舒适的）堡垒监狱里，怀着狂怒静下心来写他后来的畅销书《我的奋斗》。

随着地产抵押马克①的推行，以及由于外国资本、主要是美国资本的投入，从 1924 年起德国的经济开始复苏。首先在科学技术方面，这个战败的国家证明了，即便遭受了第一次世界大战的灾难和革命的动荡之后，它仍然蕴藏着什么样的实力。1924 年德国飞艇首次横越大西洋的飞行便是一个引起全世界重视并给人们留下深刻印象的明证。失业率明显下降，消费大幅度增长，文化产业欣欣向荣，国内的政治局势也恢复了平静。在短短的几年之内，德国便上升为仅次于美国的世界第二大工业国，并在大国俱乐部中重新占据了一席之地。尤其是柏

① 地产抵押马克，德国于 1923—1924 年间发行的一种货币。

林，承续了“一战”之前的伟大时期。随着1920年大柏林的建立，随着继创业时代之后第二次建设高潮的来临，以及地铁和轻轨铁路网络的扩建，帝国首都一次又一次超越了它原定的城界。

从这年3月到1925年6月，爱因斯坦应原定的邀请访问游览了阿根廷、乌拉圭和巴西。听报告的人依然是座无虚席，受到热情的接待、国家首脑的接见，在蒙得维地亚被授予荣誉教授，在里约热内卢荣获“爱因斯坦奖”——“同时”，正如驻当地的使馆人员所注意到的，“他对衣着打扮相当明显的无所谓态度显然没有受到人们的责怪”。唯一一次是在阿根廷，“德国侨民避开了所有的活动”，因为据说爱因斯坦在一次采访中表示自己是一个和平主义者。参加了德国公使在自己家里举行的招待会之后，他在日记中写道：“这些德国人，简直是滑稽可笑。对于他们，我这枝花臭得要命，但他们却一次又一次把我插在他们的扣眼里。”

在进行这次，也是最后一次大型访问之后，爱因斯坦的出国旅行暂时告一段落，他总算可以过上几年梦寐以求的生活了。敌意在很大程度上沉寂了下去，“至少表面上是这样”。——正如马科斯·玻恩注意到的。如果德国能“一直避免希特勒上台”，就像爱因斯坦所说的，估计他很可能会作为一个“德国人”在这片国土上终老一生。对明星的狂热崇拜扩及整个社会名流：演员、作家、音乐家、运动员、冒险家以及技术领域的创新者都成了人们仰慕崇拜的对象。持续六天行程的自行车越野赛和高速汽车赛，体育宫，阿乌斯汽车赛，齐柏林和飞机，约瑟芬·巴克尔（Josephine Baker）、阿斯塔·尼尔森（Asta Nielsen）以及玛勒纳·迪特利希（Marlene Dietrich），早就在与爱因斯坦争夺头版头条的位置。新的自由将这个共和国以及它的首都变成了艺术和娱乐的试验场。

爵士乐进入了柏林，卡巴莱小型歌舞剧和政治讽刺作品盛行一时。建筑艺术和设计以其大胆奔放的构思展示出现代派的朴实无华。绘画和音乐与旧传统彻底决裂并开创了新的传统。先锋派为毫无节制的、包括性的放荡在内的自由和妇女解放树立着榜样。在有关这一时期的报道中，如玛勒纳·迪特利希、狄纳·耐尔肯（Dinah Nelken）或者罗莎·瓦勒悌（Rosa Valetti）所写的报道，爱因斯坦是作为一个喜欢夜生活的人出现的，而且是一些可疑的娱乐场所的常客。另外，他还和作家艾利希·马利亚·雷马克（Erich Maria Remarque）一起赞美所宣称的“自由爱情”以及“新女性”。

1925 年前后，除了国内政治的春天之外，外部的政治形势也有了明显的缓和。对德国科学界的抵制已基本上转变为良好的合作。作为德国的政治密使，爱因斯坦现在尽到了自己的责任。先前他那些怀有爱国主义倾向的战争英雄、在“敌对”国家恐怕不会有任何人理睬的如哈伯之类的同事们，多亏他在破冰之旅中所做的大量工作，如今也能够继续扩展他们的国际交往了。能够从人们关注的中心退出来，也让他觉得非常轻松。

值得注意的是，他从 1922 年起作为“德国”代表同国际联盟学术合作委员会的合作（直到 1926 年德国才被国际联盟正式接纳），也从另外一个侧面反映了这方面的情况。由于外交部始终带着怀疑的目光看待他的国际交往（到1932年爱因斯坦离开德国之前，有关他这些“兼带活动”的材料竟然装满了九个卷宗夹），他在5月答应了同该委员会进行合作，而到了7月初又表示拒绝，此后不久经过劝说又重新同意参加，而1923年3月他在结束远东之旅后又立即宣布退出，并说了一些侮辱性的话：“最近一段时间的事情让我坚信，国际联盟既没有力量也没有足够的决心来完成它所肩负的伟大任务。”

一年之后，他又撤回了退出国联的声明。现在，爱因斯坦认识到，这是“一个我恐怕终生都要参与的毫无活力的组织”；在“下属的目录学委员会”中的合作，各个国家“在历史书中有失体统的地位”问题，“为对电报传真术研究进行国际协调所付出的努力”，围绕人事问题所进行的毫无意义的争吵——这类旷日持久的政治事务远远超出于演讲和报刊上的文章之外；而且突然之间，这些事情又让意大利法西斯的教育部长参加到这个委员会里面来。他事先已经提名某人作为他的代表，并于1928年宣布退出，但1930年他还是参加了这个委员会的会议。1932年，当这个委员会变得越来越右倾的时候，他终于彻底地退了出去。

在从事这类官方机构和组织的政治活动时，爱因斯坦感到十分为难，而作为一个人文主义者，他在反对非正义行为和支持弱者的斗争中却又十分投入。早在战争期间，他就曾经成功地为因在11月里刺杀奥地利首相卡尔·格拉夫·斯蒂尔格（Carl Graf Stürgkh）而被判处死刑的朋友弗里德里希·阿德勒（Friedrich Adler）奔走说情；战争结束后，社会主义者阿德勒得到了赦免。为了帮助无政府主义者艾利希·缪萨姆（Erich Mühsam），爱因斯坦甚至于1924年亲自会见帝国总理马克斯（Wilhelm Marx）为之求情，并使缪萨姆获得释放。

爱因斯坦从来不是这个共和国里受到各方称赏的人。自打1923年起，他的政治活动就已开始被记录在“帝国公共秩序监控警署”的档案中。从1926年开始，他的名字已被列入“政治上表现活跃的可疑分子”的索引卡片。爱因斯坦与之有联系的组织，如人权同盟（和平主义宣传的主要机构之一）、新俄之友协会以及接近德国共产党的国际工人救济组织，全都属于这套文件的目录所开列的机构。他已然投身于一项美好的事业，根本没有考虑可能发生的纠葛。尽管德国的政治气候在向右滑，而他的思想被认定越来越带有左派的政治色彩，但他从来没有成为一个激进的马克思主义者或列宁主义者。“我对一种计划经济总的劳动生产率持怀疑态度”，他在给贝索的信中写道。

尽管如此，他依然在为敌人及旁观者提供口实。他在1929年给一所教养院的孩子们写信时说：“希望你们取得最好的成绩。你们要好好读读罗莎·卢森堡（Rosa Luxemburg）的信。”他在给马克思主义的工人学校（MASCH）作报告时，演讲的题目是《对于相对论工人们必须要了解什么?》关于俄国革命的领袖他又说：“我敬重列宁的为人，他为了实现社会正义贡献了自己的全部力量乃至生命。但他的方式我认为是不适当的。不过有一点是肯定的：像他这样的人正是人类良知的捍卫者。”

1930 年 8 月 22 日，爱因斯坦在柏林举办的“第 7 届德国无线电广播展览会”开幕式上的讲话，又一次证明了他对进步事业的信念感人而又天真；他的致辞以下面这些难以置信的话作为开头：“尊敬的在座的和不在座的听众们！如果你们正在收听无线电广播，那么就请想一想，人类是如何拥有这种神奇的通讯工具的。”他不仅指出，“首先使真正的民主得以实现的正是工程技术人员”——好像只能通过他们才能实现似的——“直到今天为止，各个民族几乎只能通过自己当天出版的报纸这面扭曲的镜子相互认识”。他进一步讲道：“而无线电广播却能够让他们以最生动活泼的形式相互展示，而且最主要的是能够展示他们最为亲切和蔼的一面。它将为消除人们相互之间的陌生感做出贡献，而这种陌生感是很容易转化成猜疑和仇视的。”而三年之后，纳粹将从这里开始强制推行无线电广播的统一化。

尽管爱因斯坦在政治方面经常被人们称为天真幼稚和过于业余，但在某一方面他却始终坚持自己的信念，直到魏玛共和国终结：作为“好斗的和平主义者”，他秉承库尔特·图霍尔斯基（Kurt Tucholsky）的传统提出了一句直到今天依然充满争议的话——“士兵就是杀人凶手”。他与西格蒙特·弗洛伊德、托马斯·曼、罗曼·罗兰和斯特凡·茨威格等声名显赫的人物一起，共同签署了一份呼吁书，在其中直言不讳地斥责“军事教育是对肉体和精神进行杀人艺术的培训”。

1930 年 7 月，恰巧是在伊泊伦的毒气战和广岛受到原子弹轰炸的两个日期中间，爱因斯坦签署了一份宣言，明确强调了科学在扩充军备方面所起的作用："科学每天都在使各种破坏手段更完善，你们知道，一场采用这些破坏手段的新战争将意味着什么吗?"他问自己："一个公式，如果无法用以阻止人们相互残杀的话，又有什么用处呢?"难以置信的是他公开主张拒服兵役。现在他又开始经常在旅途中奔波了，尤其是较长时间地在美国访问——似乎在为即将移居美国进行铺垫。

1930年末，爱因斯坦在纽约举行了一次演讲，表达其极端和平主义的思想最重要的一段话传遍了全世界："在被征召的人里面，即使只有百分之二的人宣布拒服兵役，并将其同用和平方式解决一切国际争端的要求结合起来，那么政府便会无能为力。"让平民不服从的号召是以下面这种大胆盘算为基础的：哪个国家都无法对付高达百分之二的拒服兵役的人。这种观点连他的战友也不赞同：罗曼·罗兰就曾于1933年11月说过，"这是一种近乎犯罪的天真"。

由于他做报告时经常毫无控制或者不加考虑地宣传他的思想，有时甚至前后矛盾，爱因斯坦不断遭到朋友们和观点相同者的奚落。作为世界著名的和平主义者，他用蔑视生命者的语言为死刑辩护。"原则上"，他或许一点儿也不反对"处死那些毫无价值或者根本就是有害的个人；我之所以反对，仅仅是因为我不信任那些人，亦即那些法官们。也就是说，我对生命质量的珍视超过对生命数量的珍视"。对他来说，用这类矛盾的语言表述权利毫无疑问属于一种自由。"只要我有意见，我就不仅应该而且必须表达出来。"但从另一方面讲，尽管非常天真，但他仍然显示出极其出色的政治鉴别力。他事先对法西斯主义和战争所发出的警告证明，他远远走在了大多数同时代人的前面。

从1930年起，反对爱因斯坦的物理学观点的人要比反对他的政治观点的人少得多——即便在对他怀有善意的圈子里也是一样。他对几乎所有题目都要发表一通意见。“在怀孕期的某一个阶段之前，根据妇女的愿望应当允许堕胎。除了对年轻人进行必要的保护之外，同性恋行为不应当受到惩罚。关于性教育：没有必要故弄玄虚，搞得神神秘秘的。”——这些要求在现代民主国家里都已经成为现实。

尽管爱因斯坦除了勇敢地投入正义事业以外，偶尔也会表现出某种实用主义，但对有些事情他也同样经常拒绝给予支持：“我必须注意，不要让我的声音因为过于经常地在一些微不足道的事情上出现而贬值。”他也不肯让自己随便套在一辆什么车上。1932年，当一些反战人士由于“日本对苏联的公开侵略行为……所造成的严重冲突”而试图争取他的支持时，他明确拒绝与他们共同行动：“我从未参加过这一类大会，因为它们无能为力，所起的作用必定小得可怜。召开这种会议就跟召开大会阻止火山爆发或者乞求撒哈拉沙漠增加降雨量一样。”试图通过这种方式制止战争根本行不通，因为“在其后面所隐藏的是利益那种难以满足和无法遏制的贪欲”。

几乎没有什么人能像爱因斯坦那样，不仅从1929年开始的世界性经济危机中看出了纳粹的危险性，而且还对纳粹发出的世界大战威胁进行了怒斥。他警告说：“谁要是容忍民主遭受破坏，那么他自身也将有被毁灭的危险。”他大声斥责德国的秘密军备，另外还和罗曼·罗兰、马克西姆·高尔基（Maxim Gorki）、厄普顿·辛克莱（Upton Sinclair）以及海因里希·曼等人于1932年发出号召，呼吁召开国际大会来阻止一次新的世界大战，并参加了国际联盟在日内瓦举行的“裁军会议”，建立了一项用于资助拒服兵役者的“爱因斯坦基金”。1932年夏天他还与凯特·科尔威茨、艾利希·凯斯特纳（Erich Kstner）以及其他许多人一起共同签署了一份《紧急呼吁》，号召“德国社会民主党和德国共产党合作”，建立“一个统一的工人阵线”，以便赢得国会的选举。这一行动引起的反响很大，但结果令人失望。尽管面临法西斯分子获得胜利的威胁，这两个左派竞争对手仍然未能结成同盟。爱因斯坦在笔记里写道，“要是能像凯恩和阿贝尔①那样容易言和该多好”。

当时，他同西格蒙特·弗洛伊德的通信（1933年年初以《为什么战争?》为标题出版，但印数极少）几乎没有引起人们的注意。“有没有某种办法，能够对人们的心理发育加以引导，使之变得具有抵抗仇恨和毁灭这类变态心理的能力?”物理学家向精神分析学家提出了他的关键性问题，因为他觉得不可能让人自愿消除攻击倾向。弗洛伊德则从他的视角反驳并且问道：“为什么我们如此激烈地反对战争？您和我还有许多其他的人，为什么不能像别人那样把它看成是生活中许多令人难堪的困境之一呢?”在其长篇答复的最后弗洛伊德承认：“也许，

① 凯恩和阿贝尔为兄弟，出自《圣经》。

在文明调解和对未来战争后果的恐惧这两大要素的影响之下，在可以预见的将来，制止战争并不是一个无法实现的希望。”但爱因斯坦并不想仅仅停留在希望上，他还打算采取行动。由此，他也成为思想发生转变的第一批人士之一。

1933 年 1 月末，希特勒被任命为帝国总理并在国会纵火，共产党员以及其他社会民主人士遭到追捕和监禁，他们的党最终遭到查禁；1933 年 3 月，议会根据“授权法”将其权力移交给了新的独裁者，并于 4 月 7 日通过了具有讽刺意味的《公职人员恢复法》，根据这一法令，15% 的德国高等学校的教师于两年之内被解除了职位，很多科学家被迫离开德国，仅获得诺贝尔奖的物理学家就有八名之多；4 月 1 日的“抵制犹太人日”将纳粹反犹主义的残暴无情暴露无遗，而 5 月 1 日的焚书事件则清楚不过地展现了这场毁灭文明的战争已经达到什么程度。在发生了所有这些事情之后，爱因斯坦放弃了他的和平主义立场，并于 1933 年 7 月宣布：“在目前这种局势下，如果我是比利时人，不但不会拒绝服兵役，而且还会怀着为拯救欧洲文明而服役的心情，欣然承担起自己的责任。”

他的这番言论招致了和平主义者和纳粹同样激烈的反对。罗曼·罗兰在给德国作家、他的同行斯特凡·茨威格的信中写道：“对于一项事业而言，爱因斯坦作为朋友比作为它的敌人更加危险。他只是在科学方面具有天才。在其他方面他就是个笨蛋……他也许应该放弃所有的行动！他只适合摆弄他的方程！”

但现在反对的是希特勒德国，爱因斯坦是不会做出妥协的。很少有人像他那样富有远见地预见到这场随着纳粹“攫取政权”而开始的真正的灾难。同样，他也用一双慧眼，比大多数人更早地对其威胁世界和平的必然后果发出了警告——在那个毫无希望的故国，这必然被指责为“犹太人的恶毒挑拨”。而爱因斯坦则大声疾呼——正如《科隆报》所援引的：“保卫欧洲，避免它倒退到早已消失的野蛮时代！我们这个受到如此严重威胁的文明社会的所有朋友，应该集中你们的全部力量消除这一世界疾病，我和你们站在一起！”该报对这一声明的评论说：“他大概想迁居到他认为能够免遭国家观念‘毒害’的地方。如果这些牛鬼蛇神离开，只能是一件好事情。”

早在 1931 年 12 月 6 日，爱因斯坦还在美国的时候，就在日记中写道：“今天我决定，彻底放弃我在柏林的位置，像候鸟一样度过余生。”这一年的 7 月，他催促普朗克说：“请您关心一下撤销我的国籍的问题，并让人通知我，这一变动与我在科学院职位的保留问题是否一致。”

爱因斯坦离开德国的事情与“残暴民众”的全盘纳粹化都在以相同的速度加快进行。多多少少有点儿偶然，当希特勒成为帝国总理的时候，他正好在国外——加利福尼亚的帕萨迪纳逗留。应该说这是他的极大幸运。很少有人像他那样被纳粹分子盯得那么紧，可以说是生死悬于一线。据说他们已经悬赏取他的性命。似乎为了最后一次让人们认清 1933 年 3 月 5 日的国会选举，在选举后的第 5 天，也就是还在返回欧洲的途中，他发表声明说再也不会踏上德国的土地。两周之后，他又在船上宣布退出科学院：“因为我的职务而受制于普鲁士政府，在目前的情况下我觉得是不能容忍的。”

紧接着科学院全体会议便表明了他们的态度：“由于爱因斯坦先生的辞职，科学院方面认为没有必要采取进一步的措施。”并且说：即便他自己不走的话，科学院恐怕也会将他解雇。更有甚者，科学院秘书霍伊曼（Ernst Heymann）还专横地向新闻界宣布了一篇声明，说什么“普鲁士科学院认为爱因斯坦在国外的蛊惑宣传活动已经十分严重……有鉴于此，科学院没有理由为爱因斯坦的辞职感到遗憾”。

1933 年 4 月 6 日，科学院举行了一次特别会议。这次会议是应爱因斯坦的朋友马克斯·冯·劳厄的要求召开的。这位物理学家后来回忆说：“他是我这一生中给我留下极深印象的人。我提议，科学院应当宣布霍伊曼无权发表这种声明；但是没有一个人赞同这一提议……经过长时间的争论，最后的结果是，化学家施伦克与身旁的哈伯轻声商讨了半天之后做了发言，以表明他们同样站在霍伊曼一边。”

那一段时间可以说是事变迭起。4 月 1 日，也就是在“抵制犹太人日”那一天，《德国日报》以隐喻的方式刊登了一幅漫画，并且配了标题：《一个可怜的大傻瓜》。在这幅漫画里，一只硕大的皮靴狠狠地踢在爱因斯坦的屁股上，而爱因斯坦则大头朝下滚下楼梯。下面写着：“德国驻布鲁塞尔公使馆的仆役得到授意，医治一个在当地游手好闲、患有疯症的亚裔人，这个人应该拥有普鲁士国籍。”马克斯·冯·劳厄于战后回忆说：“这非常符合纳粹的作风；很可能这一天也要公开发布将爱因斯坦开除出科学院的消息。他竟然抢在他们开除他之前辞职，这在部里引起的恼怒是难以形容的。”爱因斯坦丝毫没有沉溺于对自己在德国的崇高声望的幻觉之中：“现在我成了那里最招人憎恨的人物之一。”4 月 4 日，他从比利时的奥斯坦德提出申请，要求终结自己的普鲁士国籍，结果收到管理当局的公文，没有简单地把他当作“江湖骗子”和“著名的犹太复国主义煽动分子”予以解雇，而是要让他感受到“被开除国籍”这种“最深重耻辱的惩罚”。这一惩罚直到 1934 年 3 月 24 日才付诸实施。对于政府部门这类滑稽可笑的丑恶表演，除了悲哀和愤怒之外，爱因斯坦只有轻蔑的嘲讽。在他从比利时写给妹妹玛雅的一封信里有这样的话：“我遭到了德国人的厌弃；谢天谢地，这对我而言可以说是当之无愧……帆船和女友们留在了那里，H. 夺走了我的帆船，这对我的女友们是个严重的伤害。”他这里的“H. ”指的是希特勒。

在爱因斯坦的一生中，他科学院里的同事们的态度应该属于最令他痛苦的事情。科学院打算解雇他，而他却通过主动辞职抢在了前面。当初，他在一封写给同事们的信里用诗的形式说出了自己的心里话：

谁要是在那里污蔑和诽谤，
将受到我们严厉的审判。
或许有一天他会说出真相，
那我们也不会将他原谅。

他向普朗克发出了苦涩的抱怨：“我现在不得不提醒您，

在所有这些年里，我所做的一切对德国的声望只有益处，而且从来没有计较过。但在右翼报刊上，尤其是最近几年，一直在对我进行有组织、有预谋的攻讦，却没有人认为值得为我费心辩解。现在，意在消灭我的手无寸铁的兄弟们的战争逼迫我把自己在全世界的影响放到有利于他们一边的秤盘上……难道通过断粮来消灭德国的犹太人不正是现任德国政府的官方计划吗?”他后来提醒那位背叛了他的朋友弗里茨·哈伯：“趴在无耻下流的犯罪分子面前俯首帖耳，甚至在某种程度上同情这些犯罪分子，可不是由男人们组成的知识界应该干的事情。他们不可能让我感到失望，因为他们从来就没有赢得过我的尊重和同情——除了几个正派的人之外（普朗克有百分之六十的高尚，劳厄百分之百）。”

在 1933 年 5 月 11 日的会议上，普朗克赞扬了爱因斯坦杰出的工作成就：“它们的重大意义只有约翰尼斯·开普勒和伊萨克·牛顿的成就可以相比。”他说这番话主要是“为了不至于有一天，我们的后代会认为爱因斯坦先生的同事们还不具备充分认识他对于科学之重要性的水平”。但同时他又说：“由于爱因斯坦先生的政治言行，他使自己无法继续留在科学院里。”

这位威名显赫、头脑冷静的德国物理学界的耆宿，还在世的时候就已经成为一座丰碑。但是直到晚年，他才从政治这种肮脏的勾当中得到深刻的教训。在这次会议之前几天，马科斯·普朗克刚刚庆祝完他的 75 岁寿辰。这位悲观的、内心始终忠于皇帝的国家公务员，对于“杀人匪帮”怀有极大的忧虑，觉得自己现在对这个由于褐衫党以“民主”方式掌权而变成的帝国负有责任。和其他一些依然坚守在纳粹德国的人一样，他把防止科学事业变得更糟视为自己的义务。1938 年，年老体弱的他辞去了威廉皇帝协会主席的职务。在他于 1947 年去世之前不久，他宣布同意他的继任人使用自己的名字。1948 年，马科斯·普朗克学会正式成立。

1933 年 9 月 9 日，爱因斯坦离开了欧洲大陆，从此一去不返。在比利时海滨游泳胜地勒科克（Le Coq sur Mer）的法式夏季别墅（Villa La Savoyard）里，整个春夏他一直都在关注他出生的那片土地如何一天天地陷入褐色的泥沼。当冲锋队闯入他在哈伯兰特大街的寓所，把所有贵重物品、地毯和油画洗劫一空之后，他的继女伊尔莎和丈夫卢多尔夫·凯泽（Rudolf Kayser）在法国大使的帮助下成功逃离，他的文件和大部分家具也以外交邮件的名义运到了法国，然后又从那里装船运往美国。

爱因斯坦首先到了英国，在此期间他还会见了温斯顿·丘吉尔（Winston Churchill）。1933 年 10 月 3 日，在他永远告别欧洲的前一周，他在皇家阿尔伯特大厅面对 1 万名起立欢呼的听众发表了演讲。他用“蹩脚”的英语和温和的词语提醒人们注意面临的危险，但没有提及德国的名字。他以恳求的语调建议“领导国家的人们”促成一种“让任何一个国家从一开始就认识到战争冒险是毫无希望的这样一种局面”。

爱因斯坦说，移居使思想家孤独寂寞，并以此结束了演讲，似乎在对他今后作为流亡者和退休者的生活进行悲观的猜想：“此时，我们可以想象一下灯塔和航标船上的值守人员的工作。能不能雇用一些愿意对科学问题、首先是数学和哲学问题进行思考的年轻人来从事这样的工作呢?”乍一听，说这种话似乎缺乏社会经验或不通世故，但实际上却表达了他对一种学者之理想国的渴望：在那里，科学研究可以在不依附于国家和政治的环境下，在不受其他因素影响和制约的条件下自由地开展。

就像斯图加特的科学史专家阿尔敏·赫尔曼（Armin Hermann）所认为的，爱因斯坦真的“是希特勒最大的对手之一”吗?将两个人比较一下——一个靠其思想的力量，另一个则是依靠其权力和残酷的暴行——就可以看出，爱因斯坦早已认清了后者“冷酷、野蛮、野兽般的独裁本质”，这位物理学家有什么能力堪与这位政治家进行对抗呢?当德国人民把希特勒这位纳粹头子推上台的时候，对于爱因斯坦而言，他在这个条顿国里已然没有立足之地了。尽管他拥有世界性的影响力，但他在作为具有政治觉悟的、积极活跃的科学家象征的同时，也成为科学家软弱无力的象征；或者更明确一点儿说，他成了少数科学家在政治面前束手无策的象征。

对抗的双方根本不在一个等级上。弗里茨·哈伯是被捧得极高的第一次世界大战的英雄，同时又是发明荼毒生灵的毒气战和造福人类化肥的科学之父，现在连他也被迫面对这一情形。尽管他通过接受基督教洗礼背弃了自己的犹太教信仰，尽管他拥有对祖国史无前例的忠诚和科学上的权威，尽管有亲自在希特勒面前为他说情的马科斯·普朗克的干预，但他最终还是不得不去国离乡——1933 年的夏天他就被迫移居到了英国。

1933 年 8 月，哈伯收到了他的患难朋友从比利时的勒科克寄来的一封信。“我很高兴,”爱因斯坦在信中以友善的嘲讽写道，“您从前对金发野兽的那种热爱终于冷却下来了。”1934 年 1 月，哈伯于居留巴塞尔期间因心脏病发作而去世。

第十五章　“我又不是老虎”

——作为人的爱因斯坦

爱因斯坦（Einstein）这个词，在德语里的意思是“一块石头”。听起来具有把一切都记住、如同刻石一般让其永不湮灭的能力。这是一个少见却又很容易记住的德文名字，简单但却蕴含深意……

埃莉卡·布里茨克（Erika Brizke）睁开眼睛，宽大的眼镜片后面犹如两汪碧蓝的湖水，闪射出炯炯的目光。她剪着一头男孩子的短发，笑起来满脸的亲切和开朗。她成年以后有一半时间同爱因斯坦生活在一起——通过想象，通过他的名言以及她用语言描绘的、只要一阖上眼帘便会浮现的一幅幅画面：爱因斯坦穿着一身运动装，朝着他的帆船走去。漫不经心，像通常一样。邻居们隔着篱笆向他——那个可以嘲笑一切的男人打招呼。即便身处最极端的境况中，他也不知道害怕。他不会游泳，但又不肯穿救生衣。他说：“如果我该淹死，那就乖乖淹死好了。”

“天啊，阿尔伯特！”妻子爱尔莎嘟嘟囔囔地埋怨。在树林里，他把他最喜欢的一些地方指给朋友们看。他带了鸡蛋煎蘑菇，那是女管家赫尔塔给他做的。他正在和一位朋友的小儿子玩着当时在柏林的小学生中间最时兴的“悠悠”球游戏。一会儿爬到杂物间里，一会儿又拿起铲子把煤铲到供应整栋房子暖气的炉子里，他那件皮夹克中包裹的是一位过早变老的年轻人。

最近 25 年，埃莉卡・布里茨克一直负责守护爱因斯坦的故居。这栋别墅位于柏林境外，从波茨坦乘火车需经过两站才能到达。这是爱因斯坦自己建造的唯一一处房产。别墅背后是一片森林，他经常在里面成小时地散步。而在前方，越过位于斜坡上的花园，可以眺望外省（指勃兰登堡州——译者注）的村庄和坦普林湖，他心爱的“豪华帆船”“海豚号”就停泊在那里。他的“小房子”建在湖泊和森林之间。这栋夏季“行宫”有着广阔的屋顶平台和绿阴遮蔽的花园大厅，花园里种着果树、鲜花和浆果。这栋木屋外观朴实优雅，体现着一种明快的形态语言。窗户、护窗板、栏杆和扶手全都漆成白色，房屋正面则涂成了深颜色。

在任何地方爱因斯坦都不曾感到像在这里那样舒畅。他本来能够在这里幸福地一直活到老，但这段幸福的时光仅仅从 1930 年延续到 1933 年；才三个夏天，纳粹便将他逐出了这个小小的天堂。这栋房子直到今天依然矗立在那里，经过了修缮，以供后人瞻仰和遐想。里面既没有他的家具和书籍，也没有他的衣物和橱柜，房间里面空空荡荡，只有几件博物馆的摆设，都是根据复制品仿制的；墙上挂着几幅照片，像是要给一些传说提供的证据。要是没有这些东西，那就只剩下一个已经逝去的梦想的空壳了。

然而，在其他任何地方都不可能像在这个地方 —— 卡普特森林路 7 号一样来感受他的私人生活。他的书房、卧室、带洗手盆和浴缸的洗澡间，私密而又不失身份，在埃莉卡·布里茨克精心的保管和呵护下，几乎丝毫不差地保留着原来的样子。1979 年是爱因斯坦诞生 100 周年，自打那时候起她就在这些墙壁之间履行着她的职责。

那个时候还是德意志民主共和国。当爱因斯坦百年诞辰即将来临的时候，西柏林和东柏林一样，都试图通过学术研讨会、庆祝活动以及展览会的形式压倒对方。在西柏林，联邦总统瓦尔特·谢尔（Walter Scheel）发表了讲话；而在东柏林，部长会议主席威利·斯多夫（Willi Stoph）则代表革命者向革命者（爱因斯坦）致敬，把受到爱因斯坦敬慕的列宁说成是爱因斯坦的崇拜者。东德科学院享有对爱因斯坦的木屋优先进行谨慎的修缮的权利，并委任曾经从事艺术教育工作的埃莉卡·布里茨克负责对工程进行监管。"民主德国当时打出了他们的王牌。"她说。

四分之一个世纪过后，在这位物理学家诞生 125 周年之际，布里茨克夫人高兴地庆祝"她同爱因斯坦的银婚"。当年，当她走上这一岗位的时候，"连呼吸都屏住了。我的天，你来到了一个什么地方呀"！然后，她就开始想方设法让自己变成一个有学问的人。她去拜访住在卡普特的邻居们，拜访曾在柏林和卡普特为爱因斯坦料理过六年家务的赫尔塔·瓦尔杜，翻阅“带有外省乡土气息的照片档案”；她跑到柏林的国家图书馆，拜访全世界爱因斯坦的研究者。两德统一以后她又去了乌尔姆，访问了以色列和美国。由于在卡普特的别墅里她经常是孤零零的一个人，有时候一两个星期都没有人去，于是她便开始埋头读书，“越钻研越深”。所有能够提供的爱因斯坦文献她都可以使用——“我完全沉浸在了这种状态之中”。终于，她从一个想让自己有学问的人变成了一个做学问的人，一个自学成材的专家，一个研究自己家乡的学者，一个拥有专业知识的女总管。

卡普特夏季别墅最早的故事要追溯到20世纪初。突然降临的荣誉以及由于他的反对者要弄阴谋诡计而日益增长的威胁，让爱因斯坦不得不考虑找个地方隐居起来，以避开他的崇拜者和敌人们的骚扰纠缠。在发生对他的公开敌视以及他对反相对论分子做出“极其愤怒的答复”之后，当他的朋友和同事们担心他会离开德国的时候，他给马科斯和海蒂·玻恩夫妇写了一封信：“目前我只是想购买一艘帆船和在柏林郊区靠近水边的地方买一套乡村小屋。”

在这期间，他曾经将他宏大的梦想小小地实践了一把：1922年夏天，他在一个叫波克费尔德的小花园村里租下了一栋被柏林人称为“凉亭”的小房子，另外还租了一艘小艇；这个小村子在施潘道区附近，紧靠着沙尔夫兰克。儿子汉斯·阿尔伯特曾到那里看望过他，妻子爱尔莎却没有跟他去住。对她来说，他的“小王宫”太过简陋，只是对他倒很合适。由于他听任院子里的杂草疯长，花园村管委会对他进行了斥责。这位鼎鼎大名的对什么都无所谓的“凉亭居士”，懊丧地告诉别人，以后可要细心关注契约的条款了。据说，直到 1929 年卡普特夏季别墅建成之前，他一直租用着这座“凉亭”。

从 1919 年荣誉突然降临到购置隐居别墅，其间经过了 10 年的时间——是他生命中一个不得不适应“像一头饰有花环的牛那样让人盯着看”的阶段。那个通过他的著名公式 $E = mc^2$ 使能量和质量的等值让人们牢记不忘的爱因斯坦，算是见识了由于他的出名而引发的大众的能量。正如他的女婿第米特里·马连诺夫所说，他成了“全世界的囚徒”，成了一个作为自己永生不朽的证据而活着的人。1930 年，在伦敦的一次宴会上，他在对乔治·萧伯纳（George Bernard Shaw）表示感谢时说：“我对您加在我那虚构的同名兄弟身上的难以忘怀的溢美之词深表谢意，这位同名者让我的生活变得如此沉重。”

“他肯定已经察觉，人们如何将目光集中在他的身上。”女作家安东妮娜·瓦伦廷注意到，“他眼见着由于敬重而形成的藩篱在他的周围生长，他听见人们在念叨他的名字。他只需斜眼一瞧就会发现那些对他纠缠不休、而他避之唯恐不及的人们。”甚至在罗马咖啡馆里，那些持有自由思想的人也会带着毫不掩饰的好奇心盯着他看，迫使他只能以最快的速度逃离这个艺术家的聚集地。

“甚至卓别林（Charlie Chaplin）也像面对一只他根本不知道该如何与之交往的稀奇动物一样注视着我。”被盯着看的爱因斯坦苦恼地说：“在我的房间里他的举止就像是被人领进了寺院一样。”爱因斯坦竭尽努力想使自己像原来一样作为普通人中的一员，将自己的声望相对化为一种“时髦之事”，欺骗自己说这对一个像他这样的人是再也不会发生的“正常现象”。“连我那种不可思议的怀疑也在不断增长，”瓦伦廷写道，“他会相信自己看起来和其他人没什么两样。”

然而，无名之人的无忧无虑已经一去不复返了。“人们都为能和他生活在同一个时代、同一个城市而自豪!”当时一位俄国著名女导演娜塔丽雅·莎茨（Natalia Saz）解释道。“迈向公众的每一步都成了一种麻烦。”夏季别墅的设计者康拉德·瓦克斯曼说。即使在自己的住宅里，爱因斯坦也会受到无休止的纠缠和包围，只有通过他妻子爱尔莎的严厉措施他才可能逃脱。

“在他们的门前总是聚集着成堆的人群，就像要看什么稀奇东西似的。”爱尔莎的女友安东妮娜写道。瓦克斯曼曾经亲眼“见过，坚持不肯走开的乞丐、二流子、请愿者或者狂热的旅游者都围在那里，只是为了看一眼爱因斯坦”。还有“一伙伙的画家和摄影师”，“都极其严肃地强调，自己是那一行里最棒的，所以一定要为爱因斯坦留下肖像”。如果他真的走到门口，恐怕他的家庭在很短的时间之内就会破产，“因为他会毫不迟疑地把整月的工资分给那些职业乞丐或者那些真正迫切需要帮助的人”。

除此之外还有每天的信件。“这个人写道，他终于发现了睡觉的实质；另一个人又说，他找到了使煤炭价格下降的唯一正确的途径。”再加上还有许多想驳倒爱因斯坦的“专家”——直到今天这样的专家依然大有人在。他经常被目为政治人物和和平主义者出现在报刊的大标题里，只不过当事人变换了一下：“现在，代替先前那些胡说八道的发明家，未被认识的天才，簇拥在他门前的是一些拼命推销世界和平万灵药的喜剧丑角。”有时候，无论用什么方法也躲不开来访的人，爱因斯坦只好从佣人的楼梯间偷偷溜出寓所。但受到烦扰的爱因斯坦并没有因此而生气，只是对人们（对自己的）的赞赏感到讶异。“对于爱因斯坦来说，他的形象始终是一个不解之谜。”托马斯·布基（Thomas Bucky），他的医生的儿子这样说。

“那些在艰难岁月、可怕的斗争时期以及谎言和中伤盛行的年代丧失了对高尚价值的所有信仰的人们，在一个看起来朴素淡泊，静静地面对空间、时间和物质以及创造之秘密的雾霭苦思冥想，给这个地狱中心稍微透点儿空气的男人身上找到了新的希望。”从朋友和科学家的角度，历史的一个方面读起来是这样的。它论及了慰藉和方向、希望以及认识的奇迹。“相对论被作为新的救世说受到人们的颂扬，”瓦克斯曼说，“而爱因斯坦也就被当成了我们这个世纪的耶稣。”

然而，仅仅从他的影响和他触及宗教信仰的科学革命本身是无法解释他的这种影响的；其他因素也起了作用。他那让人难忘的外表对于他的迷人风采同样有着不可小觑的作用。从他来到柏林之日起，他的生活方式、超常的工作量以及严重的疾病使他衰老得非常快。光阴如梭，爱因斯坦很快就变成了我们今天所熟悉的那个样子——那个世界上最为著名的头颅：预言家和艺术家式的浓密头发，长而善良的面容，思想家的额头，弧形的眉毛，一双褐色的、始终温润的眼睛闪射出一位远离尘世的世界智者的柔和目光，隆起而显眼的鼻子，微微凹陷的椭圆形脸颊，上唇的髭须，丰满的双唇以及略带嘲讽的嘴，还有下巴颏上的小窝。

通过他那大提琴般低沉而又洪亮的嗓音，雷鸣般爽朗的笑声，尽管身体沉重，但由于肌肉强健，走起路来脚步十分轻盈，而且总是从容不迫，从无那种因为一时冲动而狂躁匆忙，再加上他那带有先锋派味道的不太讲究的穿戴，敞开的衬衫，像条口袋似的背带裤，不跟脚的袜子，爱因斯坦给别人的印象必然像一个来自陌生世界的人。

“面对社交界，他仿佛是生在另外一个星球上的人。”瓦伦廷写道。难怪导演斯蒂文·斯皮尔伯格（Steven Spielberg）在拍摄他的电影《外星人》时，要让扮演外星人的演员以爱因斯坦的眼睛为样板去体会那种天真无邪的目光——据说迈克尔·杰克逊（Michael Jackson）为了拥有这样一双眼睛花费了数百万美元。对于摄影师、记者以及要对公众进行宣传的各色人等，这都是一个理想的对象。爱因斯坦和他们形成了一种罕见的共生关系。对于他们来说，这个男人比他的理论更具轰动效应，而有关他的神话又比他本人更具轰动性。要是问起他的职业，他的回答是“摄影模特儿”。

另外，这还是一个古怪且想法乖僻的家伙。这个人说的话就是他的想法，好像特地为他制定了一套不同于他人的规则。还有就是爱因斯坦（Einstein）这个词，在德语里的意思是“一块石头”。听起来具有把一切都记住、如同刻石一般让其永不湮灭的能力。这是一个少见却又很容易记住的德文名字，简单但却蕴含深意：犹如磐石坚强有力，读起来却又朗朗上口，富有韵味（按德语发音为“爱因—施泰因”）。

在柏林的社交界，爱因斯坦夫妇很快便成为众人争相趋奉的名人。人们不仅经常听到这位一家之主宣传他的人与人之间权利平等和不分阶级的思想，而且也确实能够感受得到，但在餐厅的长条餐桌旁边相聚的大多还是医生和银行家、政治家和工业家、作家、记者、画家和音乐家，当然还有他的同事，其中不乏诺贝尔奖得主。

他在柏林的朋友圈子给人一种混迹于市井、放荡不羁的印象。他在给米列娃的信中写道：“我认为，一般来说，与富有的有闲阶级分子相比，那些按照确定的路线前进和每天辛苦劳作的小人物们的生活，能够更好地保持内心的和谐与宁静。”不过，就像他和思想一致的左派朋友来往一样，他也能够毫无障碍地同上流社会人士以及身家百万的阔太太和阔老爷们交往。他们的汽车连同他们的司机他都可以容忍。他参加他们的宴会，到他们的乡间别墅去做客——好像要事先品尝一下自己隐居乡下的快乐似的。与此相应，他那些慷慨大方的熟人也喜欢把他当作家庭的朋友，因为在当时的柏林，爱因斯坦被看作最为奇特而又最具人情味的猎物。他甚至被描述成一头沙龙雄狮，也就是最擅长交际的社会名流，如同一个善于装扮的孩子，为了闹着玩而戴上了爱因斯坦的面具。

他之所以喜欢同一些全市闻名而且富有、大多拥有别墅的医生交往，估计源于他那忧郁的气质。他并不是只在生病时或者为了生命垂危时能够马上得到救治才去和医生拉关系。他在和医学界人士亲近时更多的是把他们当作人而不是医生。“他喜欢的是搞医学的人而不是医学。”——有一次一位熟人在谈到他时这样说。在外科医生莫里茨·卡岑施泰因（Moritz Katzenstein）身上他找到的是一位能够一起驾驶帆船和聊天的真朋友。而鲁道夫-维尔乔医院的主任医师、负责照料他的继女玛戈特和伊尔莎的古斯塔夫·布基，则在爱因斯坦流亡国外之后成了他在美国的密友。

雅诺思·普雷什是一位“典型的社交名流，行为举止总是极其引人注目，温文尔雅，绅士派头十足”。爱因斯坦和他之间结成的友谊真是令人惊叹。康拉德·瓦克斯曼觉得两个人的差别“就像水和火”。普雷什拥有许多辆汽车，多到能够开一家出租车公司。而爱因斯坦则从未有过或者驾驶过一辆汽车。他通过“巧妙的嘲讽”既保持着同这位狂妄傲慢的教授的“距离”，同时又享受着同他之间那种令人欢欣鼓舞的谈话。如果什么事情让他感到厌恶，一些愚蠢而又肤浅的人便会认为：“当他从某些人身上什么也得不到的时候，很快便会对人家冷若冰霜，再也不加理睬。”

每当要去参加晚会或观看演出的时候，他一整天都会烦躁不安。他一辈子都觉得与这套交际礼仪格格不入。他憎恶硬领和领带，坚定不移地反对外部的强制。“人们向他解释什么叫风俗习惯。谁要是对他没有充分的了解，便会像对待一个智力迟钝的孩子一样，不厌其烦地为他解释一切。”瓦伦廷写道。

每当爱因斯坦一家请客的时候——很可能是爱尔莎喜欢宾朋不断，阿尔伯特则希望越少越好——尊贵的客人们一踏进哈伯兰特大街，“便进入到一种显得有点儿破落的有产阶级家庭的随和气氛中”，爱因斯坦则像个陌生人一样转来转去。“他看起来总像是极其偶然地走进了房间，于是只好待在里面，因为他不知道出口在哪里。”瓦克斯曼说。

客厅里面，名贵的波斯地毯铺在弗里德里希大帝的半身像前。漂亮的三角钢琴与仿制的成套比德迈式家具摆在一起不伦不类。角柜里摆着爱尔莎收藏的名贵瓷器。无处隐藏的小摆设放到了磨砂石英玻璃门的后面。鱼缸里有几条金鱼悠闲地游动，厨房里一只名叫彼伯或彼普欣的蓝色虎皮鹦鹉在吱吱喳喳地叫。

爱尔莎曾经学过喜剧表演，经常通过模仿一些知名人物逗得客人们开怀大笑。阿尔伯特总是笑得不亦乐乎，即使其他人觉得没有任何好笑之处。就是遇到令人伤心的情况，他也照样开玩笑，然后又开始大声讲述一些不搭边儿的故事。《最佳犹太笑话100则》是他最喜欢的书籍之一。

最欢乐的时候是每当他的好友和同事马克斯·冯·劳厄到来的时候。他是唯一一个能和爱因斯坦随意神侃的人。那么这就算是朋友吗？爱因斯坦的内心生活几乎对所有的人都是封闭的，就像别人对他一样；即便如此，他对他们依然以“你”相称。他和哈伯或者能斯特的交往最为彬彬有礼。而当马科斯·普朗克来访的时候，则几乎变成了生硬的礼节。一旦科学成为桌边交谈的主题，爱尔莎和女儿们便一声不响地离开。作为女主人，她从来不曾让人们对她教授夫人的身份有什么疑义，但爱尔莎觉得，她的任务是在赫尔塔的帮助下关照来访客人的饮食起居。

赫尔塔遵照爱尔莎的吩咐，按照常规的顺序把饭菜端到餐桌上。“第一道菜几乎总是带蛋丝的清汤，然后是鸡蛋沙拉酱拌罐头鲑鱼肉，接下来是栗子猪里脊，随后永远是加上搅奶油的草莓奶昔。”“教授先生一生都喜欢”吃草莓和“饱含欢乐和爱情”的芦笋。“他的吃相就像个孩子。”——普雷什的儿子彼德回忆道。肉必须要煎透。“我又不是老虎。”——爱因斯坦嘱咐女厨师。他从来不沾葡萄酒或者爱尔莎的洋芹波列酒，顶多在白兰地杯子上抿一下。

他的睡眠时间比较长，一般不会少于10个小时。睡醒之后吃早餐，通常是煎荷包蛋或者摊鸡蛋，主食则是装在袋子里挂在门上的切片面包或者小圆面包。他非常馋蜂蜜，往往是吃完“整整一小罐”方才罢休。自从1918年生过那次重病以后，他只喝专门为他冲泡的“哈克”牌保健咖啡，要不就喝大杯的红茶。这位“实在是拉里拉塌的阿尔伯特”在个人卫生方面还是相当讲究的：“教授先生总要在浴缸里洗个澡。”6点到7点之间进晚餐，通常有香肠片、奶酪和鸡蛋。这位男主人“总是要吃两个煎荷包蛋，至少要两个。”被描绘成“敦实有力”的爱因斯坦在照片上越发显得像是一头熊，挺着弥勒佛一样的大肚子。有一次，他在一位艺术家为他画的肖像画下面写道：“这头肥肥胖胖的猪应该是爱因斯坦吧？”

爱因斯坦拥有若干项冰箱的发明专利，但在他市内的家里却只有一台通过填塞冰块制冷的冷藏柜，而且为了它还得使用一台电动吸尘器。只是到了卡普特以后厨房里面才安装了一台电冰箱。在他柏林市内的“书斋”里，正如他在给妹妹玛雅的信里兴奋地述说的，“有一台电取暖器，用它无法加热整个房间，但通过热辐射可以温暖身体（大约要花费20马克）”。

白天的大部分时间他都坐在上面，位于顶层的办公室里——经常是笼罩在浓云一般的蓝色烟雾中。在他康复之后，爱尔莎便试图在下面实行禁烟，于是上面便整天烟雾缭绕。朋友们也都纷纷给予同情和支援。就连普雷什教授也违反自己做出的规定，定期给他的病人提供雪茄。除此之外，爱因斯坦还充分利用社交的机会，放肆地在楼下的房间里抽烟。他的烟斗好像和他长在了一起，即使不冒烟也要把它叼在嘴里。

1927年，由于他未经政府部门的允许便让人对顶楼的办公室连同书库和房间进行了扩建，因而收到了不准他使用这间房以作为处罚的威胁。他给警察局局长写了一封请求免予处罚的信：“这间办公室是只供我个人，而不是供其他人使用的。在卫生方面可能存在的缺陷只会给我本人造成伤害。”他的请求得到了批准。

长期以来，他一直梦想有座能够隐居的别墅，这一想法从来未能释怀。1929年偏偏又有很多事情碰在一起：玛勒纳·迪特利希的《蓝天使》取得了重大成功，格拉夫·齐柏林飞艇完成了首次环球飞行，而3月14日又是爱因斯坦的50岁生日。由于害怕人群潮水般涌来，他躲到了位于特格尔湖畔的普雷什的乡间别墅里，只举行了一个小规模的生日庆典。当时，城内寓所里的生日礼物堆积如山。“桌子上，椅子上，沙龙里的三角钢琴上，凡是有空的地方，都成了堆放某种物品的货架。”

瓦克斯曼回忆说，“有几个百万富翁的夫人，读过布罗德所写的有关布拉赫·第谷的小说，竟然给他寄来了布拉赫的手稿作为礼物；这些手稿今天已经变成了价值连城的珍宝。”一位生产雪茄的工厂主则把他的新产品命名为“相对牌”。

看门人奥托不得不用洗衣筐把成堆的信件、电报和贺卡搬运到四楼。有些发电报的人为了省钱干脆不写地址，只写“柏林，阿尔伯特·爱因斯坦收”——不过也都寄到了。大门口守候着一大堆记者和摄影师，最后他们才搞明白，鸟儿早已经飞走了。爱因斯坦肯定在为自己的金蝉脱壳之计高兴不已。

在庆祝爱因斯坦步入天命之年的时候，究竟该送他什么礼物呢？他那些经济条件优裕的朋友们联起手来，完全按照他的设想为他建造了一艘帆船：船帆的面积为 20 平方米，带嵌入式餐具柜，装有可折叠的小桌和隐蔽式烧饭炉，还有两张卧榻。正如瓦克斯曼所说，爱因斯坦“就像一个小男孩喜爱他的玩具一样喜爱”这艘帆船，他的“海豚号”。“这艘新船简直精美绝伦，”他在给前妻米列娃的信里写道，“它是如此美妙，甚至让我有点儿害怕担负不起责任。”

只是这份礼物还不足以让寿星如此高兴：柏林市政府想出了一份与这艘新帆船堪称绝配的寿礼——一栋临水的别墅。这是一个漂亮的计划，却以令人沮丧的结局而告终——如同施尔达故事里的滑稽剧。不过，一开始的时候，一切进行得都还正常。市政府向爱因斯坦提供的是一幢廷臣的私邸，位于新克拉道。这处房产是市政府不久前花费数百万马克买下来的。可是当爱尔莎前去察看这份“礼物”时，却发现原来的房主仍然住在里面，而且享有终生使用权。市政府立即做出反应，作为替代又向爱因斯坦提供了一块位于嘎陶的湖滨地皮，紧靠着哈维尔河。至于房子，则要由他们自己出钱建造。“像我丈夫这样的人本来要求就不高，差一点儿就接受了，”爱尔莎抱怨道，“这份礼物越来越小。”

年轻的康拉德·瓦克斯曼嗅到了机会。他是建筑大师瓦尔特·格罗皮乌斯（Walter Gropius）的学生，当时还没有任何名气。他像其他许多申请者一样出现在爱因斯坦寓所的门前。爱尔莎打开了房门，他说：“我是建筑师，希望能为阿尔伯特·爱因斯坦建造房子。”爱尔莎没有看穿这个刚刚设计完他一生中唯一一个建筑项目的年轻人是在虚张声势，于是把他请进了屋。交谈没有花费多长时间，她便决定利用一下他的专业技能，由这位“专家”陪她一起去考察一下政府为他们提供的这块地皮。结果表明，这块地皮紧挨着一家摩托艇俱乐部，根本谈不上宁静，就像先前对他们所允诺的那样。尽管如此，由于那个地方有很多古老的树，爱尔莎还是很感兴趣。

当瓦克斯曼被爱尔莎邀请到哈伯兰特大街的家中共进晚餐的时候，他看到自己的机会来了。他奋战了一个通宵，根据爱尔莎的详细介绍，按照爱因斯坦的愿望完成了初步设计。“房子应该涂成棕色，窗户要求是法式风格的，屋顶铺深红色的瓦。”爱因斯坦希望尽量朴素一些，而且一定要盖一座木屋，而爱尔莎则更喜欢石头房子。他还要求有一个大露台，以及供他专用的卧室和书房。

吃晚饭的时候，当着目瞪口呆的爱尔莎的面，瓦克斯曼向爱因斯坦讲述了这块地皮的缺点。“那我马上可以搬到一家沙滩浴场去了。”失望的业主立刻认识到了问题的严重性。建筑师利用这个机会向全家人介绍了他的设计方案。作为前专利局的专家，爱因斯坦对于看技术图纸自然是得心应手。“您的图纸和想法我都很喜欢。”尽管后来为了与卡普特带斜坡的地形相适应，瓦克斯曼又对设计方案进行了修改，但在原则上已经展现出了自从爱因斯坦诞辰100周年以来一直由埃莉卡·布里茨克所守护的那幢夏季别墅的样子。

在爱因斯坦一家拒绝了伽陶那块地皮之后，市政府又向他们提供了另外几处新的地皮。但经过核实，所有这些地块都不合适。结果柏林市政府只好请爱因斯坦自己去找一块合适的地方，然后由市政府承担所需的费用。据说一个偶然的机会，爱尔莎通过一个熟人打听到，在卡普特村有一块地皮准备出售。1929年4月24日，柏林市政府决定买下这块地皮。“这地方符合这位大学者的所有要求：安静，环境优美，邻近哈维尔河，便于从事帆船运动，使用交通工具可以直接到达，与供应商联系方便。”

但在市政会议上，这个项目却因为德国国家主义派和执政的社会民主党派发生争执而陷入了僵局，所以只好推迟做出决定。这样对待这位“大学者”实在是太过分了：“爱因斯坦决定放弃，市政府丢尽了脸面!”——1929年5月14日的《柏林日报》报道说。“鉴于官僚主义程序的冗长和人的生命的短暂”，他不想牵扯到这种有可能让自己陷入流言蜚语以及在极其尴尬的情况下遭人嘲笑的政治争斗之中。

但爱因斯坦是不会放弃自己的愿望的。“这栋房子一定要建，哪怕我为此不得不忍饥挨饿。”很显然，在这一时期前后，尽管存在各种各样的恐吓和威胁，而且纳粹的专制统治也已临近，但他对自己能够留在德国没有产生疑虑。他用自己的钱买下了卡普特的这块土地，让人按照瓦克斯曼的设计建了一幢木屋。

不过，瓦克斯曼却差一点儿和自己的运气失之交臂。小伙子有点儿得意忘形，把基本上模仿包豪斯风格的其他图纸展示给爱因斯坦，却碰了一个硬生生的大钉子：“我不想要一套窗户如同商店的大橱窗，看起来像个纸壳箱的房子。”1922 年，这位物理学家也曾对“爱因斯坦塔”表露过与之类似的轻蔑看法。“爱因斯坦塔”坐落在波茨坦的特勒格拉夫贝格，由埃里希·门德尔松设计，是建筑艺术中表现主义一派最重要的代表作之一。然而，爱因斯坦对哥特式教堂那种明快的几何形状更感兴趣，他的房子最后采取了一种介于传统与现代风格之间的妥协方案。但是，当瓦克斯曼向爱因斯坦阐述年轻的包豪斯艺术家马塞尔·布洛耶（Marcel Breuer）的室内装潢建议时，他又一次见识了爱因斯坦面对同时代人的形式语言所持的怀疑态度：“我可不想坐在那种让我不时想起车间厂房和手术室的家具上。”结果，按照爱尔莎的风格，哈伯兰特大街阁楼上的家具被搬来放到了宽敞的起居室里。埃莉卡·布里茨克看了以后觉得设计很一般，说了一句：“这样的装修哪用得着付给设计师那么多钱。”

如果说爱因斯坦的思想以及由此而形成的世界观对于现代

主义艺术，首先是造型艺术，产生了巨大影响的话——尽管他自己始终坚决否认——那么他同这种现代派艺术的隔绝状态便愈发值得注意了。他说，不应把物理学上的相对性与日常生活中的相对性混为一谈。人们纷纷猜测他的研究与立体派之间的关系，对此他做了明确的表态："这种新的艺术'语言'与相对论毫无共同之处。"

但是，不管是否符合爱因斯坦的心意，佛兰德[1]画家皮特·蒙德里安（Piet Mondrian）却把空间和时间称作同一种事物的两种表达。而帕布罗·毕加索通过他的立体主义在艺术上所做的尝试与爱因斯坦通过他的相对论在科学上所进行的探索并没有什么两样：都是在以一种崭新的、更加深刻的方式探索世界和宇宙的几何形状。

柏林的艺术史专家乌利希·缪勒（Ulrich Müller）特别指出：在表现时空的四维性方面，造型艺术家保尔·科莱（Paul Klee）曾经做过大量的试验。尽管科莱也曾提醒他在包豪斯的学生们注意《对于带有虚构的"时间"第四维的流动空间之想象》对于画家的限制（使其局限于二维空间），但擅长三维想象和设计的建筑师们却通过新的维度打破了这一限制。缪勒说，这种思想可能潜移默化地渗入了包豪斯艺术家们所想象的宇宙之中，而爱因斯坦的革命又从这个宇宙间接地影响了现代派建筑学家，影响到米斯·凡·德·罗厄（Mies van der Rohe）、勒·柯布西耶（Le Corbusier）、弗兰克·劳埃德·赖

① 佛兰德人，比利时北部的日耳曼人。

特（Frank Lloyd Wright）以及瓦尔特·格罗皮乌斯的流动空间。

尽管爱因斯坦觉得这些都是一派胡言，但这并没有妨碍他支持“包豪斯的朋友们”。艺术学家把艺术的自由置于对内容和表现形式的一切怀疑之上。建筑理论家西格弗瑞德·吉迪恩（Siegfried Giedion）在他于1941年出版的、受到高度重视的《空间、时间与建筑》一书中明确地把爱因斯坦引为证据，而爱因斯坦同样明确地拒绝承认自己是这一流派的开创之人。

虽然艺术上的先锋派把爱因斯坦作为依据，但他对待这一流派始终抱着怀疑的态度，并混杂着一种无可奈何的心情。“在他的影响下产生的任何一个现代主义艺术流派都不曾获得过他的认同，”心理学家霍华德·加德纳认为，“这个彻底改变了物理学世界观的男人，面对画布却束手无策，没有办法去解读由颜色和笔触组成的密码。”康拉德·瓦克斯曼说：“他没有能力去研究和解释一幅现代主义的画作。在他身上有某种东西让他拒绝认真地探究这些油画的内容和象征意义。”根据这位建筑师的印象，爱因斯坦认为“现代主义艺术作品的观赏或许只是内行或专家们的事情”。他同意印象派画家马科斯·利波曼为他作画，却谢绝超现实主义画家马克·夏卡尔（Marc Chagall）为他画像的请求。

作为传统主义者，他内心深处坚持的是19世纪保守的艺术观念，所以在这方面他远远落在毕加索、阿尔班·拜尔格（Alban Berg）或者詹姆斯·乔伊斯（James Joyce）的后面。他所喜爱的作家是海因里希·海涅（Heinich Heine）。作为诙谐诗歌的作者，他喜欢威廉·布什（Wilhelm Busch）。他评价最高的是乔治·萧伯纳的作品，他对厄普顿·辛克莱的赏识则主要是由于后者的社会批判主义的责任感。相比之下，文学上的现代主义却与他没有太多的关系。

但反过来，爱因斯坦对他那个时代文学的影响却随处可见——不论是在托马斯·斯特恩斯·艾略特（Thomas Stearns Eliot）、艾尔萨·庞德（Ezra Pound）、赫尔曼·布洛赫（Hermann Broch），还是马塞尔·普鲁斯特（Marcel Proust）的作品中都可以看得到。在普鲁斯特《追忆逝水年华》中，讲述者把他那个年代的一座教堂看作“一个可以说占据了四维空间的建筑物”。托马斯·曼在他1924年出版的一部世界最畅销的小说《魔山》中，通过两个主要人物的对话直接提到了相对论的思想：“一分钟的长度是……它延续的长度正好是秒针画一个圆圈所需要的时间。”病中的约哈希姆对来到达沃斯看望他的堂兄弟汉斯说。“实际上，”汉斯·卡斯托波回答，“它是一种运动，一种空间的移动，对吧？所以我们用空间来度量时间，而这恰恰就像我们想用时间度量空间一样。不过，只有完全不懂科学的人才这么做”。

给人印象最为深刻的是对此十分着迷的年轻作家威廉·福克纳（William Faulkner）。1929年，他发表了轰动一时的作品《喧哗与骚动》，试图通过小说语言这种解剖工具来揭示相对性的内在本质。在小说中的主人公昆廷·康普森即将归西的那一天，也就是必定要死的那一天，他打碎了怀表的玻璃表壳。这块怀表是他爷爷的遗物，经过他父亲又传给了他。他把表针卸了下来，那天一整天都随身带着。表依然在走动，但不再指示时间。“我把我的表掏出来，听见它仍然在坚定不移地滴答滴答走着，没有去想它连撒谎也不会。”整整一天，他在生命尽头的世界线上跌跌撞撞地在时空中穿来穿去。

这不是爱因斯坦的世界。如果写成了小说，宁肯是讲述引人入胜的故事的那种，比如，伯恩哈德·凯勒曼（Bernlard Kellermann）的畅销科幻小说《隧道》。虽然他拥有一套陀思妥耶夫斯基（Dostojewski）的作品，并且像读《堂·吉诃德》一样贪婪地阅读《卡拉马佐夫兄弟》，但他对这类书籍却怀有一种恐惧，尤其是与他同时代的作者的作品。作为害怕自己的感情的人，他拒斥文学作品，也包括戏剧中的感情激荡。他之所以忍受《布登勃洛克一家》的痛苦折磨，只是为了能够发表意见而已。他从来没有真正热情地对待过此书的作者托马斯·曼。“穿着丝绸衬衫的男人们”让他感到害怕，在他眼中，托马斯·曼是“一个令人印象深刻的好为人师的人。他始终需要教导某个人”。爱因斯坦开玩笑说，诗人那种首席教师的做派已经到了让他一直害怕曼会立刻给他讲解相对论的程度。

相反，他同托马斯·曼的兄弟，因为《仆从》一书的成功而一夜成名的海因里希·曼倒是相知甚深——当然也是因为两个人在政治观点上更为接近。他对自己“一个无可指责的‘索契’”的描绘放在海因里希·曼身上可谓恰如其分，就像切合他自己一样。他的女婿卢多尔夫·凯泽在《新评论》杂志担任编辑，同诗人们建立了密切的联系。爱因斯坦同十分自负、自诩为哥德再世的大诗人格哈德·豪普特曼经常来往——尽管按照瓦克斯曼的说法，豪普特曼在他带有煽动性的剧作《织工》中轻蔑地把满身汗味的劳动者看成是捣乱分子。波罗的海中的希登湖岛才是豪普特曼的世界，而不是工人阶级的后院。

每当豪普特曼来的时候，他就会留下来。“这时的谈话总是会涉及一个著名的人物，”瓦克斯曼回忆说，“他问：‘我属于哪里?”这虽然可以想象，却是非爱因斯坦式的。不过爱因斯坦“喜爱具有特殊性格的头脑”，甚至像豪普特曼这种永远是醉醺醺的人，虽然仅仅是闲聊而已。另外，自打学生时代起他就仰慕这位新的德国诗歌巨匠。瓦克斯曼说，诗人的儿子本维努托曾经看上爱因斯坦的继女玛戈特，但埃莉卡·布里茨克的看法却与此相左，她认为玛戈特热恋的是这位诗人，并且给他寄过情书。事情就是这样，总是从一些故事中通过另一些故事不断产生新的故事。

对于他非常赞赏的贝托尔特·布莱希特，按照瓦克斯曼的说法，爱因斯坦持有“一种坏得可怕的”看法。有一次，在玛戈特的强烈要求下他去观看这种“三分钱的戏剧”时，这位继父竟然没有表现出丝毫的激动与热情。主要的是他很难接受库尔特·崴尔（Kurt Weill）的音乐。爱因斯坦对待音乐的态度是一个十分棘手的题目。首先，他本人就是一个小提琴的演奏者，并且因此而大出风头。有一次，还是在他上大学的时候，据说他从敞开的窗户里听到了钢琴声，于是冲进那所房子，对着目瞪口呆的弹琴女士喊道：“请不要停下来!”然后打开自己的琴盒，拿出小提琴与那位女士一起演奏了几曲二重奏。对于他的演奏水平的看法可谓大相径庭。他学生时代的好友汉斯·

比兰特谈起那个久远的年代依然如醉如痴：“一个真正的莫扎特出现在我的面前，让我第一次领略到古希腊之美的熠熠光彩。”不过，像出版商的女儿布里吉特·费舍尔（Brigitte B. Fischer）等人的客观评价可能更符合实际。“我觉得他很有音乐天赋，但说不上是一个优秀的大师。他的演奏并非真的那么了不起，也就是一个相当不错的业余爱好者而已。”埃里希·门德尔松的女儿说得更直率，她把爱因斯坦的演奏形容成“抓挠”，总是让她的父母尴尬不已。“爱因斯坦的提琴拉得很糟糕，”女管家赫尔塔说，“他拽起琴弓来就像一个伐木工。”这位提琴师本人则通过自嘲的方式表达了自己对此事的态度：

> 半瓶子醋也有他的权利，
> 虽然他演奏得确实不怎么样。
> 但他不应当让别人烦恼，
> 所以只好乖乖地把窗户关上。

爱因斯坦偶尔也会登台演奏，但一般都是为了慈善事业举行义演；即便如此，他主要也不是为了观众，而是因为想参与集体活动，或者说为了自己，为了放松一下或是为了有所感悟。为此，他也经常坐到钢琴旁边即兴弹一曲。不论走到哪里，和他的烟斗一样，他的小提琴“丽娜”总是陪伴在身边。

从少年时代起，当他遵从母亲的愿望付出相当大的努力学会拉小提琴之后，他就喜欢与别人一起合奏。他与他的同学和同事，与贝索和玻恩，与普朗克和埃伦费斯特，与知名的和不知名的人物，在阿劳与“妈咪”保莉妮·温特勒以及在布鲁塞尔与比利时王后伊丽莎白，都一起演奏过。在留声机和无线电广播之前的年代里，家庭音乐会属于人们相互交往中极其自然的现象，就像后来人们在一起欣赏用立体声设备播放的歌曲和乐曲一样。

爱因斯坦从来都不是一个伟大的音乐家。虽然如此，他一生都对音乐非常迷恋。不过，在像爱因斯坦这样一个天才的、将宇宙观数学化的自然科学家身上，这类事情马上变得非同寻常起来。有些人说，音乐是浇铸成乐谱的数学，可以帮助他推断宇宙的和谐。接下来便是慷慨激昂的结论：正如音乐揭示人类灵魂中不为人知的世界一样，科学不也是通过类似的途径揭示自然界的未知现象吗？运用同样的道理便可以发现，爱因斯坦之所以喜爱驾驶帆船，是因为他把它当作应用物理学的反映。而他本人对这些事情的看法是：“音乐对于科学研究没有什么作用，只不过二者是依靠同一个渴望的源泉供给的。”

作为一个音乐爱好者，爱因斯坦在柏林应该说是如愿以偿。有时候他一周要听三场音乐会，经常陪同他的是具有艺术鉴赏力的玛戈特。作为一位雕塑家，玛戈特也算小有名气，但她靠的不是继父的声望，而是自己的能力。在音乐方面，爱因斯坦与现代派同样处于对立的状态。有的人，如保尔·兴德米特（Paul Hindemith），让他深感困惑。在他看来，像阿诺德·雪恩贝格（Arnold Schönberg）这样一位作曲家毫无疑问是个疯子。与他的性格格格不入的罗曼蒂克，正如他早期的传记作者卡尔·泽利希所说，被他看作“一种不合法的出路，以便以相对廉价的方式去把握比较深刻的东西”。

他比较喜欢18世纪的音乐，像巴赫、维瓦尔第（Anotonio Vivaldi）或者海顿（Joseph Haydn）的作品。应画刊*Recklams Universum*之邀，他写了一篇关于巴赫的文章。他用潦草的字体写道：“我对巴赫毕生的巨作要说的是：倾听，演奏，热爱，崇敬，还有就是——闭上嘴巴。”贝多芬（Ludwig van Beethoven）的作品给他造成了极大的困难。室内乐则比较合他的意——但对交响乐他干脆不知道该如何下手。他不懂约翰内斯·勃拉姆斯（Johannes Brehms），而理查德·瓦格纳（Richard Wagner）则真的让他感到厌恶。

让他最为倾心的还是那个来自萨尔斯堡的永远的孩子：“莫扎特的音乐是如此纯洁和美妙，以至于我只能把它看成是宇宙的内在之美。”在这样的音乐中，没有一个多余的音符——爱因斯坦说。它以自己经过精确配位的和谐与旋律之间的力的平衡，最接近于他物理学公式的美学上的纯粹主义。另外，莫扎特孩子般的天真同样深深吸引着他，他的幽默，他处理不和谐音时的大无畏精神，都使人想起爱因斯坦对待物理学上的悖论的情形。

他从来没有想成为一个万能的天才，而且也从来不是一个万能的天才。这样的说法大概都是他的追随者和崇拜者制造出来的。爱因斯坦之所以具有如此巨大的影响力，其秘密恐怕在于，一方面他的不朽成就使人们几乎把他视为超人，而与此同时，他对待日常事物又和最普通的人毫无二致。被《时代周刊》评为“20世纪人物”的爱因斯坦，从来都把自己看作一个小小的平民百姓，而这又更加折射出他的伟大。

如果他那些有钱的朋友没有给他派汽车来，他就干脆乘坐地铁（车站是巴伐利亚广场）或者乘坐公共汽车前往科学院。乘火车坐在三等车厢里，他也无所谓。“一切财产的占有都是坠在腿上的一块石头，”他说，“没有任何东西是我不能随时放弃的。”面对形形色色的诱惑，他始终保持着谦虚和施瓦本人的诚实与正直。这一点在他对待卡普特“小屋”的态度上表现得比任何地方都要明显。

这是他作为占有者真正的骄傲（甚至有一张他专门为此而寄发的明信片，上面印着这座“爱因斯坦乡村小屋”），但没有任何炫耀和吹嘘的意思。他为别墅的来宾簿写了几行字，落款是“以卡普特房产管理处的名义——房东”：

男士、女士和孩子，
请你们在这本小册子里挥笔题词。
但不要写那些愚蠢的话，
就像所有地方人们那种无聊的游戏。
请只用美妙而亲切的韵文，
学着崇高诗人那样的形式。
请不要害怕并有劳挥洒，
你已然找到了优美的轨迹！

在名人当中，像这样的事情也只有爱因斯坦做得出来。全世界都把他看成是不受世俗习惯束缚而又童心未泯的人。他不需要像托马斯·曼那样拥有富丽堂皇的别墅，不需要像豪普特曼那样在豪华的阿德隆大饭店狂饮欢宴，不需要像贝托尔特·布莱希特那样的时髦汽车。对他来说，一座用俄勒冈松木和加里奇杉木构筑的散发着芬芳的小木屋足矣。在这里，他觉得自己就像鲁宾逊。爱尔莎本想建得宏大一些，而他却为自己占有这么大的房子觉得有些羞愧。

“我相信，全世界我所认识的、在新的轨道上驾驭科学的所有学者，在这里都有足够的位置供他们相互交谈和用餐。”除此之外他还想要什么呢？他怀着谦恭之心和感激之情享受奢华，至少允许自己在暂时不受公众打扰的情况下做一个普通人。“帆船，远眺，独自一人在秋日里漫步，相对安宁，这已经是天堂了。”当然，即便在这里，与爱因斯坦相应，强调的也是相对。“遗憾的是这座天堂只有一个缺陷：那里没有天使长，手执烈火熊熊的宝剑驱赶那些爱看热闹的好奇者和纠缠不休的来访者。”

但是，与柏林相比，爱因斯坦一家在卡普特过的已经算是相当幽静的生活了。他们在这里一共度过了三个夏天，从春天第一缕和煦的气息来临住到肃杀的秋风刮起。他们连电话也没有安装。在紧急情况下可以通过邻居找他们，为了发信号，他们还专门为邻居购置了号角。他们甚至考虑过交出市内的住宅。“也许我应该彻底搬出去。”他在给大儿子的信里写道。

爱尔莎自然是坚决主张把他们的沙龙迁到乡下。对于不畏路途艰难前来的不速之客，也不能那么简单地接待。但由于一些稀客缺席，所以受到的鼓舞非常有限。与在哈伯兰特大街不同，在卡普特爱因斯坦觉得非常自在，就像在他自己的四堵墙里似的。瓦克斯曼通过采用好几层绝缘材料的双层墙结构将他的卧室和工作间与房子的其余部分隔绝开来。除了睡觉的床、写字台和沙发椅之外，这位科学家只希望要三样东西：一盏灯和两个敞开式便笺盒，一个装新的纸片，另一个装记下的笔记。

“爱因斯坦既淳朴又实在，”埃莉卡·布里茨克说，“他不想在邻居们面前炫耀。”很多参观者都觉得失望，因为他们原本指望能看到一座富丽堂皇的豪宅，但房屋的主人却对奢华毫无兴趣。“他有让泥土变成珍珠的本领。”然后她又闭上了眼睛，在与爱因斯坦相连的四分之一世纪中形成的画面重新浮现在面前——可以说是以事实为基础的想象：爱因斯坦正在走廊里拉着他的小提琴“丽娜”；他坐在露台上的沙发椅上，让自己浑身放松；儿子汉斯·阿尔伯特把摩托车一直开到房前，边斗里是用厚厚的被子裹得严严实实的孙子贝伦哈特；爱因斯坦、普朗克、能斯特以及哈伯围坐在大圆桌边品尝用芦笋做的佳肴；他们了解他，并且知道，他无法忍受席间的演说；他们谈论物理学；赫尔塔和爱尔莎把菜端上来，然后悄无声息地离开。“没有这些人他根本无法生存。”

她指的是这两个精心伺候他的人。

印度诗人拉宾德拉纳特·泰戈尔（Rabindranath Tagore）带着一大堆随员来到卡普特。“他是一个孤独的人。”这是诗人写下的话。两位世界名人谈论因果性和音乐，谈到关于存在的普遍真理以及审美之准则。一位同行的记者对两人的谈话做了记录。

布里茨克夫人对这篇报道表示怀疑。泰戈尔和爱因斯坦几乎无法沟通，她说。还有些事情她也表示怀疑，比如他浇花或者拔除野草什么的。他会去侵犯大自然并试图改变它？——“我不相信。”

她同样不相信那个仅仅度过了三个美丽的夏季之后便与卡普特告别的著名故事。1932 年的 11 月，当屋门在他们身后关上的时候，据说阿尔伯特对爱尔莎说：“再看一眼吧，你以后再也看不到它了。”布里茨克夫人认为这纯粹是虚构，她查过资料，如果某人相信自己不再回来，那么一定不会再花费 1 万马克把旁边的地块连同花园小屋买下来。她找到了当年的合同，是 1932 年 11 月 15 日签署的。“他是打算回来的。”她说。爱因斯坦也没有想到，纳粹会那么快接管政权。

“但我也经历过我的爱因斯坦危机。”她坦率地承认。主要是因为女人的故事。“我认为是他先对那年轻的姑娘产生兴趣的。”岂止是发生兴趣而已。帆船上的风流韵事“在卡普特是一桩公开的秘密”。那个私生子“就是在这里怀上的”，然后在布拉格生了下来给了别人——“这件事得到了玛戈特的证实”。

布里茨克夫人的丈夫憎恨共产党，在柏林墙建起来之前逃到了西方，跑到了美国。而她相信德意志民主共和国，“对于妇女来说那曾是一个美好的国度”，但是也很困难。有一次，当她对重新布置卡普特的方案提出质疑并打算请女管家赫尔塔来作证时，某位书记把她训斥了一顿。“这不是我这个级别该管的事儿。”她把剩余的糖从纸袋里倒到最后一口咖啡里——

经历过战争年代的孩子不会让任何东西糟蹋掉——“从此我就知道，这个工人和农民的国家已经走到了尽头。”

民主德国想要那个左派和平战士的爱因斯坦，它想要的是那位科学家。但作为犹太人的爱因斯坦却让这个国家感到为难。对整个犹太问题它都感到为难。作为教师的布里茨克在她的学校里听到孩子们悄悄地在喊：“犹太人滚蛋!”这好像是来自 30 年代的回声。在爱因斯坦离去之后，这座房子曾经成为犹太人的孤儿院。在那荒唐的年代，这几乎可以算是一种合理的利用了。但是，由于 1938 年的帝国水晶之夜①，住在这里的人全部被抓走了。希特勒青年会搬了进来。卡普特村的村长满意地指出，他的地盘上再没有犹太人了。40 年之后，孩子们又在悄悄地喊：“犹太人滚蛋!”埃莉卡·布里茨克无法向上报告这种事情，因为这些孩子中就有党内权贵的子女。后来她获得了这份新的职业，辱骂声也就听不到了。作为卡普特别墅的现任守护者，她享有从爱因斯坦那里借来的权威。

① 1938 年 11 月 9 日夜，希特勒法西斯在全德国对犹太人进行大规模的迫害，捣毁商店，抢走财物。

第十六章　一个名字叫阿尔伯特的犹太人

——他的上帝是一个原则

> 我信仰斯宾诺莎的上帝，那个在世界的有序和谐中显示出来的上帝，而不信仰那个关注人类命运和行为的上帝。

“然后我往下走向西墙（哭墙）[1]，麻木呆滞的犹太同胞们正在那里大声地祷告。他们面对着墙，身体反复地弯下直起，前后摇晃。人们哀诉的目光里只有过去，没有现在。”爱因斯坦记于耶路撒冷，1923 年 2 月 3 日。他在旅行日记中画了一条线，清醒而残酷。一边是礼拜仪式，是停留在过去的膜拜者，另一边是他对无国界国家、一种志同道合者全球共同体模式的幻想。处于二者之间的是一种矛盾心情，是犹太复国主义与同化适应、反犹主义、觉醒和告别集于一身的应力场。这种分裂和矛盾贯穿在他的犹太灵魂和犹太身份中。犹太民族作为一种

① 哭墙是古犹太教寺庙的遗迹，为希律大地重建，被犹太人当成圣地。

信仰共同体和种族共同体是一个宗教问题、政治问题和文化问题。爱因斯坦早就做出了选择：反对这种信仰，但支持这个种族。

在位于耶路撒冷斯科普司山（Skopusberg）上的希伯来大学举行开幕式时，犹太复国主义执行委员会的主席对爱因斯坦说："爱因斯坦教授，请您登上这个已经等候了您两千年的位置。"人们为他欢呼，把他当作"犹太民族的圣人"，这令爱因斯坦感到不适。此前一年，他已经在英国被称为"继耶稣之后最伟大的犹太人"。"人们无论如何想将我留在耶路撒冷，"在他此次访问的最后一个晚上他这样写道，"我的心说行，但我的理智说不行！"这次耶路撒冷之行是他唯一一次去往心灵故乡的旅行。

这两周的逗留给他留下了深刻的印象。"我非常喜欢巴勒斯坦的犹太同胞们，那些农民、工人和市民。"他在写给朋友莫里斯·索罗文的信中说，"这个国家……会变成一个道德核心，可是它只能容纳一小部分犹太人民"。自此以后，爱因斯坦的生活就一直与犹太民族和犹太国家紧密相连，直到他去世。但在此之前却不是这样。1921 年，他曾在报刊上发表过一篇文章，题为《我是怎样变成复国主义者的》。他说，35 岁以前"我并没有意识到自己的犹太身份，在我的生活中没有什么东西触及我的犹太感情，或者唤醒它。但当我移居柏林之后，情况立刻就改变了。在那里我看到了许多犹太年轻人的困境"。

更确切地说，爱因斯坦的复国主义意识是在 1918 年之后才被唤醒的。在此之前，比如 1911—1912 年在布拉格期间，他印象中的复国主义者只是“好像生活在中世纪的一小群远离现实世界的人”。尽管在那里生活着很多德国犹太知识分子，包括布罗德和卡夫卡，埃恭·艾尔文·基施（Egon Erwin Kisch）和弗朗茨·韦菲尔（Franz Werfel），但他们并没有使爱因斯坦对复国主义产生兴趣。为了在奥匈帝国担任公职，爱因斯坦必须表明自己的宗教色彩，他在相关表格中填的是“摩西人”（犹太人），但爱因斯坦对此并不在意：“回到亚伯拉罕[①]的怀抱——这没什么。一张签了名的纸片而已。”当他离开布拉格之后，他又恢复成“无教派”人士，并一直保持到生命结束。

但与此相反的是，爱因斯坦从幼年时就感受到了犹太人在德国的特殊地位。爱因斯坦生命的前 14 年都是在德国度过的，尽管如他妹妹玛雅所回忆的，“受父母及他们上一代的影响，我们的家庭本身是推崇宗教意义上的无教派精神的。在家里没有人谈论和宗教有关的事情和规定。”孩子取名为阿尔伯特和玛利亚，而不是亚伯拉罕和埃斯特尔。

进入慕尼黑公立学校之后，宗教课成了爱因斯坦的必修课。这个学校的宗教课只讲授天主教，爱因斯坦也参加了课程。在家里，他的父母让一个远房亲戚给他讲犹太教。玛雅回忆说：“这样就唤起了他内心的宗教情感”。他痴迷于宗教，“严格地遵守每一条教规”，自己不再吃猪肉，并且要求他的父母也不吃。

① 亚伯拉罕，传说中犹太人的始祖。

他写歌谱曲以表达对上帝的敬意，并在家里和马路上吟唱。“他一生都忠于自己选择的这种生活方式。”

爱因斯坦认为，这两种以《旧约》为基础的教义的并存，证明了宗教的平等性。但是有一天，爱因斯坦的所谓天主教老师把一颗大钉子带到了学校，说犹太人就是用这样的钉子把耶稣钉在十字架上的。这句话的影响可想而知：全班同学，大约有 70 人，全都用手指指着他这个唯一的犹太人。爱因斯坦的女婿卢多尔夫·凯泽写道：“爱因斯坦第一次对激烈恶毒的反犹太主义感到恐惧。”爱因斯坦还说过，在上学的路上他常常遭到“暴力攻击和谩骂”，尽管“不是非常严重”，但是足以给他“在儿童时期就植入了一种异类的感觉”。

爱因斯坦的少年时期处在怎样一种下意识的敌视之中，从一个非犹太族施瓦本市民的抗议书中可见一斑。那是在 1889 年，爱因斯坦兄弟公司新给小城施瓦本安装电力照明系统时，只考虑了犹太人居住的勒奥普德大街，而没有包括相邻的街道，因此抗议书说，这个小镇被“人为地分成了两个等级：一等市民是拥有特权享有光明的犹太人，二等的是受到歧视的处于黑暗中的基督教市民”！有钱的犹太人，永远高高在上！

关于爱因斯坦在 35 岁之前不愿意面对他的“犹太身份”的说法固然值得怀疑，但至少他没有把这看得很重要。在他上中学期间，有很多位教师教过他犹太宗教和希伯来语，包括两位慕尼黑的拉比①——按凯泽的说法这是一段“难忘的”经

① 拉比，犹太教头衔，用以称呼负责执行教规教律和主持宗教仪式的人。

历。但是正如爱因斯坦后来回忆的，“在 12 岁那一年他对宗教的虔诚就突然终止了”。犹太大学生马科斯·塔尔穆特给他看了一些书，这些书把他从宗教信仰中带离出来。“通过阅读通俗的科学书籍，我很快就相信，圣经讲述的很多东西不可能是真实的”。“传统教育机制给每一个孩子心中灌输宗教思想”，但爱因斯坦后来却变成了“一个相当狂热的无神论者”。“青年时代失去的宗教信仰”为他“追求对事物的理性认识”腾出了空间。

当爱因斯坦在 1901 年陷入职业困境并考虑在意大利寻找一个助理职位时，他对自己犹太身份的担忧突显了出来。他在米兰给米列娃写信时说：“首先，这里没有反犹太主义这个最大的困难，而在其他德语国家，这让我感到很不舒服，也很不方便。”米列娃在给她的女友海伦娜·萨维奇的一封信中也对爱因斯坦能否在德语国家很快获得一个稳定的职位表示怀疑：“我的宝贝很不会说话，而且他还是一个犹太人。”尽管这样，信奉天主教的她后来还是跟爱因斯坦结了婚，因此他们的孩子接受的是基督教的教育。

还有 1908 年，当他为了获得一个教师的职位而向朋友格罗斯曼打听一个联系人的时候，他问：“我会不会给他留下坏印象呢（不会讲瑞士德语，有着犹太人的长相等等）?”第二年，学校按照职业惯例对他应聘苏黎世大学的教席进行评定。这时可以看出，他的担心不是没有根据的。由于学校和评审委员会“原则上都不愿意竖起‘反犹太主义’的旗帜”，所以爱因斯坦尽管有犹太出身，还是得到了这个职位——尽管“人们在看待犹太学者的学术地位和其他问题时，都会议论到他们各种各样不好的性格特征，比如纠缠不休、厚颜无耻、斤斤计较等，而在很多情况下这种议论也不无道理”。但是不会“因为一个人碰巧是个犹太人而直接取消他的资格”。

后来，布拉格大学准备聘请他担任教授，当爱因斯坦很长时间没有听到关于此事的任何消息时，他猜测：“可能是当局由于我的犹太出身而没有接受学校的提议。”很难想象，在那个年代，一个生活在讲德语的欧洲国家的犹太人会忘记自己是一个犹太人。

犹太人在柏林的处境更糟。一方面他们在帝国享受公民的平等权利，另一方面官方又纵容反犹太主义运动。在意识形态上，这一运动源于“柏林反犹太主义的争论”。这场争论开始于爱因斯坦出生的 1879 年，是由一位颇具学术影响力的历史学家海因里希·冯·特莱驰克（Heinrich von Treitschke）挑起的。当时他发表了一篇关于“德国的犹太问题”的论文，文章最后的结论是：“犹太人是我们的不幸。”主要依据不是种族和宗教，而是犹太人，特别是那些犹太银行家和金融家，他认为他们应该为 1873 年以来的经济萧条负责。

从人数上看，犹太人作为商人、店主、工场主、实业家以及从事自由职业的律师、医生和学者在几十年里为自己赢得了显赫的社会地位。在文化生活中，犹太人作为作家、作曲家和哲学家所拥有的地位远远超过了他们在人口中所占的比重。马克思（Karl Marx）、弗洛伊德和爱因斯坦这三个德语国家的犹太人算得上是 19 世纪和 20 世纪最有影响力的思想家。

爱因斯坦少年时代生活过的两座城市——乌尔姆和慕尼黑，在帝国建立后各有百分之二的犹太人。柏林在世纪之交有超过10万的“以色列人”，占人口的百分之四。但他们缴纳的税款却占整个城市的30%。20世纪初，许多人移居到人口较多的边缘城镇，包括夏洛腾堡、威尔摩斯多夫和雪恩拜尔格。爱因斯坦在1915年之后也住在那里。一个现代的、自由的犹太大城市社会成长起来，只有一小群正统保守的人还维护着传统的犹太教。

犹太人是不是德国人，犹太人是把自己看成德国的犹太人，还是看成犹太裔德国人，这依然是一个致命的问题。从19世纪末开始，这个问题又随着“外国犹太人”从东方迁入而被激化。但是，复国主义在柏林几乎没有追随者——即便有几个，也很少有人把巴勒斯坦问题当作政治运动，而更像作家马丁·布伯（Martin Buber）所说的“文化复国主义”。

到第一次世界大战时，德国的犹太人已经几乎没有理由受到攻击了——尽管如历史学家西蒙·杜布诺夫（Simon Dubnow）所认为的，这是因为“他们把为新秩序服务看成他们的义务。他们追求的是，在超级爱国主义方面以及受大国霸权思想驱动的偶像崇拜方面绝不落后于真正的德国人”。在优秀的人格方面也是如此，例如爱因斯坦的同事弗里茨·哈伯或者朋友瓦尔特·拉特瑙。拉特瑙后来成了外交部长，他曾说过：“除了德意志的血统、民族和人民之外，我没有也不认识其他的血统、民族和人民……我的父亲和我从来没有过非德国的思想。”甚至还有过把传统的安息日仪式挪到星期日的尝试。

这种追求同化的努力随着第一次世界大战的爆发达到了顶点。“德国的犹太人!”这个号召出现在 1914 年 8 月初的《信仰同志》(*Glaubensgenossen*)上:“在这一时刻我们应该证明,我们值得骄傲的犹太人是祖国最优秀的子民。”皇帝基于战争而颁布的各个联盟之间的“城堡和平协议”,“给了犹太人自 1869 年平等条例实施以来最大的鼓舞”。历史学家卡纳·许茨(Chana S. Schütz)这样说。所有的斗争,包括教派斗争,都应该平息。

但是随着德国军队命运的改变,德国犹太人的命运也改变了。他们突然被指责为消极逃避,甚至有人说德国陷入阵地战也应由他们负责。按照历史学家戈洛·曼(Golo Mann)的观点,反犹太主义在这个时候比 1933 年纳粹上台时还要广泛。目前没有发现阿尔伯特·爱因斯坦对此发表过评论,在那些年,犹太问题对他来说还不是特别重要。

只是到“一战”结束,在超过 12000 名犹太人作为德国士兵付出了生命,以及在他 1919 年获得了突然的荣誉之后,爱因斯坦才开始明显关注犹太民族和他的犹太同胞们的命运。在伦敦《泰晤士报》上发表了日食数据之后不久,他说了一句带有讽刺意味的趣言:“为了让读者轻松一下,我再讲一种相对论的应用方法:今天我在德国被称为‘德国学者’,在英国被称为‘瑞士犹太人’。可如果我一旦变成令人憎恶的人,反过来德国人就会说我是一个‘瑞士犹太人’,而对英国人来说我便成了一个‘德国学者’。”背景是“这里有强烈的反犹太主义和激愤的反应,至少是在‘受过教育的人群中’”。这是他

1919 年 12 月 4 日给他的朋友和同事保罗·埃伦费斯特的信中所说的。正是这种学术上的反犹主义为后来的野蛮暴行铺平了道路。当时报界把爱因斯坦定位为无所不知的智者，而爱因斯坦反过来利用他与大众媒体之间的通道提高了他的声望并彻底走出了孤立。1919 年 12 月 30 日，爱因斯坦在《柏林日报》上发表了一篇题为《来自东方的迁徙》的文章。他在文章中毫不隐讳地警告人们免受右派的煽动："他们所有言论的目的都是为了采取更残酷的手段，也就是把所有迁入者囚禁在集中营或者驱逐出去。"当他为东方犹太人争取"继续迁移的机会"时，他也做出了第一次——间接地——对复国主义的让步："希望你们中的很多人能够在新建立的犹太人巴勒斯坦国中找到一个真正的故乡，做犹太民族的自由子民。"

早在访问前以色列之前，爱因斯坦就有了在他们祖先的土地上建立犹太人家园的想法 ——这种想法带有复国主义色彩。对于在巴勒斯坦建立犹太国家的提议，爱因斯坦最初没有表示支持。他拥护复国主义的理想——但建立国家的理想除外。这一点显示了他与犹太民族关系中的第一个矛盾之处。他赞同一些类似社会主义的做法，比如以色列移民区的集体农庄运动，但是对犹太的沙文主义他表示鄙夷。

1919 年 11 月 9 日，在爱因斯坦于科学殿堂发表"神圣演讲"之后三天，他给他的朋友和同事马科斯·玻恩及其妻子海蒂写信说："人们最终必须认识到，反犹主义是建立在真正可传承基础上的现实的事情，即使这经常令我们犹太人感到不舒服。"他甚至对敌对方的态度表示理解，这种态度的基础是

“犹太人对德意志人民的精神生活产生的影响远远超过了他们的人数比例”。他最后甚至说：“我认为，德国犹太民族的继续存在归功于反犹主义。”

在那个艰难的时代，爱因斯坦对犹太民族的态度不仅体现出他的政治和文化观点，而且还体现出深厚的社会感情。爱因斯坦认为所有的人都是平等的。他出于本能维护各个教派中那些受歧视、受排挤和受压迫的人，因而备受穷苦的东方犹太人的感激。在战后从东方逃到德国的 3 万名犹太人中，有 2 万人滞留在柏林。爱因斯坦特意为难民中的大学生开设了课程，对他来说，最糟糕的事情就是看到他的穷苦的犹太同胞们无法接受教育。他把团结看作一种信仰，在这种信念的基础上，他果断地接受了巴勒斯坦希伯来大学的聘请，并把巴勒斯坦看作散居在世界各地的犹太人的精神中心。

在与东方犹太人的交往中，爱因斯坦形成了与犹太民族之间的第二个矛盾之处。他发现一个比反犹主义更难对付的“敌人”——同化。他在 1919 年年底说过，“我对许多犹太同胞有失尊严寻求同化的思想一直感到非常厌恶”。建筑师瓦克斯曼这样描述当时的情形：“让爱因斯坦吃惊的是，这种‘融合’的组成部分竟然是容忍和适应别人对他们的蔑视甚至敌视。”

1920 年 4 月，他收到了柏林“信仰犹太教的德国公民中央协会”的会议邀请，“据说这个协会致力于在学术圈中开展反犹斗争”。他写了一封尖锐的回信，这封《自白书》后来被《瑞士犹太人周报》刊登，它最清楚地反映了爱因斯坦对那些追求同化者的态度，他把包括弗里茨·哈伯在内的几个朋友也划进这些追求同化者的行列当中。

“首先必须要与我们犹太人当中的反犹主义和奴颜婢膝作斗争。让我们的队伍多一些尊严和独立！只有我们敢于把自己看成一个民族，只有我们尊重自己，才能赢得别人的尊重，或者说别人自然就会尊重我们……当我读到‘信仰犹太教的德国公民’时，不禁苦笑……那些非犹太血统的人会尊重这样一些唯唯诺诺的人吗……我是犹太人，也很高兴自己属于犹太民族，尽管我认为它在某些方面并不优秀。我们先不要管那些外人的反犹主义，先保持我们对同胞们的热爱吧！”

爱因斯坦告诉他的犹太学生：“要用不卑不亢的态度对待非犹太人。我们应该按照自己的方式生活，不要模仿那些不符合我们天性的饮食习惯和风俗。我们可以同时做一个欧洲文化的载体、一个国家的好公民和一个忠诚的犹太人。”爱因斯坦把他的同胞描述为“一种发展类型中……缺乏相关联盟支持的人们。个体的无安全感会加剧道德上的不坚定，这就是后果”。

爱因斯坦梦想着“全世界的犹太人组成一个活跃的联盟”，并且控诉“犹太人中那些毫无尊严的‘变色龙’，每次看到他们时我的心都会流血”。包括“那位可怜的接受了洗礼的犹太内阁大臣”，这主要是指弗里茨·哈伯，他在24岁时接受了新教的洗礼。尽管如此，爱因斯坦并没有与这位化学家疏远。历史学家弗里茨·斯特恩说：“哈伯和爱因斯坦感觉到，科学是一种创建不久的对某种信仰中的神职人员的呼唤。”他们从中获得的志同道合的感觉使他们超越了相互间的分歧。

“犹太人的团结也是他们的敌人编造的，”爱因斯坦讥讽说，“反犹主义者那么喜欢谈论犹太人的奸诈狡猾，可是有人见过比德国的犹太人更盲目愚昧的人群吗?”后来他对他的犹太同胞做了全盘否定的批评，因为他们在即将到来的灾难面前紧闭双眼：“在德国上演的巨大悲剧同时也是被富裕生活奴役的悲剧。尽管有很多明确的灾难预兆，但那些富有的犹太市民还是紧紧抓住他们的财产、房子和家具不放。”

在德国的犹太人内部存在着关于“德国人多还是犹太人多”的意见纷争。爱因斯坦对此毫不关心，他只关心他看到的东西。他认为这种纷争是可耻的——与他看到的哭墙前的“犹太同胞”一样可耻，尽管这两件事完全不同。这样，爱因斯坦就与双方都划清了界限，不左也不右。这种理想主义的态度不会有任何作用——除了导致后来更严重的担忧。1934 年 3 月，他在普林斯顿给他在瑞士的朋友米歇尔·贝索写信时说：“主要的不幸在于，在那些目前没有受到伤害的国家中，心满意足的犹太人像以前的德国犹太人一样愚蠢地寄希望于通过沉默或者做出爱国的姿态来保护自身的安全。”

爱因斯坦在 1921 年第一次访问美国之后，曾对贝索说过他对那些美国的“犹太同胞”的评价：“我们的大多数同胞都够聪明，但是不够勇敢，我能够清楚地看到这一点。”在 1921 年爱因斯坦去美国之前，弗里茨·哈伯由于害怕反犹主义的反应曾经劝阻过他：“您肯定会牺牲掉在德国高校中那些信仰犹太教的美国教师和学生赖以立足的那块狭小土地。”爱因斯坦不会因胆小鬼的劝阻而放弃，尽管他对自己的角色也不抱幻想。他在写给哈伯的信中说：“人们需要我当然不是因为我的能力，而是因为我的名字，他们可以借助我的号召力成功地从富有的犹太同胞那里筹集到钱。”爱因斯坦对他的朋友索罗文说，他“不得不去乞讨美元，我的作用就像一个冠冕堂皇的招牌和幌子”。他和犹太复国主义领袖查伊姆·魏茨曼（Chaim Weizmann）一起为计划中的希伯来大学的医学系筹集资金。最后“还是相信我们要做的是一件真正的好事。我必须不顾一切犹太人和非犹太人的反对，勇敢地投入到这项犹太事业中去”。

从美国回来后，有一次在柏林布吕特纳大厅举办的复国主义者聚会上，爱因斯坦描述了他的旅行印象。第二天的《犹太评论报》把这个讲话刊登了出来：“我最重要的经历是，有生以来第一次见到了犹太人民。女士们，先生们，犹太人我已见过不计其数（大笑），但是我在柏林和德国的其他地方还从来没有见过犹太人民……这些人心中有一种健康的民族感情，这种感情不可能因为反犹主义和个体的分散而被摧毁。”在迎接他时，纽约市的小乐队在曼哈顿的市政厅里演奏德国国歌和犹太复国主义歌曲《希望》，这首歌后来成为以色列国歌。与犹太人在德国的处境相比，美国的犹太人似乎找到了他们的故乡。

但是，是什么使犹太人成为犹太人？作为遗传和基因观念的拥护者，爱因斯坦在魏玛共和国的前几年中说了一些在今天听起来带有种族主义色彩的话。他在香港会见了一个小犹太教会之后写道：“我现在非常相信，犹太种族在过去的1500年中一直保持着种族的纯洁性。”

在1930年前后，他明显地转变了这种思想：“我也承认，我们的文化传统使我们感到荣耀，总体看来具有较高的道德水平。一方面聪明，但另一方面在体质、艺术性和世界观方面还有很多不足……总的来说保持得很好，但是在性格方面有些萎靡……道德上的贵族……我们政治上的世界主义。”

1930 年 1 月 29 日，柏林的犹太教会在奥拉宁堡大街的犹太大教堂里为他们的救济机构举行了一场慈善音乐会，爱因斯坦作为第二小提琴手参加了演出，带着传统的犹太圆顶小帽。面对褐衫党的疯狂和纳粹对各种文化的威胁，爱因斯坦逐渐转向尝试一种社会和文化层次上的理解：“至于犹太人在多大程度上是一个种族联合体，这个问题毫无意义”。他在 1932 年 7 月说：“我支持复国主义。可以肯定的是，犹太人是一个命运联合体，他们迫切需要互相帮助。”

在希特勒上台之后不久，德国流传一份名为《犹太人名单》的纳粹文件。这位已经逃离的物理学家也像通缉犯一样被列入其中：“爱因斯坦。此人创造了一种备受争议的‘相对论’，被犹太报界和无知的德国人高度赞扬，利用编造的罪行在国外攻击阿道夫·希特勒。”

爱因斯坦最痛苦的经历之一，是他的犹太同胞对他反抗新执政者持反对的态度。爱尔莎在 1934 年写给她的朋友、作家瓦伦廷的信中说：“我丈夫命运中的悲剧是，所有的犹太人都认为他应该为他们在德国的悲惨遭遇负责。他们……狭隘地提出口号要躲避他，憎恨他。因此我们收到的充满憎恨的信中，更多的是来自犹太人，而不是纳粹！”

爱因斯坦这时更加清楚地把两种德国的犹太人区分开来：

一种人看不到自己盲目爱国的厄运，而另一种人早就认识到时代的趋势。1938 年 8 月，他给贝索讲的一件轶事可以说明这一点："一个德国律师娶了一个犹太人……我问他是否从不想家，他说：我又不是犹太人！那个男人明白了。"爱因斯坦也明白了。大约就在这段时间，他写了一首四行的小诗，这首诗反映了他对于犹太同胞的矛盾感情：

当我看到我的犹太同胞，
并非总是感到愉快；
但其他人让我想到，
我是个犹太人，并且为此而高兴。

"今天和几个世纪以来将犹太人联系起来的，"他在 1938 年写道，"首先是关于社会公正的民主理想，以及关于所有人有义务互相帮助和相互宽容的思想。"与此同时，他继续反对在巴勒斯坦建立一个国家："我对于犹太民族的感情使我反对建立一个带有国界、军队和政权工具的犹太国家……我担心犹太民族会因此受到内在的伤害。"

后来他的一些家庭成员也在大屠杀中被害，此后他对复国主义开始使用一些温和的言辞。他给这一运动的一位反对者写道："复国主义几乎完全不能保护德国的犹太人免遭杀戮，但是它给了那些幸存者内在的坚强，使他们挺过这场灾难，而且没有失去健康的自尊。"1949 年他在向这个新的国家表示祝福时说："犹太人在巴勒斯坦斗争的目标不是通常意义上的政治独立，而是为了使在许多国家生存受到威胁的犹太人能够自由迁徙。”

然而他又告诫说，正如近25年来所证明的，以色列人只有与阿拉伯人一起才能找到幸福，而不是反对他们。早在1929年他就给贝索写过这样的话：“不与阿拉伯人进行沟通和合作是不行的……根本没必要把阿拉伯人从他们的土地上赶走。这片土地可以容纳很多人，而现在只有很少的人居住。”他利用每次机会反复重申他的立场。1953年，当以色列第一位国家总统查伊姆·魏茨曼去世后，人们要求爱因斯坦接任这个职位，他委婉地拒绝了——尽管他承认“与犹太人民的关系已经成为我人生中最重要的关系”。他对继女玛戈特说：“如果我当了总统，我有时会对以色列人民说一些他们不愿意听到的话。”

与此相反，他与犹太教的关系很早就走上了另一条路。他突然停止了对宗教的笃信，从而形成了他与犹太民族毕生争论的第三个矛盾之处。尽管他依然是一个“有信仰的人”，但是他的信仰从此变了一个方向，他把这种方向描述为“进行科学研究的最强大和最崇高的动力”。“由于这种宇宙的信仰，所有时代的宗教天才都是非常杰出的人物，他们既不晓得教条，也不了解那个按照人的形象想象出来的上帝。

随着这一步的迈出，用美国科学史家格拉尔德·霍尔顿的话来说，爱因斯坦步入了他的“第三个天堂”。它由第一个和第二个天堂——从一定程度上说是形而上学和物理学——融合而成，并且回归到他的大而化的“一般性需求”上——按照霍耳顿的说法是一种深植于德国文化中的愿望：把机械学和电动力学、物质和能量、空间和时间、万有引力和时空概念统一到宇宙方程式中，最终把所有国家的学者、全世界的犹太人以及国家和宗教统一到一个世界政府中。至少在宗教观和科学观上，不应该存在界限和障碍。

1931 年，爱因斯坦总结了他的基本思想："对那些神秘事物的体验——同时掺杂着恐惧——使宗教产生。""我认识到世界上存在着一些对我们来说琢磨不透的东西，这些东西体现了最深层的理性和最闪光的美丽，而这些东西只有以其最原始的形式才能被我们理解。这种认识和感觉构成了真正的虔诚。在这个意义上，而且只有在这个意义上，我属于一个有着虔诚信仰的人。"实际上，在另一个意义上也是如此：他对自己和犹太教徒共同享有的生命保持着高度尊重——尽管他对死刑的评价有些轻率。出于喜爱，他引用了瓦尔特·拉特瑙的一句话："如果一个犹太人说他喜欢打猎，那他就在撒谎。"

尽管科学在认识自然界中的神秘现象方面显得非常神圣，但爱因斯坦再也没有回到宗教意义上的"信仰"。"我无法想象存在这样一个上帝，它会对自己的创造物加以赏罚，会具有我们在自己身上所体验到的那种意志。"他毫不留情地告诉那些信徒："犹太人的上帝只是对迷信的否定，是消除了迷信之后的幻想的结果。它也是一种尝试，一种把道德戒律建立在恐惧上的尝试，一种可悲的和不光彩的尝试。"

他不相信任何臆想出来的权威，不相信任何统治人类的神。"谦恭是爱因斯坦的信仰，"他的女婿凯泽说，"这是对较高精神的一种儿童般的好奇。"这一点又一次表现出他永远像一个孩子。爱因斯坦不相信人性化的神，但是他凭借孩子般的小聪明利用了神的形象。不是一个惩罚或奖赏的神，而是一个按照规律创造自然的神，这个神让宇宙中的一切都遵循这个规律。一切都是事先注定的，确定的，可预见的。命运是一个被一定法则和规律控制的、没有终点的链条。

“对于自己所生存的宇宙的这种现实的感觉在爱因斯坦心中如此强烈，以至于他设想了一种看起来完全相反的形式。”他的助理莱奥波德·因菲尔德于1938年这样写道，“当他谈到上帝创造世界的问题时，他指的都是自然法则中内在的前后一致性及其合乎逻辑的简单化。”爱因斯坦只接受这个法则的权威性。他相信因果关系的法则，这种法则可以表现出神的力量。这位犹太圣人想与上帝站在同一个高度，想窥探“永远的出题者”的秘密，想看到他的工场，“想知道上帝是怎样创造世界的”。仅此而已。“我并不是对这种或那种现象感兴趣，也不是对这种或那种元素的范围感兴趣。我是想了解上帝的思想，其他的都是细节。”

爱因斯坦这个决定论者并不相信自由意志，上帝可以让一切都按照不可改变的法则运行。但是上帝究竟有没有机会，至少拥有一次自由意志呢？“我关心的主要问题是，上帝在创造世界的时候有没有选择。”爱因斯坦说。已知的自然法则有没有第二种可能性呢？抑或只有这唯一的可能性？这些法则的本质是什么？它们本身就是上帝吗？人们是否可以怀疑这些规则的永久性和暂时性，是否可以破译这些规则而直面上帝？“没有宗教的科学就像瘸子，没有科学的宗教就像瞎子。”爱因斯坦说。在他那些信教的同事们当中，几乎没有一个人像他这样看清了他这一行业的信仰。“每一个深刻的自然科学家都应该有一种类似于虔诚的感觉；因为那些不同寻常的细微联系不可能是他刚想过一次就能发现的。面对那些未被认识的东西，科学工作者会觉得自己像一个试图理解大人统治的孩子。”也许爱因斯坦的秘密就在于此。在他的世界中，上帝是活生生的，他宣布尼采早就死去。爱因斯坦坚决否定尼采的作品：“如果有什么东西令我憎恶，那就是他的文字。”

1929 年，犹太教士赫伯特·S. 高尔斯顿（Herbert S. Goldstein）拍电报问爱因斯坦：“您相信上帝吗？请用 50 个字回答，回电费已付。”爱因斯坦回电说：“我信仰斯宾诺莎的上帝，那个在世界的有序和谐中显示出来的上帝，而不信仰那个关注人类命运和行为的上帝。”他只用了 25 个字，就清楚地表达了他的信仰。最吸引爱因斯坦的是斯宾诺莎的第 29 条“教义”：“自然界中没有任何偶然的东西，”那里面说，“反之，一切事物都受上帝之自然界中的必然性控制，以一定的方式存在和发挥作用。”

爱因斯坦的女婿卢多尔夫·凯泽总结说：“（爱因斯坦的）世界观是：从喧闹的尘世现实向一个纯净永恒的理想世界转变；莱布尼兹的‘前定和谐’以及斯宾诺莎的智识一元论；把规律性看作是对纵情于无秩序之偶然和恣意妄为的最高胜利。”上帝不会决定他以前没有决定过的任何事情。每一瞬间都在时空中从自己面前流过。没有物质就没有时空，没有原因就没有结果。后者总是跟随着前者，而不是反过来。连上帝也不允许玩偶然的游戏。

“但是在老年时他又把自己称为一个极度虔诚的无神论者。”卢多尔夫·凯泽这样评论他的岳父。于是就有了爱因斯坦的名言：“上帝不掷骰子。”他想用这句话禁止万能的上帝进行自由的游戏，就像阻止瓶子里的魔鬼一样。

第十七章　目的使怀疑变得神圣

——爱因斯坦和量子理论

在占据科学前沿二十多年之后，他突然发现自己被挤到了一边。下一代把他当作一个昔日的英雄来尊崇，但在他们的未来中已经没有了他的位置，他们带着高度的尊重摇着头离他而去。

测量仪器发出“咔、咔”的声音，在光的照射下不停地响着。这是维也纳大学实验物理学院的一台检波器。这是一个看似不起眼的盒子，上面带有绳子、开关和电子显示器，显示器上的数字在慢慢地增加。一个小型扩音器发出“咔、咔”声，不是连续的长声，不是“呼——”或者“哞——”，只是“咔、咔、咔、咔”，声声干脆，清晰可数，就像爱因斯坦在100年前所预言的那样。在他的“奇迹年”中，他不满足于仅仅用相对论来证明光是时间的主宰，他还想知道：光——究竟是什么？

他在1905年初曾经谈到“位于空间点上的能量子”，这种能量子“可以自己移动，不可分割，只作为整体被吸收和发射”。这是20世纪最重要的思想。由此开始了一场理论革命，它的后果在一定程度上决定了今天人类的命运。在这个理论基础上建立了一个高技术世界——包括微电子、移动通信技术、电子摄影技术、计算机和互联网、超导、纳米技术以及现代化学。

从1905年开始，爱因斯坦用他的相对论把科学引入到宏观世界中，引入到有限却没有边界的宇宙中。同一年，他又用“光量子假说”指明了通往“微观”世界的道路。这种微观世界亦即物质最小的组成部分，直到亚原子的范围。仅仅凭借这一贡献，他就可以站在物理学的最高峰——即使没有相对论和万有引力。他说：“我在量子理论上所花的心思是广义相对论的一百倍。”

爱因斯坦又让世界说出了它隐藏最深的一个秘密：光的双重属性。它有两种形式—— 一是如19世纪经典物理学所说的波的形式，一是（或者）颗粒状的能量粒子。这就是“波粒二象性”理论的前身。它认为光同时具有两种相互排斥的属性，凭借这一理论，爱因斯坦为量子理论奠定了基础。一个个以量化的能量状态存在的小光粒，这就是在20年后被称为“光子”的东西，它们像最微小的子弹一样在空间里飞驰——当它们遇到检波器的时候，就会发出声音，每一粒发出一声，咔，咔，咔，咔。

在维也纳的玻尔兹曼小路研究所，一些科学家已经站在爱因斯坦的肩膀上开始研究一种叫作“量子通讯”的技术。这个研究所的所长安顿·蔡林格（Anton Zeilinger）在谈到“量子计算机”“量子编码”和“量子隐形传送”时，就像爱因斯坦年轻时谈到白炽灯泡、发电机和电话时一样自如。这个天才，如今已经上了年纪，变成了“量子先生”（他的学生们背地里这么叫他）：一个长着络腮胡子的、纯正的、有魅力的维也纳男人，他所研究的东西没有人能明白，除非他自己来解释。

蔡林格把他的关于《量子物理的新世界》的书叫作“爱因斯坦的面纱”。爱因斯坦在1924年曾谈到存在一层“巨大的面纱”，在它后面隐藏着量子世界的秘密。蔡林格试图揭开这层面纱——而不是沉溺在有人能真正理解量子理论的幻想中。直到今天也没有人能完全理解它——但它已经开始直接应用在技术上了。在1905年还充满神秘感的光子，今天已经作为原材料在量子物理的常规应用中发挥核心的作用。

1997年蔡林格已经闻名世界，因为他和他的同事们首次用微小的光粒子实现了“隐形传送”——一种像星际旅行一样的传送，尽管“只是”信息的传送，而不是物质。“爱因斯坦要是知道，也会非常吃惊的。”——菲利普·瓦尔特（Philip Walther）说。他是维也纳团队中若干正在攻读博士学位的年轻人之一，跟当时伯尔尼专利局中那个理想主义者一样年轻。他非常钦佩爱因斯坦的“难以置信的知识”和他的“大胆的逻辑”。他说自己的研究“太酷了”，“非常刺激”。当他的朋友问他在实验室中做什么的时候，他说“我做的事情，简直就是异想天开”。

这一对量子世界的异想天开的解释，这一由作为革命者的爱因斯坦在 1905 年参与建立的理论，却偏偏成了他在后半生里无法接受的东西。量子理论（以及后面将要提到的“世界方程式”）显示了爱因斯坦作为一个科学家的悲剧。到了 1925 年，这一理论的发展最终把他甩在了后面。直到去世的时候他依然是一个伟大的怀疑者，或许是科学史上最有成就的怀疑者。如果爱因斯坦本人知道他的怀疑所产生的作用，连他自己也可能感到吃惊。当然也可能没有丝毫的惊讶。

在一个奇特的学科中，蔡林格的团队一直保持着世界纪录：他们试验出了波粒二象性的界限。他们可以通过一种很巧妙的实验证明，甚至由 60 个细小的碳原子组成的所谓足球分子，在原子刻度上真正的一小块，同样表现出了波一样的特征。如果这位维也纳的“量子之王”在他办公室的墙上还能找到地方的话，最好是在那张他与达赖喇嘛的合影旁边，有朝一日能够再挂上一张来自斯德哥尔摩的证书。不过，估计他是爱因斯坦的理论继承人中有可能获得诺贝尔奖的第一人。

爱因斯坦本人于 1922 年获得了这项殊荣，但不是因为相对论，而是因为他 1905 年关于“光的产生和转换”的论文。当时，对于瑞典科学院来说，尽管相对论在 1919 年日食期间已经得到了轰动性的证实，但它依然是一种包含太多猜测的理论。而且，爱因斯坦获奖也不是凭借他对波粒二象性的认识，而是凭借他同时表述的“光电效应”理论。这一理论解释了金属在光的照射下释放出电子的现象——这就是今天的电子摄像技术的基础。在这后面隐藏着一个过程，它的名字已经为人们所熟知，那就是“量子跃迁”。

这一现象是由马科斯·普朗克在 1900 年发现的。当时他认识到光辐射的实质是不连续的，是“量子化”的。如果给一个“黑体”（如同一个电炉）增加能量，那么它就会随着温度的升高而放射出电磁射线——在温度很高时可以看到光，从炽热的红光变成白光。但是当能量持续增加时，金属（在真空状态下）并不会同样持续地将能量释放出来——而是不连续地、阶段性地释放。在各个阶段中间会发生众所周知的跃迁。

在量子理论出现之前，几乎所有的自然过程都可以用连续的、贯穿始终的曲线来表示，从莱布尼兹和牛顿开始也可以通过方程式的形式加以表示。按照经典物理学的定律，速度、力、动量或者能量的变化，都像空间和时间的变化一样，既不分阶段又没有明确的界限。这种连续性在麦克斯韦电磁理论的场中和爱因斯坦的引力场方程中变得完美无缺。

汽车加速的时候，它的速度持续上升。里程表的指针持续地向较大的数字移动。在 70 年代，曾经流行过带有电子显示器的里程表。显示器上的数字由一个整数跳到下一个整数。但是这并不符合汽车的运行方式，因为汽车的加速是柔和平缓的，而不是一下一下地跳跃。在量子世界中情况完全不同。要想体现量子的运动，类似于当时里程表上的那种电子显示器就足够了。因为在原子的微观世界中，运动的过程并非连续的，而是阶段性的——就好像一辆汽车只能开 70 千米，或者 71 千米，或者 72 千米，但是不能以它们之间的速度行驶。

普朗克意识到他的发现具有重要的意义。但是作为革命者，他却违背自己的意志，想尽办法禁锢自己的思想。这位德国物理学界的巨擘谨小慎微，总是为他的专业担忧。过去的定律说“Natura non facit saltus”，意思是自然无跳跃。那么就让它这样吧。到了1908年普朗克还认为，“我们现在的世界观中……的一些东西，如果不通过自然界的或人类精神的革命，有可能变得越来越模糊”。而那时在伯尔尼的那个默默无闻的年轻人已经将这个革命掀起，并且从此一发不可收拾。爱因斯坦让量子变成了现实，从此他理所当然地被看作量子理论重要的创始人，他给物理学带来了有史以来最根本性的转变。

早在学生时代，爱因斯坦就开始对黑体和热辐射这一题目发生兴趣。1899年3月，他对米列娃说：“我关于热辐射的一些猜测开始找到了更多的依据——对于会出现什么样的结果，我自己也很好奇。”两年之后，他已经有了比较清晰的认识，他写道：“关于普朗克的热辐射理论的研究我已经有了原则性的思考。”此后直到1904年，他没有再写过与此相关的东西。但是毫无疑问，他对普朗克开创性的理论进行了深入的研究。1900年12月14日，以普朗克的推导为肇始，标志着量子时代的开始。

正如爱因斯坦的相对论一样，普朗克的“空腔辐射”理论推导也采用了一个简短的基本方程式——它不是最著名的公式，但它是整个物理学中最具历史意义的公式之一。它的发明者在一次“质疑行动”中得出了这个公式。就像有些东西明明是正确的，却必须是错的。按照克里斯蒂安·摩尔根斯特恩（Christian Morgenstern）的说法，既然不可能是自由的，那就不允许是自由的。相对论中的E等于m乘以c的平方，便相当于量子理论中的 E 等于 h 乘 ν。希腊字母 ν 除了表示光的频率之外没有别的意思，它随着波长的增加而减小。而拉丁字母 h 则不可小看，它代表了普朗克的划时代发现：一个新的自然常数，而且是最重要的常数之一——“普朗克常数”。这个 h 是广泛适用的，就像表示光速的 c 一样。它适用于整个宇宙，并且从大体上划出了微观物理学和宏观物理学的界限。但是正如丹麦的科学史家赫尔格·克拉夫（Helge Kragh）所说，普朗克认为他的公式只是“一个没有物理现实性的数学猜想”，而且他也没有认识到，他的新的辐射定律毫不含糊地打破了传统物理学，否定了那些习以为常的东西。他的同事们同样没有注意到隐藏在公式背后的这场革命。“在本世纪的头 5 年，量子猜想几乎没有引起任何反响”，克拉夫说，“与普朗克相比，爱因斯坦对相对论的革命性影响的认识就要清楚得多，他有意识地让自己成了量子革命的预言家。”光量子的假设是唯一一个被爱因斯坦本人称之为“革命”的科学行为，爱因斯坦对这一理论的研究远远超出了普朗克对热辐射的想法。他把能量甚至光本身描述为颗粒或者说量子。这个闻所未闻的说法最初只会让听到的人直摇脑袋。直到 20 年后，光量子才被承认是真实的存在。爱因斯坦第一次郑重介绍他的量子假设是在萨尔斯堡举行的德国自然科学家和医生协会第 81 次大会上，当时他刚刚被聘为教授。他还作为嘉宾在物理学部发表了讲话，题目是《论我们对光的实质的认识的一些新转变》。

如果人们愿意的话，量子论的爱因斯坦和相对论的爱因斯坦可以一起站在莫扎特之城的舞台上。他们中的一个把旧的以太理论称为“一个站不住脚的观点”，另一个则证明了，光在没有以太媒的情况下只能以电磁场的形式在空间中移动。它们就像“独立的个体”——也就是像带有量化的能量状态的许多微小粒子。同行们倾听着这个正在升起的新星的发言，既震惊又敬佩。

“我认为我们应该庆幸，在物理学的发展中拥有这样一位有独创性的思考者，”瓦尔特·能斯特于1910年到苏黎世拜访过爱因斯坦之后这样写道，“在理论上他非常大胆，但他的胆大并没有任何坏处，因为他与实验保持着最紧密的联系。爱因斯坦的‘量子假设’也许属于最奇特的创想……但即使它错了，也会为后世永远留下‘一个美好的记忆’！”

爱因斯坦获得了越来越多的信心。他早在1910年3月就给他以前的同事雅可布·劳伯写信说，“量子理论对我来说是确定的”。但每一个成熟的理论在研究过程中都会有疑惑。“这些量子是否真的存在，我已经不再理会，”爱因斯坦在1911年5月给他的朋友贝索的信中说，“我也不再试图去构造它们，因为我现在知道，凭我的大脑是没有能力彻底弄清它们的。但我在尽可能仔细地寻找连续性，以便提前预知这种想法可应用的范围。”

1911年秋天，在布鲁塞尔举行的索尔维会议上，爱因斯坦发表了一篇演讲，论证量子和非连续性在自然界中的普遍存在性。这篇演讲给与会者们留下了深刻的印象。他再一次宣传“所谓的量子理论……不是通常意义上的理论，无论如何不能按照现有的相关形式开发出来”。同时他在给他的朋友海因里希·臧格尔的信里对这次会议发出了一些抱怨，说：“整个过程有点儿像面对一个凶暴的耶稣会教士发出的谵语。”在写给尊敬的同行亨德里克·洛伦兹的信中，爱因斯坦对普朗克的作用量子（普朗克常数）作了展望：“这种 h-病看起来越来越没有救了。”尽管量子的核心信息在同行中越来越受欢迎，但大多数参加会议的人依然不愿意真正打破传统理论。

“他的同行中的大多数在犹犹豫豫地寻找道路，想把某种量子纳入到物理学的理论结构中来。”爱因斯坦文集的评论者这样写道。“有些人已经在考虑彻底改变力学的可能性，但是除了爱因斯坦之外，可能没有人会想到把这些改变应用在电动力学中。”当时爱因斯坦在布拉格生活和工作，他把这期间的来访者领到他宽敞明亮的办公室的窗前，透过窗户可以看到一个精神病疗养院的花园。“这就是那些不研究量子理论的疯子。”

爱因斯坦的光微粒，电动力学领域中的一种现象，即使在那些逐渐接受能量量子化的人那里也没有得到宽恕。1913 年 6 月，普朗克、能斯特及其同事向普鲁士科学院推荐爱因斯坦为院士。在他们提交的推荐书中有这样一句话：“尽管他在他的猜测中可能偶尔会迷失方向，比如他的光量子假说，但是我们不应该把这看得过于严重。”

慢慢地大多数人才明白，要理解物质的结构，就需要一种新的物理学，而这是离不开量子的。“量子与牛顿和麦克斯韦都是直接对立的，”爱因斯坦的助理巴耐什·霍夫曼在几十年后回忆说，“让新的理论和旧的理论协调一致，看起来是完全不可能的。科学陷入深深的危机之中——比科学家们当时意识到的还要深重得多。”

大约从20世纪初期开始，曾盛行一种微观宏观类比法，它成为一种对原子的普遍认识。按照这种理论，带负电的电子像小行星一样围绕着带正电的核心运行。那个时候，电子被认为是物质和电的最小的组成部分。即使在1910年欧内斯特·卢瑟福发现了大得多的原子核之后，人们的印象依旧停留在一个缩小的太阳系上：一个强有力的核心使电子维持在它们的轨道上——当然是凭借电力，而不是万有引力。只是有一个问题：按照麦克斯韦的理论，运动的电子一定会以电磁辐射的形式释放出能量。但是它们经过这样的能量损失后就不可能保持在轨道上，而是一定会坠落到核心去。但是实际上它们并没有这样。

1911年，一个年轻的丹麦物理学家在他的博士论文中指出“电磁理论与物质中的现实条件不相符合”，并且很有先见之明地断言“自然界中存在一些与普通的机械力完全不同的力”。这个年轻人名叫尼尔斯·玻尔（Niels Bohr），仅仅两年之后他就提出了一个原子模型，借助这一模型，量子最终踏上了物理学中的成功之旅。按照这一模型，电子在“允许的”固定轨道上围绕它们的核心运行，这个轨道与原子的一定能量状态相符。轨道1，轨道2，轨道3，但没有轨道2.5。非整数的所有轨道都排除在外。这些不连续的数字“客观”地描述了自然。

按照玻尔的说法，对于电子的运动，普通力学还是适用的，但是它不适用于电动力学。因为在他的模型中，在轨道运动期间不会有光被射出或者吸收。只有当量子从一个轨道向另一个轨道跃迁的时候，电子才会以电磁辐射，亦即光的形式释放或吸收能量，而且是以非常确定的——量子化的——数量释放。能量状态之间存在差别，这一认识表明玻尔取得了突破。但这种差别正是从普朗克为黑体加热而创立的空腔辐射定律推导出来的。能量改变与被辐射和吸收的光的频率（也就是颜色）之间的比例与普朗克的作用量子（普朗克常数）h 完全一致。

通过这一基于直觉的天才行为，在此之前一直是个谜的实验结果一下子就解释清楚了在加热不同原子的时候，不仅会出现不同的颜色，而且光的谱线图也不相同的原因。玻尔的模型第一次使所有化学元素的原子结构至少有了一个说得过去的合理解释。“这是思想领域最美的音乐。”爱因斯坦热情地评论道。

虽然“量子是拼成小块的能量”这一思想逐渐站稳了脚跟，但对爱因斯坦的光量子理论仍然很少有人给予承认。连玻尔也断然否定关于微小光粒子的想法。普朗克的观点依然占据着统治地位，即认为光是一个可以随意分割的质量（团块），只有通过与物质，也就是与原子的交换作用才会量子化。

但是像爱因斯坦这样一个科学家绝不会因此而泄气。对光的本质的疑问推动他继续向前。1915 年底，他刚刚完成有关地球引力的最重要的著作，紧接着就于 1916 年 7 月发表了一篇性质完全不同的论文，并且认为这应当算是他最好的作品。他完成了对“普朗克方程式的一个简单得令人惊讶的推导”。“我想说，这一推导，”他给贝索写信时说，“一切都是量子化的。”

凭借这篇论文以及 1916 年 8 月的另一篇论文，爱因斯坦将通往日益临近的现代量子理论的大门撞开了一个大缺口。他做了一个非传统的假设，即在光的每一次发射和接收过程中都有动量被传递，就像一个台球被撞击时受到一个力的冲击并将它传递出去一样。由此可以确定，光不是向各个方向扩散的。“不存在球面波形式的放射。”爱因斯坦断定。相反，光在发射时始终是一个朝着某个方向的单个过程，就像用枪射击一样——这是最终通向光子概念的决定性的一步。“因此光量子几乎是肯定的。”他在给贝索的信中高兴地说。

爱因斯坦把光辐射分成两种形式，其中一种是“强制（受激）发射”。在这方面爱因斯坦做出了一个深层次的发现——像通常一样只是理论上的。这个发现在 35 年后得到了它的第一次应用。如果一个原子处于能量活跃的状态，那么一个碰撞的光子就可能不是被吸收，而是与另一个光子一起飞出去。凭借这种“一个光子进来，两个光子出去”的光强化效应，爱因斯坦为一个重要的创新奠定了基础，那就是“受激辐射放大”，简单地说就是“激光”。今天无数的技术体系都是建立在这一基础上的，比如 DVD 和一些医疗技术。

通过光辐射的第二种形式（光的“自发发射”），爱因斯坦又打开了一个潘多拉盒子，而且再也不可能关上了。这是爱因斯坦无意中发现的一个新的巧合。在光自发发射时，他说，不可能事先预告什么时候发出一个光子，而只能通过一个概率公式描述它如何被应用于原子核的放射性衰变。因此，概率这个概念获得了一个新的含义，当然巧合的概念也一样。

如果扔一个硬币的话，正面和反面的概率各占50%。每扔一次只能得到一个结果，不是正面就是反面。这个结果总是100%的正面或者100%的反面，但不可能是两者之间。因为抛硬币的过程符合传统物理学的定律，它的结果在原则上是可以预见的。如果关于投掷速度和投掷方向的一切数据都已知的话，人们就可以准确地计算出投掷结果。用量子物理的语言来说，这只是一个“主观的偶然”。如果一个棒球飞出了场地进入观众席，正好一个球迷抓住了，那么他认为这是一个巧合——幸运的巧合。主观上他说的有道理。

但是在光子发射时和放射性衰变时情况就完全不同了。如果一个物质的半衰期为一个小时，那么这个物质中的每个原子在一小时之后都有50%的可能发生衰变，50%的可能不发生衰变。这只取决于偶然性，“客观”偶然。因为即使所有的条件都知道，对于单个的原子来说还是不能预言或者计算出它什么时候发生衰变。这在某种程度上是由它自己决定的——或者如爱因斯坦后来所说是“出于自愿”。根据他在1916年的论文，这也同样适用于光子：没有任何起因可以让人们计算出它的效应并预言它发射的细节。当时谁也没有意识到，这个新的偶然性原则将成为现代量子理论的中流砥柱——连爱因斯坦和玻尔这两个伟大的头脑也没有意识到这一点。

1920年春天，在爱因斯坦突然变得举世闻名之后不久，他们两人——两个截然相反的人在柏林首次见面。玻尔在丹麦是一个赫赫有名的足球明星，而爱因斯坦则对体育运动从来没有什么好感。爱因斯坦兴致勃勃地谈论，毫无顾忌、精力充沛地与他的对立者进行争辩。与之相反，玻尔则表现得迟钝笨拙，像一个胆怯的男孩，含含糊糊地说着听不清的话。当他陷入思考的时候，就会无休止地重复着同样的话，而他的文字表达也好不到哪儿去。他就像一个瘫痪的人一样，以至于所有的文章都只能口述，由别人代写——上高中的时候由他的母亲写，后来是他的妻子或者研究所的同事。而爱因斯坦正好相反，他对写作的爱好从他的字里行间流露出来。玻尔最终作为一个家庭型的人拥有一个长久幸福的婚姻，而爱因斯坦在这方面则或多或少表现得缺乏才能。

但是，这两个截然不同的人却在物理学中走到了一起——尽管后来社会又将他们分开。所以，他们从一开始就在做一件今后几十年中将他们紧密联系在一起的事情。他们讨论理论问题，特别是原子结构问题。“在我的一生中，很少有人像您一样，只要出现在我面前就会让我如此高兴。”这个来自德国的瑞士人后来给这位丹麦人写信的时候说。对方迅速回答：“与您会面并和您交谈，是我最重要的经历之一。”

但是，除了愉快，爱因斯坦心中还有一种慢慢增长的不适感。他预感到，随着他对光子发射的偶然性的发现，全部自然科学中的最后一个基本前提也会被推翻——那就是因果律。他像别人相信上帝一样相信这条定律。1920 年，在他的朋友和同事马科斯·玻恩应聘去哥廷根之前不久，爱因斯坦给他写信说：“关于因果关系的问题也非常折磨我，但是我非常非常不愿意放弃‘完美的’因果性。”在这里，已经可以清楚地看到他即将发起的对量子物理学的批判的根源。

就在这个时候，“量子危机”开始显现，并在1924年前后达到了顶点。反常现象出现得越来越多，实验结果与玻尔的模型不再相符。与此同时，正如玻恩所看到的，爱因斯坦加深了他的“物理—哲学信念，这是对作为物理学最后一块基石的统计法则的否定”。

爱因斯坦在1924年4月29日写给玻恩的著名的信中说：“那种认为被抛入一束光线的电子可以自主选择它跳出来的时刻和方向的想法对我来说是无稽之谈。如果真是那样的话，我宁愿不当物理学者而去当鞋匠或者赌场雇员。”他相信，粒子是没有自由意志的。它们本身什么也做不了，但在它们身上可以发生很多情况。在它们的每一次运动背后都隐藏着某种原因。

在此之前一年，玻恩就已经要求把物理概念的整个体系“彻底地”更新一下。一位非常年轻的博士生路易斯·德·布罗意（Louis de Broglie）于1922年到1924年之间迈出了第一步，而且相当符合爱因斯坦的心意。这个法国年轻人提出了一个模型，简单地说就是把普朗克和爱因斯坦的方程式综合为一体：如果能量一方面等于m乘c的平方，也就是质量乘光速平方，另一方面等于h乘ν，也就是等于普朗克常数乘以光的频率，那么，德·布罗意问自己，当将这两者加以对照的时候，又意味着什么呢？在等式“m乘c的平方等于h乘ν”后面隐藏着什么呢？如果m是质量，ν是频率，那么是不是每一个粒子都有一个波呢？

德·布罗意认识到了波长和动量之间的基本联系，从而首次给玻尔原子模型中的“允许的”电子轨道赋予了意义。他把这些轨道理解为“停滞的波”。只有当这些波不再像海上的波浪一样向前推进，而是像小提琴的弦一样振动时，才能达到一个稳定的状态。原则上，今天安顿·蔡林格团队在维也纳所做的足球分子的研究，就是以德·布罗意对物质波的发现为基础的。他们在检验，多大体积以下的粒子具有波的特性。蔡林格甚至想要检验大得多的分子，比如蛋白质胰岛素，直至整个病毒颗粒。

这一研究到底能走多远？在巨人王国和侏儒世界之间的无人之境中是否还隐藏着一个自然界的秘密？蔡林格说：“没有任何东西表明，量子世界正好是在宏观体系和微观体系的交界处倾覆的——尽管那样不论从世界观还是概念上都非常符合我们的愿望。”在德·布罗意做出这一发现的同时，爱因斯坦做出了另外一个巨大的贡献，其深远意义直到 20 世纪末才显现出来。达卡大学的一位年轻的印度物理学研究者萨蒂恩德拉·纳特·玻色（Satyendra Nath Bose）在 1924 年年中寄给爱因斯坦一篇考试论文，他在论文中采用一种全新的方式——计数法推导出了普朗克辐射公式。

爱因斯坦立即认识到这个印度人做出了一个怎样的发现。他将玻色提出的量子计数法推而广之变成一种普遍的方法，并被作为“玻色—爱因斯坦统计”载入文献。它可以对一定状态下的物质做出惊人的预言——首先是对物质的第五种形态，一种除固态、液态、气态和等离子态之外的凝聚状态做出预言。

在温度接近绝对零点时，这种“玻色—爱因斯坦凝聚体”就像一个独一无二的巨大原子。2001 年，美国人卡尔·维曼（Carl Wieman）和埃里克·康奈尔（Eric Cornell）以及德国人沃尔夫冈·克特勒（Wolfgang Ketterle）因制造出这种超级原子而获得诺贝尔物理学奖。先知播下种子，后人收获果实。

由于物质在这种超冷状态下具有一些新的特性，凝聚体被看作近十年最重大的发明之一。为数众多的应用方式为研究者和工程师插上了想象的翅膀。例如，它可以用于量子计算机的信息储存。在借助所谓的原子激光构建最小的结构时，应用纳米技术可以达到前所未有的精度。1977 年，克特勒和同事们首次介绍了一种与此相应的体系。这种激光发射的不是光，而是以相同节奏振动的“玻色—爱因斯坦凝聚体”的物质波。爱因斯坦在向 21 世纪招手致意。

20 世纪 20 年代，爱因斯坦见证了物理学的空前繁荣，几乎每个月都会取得划时代的突破。自从马科斯·玻恩于 1921 年成为哥廷根大学的教授之后，他就与他出色的助手沃尔夫冈·泡利（Wolfgang Pauli）、帕斯卡·约尔丹（Pascal Jordan）和维尔纳·海森伯（Werner Heisenberg）等人一起把这个下萨克森州的小城变成了量子理论的世界中心。这些年轻人发展出了一些全新的理念，这些理念甚至对于像玻恩这样的大师都是难题。他向爱因斯坦坦言：“我必须非常努力才能跟得上他们的思想。”

1925 年夏天，海森伯写了一篇文章，正如玻恩所倡导的那样，这篇文章确实会“从根本上”改变物理学。玻恩给爱因斯坦写信说：“新的论文看起来很神秘，但是肯定正确而深刻。”海森伯建议引入“一种类似于传统力学的理论量子力学”。这后面隐藏着一个发现，并最终成为一个转折点。爱因斯坦在1905年研究狭义相对论时曾经问道，测量，比如时间的测量，究竟意味着什么？与爱因斯坦一样，海森伯也是从量子力学的一种测量理论入手，开始了他全新的研究：什么是可以观测的，什么是观测不到的？比如原子中的电子轨道就无法观测到，但是电子在改变轨道和能态时发出的光就可以很清楚地观测到。

海森伯完全颠覆了尼尔斯·玻尔的原子理论：这个丹麦人在1913年描述的是轨道，而不是跃迁，而这个德国人描述的却恰恰是跃迁。他说，像轨道之类的状态只能通过跃迁来定义。海森伯提出了一种全新的物理学计算方法——“矩阵力学”，直至今天依然属于量子物理学家的工具之一。从一种状态到另一种状态的每一次可能的跃迁都可以作为矩阵用一个一个的数字加以表示，用这种矩阵可以进行计算，就像用数字计算一样。

海森伯对力学的“重新定义”是一个亚原子真实性的高级数学化模型，与他同时代的大多数人，包括他自己在内都没有怎么重视。他甚至想过，把他写有奇怪公式的纸片付之一炬。这个抽象的数学模型对于爱因斯坦来说也是一个难题，因为这与物理学的直觉毫无关系，而且必须费很大力气才能掌握和应用。但是玻恩认识到了这个理论的巨大价值，并且在几个月内就和论文的作者以及帕斯卡·约尔丹一起给了这个理论一个固定的形式。

但是那个年代物理学进步的势头非常迅猛。在这个“三人成果”之外，年仅23岁的保罗·狄拉克（Paul Dirac）在英国的剑桥也独立提出了同样的理论。1926年，奥地利人埃尔文·薛定谔（Erwin Schrdinger）在苏黎世大学研究出了完全属于自己的“波动力学”。那年他39岁，与前一个人相比简直算是高龄了。与关于粒子的所有想象相违背，这个总是衣冠楚楚、令女人倾心的男人在他的论文中把物质描述成波的形式，而且这种波在极其抽象的多维空间里运动。但是这篇论文得到了强烈的支持，因为它与带有微分方程的量子难题很接近；对于薛定谔的同行们来说，这样的数学问题比海森伯的矩阵力学要熟悉得多。令人惊讶的是，当这两种理论应用于简单的物理学体系时，却产生了同样的结果。很快就证明，这两种理论在抽象的数学意义上完全相同。

在薛定谔突破性成果出现之后几个星期，又轮到了马科斯·玻恩。他对这个奥地利人的理论作出了新的解释——这让薛定谔大为不满。在这一点上，薛定谔甚至后悔曾经从事量子物理学。确实是波，玻恩说，但不是物质的波，而是或然性的波。这是那些至今依然显得不可思议的量子力学的观点之一。按照玻恩的表述，一个微粒驻留的概率是可以计算出来的。

还有另外一个问题：到那时为止，这个模型与爱因斯坦的狭义相对论还不一致。它们之间的联系是在1928年由保罗·狄拉克的“电子量子理论”建立起来的。这样，狭义相对论便容许了一些与广义相对论相违背的东西，而与量子理论相一致。狄拉克在他的论文中还预言了一种新粒子的存在（“反物质”）。这种粒子很快就被发现：它就是正电子，一种带有正电荷的电子。狄拉克的理论标志着现代量子物理学上英雄的先锋时代的结束。今天的研究者已经在探讨，反物质是否也可以折射光。

那么爱因斯坦呢？他坚定地相信，宇宙独立于所有的观察而存在；即使我们不看月亮，月亮也照样发光。但这个时候他突然陷入了困境，恰恰是他的朋友玻恩给他带来了他科学生涯中最大的挑战：作为或然性作用的世界。“量子力学是非常值得尊重的，”爱因斯坦在1926年12月给玻恩的信里说，“但是有个内在的声音告诉我，它还不是那个真家伙。这个理论提供了很多东西，但它几乎不可能带我们更接近上帝的秘密。无论如何我相信，他不会掷骰子。”

这就是他接下来几年的态度。他并不喜欢偶然性的“新乐章”，尽管这是他自己起头唱起来的。爱因斯坦对世界的理解始终像他的前辈牛顿一样，把世界看成一个巨大而复杂的、严格按照规则运转的机器——上帝就像一个伟大的钟表匠，他在因果关系的相互作用中完成他的工作。爱因斯坦近乎虔诚地信仰决定论，按照这一理论，只要对当前有完整的认识，未来就是可以预见的。爱因斯坦的上帝——因果原则——失去了它的绝对权威。骰子在量子世界的赌场中落了下来，全然置它于不顾；它的伟大时代过去了。

爱因斯坦把这种新的观念斥为“幼稚物理”。玻恩试图安慰他：“粒子的运动遵循或然性定律，但或然性定律本身是与因果律一致的。”这对于爱因斯坦是不够的。如果不存在确定性，只存在或然性，怎么能谈得上客观自然？即使那些小微粒在整体上符合量子世界的规则，但是每一个单独的微粒怎么可能——按照他的说法——“自主决定”它的行动？它的行动的原因在哪里？最终的理由在哪里？

还有更过分的事情。1927 年春天，海森伯提出了一个原则，后来这个原则就一直与他的名字保留在一起：即“海森伯测不准原理”。这个原理讲的是，在宏观世界中进行测量的人们，不可能了解微观世界的全部。如果量子世界中的物质有两种特性，那么只有一个能够准确地测量出来，另一个不能同时测量出来。如果想同时测量它们两个，得到的结果就会模糊或者不确定。其中的一项测量越精确，另外一项就越不精确。换句话说就是：其中一个越精确，就会越妨碍另一个。海森伯用这个理论为他抽象的矩阵代数学提供了一个直观的解释。

要想测量一个粒子所处的位置，便不可能同时准确判断出它移动的速度；反之，如果测量一个粒子的速度，就不可能同时准确确定他当时所处的位置。按照今天面向信息概念的眼光来看，系统将它的信息用于测量了，以至于无法再用于其他方面。

但是，如果不能同时知道一个粒子的位置和速度，也就是所谓的起始条件，就不可能预见到它此后会在哪里停留。它的未来是不确定的。在量子面前，因果律屈服了——抑或测量技术屈服了？没有对初始条件的准确认识，至少在细节上便不可能预见到未来。量子理论要决定论安分守己。未来是不可知的，就像每个人都不可能预见到自己的一生一样。因此这一理论似乎成了物质不确定理论的核心——尽管它在哲学上一直争论至今。

同时，世界在量子尺度上还是可以计算的。在这个过程中，或然性波动以可以计算的定则如同鬼魂般闪现，这是可以预见的确定性。一种新式的决定论允许以或然性形式做出预测——以不确定为基础的确定。到目前为止，量子力学的预言无一例外得到了应验。

严格来说，海森伯尽管享有这样的名声，但他并没有建立起像能量守恒或者光速恒定这样的定律。确切地说他是在尝试提供一种释义，而且创造了一种解释。他说，测量本身起着决定性的作用。他谈论在传统理论和量子理论结合点上的“测量仪器的影响”，这种影响最终成为“联系的统计学特征……的基础”。然后他直接指向爱因斯坦的上帝：“把世界分成可观察的和不可观察的体系阻碍了因果律的精确表达。”

所以，海森伯说，根本不能像对待可测量的宏观过程那样对待原子内部的过程。更确切地说，测量值来自于这两种状态之间的关系。经典物理学依然可以作为一种客观对象的理论，而量子物理学只能作为一种纯粹的关系理论。在这里首次显示出了它的整体论特征。整体大于它各部分的总和，这与传统物理学是不同的。

对系统的描述一方面变得更加丰富，另一方面也变得模糊不清。如果一个状态是“传统物理学的”，那么就不存在其他可能。一个花瓶立在这里，就不可能立在别处。而在一个量子物理的状态之外还可能有另外的状态。这个电子在这里，但是也在那里。它到底在哪里，只有测量时才能决定。在此之前只存在或然性。但是这种或然性与它在统计学中用于计算掷骰子的情况无关。它是真正的组成部分，是量子体系的本质特征。

海森伯的测不准原理标志着科学史上的一个转折点。物理学和哲学在这里相互交汇。世界的状态在一个已知时刻连在原则上也是不可知的。所以，一切观察到的东西永远只是各种可能性总体中的一个选择，因此也是对未来可能出现的情况的一个限定。这种物理学必然仅限于对各种认知关系的描述。可以理解的不是事物本身，而是各种事物之间的关系。但是测不准原理是否真的与因果律和决定论互不相容，这个问题直到今天还在争论不休。"整个哲学难道不像是在蜂蜜上写成的吗?"爱因斯坦有一次问。"人们刚看到的时候，一切显得棒极了，但是当人们再看的时候，一切都消失了，只剩下一团糨糊。"

1927 年，当时在整个欧洲被尊称为量子之父的尼尔斯·玻尔又向前迈进了一步。他超越了海森伯的测不准原理，把物理学和整个自然科学建立在一个新的哲学基础之上。这个丹麦人说，与传统世界不同的是，量子物理世界中的体系在原则上是永远无法看到的，除非改变它。比如谁要测量一个电子，就要用光，也就是用光子，这样也就影响了测量。并不排除海森伯所说的系统在测量之前有数值这一点，然而玻尔向前更进了一步；他说，只有通过测量才产生数值。这里他基本上追随了康德的思想。按照康德的观点，各种系统根本没有属性，而是因为观察它们才获得了属性。

为了明白到底还有怎样的可能来描述一个系统的状态，玻尔引入了“互补原理”。按照玻尔的观点，物理量如果在原则上不能同时准确确定的话，那么它们就是互补的。最著名的例子来自爱因斯坦本人——波粒二象性。这两个引自宏观世界中的概念看起来也互不相容，但他们只有在一起才能进入微观世界，他们通过这种方式互相补充。

两种观察方式的冲突产生于观察者。玻尔说，因为我们自己也是我们所研究的世界的一部分，“我们在‘存在’这场大戏中既是观众也是演员”。因此关于爱因斯坦“什么是光?”的问题，回答只能是模棱两可的——答案就在观察者的眼中。比如让他充当一个孩子的角色，可以装成瞎子或者聋子，然后去电影院。如果他选择了聋子，那么他就会看到一部无声电影；如果他是瞎子，他就只能听到说话、音乐和声响。二者永远不可能兼得，但是他可以对感觉的本质做出一个想象。

观察者可以选择，他想测量这个还是测量那个。因为按照海森伯的理论，两者不可能同时被测量，因为测量会破坏掉抓住互补视角的机会。这件事情的古怪之处在于：在测量的那一刻之前，一个微粒，比如一个光子，同时具有两种特性，但又不具备任何一个特性。它处在“两者兼具”和“两者皆无”之间的最奇怪的状态。像安顿·蔡林格这样的量子物理学家甚至说：“任何一个单个的粒子在被测量之前都没有一个确定的速度，只有通过测量，速度才出现。”

偶然性和必然性在踢皮球。在微观世界中，自由和随意似乎占据着统治地位；而在宏观世界中——除了混乱的过程以外——则由可预见性定律主宰：比如行星运行的轨道可以预见，台球按照设计在台帮上弹来弹去，猎人射出的子弹击中了鹿的心脏。在这里偶然性被击垮。但是这两个世界的界限在哪里，没有人知道，但不管怎么说，这个界限是不清晰的。对于过渡区域玻尔引入了另外一个辅助结构：“对应原理”，大意是说，在边界附近，宏观世界中的某些规则应该也适用于微观世界。

“哥本哈根解释”——海森伯在 1955 年首次这样称呼这个由来自丹麦首都的智者所作出的量子力学的解释——在玻尔的同时代人那里没有引起多大反响，但人们在回顾它时却常常是反响强烈。这种不正常的态度首先要追溯到爱因斯坦的强烈抵制。爱因斯坦在 1927 年 10 月的索尔维会议上首次表达了自己的态度。这两位理论物理的巨子在那里开始、并在后来的很多场合继续进行的一场辩论，可以算作科学史上的巅峰之辩，是 20 世纪的一个传奇。这场辩论标志着爱因斯坦漫长的科学放逐旅程的开始。在占据科学前沿二十多年之后，他突然发现自己被挤到了一边。下一代把他当作一个昔日的英雄来尊崇，但在他们的未来中已经没有了他的位置，他们带着高度的尊重摇着头离他而去。

爱因斯坦激烈地自卫，并且向那些“小家伙们”挑战。但是这样做的唯一后果是，他们把自己的武器磨得更尖锐，完善自己的论据，巩固自己的理论。随着他的深入而又富于建设性的批判，正如安顿·蔡林格所说，他最后一次“为科学做出了有价值的贡献”——通过批判和怀疑，怀疑使目的变得神圣。

保罗·埃伦费斯特以他独特的方式记录了两个人的对话："就像下棋一样，爱因斯坦总是有新的例子。在某种程度上，这是用于打破测不准原理的第二类永动机。玻尔则一直从哲学的迷雾中寻找工具，来粉碎一个又一个例子。爱因斯坦就像一个盒子里的弹簧人，每天早上都精神抖擞地跳出来。啊，这真是妙不可言。"爱因斯坦在早餐时兴致勃勃地提出的反对意见，那位年轻人到晚饭的时候就给驳倒了。"我毫无保留地支持玻尔反对爱因斯坦，"埃伦费斯特总结说，"他现在对待玻尔的态度与当年那些绝对同时性的捍卫者对待他的态度一模一样。"

这是一个苦涩的总结。在十年之内爱因斯坦就从一个新世界观的辩护者变成了一个不明智的批判者，角色完全变了过来。年轻人责骂他是让人厌烦的"反动分子"。在他们眼中，爱因斯坦的做法就像一个受到冒犯的老先生，他对后生们百般挑剔，却因此而遭到他们的嘲笑。爱因斯坦的行为在私人生活中也遭遇到类似的处境：在这段时间里他强烈反对儿子汉斯·阿尔伯特的婚事，就像当年他的母亲曾反对他和米列娃结合一样。

在1930年举行的下一届、也是爱因斯坦参加的最后一届索尔维会议上，他又一次重复了这一幕。他是有备而来。玻尔起初没能驳倒他反对测不准原理的思想实验（理想实验）。这个丹麦人因此感到惊愕万分，以至于感到"物理学的末日"马上就要来临。埃伦费斯特不仅记录了这次辩论，而且还为他拍了照片。在他这个时期的一幅照片上展示了这两位决斗者：两个人都戴着帽子，行走在秋天的布鲁塞尔。玻尔把大衣搭在胳膊上，张着嘴正在讲话，目光中仿佛有些恐慌，正在迈着大步试图追赶爱因斯坦。而爱因斯坦则面带讥讽，得意地微笑，好像他刚刚中了一个大奖。这是他最后几次得意的事件之一。

这次论战的结果是三年前那次挫败的翻版。玻尔和他的支持者们以极大的优势在论战中胜出。玻尔熬了一夜找到了驳倒爱因斯坦思想实验的论据，即这一实验恰恰是违背广义相对论的。他命中了，爱因斯坦只能再次放弃抵抗。这场由他自己策划的革命把他的信仰推翻了，但他仍然坚持他的斗争。

1944 年，爱因斯坦从普林斯顿给当时住在爱丁堡的玻恩写信说："你相信掷骰子的上帝，而我相信这个世界上某种客观存在的完整的规律。量子物理刚刚开始的伟大胜利并不能使我相信这个基本的掷骰子游戏，尽管我清楚地知道，年轻的同行们认为这是我头脑僵化的表现。"他在 1951 年给他的朋友米歇尔·贝索写信说："整整 50 年的冥思苦想并没有使我接近'什么是光量子'这个问题的答案。今天每个小家伙都认为自己知道答案，但实际上那是他们的错觉。"

在 30 年代末尼尔斯·玻尔到普林斯顿拜访爱因斯坦的时候，爱因斯坦就开始回避与他交谈。但是在信中他依然与这个丹麦人交锋，提出他的怪问题——"上帝是否掷骰子，我们是否坚持一个可以用物理学描述的现实"。1949 年 4 月，玻尔给他回过一封极其友好的信："我甚至想说，没有人——包括亲爱的上帝本人在内——知道骰子这个词在这种情况中是什么意思。"

几乎所有的记载都这样讲述这段故事。但是在年轻的科学史学家中却有另外一个版本：爱因斯坦揭开了量子物理的伤疤，使它至今没有愈合。“我非常同情爱因斯坦。”克里斯多夫·雷纳（Christoph Lehner）说。他在爱因斯坦文集项目中工作了五年，现在在柏林马科斯–普朗克科学史研究所研究量子物理学的发展。“玻尔没有给出理性的解释，他只是对问题进行了描述。”他认为，就像今天的大多数物理学家一样，由于没有其他选择，玻尔只能是一个工具主义者。量子力学作为一种工具非常有效，它的预言准确地应验。爱因斯坦也从来没有否定过这一点，他反驳的不是量子力学，而是对它的解释。

雷纳说，玻尔描摹真实的尝试恐怕是失败了。“直到现在也没有得到普遍承认的、令人满意的表述。”但爱因斯坦也没有要求任何其他的东西，他的遗愿也就是要求物理学能够客观地描述世界。这个本身有点形而上学的要求恐怕直到今天仍然是有约束力的，但是玻尔和他的继承者们都没能实现这个要求。正是针对这一点，爱因斯坦发出了最后一次重击，使得量子物理学一直没有恢复过来。

1935 年，在他最后一篇具有永久意义的论文中，爱因斯坦与他的两位同事一起又一次向量子理论的捍卫者发起了挑战——用一个反面的论据，即“爱因斯坦（Einstein）—波多尔斯基（Podolsky）—罗森（Rosen）佯谬”，亦称 EPR 佯谬。这一难题至今没有按照作者的意思被解开。他们三个人说，量子理论只对世界作出了一个不完备的描述，即使它们是真实的，也只是揭开了真实性的一部分。我们现在还不知道，并不意味着我们不会知道。三位质疑者问道：难道没有世界现象直至最微小的部分与之看齐的“隐藏的参数”吗——而且是按照因果的意图？

爱因斯坦追求物理事实，坚持因果关系。他论证说，如果一个微粒以前没有一个特性，比如说自旋，现在它有了这种特性，那么在它身上便发生了一些客观的改变。但这种改变从何而来？爱因斯坦在做物理学的论证，而这时玻尔和他的辩护者们说话的口气却像在讨论一个纯心理学的过程。玻尔说，在小微粒身上发生的不是物理变化，而只是概念上的——从某种程度上说发生在观察者的头脑中。爱因斯坦则视之为谬论：鉴于这种结构有如云雾，根本谈不上真实性。雷纳说：“他有很好的论据，但玻尔没有。”

但是他们同时代的人却不这么看。“爱因斯坦又一次表达了对量子力学的看法，”沃尔夫冈·泡利挑剔地说，“众所周知，只要一发生，每次都是一场灾难。”爱因斯坦的质疑让物理学家们冒汗，但并没有把他们带离哥本哈根解释。

这时薛定谔用另一个佯谬支持了他的朋友爱因斯坦，并因此而扩大了他在外行中的名声，影响甚至超过了他著名的“Psi-函数”。人们把这个新的观点叫作“薛定谔猫”。一只猫坐在一个小箱中，箱子里还有一个放射性原子和一个设备，这个设备会通过原子的衰变而放射出致命的氰化物。当到达半衰期时，原子就有百分之五十的几率发生衰变。按照传统的观点，猫活与死的可能性是一比一。它活还是死，取决于那个原子是否衰变。

根据哥本哈根解释意义上的量子物理学，原子处于一种

“叠加”状态。正是由于人们试图测量原子是否已经衰变，这种“超级状态”才被破坏。从数学的角度讲就是波动函数被毁掉。由于这种致命的机制，这种毁灭也就涉及猫。只要没有人查看，它就处在一种中间状态，既非单纯的死亦非单纯的活。但是，只是因为测量才产生了真实性，这种说法却显得非常荒谬。难道就不应该有别的解释吗？薛定谔这样问。

爱因斯坦祝贺这位朋友，他如此清楚地展现出了这种解释的错误性。关于玻尔，他曾这样写道：“还有这样一位神秘主义者，他把对一些东西的疑问作为非科学来禁止，而这些东西的存在与它是否被观察毫无关系；比如关于猫在被观察之前的某个特定的时间点是否活着这一问题就属于这种情况。”70 年之后，叠加已经成为量子物理研究的中心。“超级状态是真实的。”安顿·蔡林格说。如果在他的实验室将光射向一条双隙，那么飞出的一个单独的光子确实有一半的概率从一条缝隙中通过，有一半的几率通过另一条缝隙——就像猫既可以说死又可以说活。只有测量才能确定光子的状态——或者换个说法：只有通过测量光子才能确定自己的状态。这么说来，也只有查看才能决定猫是死是活吗？用这种疯狂的论点是无法制服真相的。

正如在维也纳的蔡林格那里一样，这些在量子物理学家的实验室中发生的事情乍看起来就像学校里的物理一样平常。光线被放射出来，人看不到，但仪器能够看到。它们的道路在光线分离器中被分开，一条变成水平方向，另一条变成垂直方向——但这只是在人们测量它们的时候：咔，咔，咔，咔。因为在“认知”中，它们是相互联合的，或者如他们在这里所说，是交叠的。无论它们分离开多远，只要一测量，一个就会知道另一个的去向。右手总是知道左手在干什么，即使它们不再连接在一起。只有通过这种效应才可能成为光束。

后来成为新的量子世界基础的“交叠”概念是由蔡林格在“EPR 佯谬”的基础上引入的。通过量子状态的叠加可以产生交叠——正是蔡林格团队当时在实验室中惯常制造的那种状态。交叠与量子化和测不准原理并称为量子力学的支柱。

但是，爱因斯坦、波多尔斯基和罗森在 1935 年论证说，这不就意味着光子交换距离信息而不需要时间吗？如果量子力学是完备的话，必然会是这种情况。但是爱因斯坦认为这样的“灵异一样的远程作用”是件不可能的事情。直接的信息交换是违背狭义相对论的。也就是说，微粒必定事先已经拥有了它们的特性。“由爱因斯坦的观点可以引出一个违背经验的不等式。”克里斯多夫・雷纳解释说。换句话说，就像维也纳的研究小组在日常工作中不假思索所做的那样，人们可以通过实验准确地展示出爱因斯坦认为不可能的事情。EPR 佯谬为蔡林格小组提供了工作的基础。“如果量子力学是完备的话，那么……”爱因斯坦的这个否定性假设被他的继承者们用肯定的语气推翻了：“它确实是完备的，真的发生了。”量子力学体系就像爱因斯坦反对它时所说的，就是这样奇怪和诡异。“他没有想到，”雷纳说，“灵异一样的远程作用是真实的——一个非同寻常的事实。”

在维也纳，他们进行着与灵异的游戏。2003 年 5 月，蔡林格和他的研究工作被登在了权威科学期刊《自然》的封面上，以此庆贺“净化的交叠光子”的诞生。同样在2003年，这个维也纳团队实现了一个相距600米以上的交叠，而且是在户外越过多瑙河。这是一个世界纪录。次年他们进行了一个轰动一时的实验，演示了密码文件应用的可能性。他们用量子力学的原理编码，并当众进行了一次从市政府向一个银行分行保密的汇款转账。这次转账利用向行进道路不同的光子的交叠进行编码。但保护光子不被窃听的，并不是实验的地点——著名的维也纳下水管道系统，而是交叠的原理：未被授权的第三者不可能偷偷接入，因为对数据的测量会立即破坏系统而被发现。

为这一切奠定了基础的哥本哈根解释至今还是量子物理学家们讨论的重点。还有一些奇怪的新解释也正在讨论之中，如“多世界表达”。按照这个解释，量子力学确实完整地描述了真实性，而这一点正是爱因斯坦所怀疑的。这个理论认为，宇宙有可能在每一次观察中分裂成若干小宇宙，或者一个宇宙分裂成多种状态。在一个状态中薛定谔猫是活的，在另一个中它是死的。

这些新的解释中有一点符合爱因斯坦的意思：它们不需要“灵异般的远程作用”。安顿·蔡林格认为这些科幻小说一样的想法在物理学上毫无用处。对他来说“哥本哈根解释”仍然有效。但是他明智而谨慎地引用了玻尔的一句话：“每一个真实的反面都是错误，但是每一个深层次真实的反面还是一个深层次的真实。”玻尔用这句话描绘了物理学领域中最美妙的哲学避难所。

第十八章　巨人的失败

——探索世界方程式

他的生命之钟现在明显地落后于时代——只有他的梦想超前。大众和媒体的兴趣在逐渐减弱，但爱因斯坦的热情却丝毫不减。他大声地宣布下一项突破，然后又悄悄地收回。

这本该是他科学研究生涯的顶峰。实现他的梦想，将物理学全部理论统一起来，将会成为超越其他所有成就的最伟大的凯旋。爱因斯坦为这个宏伟的目标所投入的时间比其他工作都要多。三十多年以来，他一直尝试着把从量子到宇宙、从最微小的到最庞大的世界现象全都归纳到一个方程式体系中，总结出一个适用于一切的理论。

一开始，全世界都在饶有兴趣地倾听，着了魔似的紧盯着从这位智者的斗室里冒出的一缕缕难以描述的烟雾——认识之迷雾。在1929年他50岁生日的前夕，这种轰动达到了顶点。普鲁士科学研究院将他的一篇新论文印刷了1000份，结果被一抢而空。伦敦的高档商场“Selfrigdes”把他的论文贴在橱窗里展示，引得一大群好奇者围在那里看——尽管没有人懂得上面说的是什么。《纽约先锋论坛报》（*New York Herald Tribune*）的柏林通讯处把全部内容通过电报发回总部全文发表。当然，没有人能理解，这篇被到处宣传和展示的论文究竟讲了什么。大约一百来个记者守在爱因斯坦在哈伯兰特大街的住所前面，以便抢到第一手的新闻。

“世界期待着您的解释。”当《纽约时报》的怀特·威廉姆斯（Wythe Williams）在爱因斯坦的家中见到这位被追踪者时这样说。早在 1928 年 11 月，这份报纸就听到了关于这篇新论文的风声，并报道说：“爱因斯坦临近伟大的发现”。这家报纸的一个编辑曾经在爱因斯坦的一个等式中发现了一个数学错误，从那以后爱因斯坦一直很重视这份报纸。威廉姆斯，这个唯一获得接待的记者，现在要求他做出解释。而爱因斯坦只是把他的头埋在双手中，回答了一句“我的天啊”。

在这 10 年之内产生了两个描述世界的基本模式——广义相对论和量子理论。这两种理论互相排斥，但每个理论本身都有效。前者把场方程作为宏观世界的标志，它的语言是几何学。而量子力学用代数语言来描述微观世界。一对势不两立的姐妹，同一个自然的两个规则。

谁能把它们统一起来，谁就拥有了智者的钥匙：世界方程式。因此当这位精神上的强者在柏林发言时，大众和媒体全都狂热起来。当《纽约时报》的摄影师请他摆一个独特的姿势来照相时，爱因斯坦转头对记者威廉姆斯说：“可能他想看我头朝下倒立。”然后这位物理学家与他们告别时说：“我搞不明白，为什么我的小小的手稿引起那么大的动静。”

但是这份“小小的手稿”在他心里到底有多重要，我们从1929年1月初他写给朋友贝索的一封信中可以看出。他在信中说：“那个让我几乎每天冥思苦想，甚至想到深夜的最完美的东西，现已大功告成，就摆在我的面前，已经压缩成7页，题目为《统一场理论》。”

早在20世纪初，爱因斯坦就开始尝试在一片未知的领域中行走，希望有一天能够把巨人国和小人国、宏观世界和微观世界统一起来。他想把两种场理论，亦即麦克斯韦与洛伦兹的电磁场同引力场（如他在广义相对论中所描述的）融合成一体。他把物理学的场看作最伟大的科学成果——正如他后来对埃尔文·薛定谔所说，是一个“将我引向孤独的观点”。这个“统一场理论”使他为之疯狂，为之着魔，也为之受尽折磨。

如果其他人享有他这样的声望，便会去创办学校，领导研究所，投身于向后代传授知识和智慧的教育事业。但爱因斯坦却坚持做一个探索者，在信念的支撑下几乎是独自一人在漫漫长路上前行。在1925年他就以为自己“经过不懈地寻找之后”终于达到了目标，“找到了真正的答案”。但他很快就发现这个想法错了。从此，他就开始没完没了地、几乎每年一次提出他的观点和发表论文，接着便是失败、承认、撤回、又建立新的信心的过程。

“它看起来古色古香，”爱因斯坦在1929年初给贝索的一封信中表达了对自己新提出的统一场理论的赞美，“我亲爱的同行们，还有你，亲爱的贝索，马上就会伸出舌头，从头到尾啧啧称奇。因为在这些方程式中没有出现普朗克的 h。但是当人们真正达到统计学偏执的容量极限时，他们就会满怀懊悔之心重又回到时间—空间观点上去，这时这些方程才会成为出发点。”

爱因斯坦坚定地相信他的新的方程式。他的广义相对论在“时间—空间观点”上的成功以及他对“统计学偏执”的强烈反对必然使他看不到自己理论的缺点。他确实认为放弃普朗克常数而实现普遍化—— 一种普遍适用的作用量子——是可行的。他在寻找一种方程式来证明物质仅仅是由蜷缩的时空构成的，就像他的引力理论所描述的，是一种理论对另一种理论敌对性的接纳：正如他没有推翻牛顿，而是证明牛顿的理论在他自己的理论范围内同样有效；量子力学也应该是这样，作为一种特殊情况被包含在统一场理论之中。小人国中的小矮人应该与巨人王国相适应，而不是让巨人适应小人国，他并未打算给二者建立一个平等共存的家园。伟大的爱因斯坦——一个被困在他用自己的信念构建的金色牢笼中的囚犯。

由于他没有把量子包括在内，他从 1925 年以后 30 年坚持不懈研究和探索世界方程式的故事便成了人们谈论的佚事——而这仅仅因为是爱因斯坦所做的。他自始至终忠实于他的研究项目。他想找到那些符合他的科学观念的自然法则，用它来完整、统一地描述世界。可惜这一次幸运离他而去。

就连在相对论的研究中，他也曾在那些原则上有无限多种可能性的理论中一个接一个进行试验，最终幸运地找到了那个正确的理论。但是这次他缺少了那些曾经两次正确引导他的东西：类似于他的相对性原理或者等效原理那样的东西，只有这样的东西才可能为他新的理论大厦奠定基础。而且，这一次比研究广义相对论时更加缺乏经验基础：根本就没有那些可以作为准则的观察或者实验数据，比如迈克尔逊—莫雷光速恒定性实验或对水星近日点进动现象的观察。

“爱因斯坦无法找到世界方程式还有另外一个原因，”离多伦多不远的加拿大滑铁卢的年轻教授托马斯·逖曼（Thomas Thiemann）说，“他没有考虑到所有已知的自然力。”爱因斯坦想要统一的电磁力和引力并不是仅有的自然力。除此以外，在30年代还发现了“弱力”和“强力”。前者对放射性衰变非常重要，后者将原子核凝聚在一起。逖曼说：“一个统一的理论当然应该包括所有已知的力。”

物理学家逖曼是波茨坦附近的戈尔姆阿尔伯特·爱因斯坦研究所的工作人员，现受聘于滑铁卢回环（Perimeter）研究所，以作为科学研究的第二条出路。这里是量子物理学的一个新的理论中心。经营无线通讯设备的当地企业家麦克·拉扎莱第斯（Mike Lazaridis）在那里为理论物理工作者创建了一个天堂。对这些物理研究者来说，平等的地位、完全的独立和知识的密集比一个稳定的职位重要得多。除了丰厚的收入以外，还有酒吧和餐厅、会议中心和壁球场—— 一个为21世纪的前沿研究创办的高等研究所。

只有那些在理论物理的重重迷雾中充满梦想，同时把一切纳入自己的视野，并能毫无困难地将观察宇宙的镜头从最近处推向最远处的人才可以参与这里的工作。他们梦想着实现爱因斯坦最后的憧憬，逖曼属于研究所里天分极高的人之一。这些天才们坐在蜂房般密集的思维工作室中，绞尽脑汁，冥思苦想。透过逖曼房间的窗户可以看到一个用木料和砖头建造的小城的景象，他的房间如同修道士的居室，整洁而又明亮。房间的陈设很简单，只有放着计算机和电话的写字台，自己的椅子和一把供客人坐的椅子，还有一个书架和必不可少的黑板。黑板上令人费解的字符中隐藏着最后的真理的影子。

这位年轻的教授在“量子—引力—回环”研究部工作，正在研究通向世界公式的新途径。在思想上他尽可能直接追随着爱因斯坦的足迹。现代物理学的各个分支全都汇集在他的头脑里，就像很多线路交织的控制中心一样。他谈到大爆炸和暗能量，谈到超新星和黑洞，谈到万有引力波检测器、粒子加速器、量子场理论和宇宙论。因为一个“大统一的理论”最终必须涵盖这一切，包括这些理论、观察、现象、实验，还有爱因斯坦和海森伯的方程式，以及汉诺威的彼德·奥弗姆特和西班牙特内利费岛上的约翰·贝克曼所做的测量。

逖曼和他的战友们、全世界大约 100 位研究者在当时流行的“弦理论”的阴影下工作。从事这种弦理论研究的科学家足有 1000 人。它的模型有可能解决一个此前任何一种世界方程式都会碰壁的难题：凡是按照传统物理学的方式，以无限小的微粒作为出发点进行研究的人，一定会在某一时刻遇到所谓的“奇点”，并在这一点上一次次地看到他的方程式失灵。“会出现没有数学意义的值，比如无限数字和超过 100% 的概率。”逖曼解释说。

如果这些微粒不是一个一个的点，而是一些延伸的振动的线（“弦”），这种新理论的维护者说，那么这个问题就轻而易举地解决了。然而这种关于宇宙音乐之弦的美妙解释也有它的代价：无论如何也找不到这样的几何表示，可以让这些弦在时空中向四个方向振颤。只有除了空间和时间之外再额外加入六个空间方向，扩展到“超弦理论”，甚至加入第十一个维，这个弦方程式才能“有效”。

增加维并不是新的想法。早在 1921 年，柯尼斯堡的数学家西奥多·卡鲁扎（Theodor Kaluza）就曾提出给爱因斯坦的时空接上一个第五维，他这样做是为了从表面上将爱因斯坦的引力理论和麦克斯韦的电磁理论统一起来。当卡鲁扎的同事，住在哥廷根的瑞典人奥斯卡·克莱因（Oskar Klein）把他的理论普遍化之后，这个“卡鲁扎—克莱因”理论在某段时间内看起来好像已经实现了爱因斯坦的大统一梦想。

但是很快爱因斯坦就怀疑，是否真的存在这个第五维，它是不是只展示了一个纯数学的辅助结构。他时空概念的四个维符合物理学的事实，而第五维好像还悬在空气中。最后“卡鲁扎-克莱因”理论被证明是不可靠的。托马斯·逊曼和他的同事们也抱有类似的怀疑态度。他说：“弦位于十到十一个维中，但我们只观察到四个。”因此人们肯定会担心，多余的那些维是无法观察到的——“但是到今天还没有人证明这一点”。因此这位“量子—引力—回环理论”的代表在四维时空中寻找他们的世界方程式，并希望按照他的方式来实现爱因斯坦的梦想。他们认为空间不是均质的，空间本身就是由细小的微粒构成的——由无数互相交织的回环小圆圈组成。

按照这个理论，时空不具有连续性，它像物质一样是量子化的。但是这种量子化所发生的数量等级却微乎其微：如果一个原子像我们的银河系一样大，那么一个量子的回环圆圈就不会再像一个原子那样占用“空间”了。逖曼又谈到了“量子泡沫”。尽管这听起来十分离奇，就像想象十一维空间中的线条一样，但是这种理论的优点是没有出现额外的维。

爱因斯坦会赞成量子几何学还是赞成弦理论呢？逖曼觉得不存在这样的问题，所有的理论都必须互相适应。“我们和弦理论学者不分高下”，他说，他不认为必须要决一胜负。“我们是竞争对手，同时又是合作伙伴。”他更愿意相信，最终两者有可能共同达到目标。到那时，更重要的是“什么结果”，而不是“谁对谁错”。“如果成功了，那么它是一场物理学的革命，就像广义相对论和量子力学一样。”

他提到了“共同努力”，但是像爱因斯坦一样，他并没有完全放弃个人英雄主义的理想。每一个人都必须了解全局，但是最终总是个别的几个人向前迈进。“就像一场球赛，每个参加者都有可能再进球，也许某个人过了一会儿就进了。只要越过难关，一切就变得简单了。”他认为，这可能在接下来的十年内就会发生。“总的来说，我们已经克服了四个巨大的障碍，现在还剩下两个横在我们面前。这使我们更有信心攻克最后的难关。”

回环研究所在世界范围内率先研究的量子—引力—回环理论与弦理论的区别在于：它在可能的情况下通过了一定的宇宙

试验的检验。逖曼说："我们想到了自然界的闪电，它来自非常遥远的地方。如果光子需要经过 100 亿年才能到达地球，在这么长时间内它们就有可能受到空间的粒化结构的影响。"它们必然要穿过微小的回环圆圈。能量较多的光粒子会比能量较少的光粒子受到更大的阻碍，它们也就到达得更晚——这是可以测量出来的。"根据情况不同，差别可能会达到 10 秒。"

但是他所说的"障碍"和"难关"，指的是对理论的"数学一致性"所进行的高度复杂的研究。他可以很方便地在因特网上查阅他的"运算子"和几何方程式。而爱因斯坦必须要请教一下他那个时代的数学家才能够找到合适的运算工具。数学作为理论的"助产士"必须向物理的真实性这个最高标准看齐。计算必须支撑实在性。这里还有另外一个导致爱因斯坦统一场理论失败的原因。他的助手巴耐什·霍夫曼回忆说："他的探索……更像是在昏暗的数学丛林中摸索，物理学的直觉只能给这片丛林带来微弱的光亮。"

只有数学的优美才能宣判一个理论的价值，现在是不是爱因斯坦在广义相对论研究中的这种自欺欺人在进行报复？要想在微观世界和宏观世界之间的鸿沟上架起一座桥梁，仅仅优美和对称是没什么用的。"爱因斯坦奋力向前游，"托马斯·逖曼说，"但是他知道，并且对此不抱什么幻想。"他在 1912 年和 1915 年间研究广义相对论时，不也是先失败很多次然后才成功的吗？

沃尔夫冈·泡利代表其他"持批判态度的物理学家"给爱因斯坦写信说："对这些人来说，剩下的只是庆祝（或者我应该说：哀悼）你成为一个纯粹的数学家。”爱因斯坦本人在1923年领取诺贝尔奖的致辞中清楚地解释了统一场理论所遇到的问题：“遗憾的是，尽管我们做出了努力，但我们还是不能像导出引力理论时那样找到经验事实的依据……而是受到数学的简单性准则的限制，不能任意妄为。”

致命的、但同时对他来说又是值得欣慰的一点是：他对自己工作和事业正确性的信心支持着他挺直腰杆。1929年1月底，爱因斯坦接受一家英国报纸《每日记事》（*Daily Chronicle*）的采访时确实说过：“现在我们知道，那种促使电子在其椭圆轨道上围绕原子核运动的力，就是那种让我们的地球每年绕着太阳转，给我们带来光和热，并且让地球上的生物得以生存的力。”

世界方程式的研究者在考虑什么，这句话做出了清楚的说明，但却没有给出回答。直到今天也没人知道如何解答，也许永远都不会有人知道。爱因斯坦在这个问题上失败了。是不是所有尝试物理学至高领域的人都会遭到同样的命运？是不是因为世界方程式可能根本就不存在？爱因斯坦曾说过：“想要在真理和认识领域成为权威的人，将会在上帝的嘲笑中遭到失败。”

他的生命之钟现在明显地落后于时代——只有他的梦想超前。大众和媒体的兴趣在逐渐减弱，但爱因斯坦的热情却丝毫不减。他大声地宣布下一项突破，然后又悄悄地收回。早在1930年他就透露要研究一个全新的理论，并且后来总是如此——就像广义相对论出现之前那样。能不能不这样呢？

“阿尔伯特以前从来没有这么努力过。”他的妻子爱尔莎对她的朋友安东尼娜·瓦伦廷说。“他想出了最美妙的理论。这个理论越来越完美，每天都在改进。如果它能一直正确就好了!!”沃尔夫冈·泡利则用惯常的讽刺的口吻说，爱因斯坦每年都提出一个新理论，每次他都认为这是最新的，而且每次都认为是最终的解答；至少这在心理上是很有意思的。

1938 年夏天，爱因斯坦宣布：“在进行了 20 年的寻觅之后，终于在这一年找到了一个颇具前景的场理论。”年龄、流亡和孤独都显得不值一提。如果换了别人，作为一个业余理论家，这种认真的追求可能就变成一种微不足道的消遣，并且坚持不了多久。但对爱因斯坦来说，这一爱好就是故乡、避难所，甚至生命。他自己就是这么认为的。“我工作起来就像一个飞奔的人，像一个野人一样骑着我的木马到处跑。”

什么时候他可能已经猜到，或者说已经知道，他与之斗争的这个难题依靠个人的力量估计是永远无法解决的。在他临去世的前几个月，他向贝索吐露了心声：“我认为这是完全可能的：无法在场的概念上，亦即连续的构造上建立物理学。那样的话，我的整座空中楼阁，包括引力理论在内，也就不复存在了。”

第十九章　从炼狱来到金元帝国
——爱因斯坦的美国

然而作为整体，他这个新的祖国并没有给他所梦想的宽容、平等和自由，而是隐蔽或公开的监视，种族主义和反犹主义——这就是美国的社会现实。

她们大声尖叫，好像打算扒掉他身上的衣服："爱因斯坦！……爱因斯坦！"几百名少女身着裙装，手执小旗红花，聚集在圣地亚哥码头上，激动地迎接这位科学界的巨星。呼喊声，鼓号声，欢乐的歌唱，还有拉拉队长和表达热情的一切办法。"她们涌向我的轮船，"爱因斯坦在日记中写道，"献给我盛开的鲜花，多得让我抱不住。最后我不得不躲进船舱吃几口早餐。"

1930 年 11 月 29 日早晨，刚过 7 点，爱因斯坦旋风就猛烈地刮了起来。"现在穿过人群走向汽车，"受到围堵的爱因斯坦描述道，"先是酒店用餐，然后电台广播，不要忘记上午参加在市立公园柱廊举行的热情洋溢的迎接仪式，仪式上有管风琴演奏（《守卫莱茵河》）和官员发言"。

爱因斯坦在美国不论走到哪里都会遭到记者的围追。有人递给他一张写满公式的纸，有人观察他是否会小口吃东西，就像观看稀奇的动物；还有人像看天外来客，期待他做出与众不同的反应。有一次爱因斯坦摆脱人群享受日光浴，全身仅用一条四角打结的手帕遮蔽头部，这一幕恰巧被《华盛顿先驱报》的记者希茜·佩特森（Cissy Patterson）看到。这位女记者不敢上前与爱因斯坦搭话，却在报纸头版写了一篇下流的报道。“爱因斯坦就是销量”，没有哪里能比美国的出版人深谙此道。甚至人们如何无法采访到爱因斯坦的过程也是吸引读者的故事。

如果不是在美国引起如此巨大的反响，爱因斯坦也许永远不会成为全世界所认识的那个超级巨星。只有美国人对他真诚而又天真的顶礼膜拜才将这位凯旋之子推到了科学界一代宗师的地位。全美国为他震惊，为他庆祝，有时甚至有些过头。没有哪件事能比爱因斯坦发现科学新大陆更让美国人激动。在欧洲他被看作第二个哥白尼，而美国人则称他为“科学界的新哥伦布，孤独地穿行在未知的思想海洋中”。普林斯顿大学的校长用德语向他问候，在这里他获得了众多名誉博士头衔中的一个。这件事情发生在1921年，比这次在圣地亚哥受到如此热烈的欢迎差不多早了10年。

随着首次美国之旅的展开，爱因斯坦开始了他在美国的经历。如果说，以前他对1919年11月日食观测结果的公布给他突然带来的声誉感觉眩晕和无所适从，那么现在他已经完全习惯了人们狂热的欢呼。其实早在1921年4月1日，当爱因斯坦抵达纽约港的时候，记者们就曾不顾一切地冲向他的轮船，对他表现出极大的好奇。

根据《纽约时报》的报道，“爱因斯坦有些拘谨地看着一位崇拜他的摄影记者。他一手拿着一只泛光的欧石楠木烟斗，另一手紧抓着他的价值不菲的小提琴”。这样的情景他还从未经历过，片刻间，闪光灯、各种提问暴风雨般向他袭来，声音最高的人才能获得提问的机会。所有人最想得到的是有关相对论的解释。

爱因斯坦不会说英语，只能靠他夫人爱尔莎的帮助来解释相对论。在这种场合下他解释道：“从前人们认为，如果所有物质从宇宙中消失，只会剩下空间和时间。相对论则指出，空间和时间也会随着物质的消失而消失。”在爱因斯坦离开轮船之后，人围得更密集了。兴奋的人群在港口狂叫着迎接这位来到美国的客人。挂着美国国旗和犹太复国主义旗帜的汽车排成长龙，传来震耳欲聋的鸣笛声。

载着爱因斯坦夫妇和犹太复国主义者领袖查伊姆·魏茨曼的敞篷车没有直接回酒店，而是跟随游行车队横穿曼哈顿到了下东区（Lower East Side）。“一路上，道路两旁的人行道上站满了挥手欢呼的人群。”——《纽约时报》报道说。像迎接体育偶像、电影明星或者凯旋的战士一样，他们伸出手来想要触摸他。爱因斯坦确实倾倒了这个国家。

之后几天，记者们跟随爱因斯坦夫妇到华尔道夫饭店（Waldorf Astoria）他们的套房。爱因斯坦不断陷入窘境，同时又觉得惊讶和兴奋。“纽约的女人们每年都追求新的时尚，”他对记者们说，“今年流行相对论。”这足以看出爱因斯坦的幽默，就像小丑在这里找到了他的观众。

但快乐只是暂时的，随后爱因斯坦将面对严峻的现实生活。4 月 8 日，爱因斯坦和魏茨曼获得了纽约名誉市民称号。同年 4 月 12 日，在曼哈顿第 69 集团军的军械库里，面对挤在这里的 8000 多人，爱因斯坦做了那天晚上最简短的演说：“你们的领袖、魏茨曼博士已经讲了话。他代表我们大家讲话，讲得非常好。跟随他你们会更好。我的话完了。”这样一段让人哭笑不得的演讲却赢得了暴风雨般的掌声和欢呼。爱因斯坦几乎不了解他对大众的影响力，他对《纽约时报》的发行人阿道夫·奥克斯（Adolph Ochs）承认，他认为民众对他个人的兴趣是“心理变态”。

4 月 25 日，爱因斯坦在白宫与美国总统哈定（Harding）的会面看起来更像是一出“哑剧”，和返回德国之后爱尔莎对《柏林日报》所描述的一样。爱因斯坦只会一点儿英语，而哈定又不会讲德语，因此两个人只能长时间地相互微笑着握手，直到摄影师相机的咔嚓声不再响起。5 月 13 日的《芝加哥论坛报》报道：“爱因斯坦在这里——不是相对地而是严肃地说，他需要五天来解释他的理论。”因此记者决定“将采访限定于其他内容”。在爱因斯坦和爱尔莎的照片的上方有这样一行问题：“世界上最聪明的人?”。

在波士顿，一位长期关注科学论争的记者等待已久，他递给爱因斯坦一张包含有 150 个问题的问卷，比如“谁发明了对数?”，“什么是白血球?”，“地球和太阳之间的距离是多少?”，等等。这是由托马斯·爱迪生（Thomas Edison）设计的一张问卷，本来是用于测试前往他公司应聘的人的。爱因斯坦对这个问卷的回答显示了他的聪明。“声音的速度是多少?”一位记者翻译成德语问道。“这个我背不下来，”爱因斯坦回答，“我从来不记在书本上可以查到的现成信息。”按分数爱因斯坦赢了爱迪生，但他还是赞扬爱迪生是一个伟大的人。

在克里夫兰，等待迎接他的群众有3000多人，现场几乎发生骚乱。当月月底出版的《克里夫兰快报》把被欢呼声包围的爱因斯坦描述为“一个典型的教授，留着相当长的灰白头发”。不管是否刻意如此，爱因斯坦完全符合先锋派科学艺术大师的形象。

在访问普林斯顿期间，突然出现了光速恒定性实验已被驳倒的传言，并因此引起了大众对相对论的怀疑。针对这种情况，爱因斯坦说了下面这句著名的箴言：“上帝难以捉摸，但他没有恶意。”这句话如今镌刻在石头上，作为普林斯顿大学数学系俱乐部壁炉的边饰供人们参观。

爱因斯坦首次美国之行的尾声令人不太愉快。1921年7月4日，仍然不懂如何与媒体周旋的他接受了*Nieuwe Rotterdamsche courant*一位记者的采访，结果在美国激起了轩然大波。7月8日，《纽约时报》头条转载了这次采访：“爱因斯坦认为，在美国，妇女处于统治地位。这位科学家说，美国的男人就是女人手中的小哈巴狗。人们感到无穷的无聊和烦闷。”

报道一出，恼怒的读者纷纷来信指责爱因斯坦。报纸加发社论评价他的言行：“他的高论在大多数美国人眼中是缺乏判断力的。看来他是属于这样一类人，特别是属于仅仅作为德国教育产物的一类人——虽然从血缘和出生地来说他不是德国人。”说他的出生地不是德国是错误的，但说他仅仅是德国教育的产物则多少有点儿靠谱。社论还说：“爱因斯坦博士对热情好客的主人这种粗野无礼的嘲讽，我们是不会原谅的。”

爱因斯坦懊悔万分。他在报纸上公开表示对荷兰的相关报道感到“震惊”，并再次保证他对美国人的“感激之情”。但这不是他最后一次惹恼美国人。像他这样一个极度坦诚的人，根本无法掩饰他看法中的矛盾，而且，他也没有认识到美国人的友好态度具有两面性。他们的友好态度通常被外国人理解为友谊。爱因斯坦认识了美国和美国人，却并不了解他们。他那个时代的美国既非公开的民族主义，也非激进的爱国主义，而是注重自我防卫。如果他们遭到攻击，所有美国人就会团结起来，直至今日仍然如此。另一方面，美国人表现得又很大度，通常并无恶意，他们乐于原谅，这是他们最让人喜欢的秉性之一。当爱因斯坦在 10 年之后踏上加利福尼亚的土地时，当年的不快早已烟消云散。

这是爱因斯坦第二次造访美国。当时他跟美国还处于调情阶段，拉拉队则兴高采烈。然后是第三次，第四次，直到 1933 年，爱因斯坦在这里开始了他的流亡生涯。但在相互调情过程中形成的却是一种毫无浪漫可言的关系，随着 1940 年他加入美国国籍，最终造就了一桩理性的婚姻，任何时候都谈不上有什么爱情。“他在美国从来都不幸福。”以色列驻华盛顿大使阿巴·埃班（Abba Eban）日后回忆说。

被逐出德国，失去了欧洲，爱因斯坦在他剩下的生命里成了一个没有故乡的人。维系他和他的文化大陆联系的唯有无可奈何的乡愁。内心里对日耳曼妮娅（历史上象征德意志帝国的妇女形象）的热爱会引起公众的不可调解的憎恨。只有从这个角度，才能理解 1933 年以后爱因斯坦在美国的生活：投入政治活动，投身难民工作，设立和平主义奖（短期），参与军事研究，他在发展原子弹过程中的作用，在以色列问题上的妥协，等等。总之，他坚持以各种方式同他内心的德国恶魔进行斗争，尽管有些气恼又有些悲伤。

1930 年末 1931 年初，德国风琴曲《守卫莱茵河》在被爱因斯坦多次称为“天堂”的加利福尼亚为他奏响——尽管他并不喜欢这首故乡的歌曲。一座仿建的伊甸园里长着棕榈树，还有花园和宫殿，作为一座未来工厂的背景；这座工厂进行有关内容的表面爆发试验。这简直就是内心补偿的写照——他满脸微笑地坐在宽敞的轿车里穿行在宽阔的马路上。“每两个人就有一辆汽车，”爱因斯坦发现，“很少有人步行。”

远在家乡的朋友从《一周之声》（*Tönenden Wochenschau*）上可以读到或听到爱因斯坦的情况。海蒂·玻恩看到一张“载着美丽的海的女儿的花车”照片后写道：“从外表看起来这些事情如此疯狂，但我感觉到：上帝或许已经知道，他在做什么！”爱因斯坦第一次到超市就被吸引住了：“商店这样布置太棒了。顾客们自己选货，然后为装进购物筐里的东西付账。包装也很有创意，尤其是装鸡蛋的纸盒。走在路上人们都认识我，冲我微笑。”

有人请爱因斯坦出演电影中的角色，妻子爱尔莎费尽了力气才回绝掉。一位女富豪为了能够拜访他，给加利福尼亚理工学院（位于帕萨迪纳的加利福尼亚理工学院，亦即今天爱因斯坦研究中心所在地）捐献10000美元，结果也被拒绝。还有人向他索要旧鞋，同电影明星和总统候选人的旧鞋一起展览。人们给他奉上阿拉斯加的鲑鱼，成筐的热带水果，获得奖章的火腿。“食物通常由不同种族的人带到我的住所，这些人除了美国式的微笑以外毫无共同之处。”这是爱因斯坦笔下的印象。

在保守的加利福尼亚，爱因斯坦带给人们的不仅仅是喜悦。他接受了社会批判作家厄普顿·辛克莱的采访，后来他们成为朋友。爱因斯坦向理工学院的学生提出：“所有科技研究必须首先关注人类和人类命运，重视解决劳动组织和财富分配中悬而未决的重大问题。这样，我们的精神成果才能给人类带来幸福而非灾难。要牢记这一点！”爱因斯坦因此受到该校200名富有的资助人的青睐，并受邀参加在科研所的俱乐部举行的晚宴。

在帕萨迪纳，爱因斯坦拜访了传奇人物阿尔伯特·迈克尔逊。1887年，麦克尔逊与爱德华·莫雷共同证明了光速的恒定性，从而宣布了以太理论的终结。爱因斯坦向已经89岁高龄的迈克尔逊表示，没有他的工作，相对论依然只是一个猜想。但是在爱因斯坦1905年发表的文章中并没有提到这两位美国人和他们用干涉仪进行的具有划时代意义的实验，这一次依然回避了这个问题。

在紧靠威尔逊山的天文台，爱因斯坦拜访了一年前通过观察遥远的银河系发现红移和宇宙膨胀的埃德温·哈勃。对于哈勃的发现，爱因斯坦给予很高的评价，并认为应该把纯属多余的“宇宙常数”去掉。而那个拉姆达（Lambda），也就是宇宙常数，却于20世纪末重又回归宇宙学中。爱因斯坦每次参观游览都有一伙摄影记者跟随——爱因斯坦在世界最大的望远镜前，爱因斯坦在沙漠，爱因斯坦在棕榈泉（市），爱因斯坦与漂亮女士野餐，等等。

爱因斯坦还在好莱坞拜访了“电影业沙皇莱姆勒（Lammle）。他是个犹太移民，有些驼背，家境窘迫。但他十分聪明，可以调动影星，如同一个慵懒的魔术大师”。莱姆勒为爱因斯坦放映了根据艾利希·马利亚·雷马克（Erich Maria Remarque）的小说拍摄的电影《西线无战事》，影片如实再现了一战的残酷场面。爱因斯坦在日记中写道：“这是一部很好的影片，可惜在德国遭到纳粹禁演。”

爱因斯坦还如愿见到了已成功闯入好莱坞的英国无声电影之王查理·卓别林。无论是他的内心还是外表都与查理·卓别林有几分相似。爱因斯坦体现了卓别林所扮演的角色。从来没有一个这样身份的人与流浪者的形象如此接近，更没有一个科学家会这样。卓别林在电影中表现流浪者的形象，但现实生活中他如同居住在豪宅里的王侯，他还请他的客人在家里用小提琴演奏了莫扎特的奏鸣曲。卓别林后来回访爱因斯坦，说爱因斯坦位于柏林哈伯兰特大街的房子拥挤而简陋。

卓别林邀请爱因斯坦参加《城市之光》的首映式。爱因斯坦和卓别林一样身着晚礼服，使他显得神采奕奕。相反，他的夫人爱尔莎穿着一身宽松的晚装，加上手里拿着少不了的观剧眼镜，则显得像个乡巴佬。放映完毕，全场起立为电影界和物理学界的这两位英雄热烈鼓掌。理论家爱因斯坦问实践家卓别林，人们鼓掌是什么意思？“没有任何意思。”卓别林回答。他对这种尊崇的解释是：“人们为我鼓掌是因为他们看懂了我，为您鼓掌是因为没有人懂得您。”

同年，爱因斯坦在赴英旅行日记中记载的一个小情节反映出，他对礼仪偶尔也会有卓别林式的理解：“一开始换新衬衣的时候纽扣扣不上，每动几下就会露出男人那多毛的胸口。我翻遍光棍汉的整个卧室，找到针线，将这东西缝上几针，既可以把衬衣从头上套进去，而且领口还不会总是敞开，显得比较优雅。晚餐时，我找不到吃冷冻甜品的小勺（地道的英式正餐之后一种外国风味的传统余兴）；我不动声色地用小盐匙吃了起来，于是服务生指给我，小勺就在我的盘子底下。”爱因斯坦的日常生活简直就是一场滑稽剧。要是他一直写日记该有多好啊。

爱因斯坦坦然接受人们的围观，尽管有时大家“像看动物园里的大猩猩一样观察他。”在乘火车返回的途中，爱因斯坦夫妇在大峡谷稍做停留。霍比族的酋长称他为“伟大的亲戚（The Great Relative）”。酋长玩了一个文字游戏：“The Great Relative”一语双关，既指亲戚，又指相对论的发明者。爱因斯坦为表示感谢，头戴羽毛装饰，在镜头前摆好姿势，以便让摄影师们拍照，丝毫看不出有勉强的意思。

在芝加哥，爱因斯坦在用火车车皮搭起的平台上与建筑师弗兰克·劳埃德·赖特（Frank Lloyd Wright）一起，向众多和平主义者发表演说，呼吁他们拒绝参战。在纽约，爱因斯坦为犹太复国主义者组织了一次捐赠晚宴，整整 16 个小时，整个曼哈顿都因爱因斯坦而疯狂。德国驻美国总领事馆称其为“一种群体歇斯底里症的爆发”。在河边大教堂，爱因斯坦是唯一一位在世时就被刻入纪念碑的历史伟人。当他和爱尔莎踏上载着他们返回欧洲的“德国号”轮船时，他们终于为这趟苦差使的结束松了一口气。他心里生出些许批评和芥蒂，之后一直存在于他跟美国的关系中，并且把它说了出来。

“我发现，我与古老的欧洲紧密相连，尽管充满痛苦和困难，还是想要回来。”他对他的朋友，比利时王后伊丽莎白说。“如果要发现欧洲的可爱，必须到美国去看看。”在给贝索的信中他写道：“尽管美国人没有偏见，但是乏味无趣。”他向朋友埃伦费斯特描述了“一个枯燥乏味的社会，在那里你会很快冷得发抖”。

爱因斯坦在这里说的是他自己选择的国家吗？或者说他早已心存怀疑，基于他与德国目前的关系，他将别无选择？现在回过头来看，在爱因斯坦被迫离开德国以前很长一段时间，内心深处他似乎已经开始同它疏远。1932 年，当他第二次到达加利福尼亚时，遇到了对他未来命运有决定性影响的人。

这个人叫亚伯拉罕·弗莱克斯纳（Abraham Flexner），长期在洛克菲勒基金会担任秘书。他计划建立一座规模不大的纯粹的思维工厂，并把这看作他作为科学研究工作组织者的人生顶峰。爱因斯坦不是第一个相信这个计划的人。如果说已经没有学术的共和国，那么至少应该有一个学者共和国——一个神圣的思考者的岛屿。这个突破一切界限的圣岛很早以来就已浮现在弗莱克斯纳的心中。这是一个为享有世界声誉的科学家创立的研究院，让他们享有与爱因斯坦在柏林同样的特权：只担任挂名的职务，不受各种义务的束缚，一心一意进行研究工作。

仿佛有一只高高在上的无形之手在编排人类的命运，弗莱克斯纳的梦想恰好在褐衫党掌握德国政权的时刻实现了。短短几个月之内，德国这个自然科学的世界中心陷入了劫难，很多科学家处在生死攸关的紧要关头。1933 年，“高等学术研究院”应运而生。爱因斯坦则成为他们的金字招牌。每年给他的酬金为 10000 美元，外加他和他夫人的旅行费用。因此，他计划半年时间在德国，半年时间在美国。

在爱因斯坦尚未打算辞去职务流亡美国之前，又发生了一件小事，成为以后二十多年他跟美国之间的嫌隙的开端。由于在此前的美国之旅中，爱因斯坦发表了有关和平主义和社会主义的演说，因此美国的保守力量对他并不那么欢迎。“国家爱国委员会（National Patriotic Council）”公开谴责他为“德国的布尔什维主义者”，妇女保守派“妇女爱国者同盟”甚至坚决要求拒绝爱因斯坦进入美国。她们用了 16 页的篇幅提醒人们警惕爱因斯坦的共产主义的阴谋——“甚至连斯大林同无政府以及共产主义组织的联系也不如他多”——而且硬说相对论会损害政府、教会和科学的权威。

爱因斯坦被传唤到美国驻柏林领事馆，要求对以上指责做出回答。首先是一些例行询问（后来在整个冷战期间成为通常的做法）。然后，当他被问到“您加入何种党派或倾向于何种党派？比如说，您是共产主义者还是无政府主义者？”这个问题时，他再也忍不住了。根据当时爱尔莎对《联合快报》驻柏林记者透露的情况，她的丈夫朝领事馆的官员大吼道：“这是干什么，是审讯吗？想要进行刁难吗？我不打算回答这些愚蠢的问题。”

爱因斯坦第一次看到了美国的另一面：偏执、挑剔和管理的僵化。美国也认识了另外一个冷漠、斤斤计较、令人不适的爱因斯坦，与先前他们认识那位友好的教授截然不同。“我没有请求到美国去，”他肆无忌惮地指责办事员，“是你们的人邀请我去，不，是恳求我去。如果我作为嫌疑犯去你们的国家，那我根本就不想去。要是你们不想给我签证，那就直接告诉我。那样我就知道该怎么办。”无论是他还是那位官员当时都不知道，这次事件将涉及爱因斯坦居住地的最终改换。爱因斯坦抓起大衣和帽子，问道：“您这么做是自作主张，还是在执行上面的命令？”没等那位官员回答，便在爱尔莎的陪同下离开了领事馆。

回到家后，爱因斯坦又打了一个电话，说他如果 24 小时内拿不到签证，就拒绝本次美国之行。爱尔莎做得更过分，她对《联合快报》的记者说，她已经收拾好行李，总共六个箱子，如果第二天不把这些行李运到不来梅的话，那就太晚了。“这将意味着我们的美国之旅的终结。”她还让《纽约时报》的工作人员知道，她的丈夫说了，“如果他们不让我们入境的话，那不太滑稽了吗？全世界都会耻笑美国”。

除此之外，爱因斯坦还怒气冲冲地发表了一篇抨击那个妇女组织的文章，刊登在12月4日的《纽约时报》上：“我还从来没有遭遇过来自这个美丽性别的强烈反对，拒绝我的任何接近。即便遇到这样的情况，也绝不会遭到这么多的人同时拒绝。可是这些清醒的女公民们难道不讲道理吗？如果有一个人张着大口，在那里兴高采烈地吞吃资本家，就像克里特岛上那个半牛半人的怪物吞吃鲜美的希腊少女一样，而且这个人还愚蠢地拒绝一切战争（与自己老婆的不可避免的战争除外），那么人们怎么活能让这个人到自己身边来呢？你们这些聪明、爱国的女人们，还是收起这一套吧！想想看，很久以前强大的古罗马的城堡可是被他那些忠实的、嘎嘎乱叫的蠢鹅们救下来的。”

压力和威胁起到了作用。爱因斯坦及时得到了签证，但他对“这个美丽性别”的特殊评价却没有因此消失在它应该去的地方：历史的废纸篓里。它的际遇极其罕见，后来竟成为联邦调查局（FBI）调查他的案卷的开篇。

1933年2月，在加利福尼亚产生了一张著名的照片——照片上的爱因斯坦笑着，身体扭歪，骑在一辆正在转弯的自行车上。依照今天的眼光来看，这张照片仿佛反映出他当时被迫离开德国之后的境遇。“因为在人群中如同骑自行车，”1930年在给儿子爱德华的信中他说，“只有在行驶中才能保持平衡。”

访问帕萨迪纳以及在欧洲最后一次逗留之后，爱因斯坦夫妇同他的秘书海伦妮·杜卡斯和被称为“计算器”的助手瓦尔特·迈耶尔（Walther Mayer）于1933年秋天一起到达普林斯顿。这位新居民再次成为各种媒体追逐的对象。他是不是买了巧克力香草冰淇淋并大口大口地享用，或者他是不是买了梳子（“爱因斯坦在普林斯顿的第一项活动”）——就连最平常的事情都会成为报纸的头条。有关梳子的报道传遍了全世界。“人群就像海洋一样，”1933年末爱因斯坦在给儿子爱德华的信里写道，“时而平静友好，时而又狂风大作，危险重重——但总的来说它只不过是水而已。”

然而，不只是媒体对他紧追不舍。从他到达美国的第一天开始，他就被怀疑进行左翼阴谋活动，并因此而受到监视。1933年3月初，他在不再返回德国的声明中还说：“只要还能有所选择，我就只想生活在这样一个国家里：政治自由，宽容，全体公民在法律面前享有平等的权利。”然而作为整体，他这个新的祖国并没有给他所梦想的宽容、平等和自由，而是隐蔽或公开的监视，种族主义和反犹主义——这就是美国的社会现实。

早在1932年，爱因斯坦就在美国《危机》（*The Crisis*）月刊上发表了一篇与资助有色人种相关的文章。在文章中他批评说：“少数人种，尤其是可以从外形特征就能辨认出来的少数人种，被他们周围的多数人种看成是劣等民族。”只有通过“紧密的团结”，“进行启蒙教育”，才能“实现少数种族的心灵解放。美国黑人目标明确，正在朝着这个方向奋斗，值得我们认同和帮助”。这与他在20世纪初为唤醒犹太人的自我意识所做的工作一脉相承。

1932 年，爱因斯坦还在努力融入这个陌生的环境，可一年之后就已经产生了龃龉。在爱因斯坦看来，普林斯顿不仅是“一片伟大的土地，同时还居住着一些渺小的、矫揉造作的受崇拜人物，是一个充满市侩气息的乌鸦角”。这里的居民百分之二十是黑人，与占大多数的白人不同，他们的生活十分困苦。电影院里有为黑人划定的专座，其子女只能上黑人小学。普林斯顿大学不接受有色人种学生——犹太人也只占很小的比例，而且名额一直受到限制。这座小城仅有两位犹太教授——爱因斯坦和奥托·纳坦。纳坦是爱因斯坦的朋友，后来成为他的遗产管理人。但是纳坦在执教一年之后就被解雇了。爱因斯坦曾对他的妹妹玛雅说：“影响巨大的经济方面的反犹主义在这个自由的国家也很盛行。”

1937 年，著名黑人歌剧女明星玛丽安·安德森（Marian Anderson）入住纳索酒店遭到拒绝，爱因斯坦将她邀请到自己的住所来，他们两个成了好朋友。从此以后，安德森每次在普林斯顿逗留都住在爱因斯坦家里，这当然引起了享有特权的白种盎格鲁-萨克森新教徒的不快。但是爱因斯坦从来不会屈服于这一类的习惯。他毫无畏惧，固执地无视美国人的潜规则，以自己的方式在法律允许的范围内享受着他的自由。

爱因斯坦到达普林斯顿之后不久，弗莱克斯纳就领教了，崇尚自由的爱因斯坦对所受到的任何限制的反应是何等敏感。弗莱克斯纳作为研究所的负责人很重视对爱因斯坦的“保护”，他私拆爱因斯坦的信件，专断地回绝对爱因斯坦的各种邀请。表面上是为了爱因斯坦不受打扰，其实是担心他在政治上有越轨的行为。当爱因斯坦间接得知弗莱克斯纳竟然擅自替他回绝了总统夫妇请他造访华盛顿的邀请，他终于忍无可忍，奋起反抗对他的这种“干涉”。他公开以辞职相威胁，要求同弗莱克斯纳就如何“以一种体面的方式解除我跟研究院之间的关系”进行谈判。

弗莱克斯纳不得不认输。1934 年，爱尔莎和爱因斯坦同罗斯福夫妇在白宫共进晚餐，并在那里过夜。爱因斯坦非常欣赏民主总统在社会和经济方面的改革。但是他与院长弗莱克斯纳的关系从此产生了无法愈合的裂痕。

弗莱克斯纳肯定会想，长期聘用这位著名的教授是不是帮了他一个大忙。但爱因斯坦觉得，正如他在给莫里斯·索罗文的信中所说，自己只是“像一件博物馆里经过鉴定的文物或稀罕物件一样受到高度重视”。与他的其他同事，比如数学家库尔特·哥德尔（Kurt Goedel）、约翰·冯·诺伊曼（Johann von Neumann）不同，除了他自己的名望，他对提高研究院的科学声誉并没有做出多大贡献。

“考虑周全的普林斯顿又开始讲授它的温室知识了，”爱因斯坦在 1935 年给妹妹玛雅的信中讽刺说，“但令我感到安慰的是，我所做的主要事情已成为我们的科学理所当然的组成部分。”第二年他又写道：“但在一个着了魔的人身上能否有些变化呢？比如像年少时一样坐在那里不停地沉思、计算，希望能解开深层的秘密。”当时他还有将近 20 年的生命历程。

爱因斯坦美国的日常生活安逸而且非常有规律。每天早晨，他洗过泡沫浴、用过丰盛的早餐和至少两个煎鸡蛋之后便去上班。从梅瑟街的住处到研究院大约有二三十分钟的路程，通常他都是走着去。在他位于福尔德大楼一角的办公室里（直到今天依然原封不动地保留着），他时而沉浸在方程式里，在无数张纸上写满公式，时而同助手们站在黑板前（在迈耶尔·瓦尔特之后还有莱奥波德·因菲尔德等6—7个工作人员），边用手指缠着卷发或者捋着胡子，边同他们讨论世界方程式（也就是通常所说的统一场理论）的进展或者倒退。尽管他没有取得为后世称道的结果，但也可以看出科学研究构成了他生活的中心和基础。

因菲尔德认为，“跟爱因斯坦共事并不容易”，因为他“要求同事们保持亢奋的工作状态”，尤其是“他对科学超乎寻常的研究让我感觉疲惫”。有一次爱因斯坦同意大利数学家图利奥·勒维·齐维塔（Tullio Levi-Civita）会面，因菲尔德也在场，他看到“爱因斯坦每几秒钟就要往上提一下他那肥大的裤子”，憋不住想笑。他还记得，“这两位科学界的名人用一种他们自认为是英语的语言交谈”。

爱因斯坦流亡到这个国家，但却从未真正学习它的语言，这进一步加深了他的孤独感和陌生感。因此他只允许会讲德语的助手参与他的工作，他经常对他们没完没了地援引歌德的《浮士德》。因菲尔德回忆说：“爱因斯坦的英语很贫乏，他只掌握了大约三百来个单词，而且发音古里古怪。他的继任者巴耐什·霍夫曼说，爱因斯坦不会发英文里“th”这个音，还按照德语的语法结构说出如“I will a little tink”这类可笑的句子。不过，从爱因斯坦带着施瓦本口音的英语中，还是可以听到一些不错的句子，比如，普林斯顿大学生流传着他说的一句话："Oh，he is a very good formula."有一次在电视上，爱因斯坦操着一种混杂不清的难懂的英语做反氢弹的发言，电视台不得不加上英文字幕。

1940 年左右流传着一件未经确认的趣事，反映了爱因斯坦和学生之间的关系。爱因斯坦给学生考试，一位考生突然问道："教授先生，今年的考题和去年的考题一样。""是的，"爱因斯坦回答，"但是答案不一样。"

中午爱因斯坦通常都回家，海伦妮·杜卡斯会为他准备家乡风味的午餐。欧洲的朋友定期给他寄来速食粥和便装汤，好让他保持着原先的口味。家里的家具也是从柏林的住所里运来的。在回家的路上，他通常与合作者或是同事哥德尔为伴，一起讨论关于上帝和世界的问题（有照片为证）。

普林斯顿和媒体也逐渐习惯了他，不再对他进行搅扰。但是，"每个人都用一种饥渴、惊奇的眼光看爱因斯坦"，因菲尔德说。不过，爱因斯坦早已学会无视这些目光。有时会有汽车停在他身边请求拍照，他会很配合地摆好姿势，然后马上就会忘掉这段小插曲。或许这是最好的与外界和媒体打交道的方式。他不再反对、而是接纳好奇的人们到他的生活中来，就像生活中不可避免地会有苍蝇一样。不过，他对自己的公众形象不再像以前那样无所谓。有人说，当他被拍照的时候，他会用双手整理整理头发，做出他特有的爱因斯坦式的表情。

午餐之后，爱因斯坦便上到二楼的工作室里。这间工作室相当于他在柏林的阁楼或卡普特的休憩之所。透过特别定制的大玻璃窗，可以看到窗外花园里季节的变化。睡过午觉，在杜卡斯的帮助下，爱因斯坦开始处理每天都会堆积成山的信件。他叹息道：

邮差带来如山的信件，
带给我无尽的麻烦，
为何无人想到，
我们人数这么多，而他只是一个。

他的很多崇拜者写给他的信现在都收藏在耶路撒冷的爱因斯坦档案馆中。这些信都是写给"亲爱的阿尔伯特·爱因斯坦教授、上帝的使者、人类的仆人"的，要么写给"糊涂先生阿尔伯特·爱因斯坦。"信的内容可谓五花八门，如："若能为您洗脚，那将是我的荣幸。""我灵魂深处一个秘密的声音告诉我，我必须为您献出我的生命。""我的弟弟今年16岁，他不想理发。他很钦佩您，还为自己辩护说，他可能会成为第二个爱因斯坦。""我必须与您私下交谈。我是耶稣基督的继承人。您得快点儿。"有的则问："如果一天、一周或者一个时间单位过去了，那它们跑到哪里去了？""请您告诉我，人要想延长寿命，必须得研究物理吗？"

下午时分，爱因斯坦重新投入工作，当然通常都是跟助手一起。在他的工作中，能否找到渴望的公式不是最重要的，目标仅仅是目标而已，探寻的过程才是全部。他自己说，他喜欢旅行，但不喜欢到达目的地。1938年10月，在写给朋友贝索的信中他曾说过："如果没有工作，我无法活下去。"同年，他对"奥林匹亚科学院"的老同学莫里斯·索罗文也说过类似的话："我还能思考，可是工作却力不从心。那么：离开这个世界也不错。"那时离他去世还有 17 年。

他的影响早已遍及全世界，而他的活动圈子却越来越小。他不时地到这里或者那里去野游，但大多是到纽约附近，一般不大出远门。夏天，他会有几周时间离开湿热的普林斯顿到水边度假，经常去的地方是长岛。这里没有像海豚号那样雄伟壮观的游艇，取而代之的是一艘丝毫谈不上舒适感的小艇，甚至连坐垫都得让他的陪同者去要。爱因斯坦虽不会游泳，但像从前一样从不肯穿救生衣。

其余时间，这位曾经的漂泊者基本上没有离开过他的小城生活，但是这 20 年中，他在那里的生活并不平静。他经常与同期的伟人互相拜访，从尼尔斯·玻尔、威廉·赖希（Willhelm Reich）到尼赫鲁（Nehru）和本-古里安（Ben-Gurion），以及曾经住得离爱因斯坦家很近的托马斯·曼。他要参加各种音乐会、报告、周年庆典等等，还有众多媒体的冲击。20 年里，他一直这样忙忙碌碌，直到退休也没有停歇。当然，这期间还有他同几个女人的同舟共济：她们打理他的日常生活，而他负责她们的生计。

一个是他的秘书杜卡斯，她就像修女对待上帝之子一样对爱因斯坦全心奉献，帮他照顾一切，从饮食到通信。爱因斯坦的继女玛戈特同她的前夫第米特里·马连诺夫离了婚，她像杜卡斯一样在梅瑟街度过了中年时期，爱因斯坦去世后又在那里度过了晚年。由于她的缘故家里来了很多猫，爱因斯坦像孩子一样喜爱它们。但是当猫的数量超过 30 只后，爱因斯坦不得不加以阻止。据说有一次，阴雨不断，这些猫也在不停地叫，爱因斯坦说：“我知道它们需要什么，可是我不知道该怎么办。”

爱因斯坦的妻子爱尔莎在流亡中仅仅生活了两年。1934 年，她的女儿伊尔莎在巴黎去世。伊尔莎死后她失去了生活的勇气和力量，最终于 1936 年底离开了人世。对于爱因斯坦来说，愉快和悲痛之间只是一个分号。他在给马科斯·玻恩的信里说：“可惜我的夫人病得很厉害；我本人在这里觉得非常幸福。我终于可以过真正平静的日子了，这样一种享受无法言表。”

爱因斯坦更深地退回到保护罩——他的工作之中。“我工作的时候，就像钻在洞里的熊一样，比在纷繁的生活中更有在家的感觉。”他写信给玻恩说，“而我的女伴更乐于同人交往。随着她的去世，这种像熊一样的感觉更加强烈了。”对于爱因斯坦来说，在家的感觉就是不受打扰。

在普林斯顿，爱尔莎同样热衷于包括晚宴和招待在内的社交生活，这让爱因斯坦很厌烦。但从她体质下降、力不从心以来，爱因斯坦就以自己生病为由拒绝了所有的邀请。

从 1939 年起，爱因斯坦的妹妹玛雅代替了爱尔莎的角色，负责料理家务。1951 年，她终因久病不愈而辞世。死亡一次又一次地切断爱因斯坦同欧洲的联系：1933 年埃伦费斯特去世，1936 年是格罗斯曼，1948 年是米列娃。爱因斯坦在法国物理学家保罗·朗之万于 1946 年去世之后说："保罗·郎之万的辞世带给我的痛苦如此剧烈，因为我现在感觉多么孤独，独自一个人被抛在了这个世界上。"爱因斯坦很少流露出他的感受和同情，通常更多的是独自感受这份孤独。然而他对孤独的追求也是一种逃避。他在 1949 年曾对卡尔·泽利希说："我在人间所做的事情都有可能成为愚蠢的闹剧。"

一方面爱因斯坦享受着他那"豪华孤独"的快乐，另一方面又无法摆脱在美国期间他周围所发生的事情。至少他偶尔也会听听收音机，读读《纽约时报》。1929 年 10 月，"黑色星期四"所引发的经济危机，使美国的发展倒退了几十年。社会总产值/个人收入和外贸收入下降了百分之五十。1932 年，纽约最后一项修建摩天大楼的计划，即洛克菲勒中心，拖延二十多年才得以完成。1933 年，美国的失业人数达到 1500 万，约占具有劳动能力的人口的四分之一。

1933 年 3 月 4 日，几乎与爱因斯坦宣布流亡同时，民主党人富兰克林·D. 罗斯福当选为美国第三十二任总统。罗斯福推行了一系列被称为"新政"的社会和经济改革，成为他任期的标志。他加强了国家垄断资本主义，逐渐抑制了美国经济的急剧下滑。但是，爱因斯坦仍以他来自欧洲社会福利国家的批评眼光观察美国。"这里充斥着一种迅速膨胀的、无所顾忌、狂热而鄙陋的金钱崇拜。"1937 年 5 月他在给儿子的信里写道。同年，在给妹妹玛雅的信中他也提到："事实上在美国是金钱至上"。

1937 年，当爱因斯坦得知自己的儿子汉斯·阿尔伯特要到美国，要到自己的身边来时非常高兴。但是，“我只是很担心，你无法适应这里带给人们的眩晕感”。1938 年，他对贝索说的更加尖锐：“实际上这里物欲横流，反布尔什维主义，甚至充满了有产者对失去特权的恐惧。”还说，“商人成为国家的圣人，一种新式的长袜吊带远比一条新的哲学理论重要得多”。

但是，这与来自德国的对犹太人和思想异端分子的迫害规模越来越大的消息相比，实在算不了什么。因此，爱因斯坦做了可以算作他一生中最大的事，但由于他在科学界和政治界的成就太过耀眼，这件事情经常被人们忽略。“我和杜卡斯小姐就像移民局人员。”他在 1938 年告诉妹妹玛雅说。在其背后所隐藏的远远不止辛苦和忙碌。当他处于困境的时候天使曾经一次又一次地向他伸出援手，而现在他自己也变成了天使。很少有人像他这样证明：人道主义和人性在本质上是一样的。没有人统计过爱因斯坦救了多少人的性命，据估计有数百人之多。

爱因斯坦给无数的人写过推荐信和鉴定书，甚至可以说过多，以至有些情况下无法起到所希望的作用。“每个人都有爱因斯坦的推荐信。”莱奥波德·因菲尔德说。另外，爱因斯坦还拿出一小部分资财，帮助受到威胁的犹太艺术家和科学家逃离德国和移民美国。由于 20 世纪 30 年代美国限额移民的政策，移民美国尤其困难。成年人除了出生证和工作许可（或者经济担保，就像爱因斯坦为数百人出具的那样）之外，还必须持有警察局签发的最近五年的无犯罪记录证明。原则上讲，受到纳粹迫害的人是不可能得到这种证明的。另外，美国外交部还拒绝那些上了盖世太保名单的人移民美国，而这样的人却不在少数。直到 1941 年年底美国参战，大西洋两岸的政府部门才开始有效的合作，只拒绝那些被纳粹注明“有共产主义倾向”的人进入美国。

除了别的原因之外，这件事情也使爱因斯坦同美国的关系开始进入令人痛心的一章。美国这个最大的民主国家对爱因斯坦真的或是所谓的政治活动进行了备案。其中约翰·埃德加·胡佛（J. Edgar Hoover）最为狂热，他是个极端保守主义者和反犹太者，时任美国联邦调查局的负责人。正如美国记者弗莱德·杰若弥（Fred Jerome）所写的《爱因斯坦档案》的副标题，胡佛在进行一场“反对世界上最有名的科学家的秘密战斗”。爱因斯坦刚刚逃脱希特勒刽子手的魔爪，胡佛当局的枪口又对准了他。

自从联邦调查局将有关爱因斯坦的文件公开以来，他被定罪为“极端主义分子”，对他的窥探、诽谤以及种种拙劣手段变得明目张胆。长达 1800 页的文件，让人不禁想起了原民主德国安全部的所作所为。在他们看来，爱因斯坦拥护法国革命的理想，除了为和平而斗争外什么都不干，他可不是一般的具有毁灭性和危害国家的小角色，而是未来共产主义颠覆活动的代表。

对爱因斯坦进行秘密调查还有一个原因：他为那些被盖世太保认为“有共产主义倾向的”逃亡者进行辩护。爱因斯坦首先去帮助这些人，是因为这些人往往处于最紧迫的生命危险之中。但胡佛们并不考虑这一点。另外，爱因斯坦支持西班牙反佛朗哥法西斯内战中的民主人士，这也让他遭到怀疑。从那个时候起，右派媒体对爱因斯坦政治活动的反应越来越激烈。

“爱因斯坦教授在这个国家获得了避难所，”1938 年 3 月 14 日极端保守的天主教报纸 *The Tablet* 在社论中写到，可他现在不仅给政府制定规章制度，“更过分的是，他还支持西班牙残害基督教徒的运动”。在文章的末尾他们建议：“应该把爱因斯坦送回德国，在那里他才能真正明白，管好他自己的事情是什么意思。”

第二十章　“人类是个糟糕的发明”

——爱因斯坦，原子弹，麦卡锡时代和尾声

他的女友转述他的原话，“我是一个被完全隔绝的人。尽管每个人都认识我，但很少有人真正了解我”。

1939 年 7 月，爱因斯坦一家在位于距离纽约不远的长岛海湾沿岸的纳索小城度假。凡是经济上有能力的人，都会逃离普林斯顿那种闷热的天气。这里虽然也很热，但却好过得多：美丽的沙滩，柔和的海风以及适宜驾驶帆船的天气。一辆汽车停在度假别墅的前面，两个男人从车里下来。爱因斯坦热情欢迎他的老朋友和同行利奥·希拉德，20 年代他们曾在柏林共同发明了一种新型冰箱并申请了专利。一起来的还有年轻的物理学家尤金·魏格纳（Eugene Wigner）。三个流亡者在露天阳台上坐定之后，两位客人给正在度假的主人讲述了一条新消息：德国人很有可能在制造原子弹。这条消息让已年过花甲的爱因斯坦的生活轨道发生了新的变化。

据说，直到这次会面，爱因斯坦才了解到原子能链式反应的威力。“我从来没有想到会这样！”他当时喊出来。不管事实

如何，与他对故土的爱恋相比，随后发生的事情全都来源于他对德国彻底的不信任。他相信，这个“野蛮人”的国家什么事情都干得出来。他认为，“铀弹”如果掌握在德国人手里，就如同斧子在精神失常的罪犯手里一样危险。他始终没有忘记，“一战”期间，德国人在他的朋友弗里茨·哈伯的领导下，将科学发明的毒气投入战争所造成的严重后果。所以，一得知这个消息，爱因斯坦立刻表示，一定要警告最高层注意这一危险。

另外，这一传说的另一部分来源于爱因斯坦自己。“有人给我一封写好的信，我只是签名而已。”这是他最痛苦的人生谎言。事实是，7 月底在与希拉德以及他的老乡爱德华·特勒（Edward Teller，后来被称为“氢弹之父”）第二次会面时，爱因斯坦便口授了一封致罗斯福总统的信，并亲笔签名：阿·爱因斯坦。这封信于同年 10 月 3 日转交到了罗斯福的手里。

“通过恩·费米（E. Fermi）和利·希拉德的……几项最新工作，我推想不久之后元素铀可能会成为一种重要的新能源。”他在信中说，“这一新的情况有可能导致炸弹的制造……仅仅一颗这样的炸弹，如果用船运输或在港口爆炸，便可以摧毁整个海港和附近的部分地区。由于这种炸弹的重量，大概不大可能使用飞机运送。”

随着这几行字，一出历史上极少出现的有关罪责和赔罪的教育剧开始上演，而主人公便是：阿尔伯特·爱因斯坦。一方面，他的记忆在贬低他在其中所起的作用；而另一方面，他的良知又过分加重了他承揽到自己身上的责任。继第一封信之后，他又于 1940 年 3 月 7 日给罗斯福发出一封更加紧急的信。

信中说：“自战争爆发以来，德国就对铀保持着很高的兴趣。现在我听说，这项研究正在秘密进行，并已扩展到柏林威廉皇帝协会的另外一个分支机构——物理研究院。”

尽管爱因斯坦一直对原子能技术上的可转化性持怀疑态度，但他对原子能的破坏潜力却深信不疑。爱因斯坦的第一位传记作家亚历山大·莫斯科夫斯基曾问起过有关卢瑟福原子转换试验可能导致的后果，爱因斯坦在 1919 年前后承认道：“现在人们正处于一个新发展的开端，也许某个时刻会为技术发展开辟一条新路。”

莫斯科夫斯基沿着自己的思路继续前进——可能是受到 1914 年出版的赫伯特·乔治·维尔斯的长篇小说《世界解放》（*Die Welt befreit*）的影响。在这部小说中，已经提到巴黎原子弹爆炸的难以想象的摧毁力。“这种脱缰的威力没有什么好处，而只会造成毁灭。”这位爱因斯坦传记的作者于 1920 年写道，“自火药发明以来的所有爆炸的破坏性与之相比简直就是无关痛痒的儿戏……但愿老天爷保佑，这种爆炸的威力不要有朝一日转嫁到人类身上！”在广岛爆炸前 25 年，原子弹就已经引起知识界的讨论。莫斯科夫斯基以一句极具预言性的话作为结束：“爱因斯坦提出的芝麻开门的神奇公式——‘能量等于质量乘以光速的平方’已经在强有力地敲击着未来的大门。”

但是，如果把 1905 年的相对论与 1945 年的原子弹直接画上等号，那就大错特错了。广岛的事件不是对等式 $E = mc^2$ 的运用，而是对它的准确验证。以兆为单位的爆炸更多的是原子物理研究的结果，爱因斯坦只是顺便关注了一下这方面的进步。即使没有他的“芝麻开门公式”，这一领域的发展也必定发生。早在1896年，随着亨利·贝克勒尔发现射电—放射性，这方面的研究就已经开始。

1932年，英国人詹姆斯·查德威克（James Chadwick）发现了理论上早已预见到的中子。从此，原子研究进入了一个新阶段。仅仅两年之后，意大利物理学家恩瑞克·费米和他的同事们便宣布，他们用中子来撞击铀核，产生了第一批“超铀元素”。之所以这样命名，因为他们的核“吞掉”了中子，所以比原先的铀核重了。受这条消息的启发，柏林的化学家丽泽·迈特纳和奥托·哈恩也进行了相似的实验。

此后不久，在科学史上长期被忽视的德国女化学家伊达·诺达克（Ida Noddack）第一次对这项结果提出了新的解释。“可以想象，当用中子撞击重核时，这些重核会分裂成若干大块。”1938年11月18日，柏林的奥托·哈恩和他的同事弗里茨·斯特拉斯曼（Fritz Strassmann）通过实验证明了她这一相当深刻的预测。

不过，关键的一步是这一年7月准备从柏林逃到斯德哥尔摩的丽泽·迈特纳做出的。她同在哥本哈根尼尔斯·玻尔手下工作的外甥奥托·弗里施（Otto Frisch）一起，正确解释了分裂的过程：如果铀核受到中子轰击，会发生“裂变”。“裂变”这个概念来源于生物学，即细胞分裂过程中细胞核发生分裂。这项核物理的发现，在全世界引起了实验热潮。到1939年底，已经发表了一百多篇有关核裂变的文章。

利奥·希拉德从1934年就开始思考中子的链式反应和由

此引起的强大的爆炸力。当爱因斯坦还在怀疑是否真的能造出原子弹的时候，各种媒体就已经到处散布相关的新闻。比如1939年4月29日的《华盛顿邮报》说：“物理学家正在考虑能否从空中炸毁整座城市。”

在这一背景下，受到希拉德的催促，爱因斯坦走出了一生中最让他懊悔的一步——给美国总统写了那封带有传奇色彩的信。不过，他对原子弹研究和开发的“参与”也仅限于此。虽然罗斯福组织了一个委员会，但这个委员会只有很少的资金，只能起到顾问的作用。就算爱因斯坦当初愿意参与，也会遭到他们拒绝。理由只有一个：会增加危险。这是从案卷中摘出来的一句话。根据这一评语，联邦调查局局长胡佛在1940年提出不要让爱因斯坦参与原子弹项目。

在案卷中，爱因斯坦在卡普特的房子被说成是“万湖边的别墅”和“莫斯科密使的藏匿之处”。1937年11月他对“美国反战、反法西斯联盟”会议的资助也被认为是他具有颠覆性能量的证据。那时的美国政治对于右派非常乐于睁一只眼闭一只眼，因为他们需要德国和其他法西斯国家作为对抗布尔什维主义的堡垒，但他们又时刻警惕，将和平活动归入左派就已经够了。

一开始，爱因斯坦对自己被怀疑是共产党并没有当回事儿。“人们发现爱因斯坦现在在普林斯顿，”1937年他在写给玛雅的一封信中还开玩笑说，“因为最近出版了一份红色封面的普林斯顿大学校刊。”但是很快，他就没有兴致开这一类的玩笑了。

“鉴于他激进的背景，”在联邦调查局案卷的概述中写道，“我们不赞成爱因斯坦教授参与具有秘密性质的工作。”得出以上结论的第一手材料竟然是1932年“妇女爱国者同盟”为阻止爱因斯坦进入美国所写的那本长达16页的小册子。弗莱德·杰若弥做过检索统计，在这份案卷中，“妇女爱国者同盟”所写的内容占到了百分之八十。

即便爱因斯坦从来不知道官方已将他排除在原子弹研究活动之外，但他应该很快就会发现，政府已经启动了一个庞大的计划。他所熟悉的大部分物理学家，包括很多跟他一样的流亡者，突然一下子像从人间蒸发了一样。尽管他的朋友们缄口不谈他们的新任务，但爱因斯坦肯定非常清楚，他们将在高压下从事什么样的工作。

至于为何单单不让爱因斯坦参加，联邦调查局从未透露。在他的案卷中有一封说明理由的关键信件，作为唯一证据这份文件却莫名其妙地消失了。对他有共产主义倾向和身为犹太人（胡佛是个反犹太分子）的借口也不具备说服力，因为在曼哈顿计划中，有为数不少的人与共产党组织有明显的联系，而且如果没有那么多犹太移民参加，这项计划根本无法成功。

美国海军却毫不犹豫地邀请爱因斯坦参与研制水雷（报酬每天仅为25美元），而他对自己所做贡献的意义也做了非常实际的评价。“我很好奇，”他在给儿子汉斯·阿尔伯特的信中写道，“在战争结束之前，我能否为海军做些事情。我现在基本上被封闭在一间小屋子里”。他将相对论的手稿抄写了一遍并拿去拍卖，所得的650万美元全部捐作军费，这应该是他为军方所做的更为实际的贡献。现在这些价值连城的手稿收藏在国会图书馆中。

这位物理学家和联邦调查局的人在某一点上是完全对立的。胡佛是一个秘密的亲纳粹分子，与盖世太保头目海因里希·希姆莱（Heinrich Himmler）有交往，直到1941年年底仍然站在孤立主义者一边，反对美国参战。爱因斯坦则不然，当他富有远见卓识地预见到德国的侵略野心并放弃和平主义立场之后，立刻认识到美国是唯一能与褐色铁骑抗衡的力量。在这一点上他与托马斯·曼的意见是一致的，把罗斯福看作“必将失败的盖世太保的天敌”。

1941年底，位于太平洋珍珠港的美国海军舰队遭到日本偷袭，美国这时才决定参战，并加强了原子弹的研究工作。但是原子弹最终投向了日本，而不是爱因斯坦所认为的唯一目标德国，在他看来，这是一个灾难重重的时代里最大的灾难。制造原子弹的决定与日本人偷袭珍珠港无关，决定是在1941年12月6日做出的，也就是日本人进行偷袭的前一天。

“我们必须坚决出击，让别人去克制吧。”1941年底，爱因斯坦在接受《纽约时报》采访时说。已于1940年10月1日取得美国国籍的他，此时也许“特别庆幸自己是美国人了”。早在1935年，爱因斯坦就曾对持和平主义的朋友们大声呼吁：“时间不同，手段不同，尽管最终目标是相同的。”

1943年初，美国和英国一致决定，建立一个名为“曼哈顿工程区”的军事组织。在来自于普林斯顿、与爱因斯坦很熟的美国物理学家罗伯特·奥本海默的领导下，这项工程于这年春天在新墨西哥州的洛斯阿拉莫斯正式开始。除此之外，全国范围内还有许多分支机构在高度保密的情况下与中心合作。参与该项目的物理学家中相当一部分来自欧洲，而且担负着最重要的工作——如希拉德、费米、尼尔斯·玻尔、汉斯·贝特（Hans Bethe）和詹姆士·弗兰克（James Franck）。

爱因斯坦不遗余力地反对希特勒，极力呼吁为和平而战，甚至建议制造原子弹。当爱因斯坦第一次听到有关大屠杀的传言时，把纳粹和德国人完全等同视之。1944 年，他写了一篇《致华沙犹太居民区英雄的悼词》，其中写道："作为整个民族德国人都应对大屠杀负责，作为一个民族必须因此而受到惩罚。"

从 1944 年中期开始，再没有人对德国拥有制造原子弹的能力表示怀疑，于是在参加曼哈顿工程的科学家们中间展开了一场有关其工作伦理后果的辩论。对于大多数物理学家来说，他们已经忘掉了参与这项工作的最重要的原因。但问题是，这项庞大的工程已经走得太远，不可能停下来了。

许多物理学家提出了一个棘手的问题，即他们的秘密装备在战后时代有可能带来什么样的后果。尽管爱因斯坦并未从官方了解到这次活动，他还是得知了这场讨论，并向玻尔了解了情况。跟其他人一样，他富有先见之明地认为，这会引起一场"秘密的技术装备竞赛"。这位对人类弱点的深渊深表怀疑的世界主义者和人类的朋友提出："解决问题唯一的办法就是成立一个国际政府。"他认为，为了建立这个政府，各国所有作为领头人的科学家们都应该投入行动。这让玻尔很惊恐：爱因斯坦式的越轨言论又得让大家忍受威胁，因为这个丹麦人和他的同事可能会由于没有遵守保密义务而深陷窘境。因此他马上赶到普林斯顿，劝说爱因斯坦放弃他的计划。

爱因斯坦当时被说服了。但是 1945 年初，当关于是否向德国投放原子弹的辩论已经结束，而日本则成为下一个最有可能的目标的时候，爱因斯坦再次投入行动。本来他不应该知道任何事情，但他了解的情况足以让他认为必须得做点儿什么，于是这年的 3 月 25 日他再次写信给罗斯福：“在这里我想向您引荐 L. 希拉德博士，他非常乐意向您谈谈某些想法和建议。”希拉德原本希望借助爱因斯坦的帮助，可以阻止将原子武器用于攻打城市和平民。但罗斯福于 4 月 12 日去世，一天之后人们在他的办公桌上发现了这封尚未打开的信。

新任总统哈里·杜鲁门（Harry Truman）坚决实行反苏路线，连詹姆士·弗兰克和其他六位同事几次劝阻都毫无作用。1945 年 7 月，他们给国防部长写了一份报告，在这份报告里他们紧急建议，美国的原子弹应“首先慎重选择无人居住的地方爆炸”。

但科学家们再也没有发表其他意见。这个有史以来规模最大的科研项目花费了大约 20 亿美元的巨额经费，结果科学家们在严格纪律的管制下研制出了当时人类手中最可怕的武器。可是握有这种武器的人却穿着军服，他们有自己的目标。1945 年 7 月 16 日的第一次原子弹试爆确实是在“慎重选择的渺无人烟的地方”，也就是位于美国西南部的阿拉莫哥多沙漠进行的。美国军方没有向世界公布这一“成就”以达到威慑的目的，而是在极度秘密的情况下进行所谓的“三位一体实验”，来为原子弹的实战投放做准备。

1945年8月6日早8点16分，名为“小男孩”的4吨重的铀弹在广岛上空爆炸。顷刻之间“小男孩”便夺去了十多万人的生命，并使75000人受伤，随后又有成千上万人死亡。直径4公里的范围内一片废墟，原先的一切荡然无存。

当时，爱因斯坦一家正在纽约州北部萨兰那克湖畔度假。杜卡斯第一个从广播里听到了这条新闻。当杜卡斯将这一消息告诉爱因斯坦，并向他描述了发生的情况时，他只是叹息了一声：“唉，可悲！”如果原子弹是在汉堡或者法兰克福上空爆炸的话，他又会说些什么呢？

美国人对这种新武器赞赏有加。广岛的原子弹爆炸事件过去一个月之后，据一次问卷调查，几乎百分之七十的人认为，向广岛投掷原子弹是“一件好事”。《新闻周刊》头条说：“日本人只能在投降或灭亡之间进行选择”。8月9日，当地时间10点02分，4吨半重的钚弹“胖子”以几乎两倍于“小男孩”的威力在长崎爆炸。5天之后日本投降。这一事件首次清楚地说明：科学可以决定战争，改变历史的进程。但是其代价又是什么？

毫无疑问，核打击缩短并结束了战争，拯救了无数美国士兵的生命。但同样毋庸置疑的是，得到拯救的美国士兵的数量无论如何不能与丧生的平民相比。就美国来看，尤其是今天的美国，这种使用核武器的荒唐行为的政治意义在于他们自己选定的道路：“小男孩”和“胖子”是美国不可阻挡地崛起为世界强国的开端。到了今天，它已成为世界上唯一一个超级大国。

随着第三帝国的灭亡，历史上一度存在的三足鼎立也崩溃了。苏联、美国和德意志帝国（以及各自的同盟国）在国际政治舞台上简直就像斯卡特纸牌的玩家，不断变换自己的盟友。一开始，美国和德国都将共产主义的苏联作为他们的敌人，但是，当希特勒和斯大林签署了互不侵犯条约之后，美国和其他国家突然变成了德苏共同的对手。后来德国进攻苏联，互不侵犯条约寿终正寝，美国和苏联又联合起来对抗德国。两个截然相反的大国作为战友联手消灭了共同的敌人之后，自己马上互相为敌，而将被战胜的第三帝国的一部分作为相互之间的缓冲区。

爱因斯坦的事情并非出于这类强权政治的考虑。他对战争的短暂参与纯粹而且仅仅针对德国。在他看来，德国的失败不是解放，而是对整个卷入罪恶的德国人的一种必要的征服。对他而言，随着德国的失败，选择使用原子弹的理由——用于展示威力，震慑新的敌人——统统都是不成立的。他不愿相信，两个对立的盟友苏联和美国，在达到共同的目的之后马上就会反目成仇。

1945 年底，在一次纪念阿尔弗雷德·诺贝尔（Alfred Nobel）的晚宴上他提醒和告诫人们说：“战争赢了，可是和平没来。”但是值得注意的是，爱因斯坦从来没有明确批评过向日本投放原子弹的行为。“二战”中有千百万人死去，他说，原子弹的爆炸“只是改变了其数量，而非事情的本质”。——

正如20世纪后半叶所展示的，这是一种错误的估计。正是由于原子弹具有强大的摧毁力，才大大增加了人们的顾虑，使得至今没有发生原子战争。爱因斯坦希望，同盟国成员应该永远联合在一起。人们肯定又会笑他在政治上的幼稚。但这又说明什么呢？难道每一种理想主义不都是幼稚的吗？与意识形态和实际难题相比，它不是更令人振奋、更使人解脱吗？

原子弹在长崎爆炸八天之后，爱因斯坦在接受伦敦《星期六快报》的采访时的认识还是相当切合实际的：美国“投放原子弹的目的是要在苏联参战之前结束太平洋战争”，也就是要将苏联的势力从这片区域排挤出去。爱因斯坦说，“可以肯定，如果罗斯福总统活着的话，他一定会禁止向广岛扔原子弹”。暂且不论他的话正确与否，他的第三封信是否被送到白宫，如果罗斯福读了这封信，是不是也像前两封那样没有下文，也是很难说的事。

尽管如此，爱因斯坦还是认为他的信起到了一定的作用。尽管由于联邦调查局的阻挠，爱因斯坦没有参加曼哈顿计划，但他认为自己有部分罪责的阴影一直笼罩在他的心头。“二战”后他曾说：“如果我知道德国不会成功地研制出原子弹，那我绝对不会介入所有这些事情”。在他去世之前的几个月，他曾向化学家、诺贝尔奖获得者黎努斯·鲍林（Linus Pauling）承认：“我想，在那封信上签名是我一生所犯的一个错误。”

从严格的道德意义上衡量，爱因斯坦的自责远远多于历史对他的指责。因为他在1939年和1940年给罗斯福写信时，并没有掌握足以推动美国人研制原子弹的比较确切的信息。人们可以用双重否定进行假设：即使他没有写信，历史也不会改变。但这种假设并不能帮助他摆脱困境。尽管如此，爱因斯坦还是为自己做了某种程度的无罪辩护。1945 年 9 月初，他在给儿子的信中说：“亲爱的阿尔伯特，我的科学工作与原子弹仅有一些非常间接的关系。”11 月，他又对《大西洋月报》说：“我不认为自己是释放原子能之父。”

但这些并没能让他免受公众的指责。1946 年 7 月 1 日，《时代周刊》封面刊登了一幅谁都不会混淆的头像，旁边是一片原子弹爆炸后的蘑菇云，蘑菇云前是公式 $E = mc^2$，下方是一段文字：“世界毁灭者爱因斯坦。一切物质都由速度和火焰构成。”开篇首页就可以读到如下文字：“看到出现在我们眼前的充满爆炸和火焰的恐怖景象，那些喜欢研究历史事件因果关系的人就会隐约看到一个胆小的、孩子般无辜的男人的轮廓，这个男人有着温和的棕色眼睛、憔悴厌倦的表情和一头被大风吹得乱蓬蓬的头发。”

爱因斯坦以自信而谦卑的态度回应人们的指责。他要么不予理会，要么实事求是地加以指正。比如对 1947 年 3 月《新闻周刊》的文章《爱因斯坦，带动一切的那个人》，他就提出了指正。但是，他的良心却让他深刻自省，因而很少做出回应。尽管爱因斯坦被排除在曼哈顿计划之外，他还是把自己划在了参与者一方。科学家们虽然把他们的研究成果交了出去，但并不能推卸他们的责任。比如，爱因斯坦曾被选为“原子科学家非常委员会”的主席（他是该委员会唯一一个没有参与原子弹研制的成员）。他认为，物理的原罪是一种集体的罪责，是所有信仰圣经的人不得不带着它生活一辈子的原罪。“我们帮助制造这种新型武器，是为了抢在人类的敌人前面。”他说。而现在，则必须把火势遏制住。

爱因斯坦的良心让他更加确信，在这次唯一正当的反法西斯战争结束之后，他必须更多地投入争取和平——争取世界和平的斗争。在回归严格的和平主义的同时，他对美国的批判态度也随之复活。自 1945 年起，他心中的三角势力的对比发生了戏剧性的变化。由于对抗德国而受到他欢迎的美国的力量，现在正在变得越来越危险。“美国人已经被胜利冲昏了头脑。”爱因斯坦在 1947 年写给当时已经生活在美国的儿子汉斯·阿尔伯特的信中说道，“可惜这个上帝之国越来越肆无忌惮，而且屡屡得手。”爱因斯坦现在“更担心美国国内滋生民族主义，比对苏联更加担心”。安东尼娜·瓦伦廷说，“因为在美国，他看到了一种民众歇斯底里症，这对一个在其他方面如此强大的国家是非常不相宜的”。

爱因斯坦尤其反对美国的军事化，这让他想起了德国威廉大帝时代的“军事信仰”。1948 年春，当他在纽约卡耐基音乐厅的一次庆典上接受“一个世界奖”时，他再次以锐利的眼光预见到了随后几年的黑暗岁月。这段时期在美国的历史教科书中被称为“麦卡锡”时代。“全民军事化的提议对我们的威胁不仅是直接通过战争，而且它还会逐渐但是不可避免地埋葬我们国家的民主思想和个人尊严。”

1945 年 6 月，联合国在美国旧金山成立。但是爱因斯坦对联合国大失所望，他呼吁：“应该向一个世界政府袒露原子弹的秘密。”他终生的统一课题延伸到了政治层面。但是共产主义和资本主义两大阵营的对立就像量子力学和广义相对论一样不可调和。他批评莫斯科和华盛顿一样反对建立统一世界的理念，认为以前的民族主义这时早已不合时宜。

早在1945年爱因斯坦就提出过警告：“只要这些大国一直秘密进行军备扩充，新的战争就不可避免。”借助可靠的洞察力他还准确地预见，美国很快就会失去原子弹方面的垄断地位。因此，作为“原子科学家非常委员会”主席的爱因斯坦呼吁各个国家要合作而不要对立。“这一武器交给了英美人民，他们是整个人类的可靠盟友，是为和平和自由而斗争的战士。”

纯粹理性的思维，面对战后的现实却显得极其幼稚，而且非常危险。他的非常委员会在1946年成立之初就处在联邦调查局的监视之下。按照胡佛之流的逻辑，因为委员会的头儿是爱因斯坦，那么泄露秘密就不可避免。尽管联邦调查局没有走到指控爱因斯坦从事间谍活动的地步，但根据爱因斯坦不反对苏联的态度，已经足以被归为反美分子而长期处于被调查状态。

尽管所有调查都是秘密进行的，但爱因斯坦对他在美国的处境并没有心存幻想。1948年7月，在一次晚宴上，他对波兰外交官说，他应该保持清醒，“美国不再是个自由的国家，我们的对话已经被记录下来。这个房间已经布线，我的房子处在严格的监视之下”。

苦恼也在吞噬爱因斯坦的外表，他渐渐呈现出老态。“爱因斯坦背负着岁月的重担。他迈着沉重的脚步朝我走来，在他身上我再也看不出他从前的轻盈和活力。”这就是1948年春天爱尔莎的朋友安东尼娜·瓦伦廷在普林斯顿见到的爱因斯坦。“最令人震惊的是他的眼睛。周围一片褐黄色，深紫色的眼圈一直延伸到两颊……眼球深陷，但是没有什么可以阻止他发出如炬的目光和内心那种不可熄灭的火焰。也许那苍白的面容是被内心噬咬的。”尽管“当他的幽默感被激起时，他还是会像以前一样笑出来。但笑声变得短暂而干涩，不再是那种放声大笑，只是嘴角挤出的微笑”。

一开始胡佛当局对爱因斯坦的监控相对来说比较宽松，但从1949年开始突然变得十分严厉，发生了恶毒的迫害和诽谤。这些走狗的目的很明确：将他作为不受欢迎的外国人剥夺美国国籍并驱逐出境。虽然爱因斯坦不十分了解这类跟踪和煽动的规模与细节，但这让他想起了20年前在德国遭受迫害的经历。对于所谓热爱自由的美国的全部幻想都被夺走了，或许他生命的最后五年成了他人生传记中最可悲的篇章。

还在1946年3月，温斯顿·丘吉尔就曾谈到过“铁幕”。西欧国家寻求美国的援助，首先是马歇尔计划的援助，用以牵制苏联的扩张。莫斯科很快便做出了反应：1948年将捷克斯洛伐克纳入共产主义阵营，1949年6月封锁西柏林，作为对5月成立德意志联邦共和国的回应。10月，德意志民主共和国成立。1950年中期，当美国支持韩国对抗共产主义的朝鲜时，它实际上已经重新陷入了战争。

1949年9月，苏联成功爆炸了第一颗原子弹，从而打破了美国对核武器的垄断，这是让美国对共产主义威胁的恐惧大发作的另外一个最重要的事件。更为严重的是：苏联原子弹的研制是通过间谍活动取得“成功”的。1950 年 1 月 13 日，德国物理学家克劳斯·福克斯（Klaus Fuchs）向英国安全局承认他泄漏了秘密。长期以来他一直得到英国人和美国人的信任，他却将他所知的秘密泄露给了莫斯科。这样，从原则上讲，每个人都是值得怀疑的——尤其是所有的科学家。当时，报纸的头条，包括一些严肃的报纸，全都是有关“红色间谍”的故事。

重大的事件接二连三地发生。1950 年 1 月 31 日，杜鲁门总统宣布了加速研制氢弹的计划。这种炸弹的摧毁力远远大于投掷在日本的原子弹。该项目由流亡美国的匈牙利人爱德华·特勒领导。在美国陷入军备扩充螺旋上升的怪圈的同时，美国历史上黑暗的一章也开始了。2 月 9 日，来自威斯康星州的共和党参议员约瑟夫·麦卡锡（Joseph McCarthy）首次发表了臭名昭著的反共产主义的演说，并于同年当选为参议院“非美调查委员会”主席。麦卡锡时代就此来临。

猜疑、诽谤和误判对美国社会氛围的毒化长达五年之久。逮捕、毁掉人的前程以及自杀成了家常便饭。据粗略估计，大约有上万人仅仅因为不肯与迫害共产党人者合作而失去了工作。

在麦卡锡发表演说后不久，受到普遍怀疑的对象之一就开始往枪口上撞：1950 年 2 月 12 日，爱因斯坦在一个对全国播放的电视节目中就氢弹带来的后果向人们发出警告。通过 NBC“今天与罗斯福夫人相约”这一栏目，几百万观众在第一时间听到和看到他说，整个人类的命运处在危险之中。随后，《纽约每日新闻》登出头条："裁军还是灭亡——爱因斯坦说。"就连女主人——前总统的遗孀、该政治栏目的创始人也遭到了怀疑。

第二天，联邦调查局的终身首领胡佛便要求调出这位不太讨人喜欢的移民的详细案卷。2 月 15 日，相关资料便到了他的手中。当他读到，由于爱因斯坦参加了各种各样的颠覆组织，如"国际工人援助"等，所以进入美国也许是非法的时候，他必定认为自己已经胜券在握。另外，1930 年，他还作为私人信使帮助共产党中央委员会传递信件、电报和通过电话进行联系。1947 年 12 月，据说爱因斯坦曾经说过："我犯了一个错误，就是认为美国是自由的并选择了它，这是我一生中一个无法弥补的错误。"

第一份有关爱因斯坦秘密活动的详细报告于 1950 年 3 月 13 日完成，包括爱因斯坦在德国期间与共产党所谓的联系和活动的详细清单——其中有许多是爱因斯坦随时都乐意披露的信息。爱因斯坦毫不隐讳，他曾让所有可能反对战争和不公的组织，包括共产党在内，借用自己的名字。

对于联邦调查局来说，爱因斯坦早在反对美国对黑人私下处以死刑的时候就已受到怀疑。"二战"之后，因私刑致死的黑人数量急剧上升。他公开反对种族主义，抗议对美国共产党员实行逮捕，并同被判处死刑的犯人关系密切。1948 年，他支持独立左翼候选人亨利·华莱士（Henry Wallace）竞选美国总统。更值得怀疑的是他也属于左派，因为他要求成立一个有据说已掌握原子弹秘密的苏联人参加的世界政府！胡佛希望现在能够证明爱因斯坦是间谍，因为苏联也在紧随其后进行氢弹的研究，美国人对敌方间谍的恐惧达到了顶峰。

其实从1934年起，联邦调查局一直在搜集与爱因斯坦有关的所有信件——包括来自假证人或是真疯子的怀疑。正如爱因斯坦自己所说，他对这些人来说简直就像一块磁铁。其中一些说法极其混乱，比如一个来自泽西城的名叫露西·阿珀斯托林娜（Lucy Apostolina）的人说，爱因斯坦发明了一种电动机器人，可以读出并影响人的思想。还有一个匿名情报员声称，爱因斯坦正在试验可以摧毁飞机和坦克的射线。

“我现在名誉扫地。”爱因斯坦告诉贝索。他抱怨说，美国人“在军国主义思想上已经超越了德国人”。他从来没有像现在这样觉得人们是那样陌生，在任何地方任何事情都无法一起去做，到处都是血腥和谎言。他从来没有这样孤独。

“大多数亲爱的朋友，”1952年他在给马科斯·玻恩的信中写道，“都已经走了。”

爱因斯坦还得忍受作为世界主义者的孤独。没有一个地方称得上是值得他思念的故乡。只有一小块土地可以算作他远离的故土，那就是位于卡普特的夏季别墅，但那个地方属于他只有短短的三年。假如有一种标明“世界公民”的护照，那么爱因斯坦一定是持有它的第一个人。当对美国的幻想破灭，甚至认为那里掀起了法西斯式的浊流之后，对他来说，已经没有一个能让他的理想得以实现的国家，包括他曾一度热爱的并到死都拥有其国籍的瑞士。

“即使他们不愿意要我，我也同样喜欢这个国家。”爱因斯坦在去世之前三年曾经这样说过。这句话的背景是：1933 年，爱因斯坦离开德国后，曾请求瑞士当局保护他被纳粹查抄的财产，因为爱因斯坦拥有德国和瑞士双重国籍，所以这项要求是合理的。但是伯尔尼政府却置之不理，因为“爱因斯坦教授持德国护照，很显然我方有足够的理由不予提供保护”。

瑞士政府认为，因为爱因斯坦作为德国人而受到推崇，因而现在也应与德国人达成谅解。“此外，正如他看到的，目前德国政府出台的措施，正是针对他拥有帝国国籍以及所谓违背其公民义务的问题。”接下来瑞士人基本照搬了德国人的理由：爱因斯坦通过“恐怖煽动”来反对德国政府。

虽然爱因斯坦奋起自卫并声言，“不能将我同那些‘名义上的瑞士人’等同视之”，但瑞士政府还是听任爱因斯坦多达 58000 马克的财产落入盖世太保手中。事后他向儿子汉斯·阿尔伯特抱怨：“瑞士政府没有采取任何举动来阻止他们剥夺我节省下来的财产”。他还给苏黎世的米列娃写信说：“瑞士人没有给我一丁点儿帮助。”

孤独和失落并没有阻止已经 74 岁高龄的爱因斯坦再次公开奋起抗争。事情涉及对朱丽叶斯（Julius）和埃塞尔·罗森堡（Ethel Rosenberg）实行带有威吓性的处决。这对夫妇于 1950 年亦即间谍恐惧症大发作的高峰期遭到逮捕，罪名是将原子弹的秘密泄露给莫斯科，并于 1951 年 4 月被判处死刑。指控主要来源于埃塞尔弟弟的证言。直到 2001 年年底，这个弟弟才承认，他为了自己能够活命，当时作了伪证，诬陷自己的姐姐和姐夫。

当刑期将至时，出于对审判的怀疑，在全球范围内爆发了大规模的示威游行。成千上万的人走上巴黎、伦敦、罗马、莫斯科、布拉格、华沙、纽约、华盛顿以及多伦多的街头进行抗议。一开始，爱因斯坦曾试图通过私人途径解决问题，并给即将卸任的总统杜鲁门写了一封信。当看到没有什么效果时，便决定加入由毕加索、让·保罗·萨特（Jean-Paul Sartre）、教皇庇乌十二世（PiusXII）以及其他知名人士支持的争取赦免罗森堡夫妇的斗争之中。但是，不顾全世界的抗议，这对夫妇最终还是被处以极刑——电刑。

爱因斯坦对罗森堡事件的介入，又为胡佛和麦卡锡提供了新材料。案卷越来越厚。当爱因斯坦勇敢地同那些自以为是的追踪寻迹的走狗们进行面对面的交锋，并为他们的牺牲品进行辩白时，又使他的材料进一步增加。他将美国当时的情况比作希特勒上台前的德国，公开呼吁破除这样的法律。

“坦率地说，我认为甘地的不合作运动才是革命的道路。”他于1953年5月16日给向他求助的一位被跟踪的教师写信说。“每位被押到某委员会的知识分子要以缄默来表示反抗，更要做好坐牢和破产的准备。一句话，为了这个国家文明的利益必须牺牲个人的利益……一旦有足够多的人准备走这样一条艰苦的道路，成功就会随之而来。如果不这么做，这个国家的知识分子所得到的，不会比他们身边的奴隶更好。”

仅仅这些言论就足以使他受到指控。但是，跟胡佛一样，麦卡锡同样害怕最后的结果。虽然他把爱因斯坦称为“美国的敌人”，但他从不怀疑，这位物理学家可以扭转法庭的局面，对他的指控人提出反控。

同样在1953年，联邦调查局的头子胡佛似乎看到了牢牢抓住爱因斯坦的新希望。9月4日，一位六十多岁、衣着考究、自称保尔·魏兰德的男人踏进了迈阿密联邦调查局的办公室，来揭露爱因斯坦曾经进行过共产主义活动。正是这个右翼煽动分子与他的“德国自然科学家保卫纯科学研究小组”，曾于1920年8月同恩斯特·革尔克一起在柏林音乐厅公开反对爱因斯坦和他的相对论，但此后很快就销声匿迹。

现在他出来揭露说，1920年爱因斯坦曾在某报纸上公开声明自己是共产党。但是，他为何现在才提出这项证词，是否仅出于对爱因斯坦的旧仇则不得而知，或许是为了他和他的夫人能更快取得美国国籍。胡佛不清楚，他是不是在跟一条恶狗打交道，而魏兰德本人也曾经被纳粹分子送进监狱。战后，魏兰德曾在柏林为美国人工作，先作为翻译，后来到档案中心，因此他有机会看到德国国家社会主义工人党（即纳粹党）的所有文件，并借助他知道的东西向很多前纳粹党成员敲诈勒索，直到事情败露。但他得以及时逃脱，随后逃到美国。

由于永远无法找到那篇所谓的报纸文章，胡佛的希望很快便破灭了，就像魏兰德的生活一样，几乎所有的一切全都化成了泡影。而另一方面，爱因斯坦发出的让民众不服从的号召引起了世界范围的轰动。声名狼藉的麦卡锡主义激起了全世界人民的反美情绪。即便在美国国内，爱因斯坦同样得到了大量支持。当然也有很多反对的声音：“您应该被遣送回自己的国家并被送到集中营去。”爱因斯坦则说，他宁可自己是个水管工，这样就能毫无顾忌地说出自己的心里话。后来水管工协会将他吸收为名誉会员。

但伴随着他直到去世的主要腔调，却是对他忘恩负义的指责：“他从美国得到的远比他在这里付出的多。”许多有影响力的报纸也对爱因斯坦持反对的立场。1953 年 6 月 13 日的《纽约时报》认为，“民众不服从的力量”不仅是违法的，也是“不合常理的”。

但不管怎么说，爱因斯坦不顾高龄，给受迫害的教师所写的令人激动的公开信引起了轰动，从而成就了他又一次的英雄壮举。在信中他没有简单地进行批判和抨击，而是鼓励以一种看似非法的方式进行反抗，得到了许多人的拥护。不得不说，他对麦卡锡时代的结束起到了举足轻重的作用，在他去世几个月之后这一时代便告终结。

但对爱因斯坦来说，整个事件也可能发生完全不同的结果。密探们全都认为他是“左派”，崇拜列宁，属于许多亲共产党的组织。如果当时胡佛手中攥有我们今天所掌握的相关信息，那么在麦卡锡法庭那种漫无边际的歇斯底里气氛中，这些说法足以构成对爱因斯坦的指控。

从 1945 年开始，联邦调查局也开始搜集有关爱因斯坦秘书海伦妮·杜卡斯的材料。在他去世之前的几个星期，两名官员找到海伦妮·杜卡斯进行调查。尽管询问没有结果，但是原则上他们搜寻到了正确的线索：在杜卡斯位于柏林的家中，麦卡锡与之斗争的共党分子（美国右翼对共产党员的称呼）的活动确实曾经非常活跃。从1931年初到1933年中，德国共产党曾租用她的房子作为办公室从事地下活动，也许还在那里将情报编成密码和进行破译工作。至于海伦妮·杜卡斯对这些活动了解到什么程度，那就不得而知了。或者说她根本就不知道联邦调查局官员在对她进行诱导，现在都已无从考证。

事实上，爱因斯坦同情报活动的接近比这还要严重。根据柏林历史学家希格弗里德·格伦德曼的考证，甚至不能排除爱因斯坦位于柏林的房子实际上曾是苏联间谍的接头地点。因为爱因斯坦的女婿第米特里·马连诺夫就是莫斯科的一个间谍，他经常出入哈伯兰特大街。尤其是当房子的主人长时间不在家中的时候——夏天在卡普特，冬天在美国——这所住宅完全归马连诺夫和妻子玛戈特或者他自己独自使用。尽管并不清楚，马连诺夫究竟在那里干些什么。但“根据我们所掌握的全部材料，”格伦德曼写道，“完全可以推测，爱因斯坦的住宅曾被用于间谍活动。”

如果胡佛和麦卡锡了解玛卡莉达·科宁科娃（Margarita Kone-nkova），爱因斯坦很可能难逃他们的魔掌。爱因斯坦是在1935年和这个俄国女人认识的，那年她41岁。当时玛卡莉达的丈夫、雕刻家谢尔盖·科宁科夫在为爱因斯坦创作半身雕像。爱因斯坦与科宁科娃坠入爱河，书来信往。这些情感炽热的信件直到1998年才公布于世。两人的恋情一直持续到1945年这对俄国夫妇返回莫斯科。他们共同分享的东西都被叫作“Almar”，是爱因斯坦一时兴起，用双方名字“Albert”和“Margarita”的第一个音节组合而成的。

“这里的一切都让我想起你，”有一次爱因斯坦在给玛卡莉达的信中写道，“Almar 的被子、词典，我们认为没有生命但神奇美妙的烟斗，我斗室里的所有其他小东西，连同这个孤寂的窝。”估计爱因斯坦并不知道：玛卡莉达极有可能是为苏联特务组织克格勃工作的。人们无法确认，她是否在对爱因斯坦进行暗中监视和想从他这里获取军事秘密——尽管爱因斯坦根本不知道什么军事秘密。在一定程度上可以说，埃德加·胡佛终于在死后获得了权力，拒绝爱因斯坦参加曼哈顿计划。

打动爱因斯坦并让他着迷的不仅仅是这个俄国女人的美丽金发，对他来说，她代表的是那种古老欧洲的气质，而这正是他在美国这片新大陆一直到死都渴望而不可得的东西。据他在普林斯顿的朋友吉勒特·格里芬（Gillet Griffin）说，爱因斯坦在约汉娜·凡托娃（Johanna Fantova）身上同样看到了“古老世界的一部分”。他从 40 年代末一直同她保持暧昧关系，“她给爱因斯坦朗诵歌德的诗，是爱因斯坦同他所怀念的东西的联系”。

约汉娜·凡托娃比爱因斯坦小 22 岁，被他昵称为“汉娜”，在他的一再催促下于 1939 年从布拉格移居美国。1911 年左右，爱因斯坦在布拉格认识了约汉娜丈夫一家。在这家女主人贝尔塔·芬达开的沙龙里，爱因斯坦还遇到了麦克斯·布罗德和弗兰茨·卡夫卡。可是现在，在他暮年之时却与当年女主人的儿媳开始了一段风流韵事。他用百试不爽的手法给汉娜写信献诗，偶尔还用“你的大象”署名。爱因斯坦带约汉娜驾驶帆船（他身着旧衣服，她则穿着高雅的连衣裙），他们一起去听音乐会，一周打很多次电话，她定期到爱因斯坦家里看望他，甚至可以帮他理发。他则为她写了若干首诗：

亲爱的汉娜！
长期的沉默让我疲惫
而不得不用这种方式向你表明
你永远在我心里
深深刻在我脑海中。
神圣的星期六就要来临
心神不安地等待着你
清醒的大象
已别无他法。
只期待欢乐的重逢
亲吻相拥。

你的 A. E.

1981 年去世的凡托娃在一本日记中记录了她同这位著名退休老人在一起的经历。2004 年 2 月，人们偶然在普林斯顿大学图书馆她个人的档案里发现了这本日记，引起了一场小小的轰动。这是唯一一份有关爱因斯坦最后岁月的详细记录，是由一位离他如此之近的人写下的。这是唯一出自他身边的人对他最后的岁月的详细记录。另外，日记还展示了，自认为是一个“老革命者”的爱因斯坦如何激情澎湃地战斗到最后。“在政治上，我一直是正在喷发的维苏威火山。”

关于麦卡锡之流，他对她说：“这种愚蠢的统治是难以取胜的，因为他们人数众多，而且他们的声音跟我们的声音同样有效。”——任何一种民主都会处于蛊惑宣传和民粹主义之间的窘境。“上帝的一个国家（God’s own country）越来越特别，”他在 1954 年 12 月写给儿子汉斯·阿尔伯特的信中说，“所有的一切，包括一件件蠢事都是大批量生产出来的。”她对凡托娃说：“这里的政治看起来很丑陋。”受到这种“蛊术迫害”的最著名的人物之一是爱因斯坦在普林斯顿的密友罗伯特·奥本海默。奥本海默是曼哈顿计划的负责人，时任高等学术研究院院长，由于承认同左派人士关系密切，于 1954 年被禁止进入原子能委员会。

根据凡托娃在日记中的记载：爱因斯坦很恼火，认为他的朋友“早就应该丢开这些”，而不是像现在这样把它当作个人的事情接受打击。“奥本海默不像我，我是一个吉卜赛人（流浪汉），我天生就有大象般的坚实皮肤。”爱因斯坦说，“没有人可以伤害我，他们就像水流过鳄鱼的身体一样从我身边溜走。”他灵魂中的盔甲让他避开了那些“仅仅个人的事情”，一直保护着他直到老年。

有一次，爱因斯坦在给儿子汉斯·阿尔伯特的信中写道：“我一直可以感觉到各种各样的嫉妒，包括现在也是一样。只是我不再依赖那些憎恨我的人了。”但不管怎样他得承认，他拥有某种“特许的言行自由”：“伸出的舌头表达了我的政治观点。”——他对凡托娃说。那张伸着舌头、成为他的典型标志，成为各种广告画、纪念章和 T－恤衫流行主题的头像，是他在

72 岁那年拍摄的。在原来完整的照片里，他位于高等学术研究院前院长弗兰克·艾德洛特（Frank Aydelotte）及其在某汽车工业基金会工作的夫人中间，但只有单独剪裁下来的他的头像成了一张圣像。爱因斯坦本人对此做出了最好的解释：他任由这张照片大量印发，并把它寄给朋友、熟人和同事——因为它表明了他的政治观点。当然，并不是所有事情都能从他身边轻易滑过，就像这张照片给人的印象一样。当他与研究所的同事们无法就为奥本海默共同申辩达成一致时，他不再与他们来往，并说："这真让人厌恶。人类是个糟糕的发明。"

爱因斯坦坚决反对德国战后重新恢复军事武装："他们不同俄国联合，却帮助德国搞军备建设。"因为"所有人都……忘记了德国人所干的可怕事情"。他已经从中看到了"重新爆发战争的极大危险"。1954 年 10 月，维尔纳·海森堡来到普林斯顿访问。爱因斯坦说这个不确定原理的发明人可能是一个"伟大的纳粹分子，伟大的物理学家，却不是一个讨人喜欢的人"。有关维尔纳·海森堡与纳粹政权有染的问题至今仍存在争议，但不管怎么说，他肯定不是纳粹分子的敌人。

反正爱因斯坦跟德国人的关系是结束了，永远地结束了。所有试图为他联系、搭桥的努力都遭到了他的断然拒绝。他既不接受新的马科斯·普朗克学会让他担任外国科学会员的邀请（"完全出于洁身自好的需要"），也不想跟他们进行其他方面的学术交流。他给慕尼黑的阿诺尔德·索末菲写信说，他不想"跟德国人，包括那些善意的学术组织发生任何关系"。他还对联邦德国总统特奥多·豪斯表示，"一个有自我意识的犹太人不会再想同任何一个德国官方活动和机构发生联系”。他唯一的让步是对德国青年做出的：他发表声明，同意用他的名字为学校命名。直到今天，柏林诺伊科伦阿尔伯特·爱因斯坦中学仍然会在颁发给学生的毕业证书上附上一封爱因斯坦的信。

他的最后一位女友凡托娃还记录了他每况愈下的健康状况。爱因斯坦越来越经常地诉说他身体疼痛，尤其是肝部。“我吃的黄油太少，现在皮肤变得干燥，这时不得不为此付出痛苦的代价，而且还总是感到恶心。”凡托娃问他为什么不再拉小提琴了，他回答：“弹钢琴更适合幻想，适合一个人弹，所以我每天都弹钢琴。况且，拉小提琴我的身体也吃不消。”在世界著名的瑞里雅德–弦乐四重奏（Juilliard-Streichquartett）乐队拜访他时，爱因斯坦再次取出他的小提琴“丽娜”拉了起来。但这些音乐家们不得不放慢速度，以便爱因斯坦能跟上他们的节拍。据说，在共同演奏之后，音乐家们是含着热泪离开爱因斯坦家的。

在普林斯顿漫长寒冬的最后几个月里，他从他的公式中找到了慰藉。“绞尽脑汁考虑难题可以使人脱离尘俗。”他对自己心爱的女人说，“这是无比珍贵的恩赐。”自打他在写给贝索的最后一封信中承认，他的“空中楼阁”很可能已经“荡然无存”，他对世界本质的思考越来越像一个在病榻上仍然在写最后一堆公式的遁世者的反映。

“我是物理界的异端，”爱因斯坦说，“在我离开这个世界很长时间以后，人们才能认同我现在的工作。”几乎没有一个人能像爱因斯坦那样成功地架起一座座桥梁，最后却发现两头不讨好。“物理学家们认为我是一个数学家，数学家们说我是物理学家。”他的女友转述他的原话，“我是一个被完全隔绝的人。尽管每个人都认识我，但很少有人真正了解我。”直到生命的最后一息，他都在用计算、思考、计划来对抗死亡——爱因斯坦深谙此道。

“不得不承认，魔鬼在认真地掐算着人们的岁月。”爱因斯坦去世前不久在给莫里斯·索罗文的信里写道。1953 年，他曾为“不朽的奥林匹亚科学院”写过一篇悼词，它闪烁出来的更多的是勇气而非感伤和痛苦：“在你短暂而活跃的岁月里，你充满儿童般的欢乐，所有清晰和聪颖的事物都让你感到赏心悦目……我们全体三个成员至少已经实现了我们的持久和永恒。就算曲终人散，但在他们寂寞的生命之路上依然会感受到你带来的明亮和生命力，因为你不会随他们老去。只要还有一口气，我们便会一直忠实和追随你。”

50 年代初，爱因斯坦的朋友米歇尔·贝索也曾一度深受英雄崇拜的影响，称呼爱因斯坦为“亲爱的朋友，精神强者”，但爱因斯坦回信说：“‘老朋友’我当得起，但对‘强者’的称呼却不受用，即便你对我们父辈常用的这个表现力非常丰富的词很熟悉。它所表达的是一种包含怜悯和轻视的混杂感情。”简单地只是老朋友，而非别的什么，对于一个像爱因斯坦这样的人来说比其他任何东西都难得。

当贝索于 1955 年 3 月 15 日在日内瓦逝世时，爱因斯坦失去了他生命中最重要的支撑，一位既正直又懂得他的物理学的伙伴。“现在他比我先一步离开了这个奇怪的世界。”他在给贝索的儿子和妹妹的信里写道，“但这说明不了任何问题。对于我们虔诚的物理学者来说，划分过去、现在和未来只是一种顽固的幻想”。

早在1950年3月，爱因斯坦就已经写下他的遗愿。在他去世前一个星期，他在他的政治遗嘱上签了名，同哲学家伯特兰·罗素一起警告政府和世界人民要严密提防原子战争带来的巨大灾难。不能排除，“一场氢弹战争很有可能毁灭全人类”。他们尤其担心，多枚氢弹的使用会带来大面积的伤亡——“少数人会立刻死掉，但对大多数人来说则是无尽的病痛和创伤”。

“罗素—爱因斯坦宣言”为随后50年争取和平的斗争奠定了最重要的基础：反对核战争、防止核武器扩散的“帕格沃什运动”就是以这一宣言的发表地命名的。这一运动通过不懈的努力，为以后冷战最终保持为冷战而没有变为热核战争做出了不小的贡献。物理学家约瑟夫·罗特布拉特（Joseph Rotblat）是中途退出（1944年12月）曼哈顿计划的为数不多的人之一。他担任帕格沃什运动的领导工作40年，并因此于1995年荣获诺贝尔和平奖——在某种程度上可以说，这是继爱因斯坦之后，物理学家中最荣耀的诺贝尔奖。

爱因斯坦说过，他想“优雅地”死去。据说他曾声明：“我想走的时候我就能走。”“靠人工来延长生命是很乏味的。”他一直认为：“人们可以不用医生帮助就能死去。”在他去世的前夜，当他的朋友古斯塔夫·布基离开时，爱因斯坦问他为什么要走。“您需要睡觉。”这位医生朋友说，“就算他们都在这里也不会影响我睡觉。”病人活力十足地开玩笑说。

在爱因斯坦生前，最后见到他的人还有他的继女玛戈特。1955 年 4 月 15 日，当他被送进普林斯顿医院时，碰巧玛戈特也住在这所医院里，而且就住在他隔壁病房。“一开始我没有认出他——他的脸因为痛苦而变形，没有血色。”她描述当时碰面的情况。“但是他还跟往常一样……跟我开玩笑，显得比实际情况好得多。他平静地谈论着他的医生们，略带幽默，像等待即将来临的自然事件一样等待着生命的结束。面对死亡，他是如此的平静，谦和，没有一丝恐惧，正如他的一生。他离开了这个世界，没有丝毫悲伤和遗憾。”据说，爱因斯坦还对她说：“我在这里做完了我的事情。”

1955 年 4 月 18 日，刚过凌晨一点，阿尔伯特告别了这个世界。在生命的最后时刻他还用母语说了一些话，但是由于夜班护士不懂德语，这位堪称世界历史上最伟大人物的临终遗言成了永世之谜。

几个小时之后，年轻的美国病理解剖学家托马斯·哈维前来上班。他解剖了死者的尸体，从头颅中取出了爱因斯坦的大脑。刚刚死去的爱因斯坦又开始了他的生命。

亲爱的后人！

如果你们不能比我们更有正义感，更热爱和平，更加理智，那么魔鬼就会附身。

我怀着深深的敬意在这里向你们表达我真诚的希望。

你们的

阿尔伯特·爱因斯坦，1936

致 谢

在此，谨向耶路撒冷希伯来大学爱因斯坦档案馆和加利福尼亚帕萨迪纳爱因斯坦文档项目组致以衷心的感谢。他们给了我热情的支持，尤其是为我提供了许多尚未公开的原始资料，没有他们的帮助，这本书是不可能诞生的。

另外我还要感谢马科斯·普朗克学会，特别是柏林的马科斯·普朗克科学史研究所（所长为于尔根·雷恩教授）。研究所特聘我为客座研究员，在专业和技术方面极其友好地为我提供了帮助。同时我也要感谢坐落在柏林的马科斯·普朗克学会档案馆的工作人员（其领导为艾卡特·汉宁系教授）

我还要特别感谢柏林的历史学家和评论家焦尔克·冯·比拉夫斯基，感谢他专业、富有创见而又始终友好的批评合作。

同时，我还要衷心感谢罗沃尔特出版社的各位工作人员，尤其是本书的编辑、柏林格拉夫办事处的乌维·瑙曼和巴巴拉·温纳，他们陪伴我走过了这段纵贯爱因斯坦一生的紧张而且有时还相当艰难的旅程。

尤其还要感谢审阅整部或者部分书稿并加以润色的各位同仁，特别是 Mathias Greffrath、Dieter Hoffmann 教授、Arno

Nehlsen 博士、Harald Schumann、HaniaLuczak 博士以及 Markus Aspelmeyer 博士、Peter Aufmuth 博士、John Beckman 教授、Diana Kormos Buchwald 教授、Michel Janssen 教授、Christoph Lehner 博士、Christian Ludwig、Jürgen Renn 教授、Robert Schulmann 教授、Ursula Staudinger 教授和 Thomas Thimann 教授。

人名索引

A

B

C

D

E

F

G

H

I

J

K

L

M

N

O

P

R

S

T

U

V

W

Y

Z